저는 심리학이 처음인데요

저는 심리학이 처음인데요

초판 1쇄 발행 2014년 8월 25일
초판 11쇄 발행 2020년 3월 25일
개정판 1쇄 발행 2021년 3월 30일
개정판 3쇄 발행 2023년 3월 30일

지은이 강현식

펴낸이 조기흠
책임편집 권미경 / **기획편집** 최진
마케팅 정재훈, 박태규, 홍태형, 김선영, 임은희, 김예인 / **제작** 박성우, 김정우
표지 디자인 [★]규 / **본문 디자인** 디자인결

펴낸곳 한빛비즈(주) / **주소** 서울시 서대문구 연희로2길 62 4층
전화 02-325-5506 / **팩스** 02-326-1566
등록 2008년 1월 14일 제 25100-2017-000062호

ISBN 979-11-5784-492-0 13180

이 책에 대한 의견이나 오탈자 및 잘못된 내용에 대한 수정 정보는 한빛비즈의 홈페이지나
이메일(hanbitbiz@hanbit.co.kr)로 알려주십시오. 잘못된 책은 구입하신 서점에서 교환해드립니다.
책값은 뒤표지에 표시되어 있습니다.

⌂ hanbitbiz.com 🅵 facebook.com/hanbitbiz 🅽 post.naver.com/hanbit_biz
▶ youtube.com/한빛비즈 🅘 instagram.com/hanbitbiz

지금 하지 않으면 할 수 없는 일이 있습니다.
책으로 펴내고 싶은 아이디어나 원고를 메일(hanbitbiz@hanbit.co.kr)로 보내주세요.
한빛비즈는 여러분의 소중한 경험과 지식을 기다리고 있습니다.

저는 심리학이 처음인데요.

강현식 지음

한빛비즈
Hanbit Biz, Inc.

심리학은 행복으로 가는 공부다

1990년대까지만 해도 한국 사회에서 심리학은 인기 있는 학문이 아니었습니다. 대학에서도 마찬가지였습니다. 산업화 시대의 주역이었던 부모님들은 보통 자녀들이 경영학이나 법학, 의학이나 공학을 공부하고 대기업에 취직하거나 전문직에 종사하기를 기대하셨습니다. 심리학을 바라보는 시선은 철학과 크게 다르지 않았죠. '배고픈 학문' 정도로 보았습니다.

하지만 1997년 IMF 경제 위기를 겪으며, 사회 구조가 산업화에서 정보화로 바뀌면서 심리학을 바라보는 시선이 달라졌습니다. 베스트셀러에 심리학 서적이 오르기도 하고, TV나 라디오에 심리학자들이 등장하기도 했습니다. 2000년대 들어서자 심리학은 학부(보통 사회과학부)에서 가장 인기 있는 전공이 되었습니다. 중고등학교에 심리학 관련 동아리가 생겨나기 시작했고, 심리학자를 꿈꾸는 청소년들도 많아졌습니다. 예전에는 자녀가 심리학과에 가겠다고 하면 무조건 반대하시는 부모님들이 많았는데, 요즘은 자녀의 꿈을 응원하시는 부모님들이 많습니다. 어떤 분은 이렇게 말씀하시더군요.

"열 길 물속은 알아도, 한 길 사람 속은 모른다는 말이 있지 않습니까?
제가 심리학을 잘은 모르지만, 사람의 마음을 연구하는 학문이라니 참 매
력적이네요."

제가 업으로 삼고 있는 심리학을 좋아하신다니 참 다행이다 싶으면서
한편으로는 걱정도 앞섭니다. 잘 모르는 대상을 좋아하다 보면 불필요한
오해가 생기기 때문이지요. 심리학에 대한 관심은 많으나 정작 심리학이
어떤 학문이고 어떤 내용을 다루는지 잘 모르면 속기 쉽거든요. 이런 틈을
노리고 늘어와서 자신의 이득을 취하는 사람들은 어디에나 있기 마련이고
요. 그러면 가짜 심리학, 사이비 심리학, 잘못된 심리학이 판을 치고 결국
제대로 된 심리학이 설 자리가 좁아지지 않을까 걱정됩니다.

심리학자들이 발 벗고 나서서 심리학을 대중화하면 하면 되지 않느냐
고요? 그러면 좋겠지만, 심리학자들도 나름의 입장이 있습니다. 심리학은
사람들의 예상과 달리 순수학문으로 출발했습니다. 물론 사람의 마음과
행동에 대한 학문인지라 응용 분야로의 전이가 매우 빠르기는 했습니다.

그러나 그 시작이 순수학문이었기 때문에 심리학자들에게 있어서는 무엇보다 심리학의 학문성인 과학성이 중요한 화두로 자리 잡고 있습니다. 이 때문에 대학에서 심리학을 가르치는 심리학자들은 대중들을 향해 심리학에 대해 이야기하는 것을 꺼립니다. 학자들의 관심과 대중들의 관심은 다르니까요.

이런 현실에서 고민하고 있을 때 저에게 책 출간의 기회가 주어졌습니다. 책을 낼 정도로 대단한 사람은 아니지만, 적어도 제가 대학과 대학원에서, 그리고 여러 훌륭한 심리학자들에게 배운 지식을 전달하는 사람은 될 수 있겠다 싶어서 겁 없이 도전했습니다. 꾸준하게 심리학을 대중에게 소개하는 일을 업으로 삼아 심리학 칼럼니스트로 활동하는 중에 한빛비즈에서 좋은 기회를 주셔서 이렇게 또 한 권의 책을 내놓게 되었습니다.

이 책은 심리학에 관심 있는 사람들을 위한 입문서입니다. 제대로 된 심리학 내용 중에서 많은 이들이 쉽게 이해할 수 있는 것을 중심으로 썼습니다. 심리학의 여러 분야를 소개하면서도 현실에서 낭상 적용할 수 있는 내용들을 함께 담았습니다. 심리학은 삶을 살아가는 데 힘이 됩니다. 자기 자신을 이해할 수 있기 때문입니다. 또한 사람의 마음과 행동에 대한 이해는 타인에 대한 이해로 확장됩니다. 이는 궁극적으로 삶의 행복으로 이어집니다. 심리학 공부는 결국 행복을 위한 공부입니다. 여러분이 이 책으로 심리학에 입문하고 행복에도 입문하길 진심으로 바랍니다.

심리학을 처음 접하는 분들을 위해 쓰다 보니 부득이하게 기존에 썼던 글과 중복되는 내용이 있을 수 있습니다. 이 책에 맞게 수정했지만 부족한 부분은 양해해주시길 바랍니다.

책을 쓰는 동안 함께해주었던 아내와 두 아들에게 감사의 마음을 전합니다. 또 책의 기획부터 꼼꼼하게 챙겨주신 권미경 에디터님에게도 감사드립니다. 무엇보다 책을 구입해서 읽어주시는 독자님들, 고맙습니다.

강현식 드림

목차

저자의 말 심리학은 행복으로 가는 공부다 ⋯⋯⋯⋯⋯ 6

1 당신은 심리학에 대해 얼마나 알고 있나요 : 심리학에 대한 오해와 진실

심리학을 소개합니다 ⋯⋯⋯⋯⋯⋯⋯⋯⋯ 16
도대체 심리학이 뭔가요 ⋯⋯⋯⋯⋯⋯⋯⋯ 17
철학이랑 비슷하다고 하던데요 ⋯⋯⋯⋯⋯ 18
심리학이 과학이라고요 ⋯⋯⋯⋯⋯⋯⋯⋯ 22
너무나, 너무나 다양한 심리학의 분야 ⋯⋯⋯ 24
대가를 찾아서 분트, 심리학의 아버지가 되다 ⋯⋯⋯ 28

진짜와 가짜 구별하기 ⋯⋯⋯⋯⋯⋯⋯⋯ 32
상담이나 치유, 힐링과 다른가요 ⋯⋯⋯⋯ 33
독심술 아닌가요 ⋯⋯⋯⋯⋯⋯⋯⋯⋯⋯ 35
꿈이 마음을 잘 드러내던데요 ⋯⋯⋯⋯⋯ 40
플러스 지식 신기한 최면의 세계 ⋯⋯⋯⋯⋯ 43

② 심리학, 나를 이해하다 : 나를 설명하는 심리학

나의 역사, 그것이 나다 : 발달심리학 ⋯⋯⋯⋯⋯⋯⋯⋯⋯⋯⋯ 48

정말 엄마 탓일까 – 애착과 기질, 그리고 환경 ⋯⋯⋯⋯⋯⋯⋯ 49

엄마 못지않은, 때로는 엄마보다 뛰어난 – 아빠 효과 ⋯⋯⋯⋯ 54

나이가 들어도 발달하는 것 – 전생애 발달 ⋯⋯⋯⋯⋯⋯⋯⋯ 60

　대가를 찾아서　피아제, 동물학자에서 심리학자로 ⋯⋯⋯⋯⋯⋯ 65

내 성격은 도대체 왜 이럴까 : 성격심리학 ⋯⋯⋯⋯⋯⋯⋯⋯ 68

혈액형 어디까지 믿을까 – 혈액형별 성격 유형 ⋯⋯⋯⋯⋯⋯ 69

우리 마음의 이퀄라이저 – Big Five 이론 ⋯⋯⋯⋯⋯⋯⋯⋯ 75

죽음을 부르는 성격 – A유형 행동 ⋯⋯⋯⋯⋯⋯⋯⋯⋯⋯⋯ 80

　플러스 지식　내향성과 외향성, 오해와 진실 ⋯⋯⋯⋯⋯⋯⋯⋯ 87

나는 무인도에 살지 않는다 : 사회심리학 ⋯⋯⋯⋯⋯⋯⋯⋯ 90

당신의 귀는 팔랑거리고 있나요 – 규범 형성, 동조, 복종 ⋯⋯ 91

개인보다 더 비합리적인 집단 – 집단사고와 집단 극화 ⋯⋯⋯ 98

도대체 나는, 너는 왜 이럴까 – 귀인과 편향 ⋯⋯⋯⋯⋯⋯⋯ 105

　생활 속 심리학　시식 코너의 음모 ⋯⋯⋯⋯⋯⋯⋯⋯⋯⋯⋯⋯ 113

심리학 코칭 1. 연애 ⋯⋯⋯⋯⋯⋯⋯⋯⋯⋯⋯⋯⋯⋯⋯⋯⋯⋯ 116

데이트 코치가 필요한가요 – 매력의 요인 ⋯⋯⋯⋯⋯⋯⋯⋯ 117

진짜 연애 고수가 되는 법 – 남자, 그리고 여자 ⋯⋯⋯⋯⋯⋯ 129

사랑한다면 이렇게 싸워라 – 사랑법보다 중요한 싸움법 ⋯⋯ 141

③ 심리학, 나를 치유하다 : 마음의 상처와 치유를 위한 심리학

심리테스트 한번 해볼래 : 심리검사 156
심리테스트, 진품과 짝퉁 구분하기 – 좋은 심리검사의 기준 157
여러분의 IQ는 얼마입니까 – 지능, 지능 검사 162
이 세상의 모든 심리검사 – 각종 심리검사 169
　플러스 지식　심리학자와 정신과 의사는 어떻게 다른가 176

내가 이상한 거니, 네가 이상한 거니 : 이상심리학 180
알쏭달쏭한 심리학 용어들 – 심리학 용어 181
마음의 감기 – 우울증 187
고장 난 화재경보 시스템 – 불안과 공포 195
현이 고르지 못한 악기 – 정신분열 201
　생활 속 심리학　소유냐 존재냐, 그것이 문제로다 209

내 상처를 힐링해다오 : 심리치료 212
심리학의 뜨거운 감자 – 정신분석 213
모든 것은 마음에 달려 있다 – 인지치료 222
사람이 꽃보다 아름다워 – 인간중심치료 228
대인관계 연습의 장 – 집단상담 234
　대가를 찾아서　프로이트, 색광인가 인간주의자인가 242

4 심리학, 실험과 만나다 : 낯설지만 가장 중요한 심리학

굴러온 돌이 심리학의 중심에 서다 : 생리심리학 248

내가 뇌인가, 뇌가 나인가 – 뇌 249

산뼁이가 무슨 셋이 아니다 – 뇌의 구조 256

잠을 자야 뇌가 깨어난다 – 수면 263

플러스 지식 잘못된 뇌 상식 271

정신 과정을 따라가자 : 인지심리학 274

과거와 현재의 징검다리 – 기억 275

같은 사건, 다른 판단 – 정보 처리의 두 방식 281

저렴하고 여유롭게 즐기는 방법 – 가용성 발견법 288

생활 속 심리학 창의성, 잘 놀아야 하는 이유 295

경험을 통해 변화한다 : 학습심리학 298

자동차는 미녀를 좋아해 – 고전적 조건 형성 299

호황일 수밖에 없는 사행산업 – 부분 강화 효과 305

보는 것이 곧 배우는 것이다 – 모방 312

대가를 찾아서 스키너, 창시자보다 더 유명한 행동주의자 319

심리학 코칭 2. 직장생활 322

응답하라! 당신은 왜 일하는가 – 직업관 323

일하러 왔지, 이해받으러 왔나 – 직장 내 인간관계 334

제대로, 즐겁게 일하기 – 자극 추구와 통제감 346

5 심리학, 세상을 움직이다 : 우리의 삶 곳곳에 적용되는 심리학

심리학을 알면 돈이 보인다 : 산업 및 조직심리학, 소비자 및 광고심리학 … 362
어떤 사람이 리더가 되는가 – 리더십 …………………………………………… 363
세상이 무료 천지인 이유 – 단순 노출 효과 …………………………………… 370
똑똑한 소비자로 변신하라 – 틀 효과 …………………………………………… 376
생활 속 심리학 인지적으로 우린 모두 구두쇠다 …………………………… 383

심리학이 연쇄살인범을 잡다 : 범죄심리학, 법정심리학 …………………… 386
연쇄살인범, 도대체 넌 누구냐 – 반사회성 성격장애 ………………………… 387
과학수사와 프로파일러 – 프로파일러 ………………………………………… 394
범죄자, 타고나는가 만들어지는가 – 모의 감옥 실험 ……………………… 400
플러스 지식 범죄심리학자는 무슨 일을 할까 ……………………………… 409

운동을 잘하려면 심리학을 배우자 : 스포츠심리학 ………………………… 412
운동은 함께해야 제맛이다 – 사회적 촉진 …………………………………… 413
마음으로 승부한다 – 스트레스 노출 훈련, 상상 훈련 ……………………… 419
슬럼프, 의지의 문제가 아니다 – 심리상담 ………………………………… 426
대가를 찾아서 제임스, 바람같이 왔다가 사라지다 ……………………… 433

부록 | 당신도 심리학자가 될 수 있다 : 심리학자 직업 소개 ……………… 437
직업, 적성보다는 정보! ………………………………………………………… 438
대학과 대학원, 자격증과 학력 사이 ………………………………………… 443
블루오션이냐, 맨땅에 헤딩이냐 ……………………………………………… 448

1

당신은 심리학에 대해
얼마나 알고 있나요

: 심리학에 대한 오해와 진실

Chapter 01

심리학을
소개합니다

처음 만나는 사람들은 서로를 소개합니다. 직접 자신의 이름과 나이, 사는 곳이나 하는 일을 말하거나 서로 명함을 교환하기도 합니다. 물론 짧은 소개를 통해 그 사람을 온전히 알 수 있는 것은 아니지만, 그래도 소개는 여전히 중요합니다. 소개를 통해 서로를 알아갈 수 있는 밑그림을 그릴 수 있기 때문이죠.

저는 이제 여러분께 심리학을 소개하려고 합니다. 심리학이란 어떤 학문인지 제대로 알려드리고자 합니다. 여러분이 심리학이라는 학문을 알아가는 데 필요한 밑그림이 되었으면 좋겠습니다. 심리학은 알면 알수록 매력적인 학문입니다. 심리학의 세계로 빠져보시죠.

도대체 심리학이 뭔가요

심리학 칼럼니스트로 일하면서 여러 사람들에게 다양한 질문을 받지만, 그중에서도 저를 당황스럽게 하는 질문 중 하나가 "심리학이 뭡니까?"라는 질문입니다. 이때 느끼는 당황스러움은 질문 자체에 대한 것이라기보다는 어떻게 대답해야 할지 몰라 저 스스로에게 느끼는 당황스러움입니다. 심리학을 그렇게나 오래 공부했고, 심리학 관련 글을 수없이 썼으며, 지금도 각종 심리학 강의와 모임을 진행하고 있는데도 여전히 이 질문만 받으면 작아집니다.

사실 하나의 학문으로 존재하는 심리학과 사람들이 기대하는 심리학이 다르고, 예전의 심리학과 요즘의 심리학이 또 다릅니다. 그리고 심리학에서 다루는 내용도 너무 광범위해서 이 질문에 명쾌한 답변을 하기는 어렵습니다.

이럴 때 제가 사용하는 나름 괜찮은 방법이 있습니다. 바로 개념에서부터 출발하는 것입니다. 우선 심리학이란 말을 살펴볼까요? 한자로는 心理學입니다. 말 그대로 마음의 이치에 대한 학문이라는 뜻입니다. 영어로 심리학은 psychology로, 헬라어에 어원을 두고 있습니다. 즉 영혼, 정신, 마음을 뜻하는 $\psi\upsilon\chi\eta$(psyche)와, 학문을 의미하는 $\lambda\sigma\gamma\iota\alpha$(ology)의 합성어입니다.

말 자체로만 본다면 심리학은 인간의 마음(정신, 영혼)에 대한 학문이라고 할 수 있습니다. 사실 고대 그리스인들에게는 마음과 영혼의 구분

학문에 있어서 마음과 영혼을 구분한 사람은 필립 멜랑히톤이다.
마틴 루터와 함께 종교 개혁 운동을 이끈 그는 영혼에 대한 학문(pneumatology)과 마음에 대한 학문을 구별하기 위해 자신의 저서에서 psychology라는 용어를 처음으로 사용했다.

이 중요하지 않았습니다. 그러나 기독교 중심의 중세를 거치면서 마음과 영혼이 다르다고 생각하는 사람들이 많아졌고, 결국 이를 구분하게 됐죠.

어쨌든 심리학을 가장 간단하게 표현하면 '마음에 대한 학문'이라고 할 수 있습니다. 그런데 단지 심리학의 관심 대상을 마음이라고만 하기에는 뭔가 부족하다고 느껴집니다. 마음은 눈에 보이지 않으니까요. 여러분은 어떻게 사람의 마음에 관심을 갖게 되었나요? 저의 경우는 동일한 사건에 대해서 사람마다 다르게 반응하고 행동하는 것을 보면서 관심이 생겼습니다. 그러다가 행동이 마음에서 우러나온다고 생각했기에 마음이 궁금해졌죠. 대부분의 사람들도 저와 비슷하리라 생각합니다. 이런 면에서 심리학은 단지 마음에 대한 학문이 아니라, '인간의 마음과 행동에 대한 학문'이라고 하는 것이 좋겠습니다.

심리학의 정의를 마음뿐 아니라 행동으로까지 확장하는 것은 단지 사람들이 마음에 관심을 갖는 계기가 행동이기 때문만은 아닙니다. 행동주의라고 불리는 학파가 등장해서 심리학의 관심 영역을 행동으로 확장해 놓았기 때문입니다.

철학이랑 비슷하다고 하던데요

'인간의 마음과 행동에 대한 학문'이라는 정의만으로는 현대 심리학을 충분히 설명할 수가 없습니다. 인간의 마음이나 행동에 대한 관심은 아

18

주 오래전부터, 아마도 사람이 생각할 수 있는 능력을 가진 그 순간부터 시작되었을 테니까요. 그렇다면 이전의 관심도 심리학이라고 할 수 있을까요? 만약 그렇다면 철학과는 무엇이 다를까요? 수많은 철학자도 사람과 삶의 본질에 대한 물음을 끊임없이 던지곤 했는데 말입니다.

실제로 수십 년 전에 대학을 다녔던 사람들은 심리학을 철학의 아류 정도로 생각합니다. 심리학이라는 학문에 호기심을 느껴 교양으로 심리학 수업을 들었던 경험 때문인 경우가 많습니다. 그래서일까요? 예전에는 철학과 교수님들이 심리학 수업을 하는 경우도 적지 않았으며, 수업 내용도 철학에 가까웠다고 합니다. 대학에서 심리학을 전공하고 싶어 하는 청소년들에게 종종 이런 질문을 받습니다.

> "선생님, 저는요, 대학에서 심리학을 공부하고 싶어요. 그런데
> 부모님은 심리학이 철학이랑 비슷하기 때문에, 졸업하고 나서
> 할 일이 없다고 하세요. 심리학이랑 철학이 비슷한 건가요?"

사실 큰 틀에서 보자면 심리학을 비롯해 현존하는 여러 학문은 그 뿌리를 철학에 두고 있습니다. 그래서 대부분의 박사학위명이 Ph. D. (Doctor of Philosophy)인 것이죠. 특히 심리학은 철학과 좀 더 밀접한 관계입니다. 19세기 후반에 시작된 현대 심리학은 철학의 여러 분야 중 하나인 인식론認識論에 대한 문제를 해결하고자 시작되었기 때문입니다. 인식론이라니, 갑자기 미리가 지끈거리나요? 지도 철학 전문기기 아니니 간단히 설명해 드리자면, 인식론이린 지식(진리)이 무엇이고 어떻게

얻는지, 즉 지식의 본질과 과정에 대한 논의라고 하네요.

인식론은 고대 그리스 철학에서도 중요한 위치를 차지하고 있습니다. 대표적으로 플라톤의 이데아 사상을 꼽을 수 있습니다. 그러나 철학과 심리학의 관계를 알려면 중세 이후로 넘어가야 합니다. 중세를 지탱하던 교회 중심의 세계관은 14세기에 접어들면서 무너지기 시작했습니다. 종교인들은 교황의 권위에 도전하면서 신앙의 유일한 기준으로 성경을 주장했고(종교개혁), 예술가들은 성화聖畵를 거부하고 인간이 가진 본래의 아름다움을 표현하기 시작했습니다(르네상스). 결정타는 자연과학에서 나왔습니다. 과학자들은 온갖 실험과 관찰을 통해, 교회가 잘못 알려주었거나 알 필요가 없다고 했던 자연과 우주에 대한 진리를 스스로 발견하기 시작했습니다.

이런 일련의 시도는 당시 사람들을 큰 충격에 빠뜨렸습니다. 대략 천년 동안 한 치의 의심도 없이 믿어왔던 진리와 지식이 틀린 것이었다니! 이런 혼란 속에서 사람들은 자연스럽게 "지식이란 무엇인가?" "무엇을 진리로 받아들여야 하는가?" 등의 질문을 던지기 시작했습니다. 다시 말해 지금까지는 무엇이 진리인지, 그것을 어떻게 얻을 수 있는지 고민하지 않고 교황의 말을 곧이곧대로 믿었기 때문에 이런 문제가 생긴 것이니, 이제부터라도 고민해보기로 한 것이죠.

인식론에 대해 나름의 답을 내놓은 두 철학자가 있습니다. 데카르트와 로크입니다. 데카르트는 지식을 얻는 데 경험보다는 이성과 합리적 판단이 중요하다고 주장한 반면, 로크는 경험이 중요하다고 주장했죠.

당신은 심리학에 대해 얼마나 알고 있나요

로크와 같은 영국의 경험주의 철학자들은 인간이 태어날 때 백지 상태였다가 경험에 의해 관념이 기입되어가는 것이라 믿었습니다.

갑자기 철학 이야기를 하니 왠지 머리가 아프고, 이해도 잘 안 되고, 마음에 와 닿지도 않나요? 그래서 좀 실망했나요? 우리가 철학이라고 하면 이렇게 손사래를 치듯이, 중세 이후의 사람들도 철학자들의 끝나지 않는 논쟁에 지치고 실망해 등을 돌리기 시작했습니다. 그렇다고 해서 인식론에 대한 고민 자체를 거부할 수도 없는 노릇이었죠.

바로 이때 자연과학자들 중 일부가 논쟁이 아닌 관찰과 실험으로, 사변적이 아니라 증거 중심으로 인식론에 접근하기 시작했습니다. 즉 자연과학의 방법을 사용하여 지식의 본질과 과정을 연구하기 시작한 것입니다. 이것이 바로 심리학의 시작이었습니다. 내용은 철학(인식론)이지만, 방법은 과학인 셈입니다.

▲ 이성과 합리적 판단을 중시한 데카르트(왼쪽)와, 경험을 중시한 로크(오른쪽)

이후 심리학자들은 자신들의 영역을 확실하게 하기 위해서 내용보다는 방법을 강조했습니다. 그러다가 마침내 과학이라는 방법론은 심리학이라는 학문의 중심에 서게 되었습니다. 그래서 인간의 정신세계를 다루면서 과학이라는 기준에 부합한다면 주저 없이 심리학의 하위 영역으로 자리를 잡게 되었습니다. 가장 대표적인 분야가 바로 생리(생물)심리학입니다. 인간의 신경계(주로 뇌)를 연구하는 분야가 심리학으로 들어오게 되었죠.

심리학이 철학과 비슷하냐고요? 정신세계를 다룬다는 면에서는 비슷할 수 있으나, 과학적인 접근을 한다는 점에서는 철학과 엄연히 구분된다고 할 수 있습니다.

심리학이 과학이라고요

대학이나 대학원에서 심리학을 전공하려는 사람들이 저에게 조언을 부탁할 때가 있습니다. 면접 시 주의할 점이나 교수님에게 좋은 인상을 남기기 위한 팁을 묻는 것이지요. 그러면 저는 이렇게 말합니다.

> "심리학이 어떤 학문이라고 생각하느냐는 질문을 받으면 주저 없이 이렇게 대답하세요. '심리학은 인간의 마음과 행동을 연구하는 과학입니다!' 심리학자들이 가장 선호하는 단어가 바로 '과학'이거든요."

시중에 나와 있는 심리학개론의 첫 장을 읽어보았거나 대학에서 심리학개론 수업의 첫 강의를 들어본 분들은 알 거예요. 심리학은 과학임이 천명된다는 것을요.

우리나라에서 심리학과는 보통 사회과학대학이나 문과대학에 속해 있습니다. 이 때문에 심리학과에는 자연스럽게 수학이나 자연과학과는 거리를 두는 문과 출신들이 대부분입니다. 대학에 가면 수학이나 자연과학은 이제 안녕이라고 생각했는데, 정작 심리학과에 들어와서 공부하다 보면 수학과 생물학을 연상시키는 '심리통계'와 '생리심리학'이 가장 중요한 과목이라는 사실을 알고 기겁합니다.

우리나라에서 심리학과를 졸업하면 B.A.(Bachelor of Art, 문학사), 석사를 마치면 M.A.(Master of Art)를 수여한다. 그러나 미국이나 캐나다에서는 심리학이 자연과학대학에 속해 있는 경우가 많아서 학부를 졸업하면 B.S.(Bachelor of Science, 이학사), 석사를 마치면 M.S.(Master of Science)를 수여하는 대학이 많다. 심리학이 과학으로 확실히 인정받기에 가능한 일이다.

심리학이 과학이라는 사실은 단순한 주장이 아닙니다. 심리학자들은 인간의 마음과 행동을 과학적으로 연구하기 위해서 상당히 노력합니다. 논문을 봐도 그렇습니다. 심리학 논문들은 대부분 가설을 세우고 자료를 모아 통계적으로 검증을 하는 실증 연구가 대부분입니다. 문학이나 철학에서 주로 하는 문헌 연구는 드문 편이죠.

어쨌든 심리학자들은 어떤 주장을 할 때 논쟁보다는 자연과학자들처럼 증명 가능한지를 염두에 둡니다. 증명할 수 없으면 주장할 수 없다는 과학의 논리를 따르기 때문입니다. 그래서 학문으로서의 심리학은 보통 사람들의 예상과는 많이 다릅니다. 심리학에 흥미를 가지고 대학에 입학한 학생들 중 상당수가 자신의 예상과 다르다는 사실을 알고 혼란스러워합니다.

물리학, 화학, 생물학과 같은 학문이 과학이라는 것은 누구나 알기 때문에, 다시 말해 그 학문이 과학이라는 것을 누구도 의심하지 않기 때문에 스스로 과학임을 떠벌리지 않아요. 누가 봐도 과학이라면 스스로 과학이라고 외칠 필요가 없으니까요. 하지만 심리학은 스스로 "난 과학입니다. 난 과학이라고요!"를 외칩니다. 그만큼 심리학이 과학이 아니라는 오해와 비난을 수없이 받아왔고, 지금도 받고 있기 때문이죠. 따라서 심리학자 앞에 가서 심리학을 이야기할 때는 과학을 강조하는 것이 점수 따기에 그만입니다.

너무나, 너무나 다양한 심리학의 분야

주변에 심리학을 전공하는 사람이 있다면 한번 물어보세요. "심리학과에서는 뭘 배워?" 대학에서 심리학을 전공했다면 이 질문에 대수롭지 않게 반응하며 심리학과에서 배우는 내용에 대해 쭉 설명할 수 있을 것이라고 생각하겠지만, 아마 대부분은 우물쭈물할 것입니다. 왜냐하면 심리학에서 다루는 내용은 너무나 다양하기 때문입니다. 심리학을 '인간의 마음과 행동에 관해 과학적으로 접근하는 학문'이라고 한마디로 정의할 수는 있어도, 구체적으로 어떤 주제들을 다루는지에 대해 한마디로 말하는 것은 쉽지 않습니다.

대학에서 난생처음으로 심리학개론 수업을 들었던 때가 생각납니다. 심리학이 어떤 학문인지 전혀 알지 못한 상태에서 막연한 호기심을 가지고 수업에 들어갔습니다. 한 학기 동안 저는 적지 않게 놀랐습니다. 많은 사람이 그렇듯 저 역시도 심리학이라고 하면 정신분석의 프로이트를 필두로 온갖 정신병에 대해서 다루는 학문이라고 생각했습니다. 그러나 막상 심리학개론 책을 보니 프로이트는 코빼기도 보이지 않았습니다. 아니, 조금씩은 언급되니 코만 보인다고 해야겠네요. 그리고 제가 예상하지 못했던 신경세포와 뇌(생리심리학), 동물을 대상으로 한 온갖 실험(학습심리학), 유아의 성장(발달심리학), 환경의 영향(사회심리학) 등의 내용으로 가득 차 있었습니다.

생소한 내용들이 심리학이라는 학문 속에 모두 포함된다는 사실도 놀라웠지만, 이보다 더 놀라운 사실은 그 내용이 너무나 다양해서 서로 어울릴 것 같지 않다는 것이었습니다. 어떻게 하나의 학문이 이렇게 다양할 수 있는지, 아니 이런 모든 내용을 심리학이라는 하나의 학문으로 모

⮕ 심리학으로 파고들어 갈수록 너무도 다양한 내용들이 포함되어 있음을 알게 된다.

으는 것이 과연 타당한지 의문이 들었습니다. 그런데 본격적으로 심리학을 공부하면서 알게 된 사실은, 이것이 바로 심리학의 특징이라는 것이었습니다. 어디에선가 다음과 같은 글을 본 적이 있습니다.

Psychology is multidisciplinary field with different segments employing irreconcilable orientation.

이 문장은 '심리학은 방향성이 전혀 다른 다양한 분야들로 이루어진 학문이다'라고 번역할 수 있습니다. 너무나 정확한 표현입니다. 언뜻 보기에는 서로 연관성이 없는 내용들을 모아놓은 학문. 요리로 따지자면 짬뽕 같다고 할까요? 서로 어울릴 것 같지 않은 다양한 재료들이 모여서 하나의 멋진 요리를 만들어내는 것입니다.

그렇다면 왜 심리학은 이런 학문이 되었을까요? 간단하게 말하자면 인간의 마음에 대한 학문이 심리학인데, 이 세상에 인간의 마음과 연관되지 않은 것이 없기 때문입니다. 사람 사는 세상에 사람과 연관되지 않은 것은 거의 없습니다. 그 자체로는 사람과 직접적인 연관이 없다고 할지라도, 그것을 사용하고 움직이고 조작하는 주체는 사람이기 때문에 한 다리만 건너면 바로 사람의 마음과 연관되고, 더 나아가 심리학이라는 넓은 분야로 들어올 수 있게 되는 것입니다. 예를 들면 건강, 교통, 성*, 범죄, 산업, 조직, 영화, 학교, 스포츠, 인터넷 등이 모두 그렇습니다.

이러한 심리학의 특성 때문에 관심 대상 뒤에다가 심리학만 붙이면 새로운 심리학의 분야가 될 수 있습니다. 건강심리학, 교통심리학, 성심리학, 범죄심리학, 산업심리학, 조직심리학, 영화심리학, 학교심리학, 스포츠심리학, 인터넷 심리학 등이 그런 예입니다.

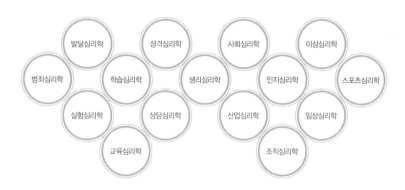

아직 우리나라는 심리학의 세부 분야가 많이 발달하지 못했지만, 미국의 경우에는 상당히 발달했습니다. 이를 단적으로 보여주는 예가 심리학회 산하에 있는 분과학회입니다. 2014년 3월 현재 한국심리학회의 산하 분과는 14개이고, 미국심리학회의 산하 분과는 56개로서 아주 다양한 심리학의 분야가 있음을 알 수 있습니다. 웹사이트에 방문해보는 것도 좋겠네요.

한국심리학회 http://www.koreanpsychology.or.kr
미국심리학회 http://www.apa.org

분트, 심리학의 아버지가 되다

뮤지컬 〈맘마미아〉에는 작은 호텔의 여주인이자 싱글맘인 도나와, 그녀의 딸 소피가 주인공으로 나옵니다. 어린 시절 아빠 없이 자란 소피는 결혼을 앞둔 어느 날, 엄마가 처녀 시절에 썼던 일기를 읽다가 자신의 아빠일 가능성이 있는 세 남자를 알게 됩니다. 소피는 엄마의 이름으로 결혼식 초대장을 보냅니다. 자신의 아빠가 누구인지 궁금했던 거죠. 결혼식 준비로 분주한 가운데 세 남자가 도착했고, 소피는 본격적으로 아빠를 찾기 시작합니다.

자신의 뿌리와 근원을 찾으려는 마음은 가족을 향하지만은 않습니다. 학자들도 비슷합니다. 자신이 몸담은 학문의 뿌리를 찾으려고 합니다. 그런데 부모를 찾는 일이야 유전자 검사라도 하면 명확하겠지만, 학문의 창시자를 찾는 일은 그렇지 않습니다. 만약 누구 한 명이 나타나 '내가 이 학문을 만들었다!'라고 주장하고, 다른 모든 사람들이 인정해주면 쉽겠지만 이런 일은 실제로 일어나지 않으니까요. 당연히 최고의 자리를 두고 시끄러울 수밖에 없죠.

심리학의 창시자가 누구인지에 대해서도 꽤 시끄러운 논쟁이 있었습니다. 도대체 심리학의 아버지는 누구일까요? 1960년대 미국의 심리학자들은 아버지 찾기에 혈안이 되어 있었습니다. 심리학이 탄생한 지 얼추 100년 정도가 되어가고 있는데, 정확히 언제가 100주년인지 의견이 모아지지 않았습니다. 이는 곧 심리학의 아버지가 누구이냐에 대한 논쟁으로 이어졌습니다.

두 명의 후보가 나왔습니다. 한 명은 페흐너였고, 다른 한 명은 분트였습니다. 철학자였던 페흐너는 1860년 심리학의 초기 실험 형태인 '정신물리학'이라는 새로운 분야를 개척한 공을 인정받았고, 의사였던 분트는 1879년 라이프치히 대학에 심리학 실험실을 설립했기 때문입니다. 두 사람 모두 인간의 정신 과정에 대해 과학적으로 접근했습니다. 시기로 보나 연구 방법의 독창성으로 보나 페흐너가 한 수 위였습니다만, 안타깝게도 페흐너는 자신의 정체성을 철학에서 찾았습니다. 유물론을 반박하려는 철학적 목표를 두고 연구를 진행했습니다. 반면 분트는 자신의 저서 《생리심리학의 원리》의 서문에서 다음과 같은 선언을 했습니다.

여기 내가 대중에게 공개하는 이 책은 과학에서 새로운 영역을 설정하고자 하는 시도다.

소피가 결혼식을 앞두고 세 남자를 초대한 후 "당신이 우리 아빠인가요?"라고 질문하듯, 심리학자들도 심리학 100주년이라는 행사에 두 남자를 초대한 후 "당신이 우리들의 아버지인가요?"라고 질문하는 모습이 상상이 되네요. 이때 페흐너는 "난 철학자야. 너희들의 아버지는 아닌 것 같구나."라고 대답했고, 분트는 "그래, 내가 너희들의 아버지다!"라고 대답한 것이나 마찬가지였죠. 이런 과정을 거쳐 결국 심리학의 아버지는 분트, 심리학의 시작은

1879년이라고 의견이 모아졌습니다. 이제 아
버지를 찾았으니 축제를 해야겠죠? 1979년
미국을 중심으로 전 세계 심리학자들은 심리
학 100주년을 기념하는 각종 행사 등을 통해
분트의 업적을 기렸습니다.

▲ 심리학의 아버지가 된 분트

　그렇다면 분트는 어떤 사람이었을까요?
분트는 1832년 독일에서 출생했습니다. 독일
뷔빙겐 대학과 하이델베르크 대학을 거쳐 의
학박사가 되었고, 6개월 동안 임상의로서 현
장에서 환자들을 만났지만, 이내 대학으로 돌아와 교편을 잡았다고 합니다.
동물과 사람을 대상으로 여러 실험을 진행한 결과를 모아 책으로 출간하곤 했
는데, 그중의 한 권이 바로《생리심리학의 원리》였다네요. 분트가 책 제목에
서 '생리'라는 용어를 사용한 이유는 생리심리학 자체가 주제라기보다는 인간
의 생리적인 과정을 연구하기 위해 생리학자들이 사용하는 과학적인 방법을
인간의 마음에 적용했기 때문이었습니다.

　이후 그는 여러 학교에서 활동하다가 1875년 라이프치히 대학으로 자리
를 옮겼습니다. 대학에 연구실 자리를 마련해달라고 요청했지만, 자연이 아
닌 마음을 연구하겠다는 분트의 연구 방향이 달갑게 받아들여지지 않았던 터
라 거부당했습니다. 결국 1879년 학생들의 저녁 식사를 위해 사용되던 작은
방을 확보해 심리학 실험실을 세우게 된 것이죠. 이 연구소에서 그는 사람의

당신은 심리학에 대해 얼마나 알고 있나요

감각 기관이나 지각 과정, 의식 등 정신 과정을 다양한 방식으로 연구했습니다. 분트는 초기에 주로 실험실 연구를 했지만, 인생의 마지막 20년은 언어나 문화처럼 실험으로는 접근하기 어려운 주제들을 연구하면서 실험실 밖의 연구도 중요하게 여겼습니다.

새로운 학문인 심리학에 관심을 갖는 사람들은 최초의 심리학 실험실이 있는 라이프치히 대학으로 몰려왔고, 분트는 수많은 제자들을 키워냈습니다. 그중의 한 명이 구조주의라는 학파를 창시한 티치너였고, 기억 연구로 유명한 에빙하우스도 있습니다. 그리고 정신분열 연구의 선구자인 크레펠린도 있고요.

마음에 대한 관심을 철학에서 과학의 영역으로 가져온 분트는 1920년에 세상을 떠났으며, 그가 세웠던 심리학 실험실은 1943년 제2차 세계대전 중 연합군의 폭격으로 파괴되었습니다. 파괴되지 않았다면 심리학자들의 성지가 되었을 텐데 말입니다.

Chapter 02

진짜와 가짜 구별하기

세상에는 진짜와 가짜가 존재합니다. 소위 명품이라 불리는 고가의 가방이나 옷은 물론 정보화 사회에 걸맞게 IT 제품 역시 가짜(모조품)가 판을 치고 있습니다. 음식점도 그렇습니다. 원조(元祖)는 분명히 한 곳이어야 하는데 너도나도 원조라고 합니다. 시장에서도 식자재의 원산지를 속여서 팔기도 하죠. 전문가가 아니라면 가짜와 진짜를 구분하기 어려운 세상입니다.

심리학도 이와 비슷합니다. 여기저기서 심리학 운운하기에 무엇이 진짜 심리학이고, 가짜 심리학인지 구별하기가 어렵습니다. 이 사람과 저 사람의 이야기가 다르니까요. 심리학 세상으로 한 걸음 더 들어가서 진짜와 가짜를 구별해볼까요?

상담이나 치유, 힐링과 다른가요

2010년부터 대한민국에는 힐링 열풍이 불었습니다. 어디를 가도 무엇을 해도 그리고 누구를 만나도 힐링을 마주하지 않을 수 없을 정도였죠. 대표적으로는 출판업계가 그랬습니다. '힐링'이라는 검색어를 입력하면 국내 도서만 100권이 넘게 검색되었고, 서점 진열대의 에세이 코너를 살펴보면 온통 힐링 관련 책들이었습니다. 종합 베스트셀러 목록에도 힐링을 다룬 책이 빠지지 않을 정도로 인기였습니다.

방송계도 비슷했습니다. S방송사에서는 힐링이라는 키워드를 가지고 유명인을 초대해 지극히 개인적인 이야기를 들려주었으며, 진행자와 게스트는 물론 시청자들도 함께 눈물을 흘리곤 했습니다. 이 외에도 젊은 세대를 겨냥해 명사들이 주축이 되어 아픔을 위로하고 마음을 보듬어주는 강연과 토크쇼도 많았습니다.

힐링 열풍은 심리학에 득이 되기도 하고 독이 되기도 했습니다. 분명 사람들은 이전보다 자신의 마음에, 그리고 심리학이라는 학문에 관심을 가지게 되었습니다. 누구나 다가갈 수 있는 심리학을 꿈꾸는 저 같은 사람의 입장에서는 더없이 반가운 일이죠. 그러나 그 관심이 지나치게 심리학의 한 분야인 '상담'에 국한되었다는 점에서는 너무나 아쉽습니다. 그렇지 않아도 '심리학 = 상담'이라고 생각하는 사람들이 많았는데, 이런 오해를 더욱 부추기는 결과가 되었습니다.

분명 심리학자들 중에는 상담심리나 임상심리처럼 심리치료와 관련

된 일을 하는 사람들이 압도적으로 많습니다. 심리치료는 심리학뿐만 아니라 아동학(아동치료), 가정학(가족치료)을 비롯해 교육학(교육상담), 종교(기독교상담, 불교상담 등), 그리고 사회복지학, 간호학, 의학에서도 다룹니다. 그러니까 인간의 상처 난 마음을 치료하는 일은 여러 학문에서 여러 분야의 전문가들이 참여하는 전문 영역이지, 그 자체가 심리학은 아닙니다.

대학에서 심리학과 교수들의 전공 분야만 봐도 상담심리는 그저 심리학의 한 분야일 뿐입니다. 상담 이외의 전공을 한 심리학자들은 사람들의 이런 오해에 대해 불쾌해합니다. 자신을 심리학자라고 소개하면 십중팔구 개인적인 심리적 아픔을 꺼내면서 조언을 구하니, 다시 말해 자신을 상담가로만 생각하니 얼마나 불쾌하겠습니까?

가수 조영남 씨가 1970년대 불렀던 가요 중 '최진사 댁 셋째 딸'이라는 노래가 있습니다. 가사 일부는 이렇습니다. "건넛마을의 최진사 댁에 딸이 셋 있는데, 그중에서도 셋째 따님이 제일 예쁘다던데, 아따 그양반 호랑이라고 소문이 나서, 먹쇠도 얼굴 한 번 밤쇠도 얼굴 한 번 못 봤다나요."

동네에서 셋째 딸이 예쁘다고 소문나면 다른 두 딸은 그리 유쾌하지는 않을 것입니다. 그래서일까요? 다른 분야의 심리학자들은 상담 분야를 그리 달가워하지 않습니다. 심리학이 지향하는 과학의 방법론과는 잘 맞지 않기도 하고, 심리학의 모든 관심을 상담 분야가 가져간다는 상대적 박탈감 때문이기도 하겠지요.

앞서 말씀드렸듯이 심리학은 상처 입은 마음을 치유하기 위해 시작된 학문이나 전문 분야가 아닙니다. 인식론이라는 철학적 관심에 과학적 방법을 적용하면서 생겨난 분야입니다. 이후에 상담을 전문으로 하는 심리학자들이 생겨나면서 심리학의 한 분야로 자리 잡았을 뿐입니다. 혹시 여러분이 심리학자를 만나게 된다면 대뜸 "저에게 이런 상처가 있어요. 어떻게 하면 치유될 수 있을까요?"라고 물었다가 불쾌한 얼굴을 보거나 불친절한 답변을 듣지 말고, "어떤 전공이신가요? 생리나 인지, 아니면 사회심리? 아니면 산업 및 조직심리 전공이신가요?"라고 물어보세요. 온화한 얼굴로 친절한 답변을 듣게 될 것입니다.

독심술 아닌가요

요즘은 좀 줄긴 했지만 여전히 심리학을 독심술 정도로 아는 사람들이 있습니다. 예전에는 대학에서 심리학을 공부한다고 소개하면 "아, 제 마음을 들키지 않도록 조심해야겠네요."라거나 "제가 지금 무슨 생각을 하고 있는지 맞혀보세요."라고 말하는 사람들이 적지 않았거든요. 최근에는 심리학에 대한 인식이 전보다는 나아졌기 때문에 말도 안 되는 소리를 하는 사람들은 줄었지만, 약간 다른 방식으로 심리학을 독심술로 오해하는 경우가 있습니다.

> "제가 미드(미국 드라마)를 좀 좋아하는 편이에요. 〈라이 투 미〉라는 미드를 보았는데, 주인공인 심리학자는 사람의 얼굴 표

정을 딱 보면 어떤 감정인지 바로 알아맞히더라고요. 〈크리미
널 마인드〉라는 미드는 FBI에서 활동하는 프로파일러들의 이
야기인데, 이 사람들도 여러 자료를 토대로 범죄자의 성향이
나 성장 배경 등을 예측해요. 물론 심리학이 독심술이 아닌 것
은 알지만, 이런 것을 보면 정말 독심술이 맞긴 맞구나 하는 생
각이 들어요."

"얼마 전《스눕》이라는 책을 읽었는데, 이 책에서는 사무실이나
침실 같은 개인적인 공간을 살펴보면 주인의 성격을 예측할 수
있다고 했어요. 어떤 다큐멘터리를 보니 가트맨이라는 심리학
자가 나와서 하는 말이, 자신은 부부나 커플이 10분 정도 말다
툼하는 것을 들어보면 앞으로의 관계가 어떻게 될지, 즉 이혼
이나 별거를 예측할 수 있다고 했고요. 정말 신기해요."

물론 여기서 언급된 내용들은 실제 심리학자들의 활동과 관련이 있
습니다. 〈라이 투 미〉의 모델이 된 심리학자 에크먼 박사는 FBI, CIA
등에서 실제로 범죄 용의자나 테러리스트의 표정 및 심리 분석에 관한
조언을 하는 정서 분야의 권위자입니다. 프로파일러 역시 범죄심리학
에 관한 훈련을 받은 사람들이죠.《스눕》의 저자 샘 고슬링은 오스틴 텍
사스 대학의 심리학 교수이고, 가트맨 박사 역시 세계적인 부부치료 권
위자입니다.

문제는 비록 드라마나 대중서, 다큐멘터리가 현실을 반영한다고 할
지라도 흥미와 재미 위주로 이야기를 전개할 수밖에 없다는 것입니다.

이들의 연구 결과만을 놓고 본다면 독심술처럼 반짝거리지만, 이것을 알아내기 위해 수십 년 동안 엄청난 시행착오를 거쳤고 난해한 자료들과 씨름해야 했다는 사실을 잊어서는 안 됩니다.

에크먼 박사는 1960년대부터 인간의 정서를 연구하던 중, 문화와 인종에 상관없이 사람들의 얼굴 표정이 감정에 따라 동일하다는 것을 발견했습니다. 물론 문화와 성격에 따라 자신의 얼굴 표정을 바꾸기도 하지만, 에크만 박사는 사람들이 바꿀 수 없는 얼굴 표정이 있음을 알아냈습니다. 바로 1/15초 동안만 나타나는 미세표정이 그것이었습니다. 그는 수십 년간 미세표정만을 연구했고, 그 결과 '딱 보면 아는' 놀라운 능력(?)을 갖게 되었다고 합니다.

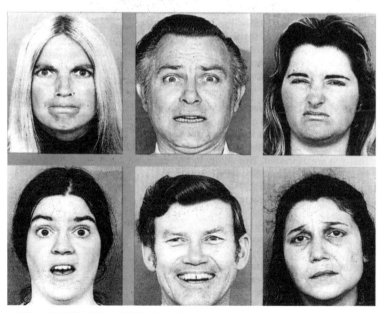

▲ 얼굴 표정은 문화와 인종에 상관없이 어느 곳에서나 감정에 따라 동일했다.

가트맨 박사도 1970년대부터 무려 3,000쌍 이상의 부부들의 상호작용을 24시간 비디오로 촬영, 관찰하면서 상황에 따른 심장박동 수와 혈류량, 땀이나 소변 속의 스트레스 호르몬 양을 측정했습니다. 이를 통해 부부간의 상호작용이 인체에 미치는 과학적이고 수학적인 자료를 얻어냈습니다. 그리고 연구에 참여했던 부부들을 계속 추적하면서 이혼이

▲ 드라마 〈크리미널 마인드〉는 FBI 범죄행동분석반에서 강력범죄를 전담하는 프로파일러가 등장한다.

당신은 심리학에 대해 얼마나 알고 있나요

나 별거 여부를 조사했죠. 또한 통계적으로 말다툼의 어떤 부분이 이혼이나 별거를 예측하는지 확인해보았습니다. 그 결과 부부 관계를 악화시키는 네 가지 요소(비난, 경멸, 방어, 담 쌓기)를 발견했습니다. 그는 어떤 부부든 15분 정도 일상적인 대화만 들어도 앞으로 이혼할지 안 할지를 95퍼센트 정도 예측할 수 있다고 합니다. 정말 놀라울 따름입니다.

심리학자들의 연구 결과만을 놓고 보면 심리학이 독심술처럼 보일 수 있겠지만, 하나의 결론을 얻기 위해 수십 년의 시간과 수만 번의 시행착오를 겪었다는 것을 알아야 합니다. 게다가 심리학자들은 심령술사나 점쟁이처럼 자신들의 예측을 단정적으로 이야기하지 않는다는 사실도 독심술과의 차이라고 할 수 있습니다. "네 표정을 보니 넌 이런 감정이군." "당신들의 말다툼을 들어보니 10년 후에 갈라서겠군." "당신의 방을 보니 외향적이군." "이 범죄자는 어린 시절 친구들로부터 따돌림을 당했어요."라고 하지 않습니다. 비록 미드나 책, 다큐멘터리에서는 그렇게 나올지라도 말이죠. 심리학자들은 자연과학자들이 하는 것처럼 주어진 자료에 근거해 확률적으로 예측할 뿐이니 틀릴 가능성도 얼마든지 있습니다.

물론 독심술도 심리학도 사람의 마음에 대해 관심을 갖는다는 점에서는 같지만, 독심술이 직관적으로 알아차리고 매우 확신에 찬 목소리로 단정 짓는 것이라면, 심리학은 객관적인 자료를 수집해서 오랜 시간 연구를 통해 조심스럽게 확률적으로 예측하는 것입니다. 심리학 공부를 하면 세상 사람들의 마음이 명쾌하게 보일 것이라고 기대하는 사람들은 결국 실망만 하게 됩니다. 심리학 공부를 하기 전보다 사람의 마음에 대해 더 모호해졌고 더 조심스러워진 자신을 발견하기 때문이죠. 하지만 심리학이 다루는 대상은 몸보다 더 중요할 수 있는 인간의 마음이기 때문에 한없이 조심스러워해야 하지 않을까요?

꿈이 마음을 잘 드러내던데요

심리학자라고 하니 사람들이 꿈에 대해서 물어올 때가 종종 있습니다. 어떤 사람은 "심리학에서는 꿈을 어떻게 보느냐?"라는 단순한 질문을 하기도 하고, 어떤 사람은 자신의 꿈을 아주 상세히 기록해 보내주면서 막무가내로 "해석해달라!"고 요구하기도 합니다.

우리는 대략 하루의 1/3을 잠으로 보냅니다. 그리고 그 시간에 꿈을 꿉니다. 당연히 사람들이 꿈에 대해서 관심을 가질 수밖에요. 그러한 관심은 증명되지 않은 다양한 속설로 우리의 삶 속에 전해 내려오고 있습니다.

> 꿈은 현실과 반대다.
> 꿈에서 조상을 뵈었을 때에는 복권을 사라.
> 꿈을 꾸면 깊이 자지 못한 것이다.
> 임신 중 꾼 꿈(태몽)은 아이의 미래를 알려준다.
> 꿈(예지몽)을 통하여 미래를 알 수 있다.

사람들은 꿈을 우리의 삶과 밀접하게 연결하고 있습니다. 단지 수면 중에 일어나는 현상으로만 보지 않고, 그것을 넘어서 어떤 기능을 하는 것으로 봅니다. 그리고 더 나아가 꿈이 우리의 마음을 드러낸다고 봅니다. 하지만 심리학에서는 꿈에 대해서 거의 가르치지 않습니다. 이것은 심리학이 꿈을 무시한다거나, 꿈이 중요하지 않기 때문은 아닙니다. 과학적인 방법으로는 꿈을 연구하기가 어렵기 때문입니다. 과학적인 방법이란 객관적으로 자료를 수집하고, 그것을 논리적으로 분석해서 인과 관계를 밝히는 것입니다.

꿈이 심리학자들의 연구 대상이 되기 어려운 이유는 바로 객관성을 확보하기가 쉽지 않아서입니다. 꿈을 연구하려면 사람들의 보고에 의존해야 합니다. 하지만 누가 꿈을 정확하게 기억하고 보고할 수 있을까요? 사람들이 꿈에 대해서 의도적으로 거짓 보고를 해서가 아닙니다. 꿈은 기억에서 금세 사라지기 때문입니다. 그리고 설사 기억에 남아 있다고 하더라도, 그것이 꿈에서 경험한 것인지 아니면 과거에 실제로 경험한 것인지는 입증하기가 어렵습니다.

이렇게 꿈이란 것은 분명히 존재하는 현상이기는 하지만 그 실체를 알기가 너무 어렵습니다. 게다가 꿈의 내용은 단순하거나 간단하지가 않죠. 아주 복잡하고 다양합니다. 논리적이기보다는 비논리적이라서 말이 안 되는 꿈도 많습니다. 그렇기 때문에 그 안에서 질서를 찾기가 어렵고, 질서 사이의 인과 관계를 알기가 어렵습니다. 결국 과학의 대상이 되기 위해서 필수적으로 있어야 하는 요소인 '규칙'을 발견하기가 어렵습니다. 하지만 언젠가 과학이 발달하여, 우리의 뇌에 전극을 꽂아 꿈을 모니터로 볼 수 있는 시대가 온다면 꿈을 연구하는 심리학자들이 많아지겠죠.

그렇다면 꿈에 대해서 관심을 갖는 심리학 분야는 없는 걸까요? 물론 있습니다. 바로 심리치료를 하고 있는 심리학자들입니다. 이들은 심리치료를 받는 내담자를 이해하기 위해서, 그리고 내담자가 원할 때 꿈을 다룹니다. 내담자에게 꿈을 적어보라고 먼저 요구하기도 하고, 스스로 궁금하게 여겨 자발적으로 꿈을 적어오는 내담자들과 꿈에 대해서 이야기를 나누기도 합니다. 하지만 단지 꿈만 가지고 직접적인 해석을 하기보다는, 꿈을 통해 내담자가 자신의 내면을 더 잘 탐색할 수 있도록 도와줍니다. 내담자와의 이야기보다 꿈을 중요시하지는 않습니다.

어떤 사람들은 꿈을 통해 대소사를 결정하려고 합니다. 작게는 복권 구입부터 크게는 이사나 대학 진학, 이직, 심지어 결혼까지도 꿈의 영향을 받습니다. 그러나 꿈은 꿈일 뿐입니다. 꿈을 무리하게 현실화하려고 하면, 우리의 삶은 꿈(vision)이 아닌 악몽(nightmare)으로 변할지도 모릅니다.

신기한 최면의 세계

잊을 만하면 TV에 최면술사가 등장합니다. 연예인들에게 최면을 걸고 "무엇이 보이느냐?" "당신은 누구냐?" 등의 질문을 하면 연예인들은 엇비슷한 대답을 합니다. 예를 들자면 사랑하는 사람과 사랑을 이루지 못하고 억울하게 죽었다든지, 한 나라의 왕자였는데 전쟁에서 목숨을 잃었다든지 등의 이야기입니다. 이런 이야기에 대해 최면술사가 "이것이 바로 이 사람의 전생입니다."라고 하면 방청객과 MC들은 모두 신기한 듯이 탄성을 연발합니다. 이런 방송을 보면 사람들의 태도는 보통 두 가지로 갈립니다. 하나는 최면이 전생을 체험하는 방법이라고 믿는 쪽, 다른 하나는 말도 안 되는 사기라며 믿지 않는 쪽입니다. 그렇다면 최면은 과연 무엇일까요? 심리학과 관련이 있는 걸까요?

인류는 오래전부터 최면을 치료의 한 방법으로 사용해왔습니다. 고대에는 마법사나 주술사, 성직자들이 최면을 이용하여 질병을 치료했다는 기록이 남아 있습니다. 하지만 중세를 거치면서 최면은 자취를 감추었습니다. 그러다가 의사였던 메스머가 다시 사용하기 시작한 이후로 최면은 사람들의 관심을 끌기 시작했고, 19세기 중반부터는 최면을 사용한 마취로 많은 외과 수술이 이루어지기도 했습니다. 정신분석의 창시자 프로이트 역시 한때 최면을 사용하기도 했죠.

심리치료 분야에서 최면을 사용하기도 하지만 아직까지는 심리학자들보다 정신과 의사들이 치료 목적으로 최면을 사용하고 있습니다. 최근에는 최면치료의 다양한 효과들이 보고되면서 새로운 관심이 일어났습니다. 정신과 의사들은 최면 상태에서 암시를 주어서 부정적 기억은 완화하고, 긍정적 자세를 고취하기도 합니다. 예를 들면 최면을 이용하여 금연과 다이어트에 성공하는 사례들입니다. 음식 조절이 필요한 사람에게는 다이어트에 대한 암시를 주고, 금연이 필요한 사람에게는 금연에 대한 암시를 주기도 합니다.

최면에 대한 연구가 미국을 비롯한 구미 각국에서 활발해진 결과 1958년 미국의학협회는 최면을 공식 의료 기술로 인정했고, 미국심리학회도 2001년 최면을 비만치료의 보조치료로 인정했습니다. 우리나라에서도 몇몇 정신과 의사들이 최면을 이용하여 치료하고 있으며, 국립과학수사연구소에서도 수사의 목적으로 이 방법을 사용하기도 합니다. 이렇게 최면은 과학적 접근을 하는 사람들 사이에서도 점차 인정받고 있다고 할 수 있습니다.

그렇다면 최면은 과학적일까요, 비과학적일까요? 이 질문은 틀린 질문입니다. 왜냐하면 최면은 하나의 '현상'이기 때문이죠. 최면은 뇌과학의 입장에서 보자면 수면보다는 각성된 상태, 그러나 몸은 이완된 편안한 상태입니다. 뇌에서는 알파파가 나오는 고도의 집중 상태라고도 할 수 있습니다. 최면에 유도된 사람들은 보통 최면 중에 일어난 일에 대해 모두 기억하는데, 이것은 최면이 수면과는 다르다는 것을 보여줍니다. 결국 최면은 부인할 수 없는 하나의 현상입니다.

▲ 최면을 통해 전생을 말하는 것에 대해서는 입증된 것이 없다.

　최면은 우리의 마음을 드러내는 한 가지 수단으로, 이를 적절히 사용하는 심리학자들이 있습니다. 일례로 국립과학수사연구소는 2003년 10월 결혼한 지 2개월밖에 안 된 남편이 살해된 사건을 수사하게 되었습니다. 이 장면의 유일한 목격자는 부인이었는데, 심리적 충격으로 범인의 얼굴을 기억할 수 없었다고 합니다. 우리의 마음은 심리적 충격을 받으면 그 기억을 억압하는 경향이 있기 때문입니다. 이때 부인에게 억압된 기억을 떠올리게 하기 위해 최면을 걸었습니다. 그 결과 부인이 최면 상태에서 범인의 얼굴을 기억할 수 있었고, 이를 토대로 몽타주를 그려 결국 범인을 잡을 수 있었습니다.

　분명 최면이라는 현상은 신기합니다. 하지만 이 신기한 면만을 이용해서 돈만 벌려는 것은 옳지 못합니다. 또한 신기한 최면 역시 전혀 신기하지 않은 우리의 일상을 뒷받침하는 도구일 뿐이라는 것을 잊지 말았으면 합니다.

2

심리학, 나를 이해하다

: 나를 설명하는 심리학

Chapter 01

나의 역사, 그것이 나다

: 발달심리학

발달심리학은 사람의 마음과 행동이 어떻게 발달하는지를 연구하는 분야입니다. 태아기부터 시작하여 영유아기, 아동기와 청소년기를 거쳐 성인에 이르기까지 마음과 행동이 어떻게 성장하고 발달하는지를 다룹니다. 연구 주제로는 애착, 자존감, 지능, 성격, 뇌, 아동기 정신장애 등이 있습니다.

예전에는 성인 이전의 시기, 즉 아동기를 주로 다루었습니다. 중년 이후에는 발달(긍정 변화)하는 것이 아니라 늙어간다는 관점이 지배적이었기 때문입니다. 하지만 중년 이후에도 일부 정신 기능은 발달한다는 것이 입증되면서 심리학자들은 전생애 발달에 대해 관심을 갖게 되었습니다.

정말 엄마 탓일까 – 애착과 기질, 그리고 환경

심리학 공부를 하다 보면 한 번쯤 엄마를 원망하게 됩니다. 심리상담을 받는 경우도 비슷합니다. 엄마는 "얘가 심리학 공부를 하더니 이상해졌다."라며 난감해합니다. "심리학 공부를 하면 사람을 더 잘 이해해야 하는 것 아니냐!"라면서 핀잔을 주기도 합니다. 물론 일시적인 현상입니다. 더 깊이 있게 공부하다 보면 자신과 부모에 대한 이해가 더 깊어져서 이런 부작용은 사라지죠.

도대체 심리학 공부 도중에 어떤 것을 알았기 때문에 엄마를 탓하는 걸까요? 여러 가지가 있겠지만, 그중 하나가 발달심리학에서 중요하게 다루는 '애착'입니다. 일반적인 의미에서 애착이란 '몹시 사랑하거나 끌려서 떨어지지 않는 마음'을 의미합니다. 애착의 대상은 사람뿐 아니라 물건이나 일, 삶이 될 수도 있죠. 하지만 심리학에서의 애착은 이런 의미와 사뭇 다릅니다. '생후 1~2년 이내에 자신을 돌보는 양육자와 형성하는 상호적이고 감정적인 유대관계'를 의미합니다.

생의 초기에 애착이 형성되는 것은 아기가 무력하기 때문입니다. 아기에게 양육자는 생명 유지 장치와도 같습니다. 아기가 먹는 것과 자는 것, 입는 것이나 변을 보는 것 등 어느 하나도 양육자의 도움 없이는 불가능하니까요.

양육자가 스스로는 아무것도 할 수 없는 아기를 전적으로 보살피는 이 과정은 아기의 이후 삶에 적지 않은 영향을 미친다는 것이 심리학자들의 일관된 연구 결과입니다. 어린 시절 양육자와 안정되게 애착을 형성하면 또래와의 관계도 좋고, 리더십도 뛰어나며, 학업 성적도 좋은 것으로 나타났습니다. 그리고 문제 상황에 직면해서도 덜 불안해할 뿐 아니라 문제를 해결하는 능력도 뛰어난 것으로 나타났습니다. 이를 안정 애착이라고 합니다. 아기가 안정 애착인 경우 자기 자신이나 이 세상에 대해서 긍정적이며, 신뢰감과 안정감을 느끼기에 낯선 환경에서도 위축되지 않습니다. 그야말로 양육자가 줄 수 있는 최고의 선물이 아닐까 싶을 정도죠.

▲ 심리학에서 애착은 아기가 양육자와 형성하는 상호적이고 감정적인 유대관계를 말한다.

심리학, 나를 이해하다

그렇다면 어떻게 해야 안정 애착을 형성할 수 있을까요? 심리학자들은 양육자의 반응에 주목했습니다. 안정 애착을 형성한 아기들의 양육자는 아기들의 신호에 민감하고 일관되게, 그리고 안정적으로 반응해준다는 사실을 확인했죠. 이런 경험으로 아기는 양육자가 자신의 필요를 언제든 채워줄 것이라는 믿음과, 자신이 그런 대우를 받을 만한 꽤 괜찮은 존재라는 믿음을 갖게 됩니다. 이와 더불어 아기가 울거나 보챌 때에도 인내심을 갖고 달래고, 평소 애정과 사랑으로 안아주는 것도 중요합니다. 정서적으로 안정감을 느끼게 하기 때문이죠.

반면 불안정 애착을 형성한 아기들의 양육자는 아기들에게 예민하게 반응하지 못하는 경우가 많았습니다. 아기가 배가 고파 칭얼거리거나 기저귀가 축축해서 울어도 늦게 반응했습니다. 아기의 감정을 달래주지 못하기도 하며, 잘 안아주지 않는 경우도 많았습니다.

자, 이쯤 되면 심리학 공부를 하면 왜 엄마 탓을 하게 되는지 눈치챘겠죠? 보통의 경우 엄마가 양육자입니다. 자신의 안 좋은 성격, 부족한 리더십, 나쁜 학업 성적, 낮은 자존감과 원만하지 않은 대인관계의 원인을 어린 시절 엄마의 양육 방식에서 찾기 때문입니다. 다시 말해 "엄마가 날 이렇게 키웠다."라고 엄마에게 따지고 든다는 이야기죠. 심리학 공부를 하기 전에는 자신의 단점이 왠지 엄마 때문일 것 같다는 막연한 느낌뿐이었는데, 심리학 공부를 하면서 확신을 갖게 되는 셈입니다.

하지만 최근에는 양육자 못지않게 아기도 중요한 역할을 한다는 주장이 힘을 얻고 있습니다. 양육자가 아기에게 절대적인 영향력을 행사하여 마치 양육자에 의해 모든 것이 결정된다는 식의 논리를 완전히 뒤엎는 것이죠. 심리학자들에 따르면 아기들의 '기질'에 따라서 양육자의 태도와 반응이 달라질 수 있다고 합니다.

　기질이란 무엇일까요? 어떤 아기는 잘 웃고 쾌활하지만, 어떤 아기는 잘 울고 보챕니다. 또 어떤 아기는 외부 자극에 대해 반응과 행동이 느리지만, 어떤 아기는 예민하게 반응합니다. 이런 차이가 나타나는 것은 기질이 다르기 때문입니다. 미국 심리학자 토마스와 그의 동료들은 1950년대부터 시작한 뉴욕종단연구(NYLS)를 통해 아기들의 기질을 크게 세 유형(순한, 까다로운, 반응이 느린)으로 구분했습니다. 전체의 40퍼센트를 차지하는 순한 영아는 행복하게 잠을 자고 일어나며, 장난감을 가지고 혼자서도 잘 놀고, 쉽게 당황하지 않습니다. 또한 낯가림이 적고 새로운 생활 습관에 잘 적응하는 편이죠. 반면 전체의 10퍼센트를 차지하는 까다로운 영아는 쉽게 울고 보채며, 낯가림이 심하고, 좌절 상황에서 강한 반응을 보이기 때문에 낯선 상황에 적응할 시간이 필요합니다. 전체의 15퍼센트를 차지하는 반응이 느린 영아는 수동적이며, 새로운 상황에 대해 움츠러들지만, 기회가 주어지면 조금씩 흥미를 갖게 되었다고 합니다. 나머지 35퍼센트 정도의 영아는 세 유형으로 구분하기 어려웠다고 하는군요.

　기질은 이처럼 아기의 정서와 운동, 외부 자극에 대한 주의 집중과 반응, 그리고 자기 조절과 연관이 있기 때문에 엄마의 양육 태도와 애착 형성에 영향을 미칩니다. 생각해보세요. 출산 자체만으로도 엄마에게는 큰 스트레스가 되는데, 아기가 밤새도록 울고 보채고 낮에도 계속 칭얼거린다면 어떤 엄마라도 아기를 일관되고 안정감 있게 돌보기는 힘들겠죠. 하지만 아기가 밤에 잘 자고 낮에도 기분이 좋아 엄마를 향해 자주 웃는다면 보다 수월하게 아기를 돌볼 수 있고, 안정 애착을 형성하기도 더 쉬울 것입니다.

기질에 대해서 잘 몰랐을 때에는 아기를 양육자와의 관계에서 수동적인 존재로 보았습니다. 결국 아기의 애착이나 성격, 인지발달 등 모든 것이 양육자의 책임이라고 생각했습니다. 그러나 이제는 아기도 기질을 통해 양육자에게 적지 않은 영향을 미치고 있다는 사실을 알게 되었습니다. 이제 심리학 공부를 하는 사람들은 엄마에게 "나 왜 이렇게 키웠어?"라고 따지기 전에, "엄마, 나 키우기 수월했어? 까다로웠어?"라고 질문을 해야겠네요.

아기의 기질처럼 애착 형성에 영향을 미치는 요인들을 더 살펴볼까요? 먼저 산모의 심리 상태도 중요합니다. 산모의 85퍼센트는 산후에 우울감을 느끼며, 10~20퍼센트 정도는 우울감이 심해져서 산후 우울증을 경험한다고 합니다. 또한 임신과 출산을 기점으로 갑상선 호르몬에 이상이 생겨 신체와 감정 조절에 어려움을 겪기도 합니다. 갑상선 호르몬의 기능이 저하되면 몸이 금세 지치며 우울감을 느끼고, 반대로 기능이 항진되면 심장이 빠르게 뛰는 등 신체 반응이 지나치게 활발해져서 불안을 느끼기도 합니다. 이런 상황에서 산모가 양육에 온전히 집중

하기란 어려운 일이죠.

부부 관계를 비롯해 양육자를 둘러싼 환경 역시 중요합니다. 한 생명의 출산은 부부와 부부를 둘러싼 모든 가족에게 큰 변화이자 도전입니다. 부부가 서로를 이해하지 못하고 다툼이나 갈등이 잦으면 산모에게 부정적인 영향을 미칩니다. 행여나 시댁이나 처가와의 갈등까지 더해진다면 질 좋은 애착은 더 쉽지 않은 일입니다. 산모가 아기에게 세심하고 일관되게 반응하기 위해서는 심리적 안정감이 절대적으로 중요하기 때문입니다.

하나의 생명이 탄생해서 평생의 기초를 닦는 일인 애착은 단지 엄마만 노력하고 애쓴다고 될 문제는 아닙니다. 아기들은 막무가내로 자신의 필요를 채워달라고 요구하죠. 밤낮은 물론, 엄마의 건강이나 기분 상태를 가리지 않으며, 가릴 수도 없으니까요. 이렇다 보니 엄마가 안정 애착을 위해 필요한 일관되고 안정된 반응을 보이기란 결코 쉬운 일이 아닙니다. 주변의 도움이 절대적으로 필요하고 중요합니다. 한 사람의 인생에 큰 영향을 미치는 애착 형성은 엄마와 아빠, 그리고 시댁과 처가 등 모든 가족이 함께 준비하고 노력해야 합니다.

엄마 못지않은, 때로는 엄마보다 뛰어난 – 아빠 효과

사람들은 자녀에게 미치는 아빠의 영향이 간접적이라고 생각합니다. 아빠가 자녀를 위해 할 수 있는 일이라곤 단지 돈을 많이 벌어다 주는

것이라고들 생각하죠. 아내가 안정된 심리 상태와 든든한 경제력으로 아이를 키울 수 있도록 환경을 조성해주기만 하면 최선이라고 합니다.

그래서일까요? 자녀가 잘못을 저질렀을 때 그 책임을 엄마에게 돌리는 경우가 많습니다. 학교에서 문제를 일으키면 교무실에서 손이 발이 되도록 비는 사람은 아빠가 아닌 엄마가 아니던가요? '엄마라는 이름의 죄인'이라고 표현할 정도니 두말할 필요가 없죠. 물론 자녀가 뛰어난 성공을 거두어도 주목받는 사람은 엄마입니다. 시중에 나와 있는 자녀교육서는 주로 엄마들을 겨냥하고 있습니다. 그런 책은 엄마만 잘하면 자녀가 대통령이라도 될 것처럼 말합니다. 과연 자녀에게 대단한 영향을 미치는 사람은 아빠가 아닌 엄마일까요?

1960년대부터 시작된 아빠 양육에 대한 연구는 기존의 생각이 틀렸다고 말합니다. 아빠가 자녀에게 미치는 영향이 엄마 못지않을뿐더러, 여러 영역에서는 오히려 엄마보다 뛰어나다고 주장합니다. 일례로 아빠가 양육에 무관심한 가정에서 자란 아이들은 ADHD를 비롯해 각종 아동기 정신장애를 겪거나 비행 행동을 저지를 가능성이 크고, 우울감도 더 많이 느끼며, 자살할 확률도 높다고 합니다. 반면 아빠가 양육에 참여하는 가정에서 자란 아이들은 자신의 삶에 만족하고, 행복을 많이 느끼며, 심리적으로 건강했다고 합니다. 게다가 지능과 사회성, 정서의 조절과 통제, 학업 성취도가 뛰어나고, 학교 생활도 즐겁게 하는 경향이 있었습니다. 정말 놀랍지 않나요?

▷ 아이에게 미치는 아빠의 영향력은 엄청나다.

이렇게 자녀에게 미치는 아빠의 강력한 영향력을 미국 UC 리버사이드 대학의 로스 파크라는 심리학자는 '아빠 효과father effect'라고 명명했습니다. 지금은 그 어떤 과학자들도 아빠 효과를 부정하지 않습니다. 아빠는 엄마가 줄 수 없는 그 무엇을 아이들에게 줄 수 있습니다.

여기서 한 가지 의문이 듭니다. 왜 우리는 엄마의 영향만을 중요시했을까요? 우리는 너무나 자연스럽게 아빠는 생계 부양을, 엄마는 가사와 육아를 담당해야 한다고 생각합니다. 이런 구분이 인류 사회에 자리 잡은 지는 사실 얼마 되지 않습니다. 농경 사회에서는 부부가 공동 작업자이자 공동 양육자였죠. 성인이 된 자녀들은 결혼 후에도 부모와 함께 살면서 대가족을 이루거나 같은 지역에 살았기 때문에 어쩌면 생계와 양육은 가족을 떠나 지역 공동체의 몫이었습니다.

심리학, 나를 이해하다

하지만 18세기 중반 산업혁명과 함께 시작된 도시화는 기존의 가족 제도를 크게 바꾸었습니다. 지역 사회와 가정이, 가정과 일터가 분리되면서 부부의 역할이 나눠지기 시작한 것이죠. 농경 사회에서는 여성도 출산 전후에 얼마든지 일할 수 있었습니다. 하지만 산업화 사회에서 여성들은 출산과 함께 직장(공장)을 그만두어야 했으며, 출산 후에도 양육 때문에 쉽게 일자리를 구할 수 없었습니다. 이런 과정을 통해 '아빠는 생계 부양, 엄마는 자녀 양육'이라는 생각이 굳어졌습니다. 그러니까 불과 200~300년 정도밖에 안 된 것입니다. 이것도 서양 기준이지, 한국에서는 불과 반세기 전의 일이네요.

이 때문에 부모와 자녀의 관계를 연구했던 심리학자들 역시 자연스럽게 엄마에게 주목했습니다. 애착 이론으로 유명한 존 볼비와 정신분석의 창시자 프로이트가 대표적입니다. 볼비는 비행 청소년들을 대상으로 연구하면서 비행의 원인을 '모성 박탈'이라고 했습니다. 비행 청소년들은 어린 시절 엄마가 진짜 없었거나, 있더라도 자녀를 양육하는 데 미숙한 엄마였기 때문이라는 것입니다. 또한 프로이트는 자신의 이론에서 아이들은 남녀를 불문하고 양육자인 엄마를 좋아하게 된다고 주장했습니다. 그러나 일정 시기가 되면 남자아이는 엄마를 차지하기 위해 아빠와 경쟁하고(오이디푸스 콤플렉스), 여자아이는 엄마를 좋아하다가 결국 엄마에게 등을 돌리고 아빠를 좋아하게 된다(엘렉트라 콤플렉스)고 주장했습니다.

산업화 사회가 가져온 부부 역할의 구분, 그리고 이런 사회 분위기에서 나온 심리학 이론과 연구는 사람들의 마음속에 '양육자=엄마'라는 도식을 심어주었습니다. 또 누구도 의도하지 않았으나 자녀 양육에서 아빠가 중요하지 않다는 오해도 심어주었습니다.

시간이 흘러 사회 구조가 다시 변했습니다. 도시와 공장 중심의 산업화 사회에서 정보가 돈이 되는 세상인 정보화 사회로 변했죠. 여성들의 경제활동 참여도 높아졌습니다. 일하는 엄마가 많아졌다는 이야기입니다. 예전에는 거의 모든 아빠들이 아침 일찍 출근해서 밤늦게 퇴근했다면, 일자리가 다양해지면서 근무 시간이나 환경도 예전과 달라졌습니다. 낮 시간에 아이들과 함께 있는 아빠들이 생겨났고, 아예 아내 대신 전업 주부 역할을 맡는 경우도 생겨났습니다. 이러한 시대 변화는 심리학자들로 하여금 아빠 효과를 연구하게 만들었고, 아빠도 엄마 못지않게 뛰어난 양육자라는 사실을 발견하게 했습니다.

여전히 모성애를 강조하는 사람들은 아이는 엄마가 낳으니 아빠보다는 엄마가 생물학적으로나 심리적으로 뛰어날 것이라고 주장합니다. 그러나 엄마뿐 아니라 아빠도 자녀의 출산을 전후로 생물학적인 변화를 겪게 됩니다. 아내가 임신을 했을 때 남편이 입덧을 대신 한다는 쿠바드 증후군처럼, 아내 못지않게 임신 증상을 보이는 남성들이 적지 않다고 합니다. 이런 증상이 없는 남편이라도 아내의 임신과 출산에 따라 돌봄 행동과 관련이 있는 프로락틴 prolactin 같은 호르몬이 변화한다는 놀라운 연구 결과도 있습니다.

2013년부터 공중파 방송의 예능 프로그램에서 아빠들을 자주 볼 수 있습니다. 양육자로서의 아빠를 다룬 다큐멘터리도 자주 보입니다. 국가 차원에서도 남성들의 육아 휴직을 장려하기 위하여 여러 제도들을 손질합니다. 물론 아직 많은 아빠들이 여전히 산업화 사회를 사는 것처럼 아침 일찍 출근해서 밤늦게까지 일합니다. 주말이면 밀린 잠을 보충하느라고 아이들과 함께하지도 못합니다. 하지만 신문이나 TV를 봐도, 주변 친구들이나 옆집 남편을 봐도, 자녀 양육에 애를 쓰는 것이 대세 같아 스트레스를 받고 있습니다. 직장에서도 구청에서도 도서관에서도, 아빠 육아 참여를 독려하는 강의와 프로그램이 즐비합니다. 세상이 변하고 있습니다. 무엇보다 아이들이 커가고 있습니다. 여러 면에서 힘들고 지쳐도 아빠들이 육아에 참여해야 할 때입니다.

심리상담을 하다 보니 대인관계에서 위축된 사람들을 자주 만나게 됩니다. 이들에게 아빠와의 관계를 물어보면 많은 경우 사이가 좋지 않습니다. 아빠가 지나치게 무뚝뚝하거나 매우 폭력적인 경우가 많습니다. 사실 엄마와의 관계는 대개 엇비슷합니다. 좋든 싫든 계속 소통하면서 삽니다. 그러나 아빠와의 관계는 다릅니다. 아빠와 사이가 안 좋은 사람은 자신의 삶에서 아빠를 없는 사람 취급하며 살지만, 아빠와 사이가 좋은 사람은 이 세상에서 둘도 없는 친구처럼 잘 지냅니다.

미국의 임상심리학자인 폴터는《모든 인간관계의 핵심 요소, 아버지》라는 책에서, 엄마가 아닌 아빠가 모든 인간관계의 핵심 요소라고 말합니다. 그는 자신의 어린 시절 아빠와의 관계가 어떠했는지를 알면 지금

대인관계의 어려움을 이해할 수 있다고 합니다. 특히 직장 상사나 학교의 교사처럼 권위자와의 관계가 어려운 것은 어린 시절 아빠와의 관계가 좋지 않았기 때문이라고 합니다. 이런 주장을 하는 사람은 비단 폴터만이 아닙니다. 많은 사람이 여러 연구를 한 결과로, 자녀는 아빠와의 관계를 통해 사람과 세상 그리고 일을 대하는 태도를 배운다는 사실을 이야기합니다.

당신이 자녀라면 아빠와의 관계가 어떤지를 생각해보십시오. 당신이 아빠라면 자녀와의 관계를 생각해보십시오. 우리가 그동안은 아빠의 영향력을 몰랐지만, 그 영향력은 엄청납니다. 당신은 아빠와 어떤 관계를 맺고 있습니까?

나이가 들어도 발달하는 것 – 전생애 발달

나이가 어릴 때는 머리가 잘 돌아가서 새로운 것도 잘 학습하고 기억할 수 있지만, 나이가 들수록 머리가 나빠져서 학습 능력이나 기억 능력이 떨어진다는 생각을 의심한 사람은 많지 않았습니다. 사람들은 흔히 이런 말들을 하죠.

"나이가 드니 머리가 안 돌아간다."
"내가 한창때는 전화번호 100개도 외웠는데, 이젠 10개도 못 외우겠다."
"너도 나이 들어봐라. 알고 있던 것도 잊어버린다."

사람의 정신 기능이 어떻게 발달하는지를 연구했던 심리학자들도 이렇게 생각했으니까요. 대표적으로 피아제를 들 수 있습니다. 그는 오랜 연구를 통해 어린아이들은 어른과 다르게 생각하고 판단한다는 것을 입증했습니다. 이것이 발달심리학에서 가장 유명한 이론 중 하나인 인지발달 이론입니다. 참고로 인지란 생각, 지식, 판단, 지능 등을 통칭하는 용어입니다.

간단하게 소개해볼게요. 만 나이를 기준으로 2세까지 아이는 보고(시각) 듣고(청각) 냄새 맡고(후각) 맛보고(미각) 느끼면서(촉각), 그리고 만지고 반응하면서(운동) 인지가 발달합니다. 이를 가리켜 피아제는 '감각운동기'라는 이름을 붙였습니다.

이런 과정을 통해 세상에 대한 밑그림을 그린 아이는 본격적으로 세상과 소통하려고 합니다. 말을 하기 시작하고, 장난감을 가지고 놀기 시작합니다. 그러나 아이는 본 대로 따라 하고, 주어진 환경에 맞게 놀 뿐 자기 나름대로 바꾸거나 응용하지는 못합니다. 이런 모습은 보통 6세까지 나타나며 '전조작기'라 합니다. 아직 조작을 할 수 없다는 의미죠.

7세부터 아이의 생각은 부쩍 변화합니다. 응용하고 바꾸고 변화시킵니다. 논리적으로 생각하고 판단할 수 있게 됩니다. 그래서 이때부터 아이들에게 교육이란 것을 합니다. 그러나 아이들의 조작은 눈에 보이는 것, 만질 수 있는 것(구체물)에 국한됩니다. 추상적으로 생각하는 것은 어렵죠. 음수陰數를 초등학교에서 배우지 않는 것도 이런 이유입니다. 이 시기를 '구체적 조작기'라고 합니다.

대략 12세에 아이의 인지발달이 완성됩니다. 이제 아이는 눈에 보이지 않는 것에 대해서도 생각할 수 있습니다. 이를 가리켜 '형식적 조작기'라고 합니다. 전조작기의 아이들은 산타클로스가 실제로 있는지, 없는지만 생각합니다. 반면 이 시기의 아이들은 산타클로스가 3~4세기경 실존했던 인물인 성 니콜라우스의 상징이라는 사실을 이해할 수 있습니다. 또한 일어나지 않은 일에 대해서도 예측할 수 있으며, 가설을 세울 수도 있습니다.

피아제의 인지발달 이론은 바로 여기서 끝이 납니다. 청소년기 이후에는 인지발달이 일어나지 않는다고 보았던 것이죠. 오랫동안 이것은 정설로 여겨졌습니다. 그러나 미국 펜실베이니아 주립대학의 심리학자 샤이는 기존의 생각이 틀렸음을 입증했습니다. 그는 1956년부터 무려 40년 이상 6,000명의 사람들을 대상으로 정신 기능을 측정하는 시애틀 종단연구(SLS)를 진행했습니다. 종단연구란 연구 참가자들을 주기적으로 연구실로 불러 계속 같은 실험에 참여하도록 하는 것입니다. 시애틀 종단연구에서는 대표적으로 언어, 계산, 공간지각(사물이 180도 돌아갔을 때 어떻게 보이는지), 지각 속도(녹색 화살표가 보일 때 얼마나 빨리 단추를 누르는지), 귀납적 추리 등을 측정했습니다. 결과는 놀라웠습니다. 참가자들이 40~65세일 때의 점수가 제일 높았습니다. 일반적으로 정신 기능이 가장 좋다고 알려진 20대에 받은 점수보다 말입니다. 사람의 정신 기능이 청소년기 이후에도 계속 발달한다는 것이 과학적으로 입증된 셈입니다.

심리학, 나를 이해하다

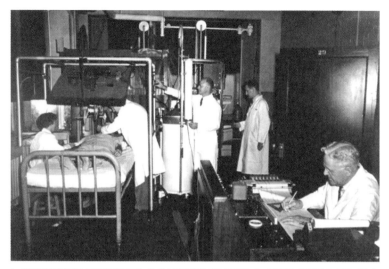

▲ 시애틀종단연구로 사람의 정신 기능이 청소년기 이후에도 발달한다는 사실이 과학적으로 입증되었다.

그동안 나온 연구 결과를 요약하자면 청소년기까지는 지식을 습득하는 능력이 발달하지만, 성인기 이후로는 지식을 활용하고 문제를 해결하는 능력이 발달한다고 할 수 있습니다. 성인기 이전의 인지발달의 특징을 지식이라고 하고, 성인기 이후의 특징을 지혜라고 한다면 어떨까요? 물론 나이가 들수록 학습 능력이 감소하고 반응 속도 역시 떨어지는 경향이 있으나, 이것이 인지발달의 전부는 아닙니다.

자신이 알고 있는 것과 연관 있다면 더 빨리, 그리고 정확하게 파악해서 좋은 결론을 도출할 수 있습니다. 때로는 새롭게 배우는 것보다 알고 있는 지식을 적절하게 활용하는 것이, 빨리 반응하는 것보다 정확하게 반응하는 것이 더 중요하니까요. 따라서 나이가 든다고 머리가 나빠지고, 점차 퇴물이 된다는 생각은 잘못된 것입니다. 일찍이 공자님도

《논어》에서 이렇게 말씀하셨죠. "나는 15세에 학문에 뜻을 두었고, 30세에 확고히 섰으며, 40세에 의혹되지 않고, 50세에 천명을 알았고, 60세에 귀가 순해졌고, 70세에 마음이 하고 싶은 바를 따르더라도 법도에 어긋나지 않았다."

물론 우리가 공자님과 같은 수준으로 살 수는 없겠지만, 적어도 나이만 핑계대면서 우리의 마음을 방치하는 일은 없어야 하지 않을까요? 그러고 보니 전생애 발달에 관심을 가졌던 최초의 사람으로 공자를 꼽아야 하지 않을까 싶네요.

피아제, 동물학자에서 심리학자로

자녀를 키우는 엄마들이라면 한 번쯤 들어보았을 만한 이름 피아제. 그의 이름은 수많은 아동교육기관이나 출판사를 비롯해 아동의 인지와 지능에 관련된 글이나 책에서 쉽게 찾아볼 수 있습니다. 하지만 그의 관심이 처음부터 아동이나 지능, 심리학에 있었던 것은 아닙니다. 1896년 스위스에서 태어난 그는 어린 시절부터 자연, 특히 생물학에 관심이 많았습니다. 그의 관심은 상당히 전문적이어서 11세 때는 지역에서 발행하던 자연사 학술지에 한 페이지 정도의 글을 실을 정도였죠. 청소년기에는 연체동물을 수집하면서 여러 편의 논문을 발표했습니다. 18세에 대학을 졸업한 그는 3년 만인 1918년, 생물학 박사학위를 취득했습니다. 놀랍지 않나요? 물론 당시의 유럽 학제가 능력만 있다면 박사학위를 수여하는 데 주저하지 않기도 했지만, 분명 피아제가 보여준 학문적 성과와 그 능력은 탁월했습니다.

피아제는 연체동물 분야에서 국제적으로 유명한 학자가 되었으나, 그의 관심은 조금씩 변하고 있었습니다. 어린 시절부터 박사학위를 받을 때까지 쉬지 않고 지식을 쌓아왔던 그는 인간이 어떻게 지식을 얻는지, 즉 인식론에 대해 관심을 가지기 시작했습니다. 이 궁금증을 해결하기 위해 피아제는 철학

서적을 두루 탐독했습니다. 그러나 자연과학자였던 그는 사변적이기만 한 철학에서는 명쾌한 답을 얻지 못했습니다. 그러던 중 실제로 사람의 정신 기능을 과학적으로 연구하려는 신학문 심리학에 매력을 느끼게 되었죠.

1919년 피아제는 프랑스에서 지능을 연구하던 심리학자 시몬을 만나면서 인생의 전환점을 맞이합니다. 시몬은 비네와 함께 프랑스 교육부의 의뢰를 받아 아동들의 지능을 연구

▲ 인지발달 이론을 제안한 피아제

하고 있었습니다. 시몬은 피아제가 지식을 얻는 과정, 즉 인간의 인지가 어떻게 발달하는지에 관심이 있다는 사실을 알고 그에게 연구원으로 참여해달라고 요청했습니다. 비록 피아제가 심리학 공부를 한 적은 없었지만, 동물학 분야에서 인정받은 학자였기 때문에 시몬은 피아제를 초청하는 데 주저하지 않았습니다. 피아제는 시몬의 초대에 흔쾌히 응했고 파리로 이주했습니다.

프로젝트에 참여한 피아제는 수많은 아동들과 면접을 진행했습니다. 아동의 문제 해결 능력을 조사하기 위한 것이었죠. 피아제는 이를 통해 아이들의 인지는 성인과 다를뿐더러, 계속 발달하고 성장한다는 사실을 알게 되었습니다. 이미 한 분야의 박사였던 그가 자신의 관찰 결과를 논문으로 발표하는 것은 당연한 일이었죠. 활발한 연구 활동과 업적은 그를 2년 만에 일개 연구원에서 스위스 제네바에 있는 아동연구기관의 책임자로 바꾸어놓았습니다.

심리학, 나를 이해하다

1923년 피아제는 결혼을 했고 1925년과 1927년, 그리고 1931년에 걸쳐 세 자녀를 얻었습니다. 그에게 자녀들은 좋은 연구 대상이기도 했습니다. 아이들을 키우고 관찰하면서 아동의 인지발달을 확신했습니다. 그런데 놀랍게도 아이들이 주변 환경으로부터 여러 정보를 습득하여 자신의 인지를 발달해 나가는 과정은 연체동물이 환경에 적응하는 과정과 매우 비슷했습니다. 익숙한 것에는 '동화'되고, 새로운 것은 '조절'하면서 주변 환경과 균형을 이루듯, 아이들도 이런 과정을 통해서 자신의 인지를 발달해간다고 생각했습니다. 이런 생각을 정리해서 피아제는 1930년대 인지발달 단계 이론을 제안했습니다. 물론 지금은 피아제의 주장이나 연구 방법이 비판받고 있지만, 그가 제시한 네 단계는 여전히 많은 심리학자들과 교육학자들이 현장에서 적용하고 있는 중요한 이론입니다.

학교에서 심리학을 정식으로 공부한 적도 없이 심리학의 대가가 된 피아제. 그의 흉상이 스위스 제네바를 대표하는 공원인 바스티옹 공원에 있다고 하네요. 스위스 제네바를 방문할 일이 있다면 바스티옹 공원에서 피아제를 만나보는 것은 어떨까요?

Chapter 02

내 성격은
도대체 왜 이럴까

: 성격심리학

과학을 지향하는 학문들은 평균에 관심을 가집니다. 여러 현상의 차이점(독특성)보다는 공통점(보편성)을 중심으로 이론을 펼쳐나가죠. 과학을 지향하는 심리학도 그렇습니다. 사람들의 개인차(편차)보다는 공통점(평균)에 주목하는 경향이 있죠. 하지만 성격심리학자들은 사람을 제대로 알기 위해서는 개인차를 빼놓을 수 없다고 주장합니다.

성격이란 무엇일까요? 성격의 어원이 되는 '페르소나persona'라는 단어는 연극에서 사용하는 가면을 의미합니다. 연극에서는 왕의 가면을 쓰면 왕처럼, 노예의 가면을 쓰면 노예처럼 행동하고 생각하고 느껴야 하죠. 이처럼 성격이란 대인관계나 일상생활 전반에서 생각과 행동, 정서에 영향을 미치는 개인의 특성이라고 정의할 수 있습니다.

혈액형 어디까지 믿을까 – 혈액형별 성격 유형

사람들은 자신이나 타인의 마음에 대하여 관심이 많습니다. 그래서 마음을 예상하고 추측하기를 좋아합니다. 추측을 뒷받침할 수 있는 객관적인 증거가 없더라도 말이죠. 마치 심리학자처럼 가설을 세우고 증거를 모은다고 해서 '나이브 사이콜로지스트 naive psychologist'라고 합니다. 굳이 번역하자면 '어설픈 심리학자' 정도가 될 것 같습니다.

심리학자라면 나름의 이론이 있어야 하는데, 어설픈 심리학자의 입장에서는 그럴 만한 제대로 된 정보나 이론이 없다는 것이 문제입니다. 인터넷을 검색하면 나오는 심리학 이론은 너무 전문적이어서 어렵게만 느껴집니다. 그래서 사람들은 제대로 된 어려운 정보보다는, 정확하지 않더라도 쉬운 정보를 찾아 가설을 세우곤 합니다. 이런 어설픈 심리학에서 사용하는 논리와 근거는 대부분 우리 사회에서 통용되는 고정관념인 경우가 많은데요, 대표적으로 성姓씨나 출생지, 외모 등이 이에 해당합니다.

안씨, 강씨, 최씨는 고집이 세다.
경상도 남자는 무뚝뚝하고, 전라도 남자는 사근사근하며, 서울 남자는 뺀질거린다.
마른 사람은 예민하고, 뚱뚱한 사람은 게으르다.
키 큰 사람은 허우대가 좋지만, 키 작은 사람은 작은 고추처럼 매서운 맛이 있다고 한다.

하지만 이런 것보다 더 자주 우리의 마음이나 성격과 연관되는 것이 바로 피(혈액형)입니다. 혈액형이 심리학과 많이 얽히는 것은, 혈액형에 따른 성격 묘사가 매우 자세하여 마치 입증된 사실처럼 보이기 때문입니다. 인터넷에서 '혈액형과 성격'으로 검색하면 엄청나게 많은 정보가 쏟아지는 것을 확인할 수 있습니다. 혈액형에 따른 성격 특성, 혈액형에 따른 연애관, 자존심을 건드렸을 때 혈액형에 따른 반응, 혈액형별 잠버릇, 혈액형별 공부 방법, 혈액형에 맞는 직업, 혈액형별 다이어트법 등등 정말 셀 수도 없을 정도로 많지요.

도대체 언제부터, 또 왜, 피와 인간의 마음이 엮이게 되었을까요? 그 기원을 찾아 올라가면 가장 먼저 1901년 오스트리아의 생리학자 란트슈타이너가 혈액형을 발견했습니다. 그 이후 독일의 내과 의사 둥게른과 폴란드의 생물학자 힐슈펠트는 〈혈액형의 인류학〉이라는 논문에서 혈액형에 따라 인종 간 우열이 존재한다는 이론을 펼쳤습니다. 이 당시에는 인종 간 우열을 기정사실처럼 믿는 과학자들이 많았고, 자신들의 주장에 설득력을 더하기 위해서 온갖 생물학적 증거를 갖다 붙이기에 급급했습니다.

이 영향이 일본까지 미치게 됩니다. 1927년 일본의 한 철학자가 〈혈액형을 통한 기질 연구〉라는 논문에서 처음으로 혈액형과 인간의 성격을 구분하기 시작한 이후, 일본에서는 이력서에 혈액형을 써넣는 칸이 생길 정도로 열풍이었다고 하네요. 제2차 세계대전 이후 잠시 소강 상태에 들어갔던 혈액형 열풍은 1970년대 들어서 다시 불기 시작했습니다. 저널리스트 노미 마사히코가 《혈액형 인간학》이라는 책을 낸 것이 계기였습니다. 그가 사망한 후에는 아들인 노미 도시타카가 혈액형 유형론에 대한 주장을 펴고 있습니다.

노미 씨 부자가 주장하는 혈액형 유형론은 과학적으로 입증된 것일까요? 정말 혈액형에 따라 사람을 구분하는 것이 정확할까요? 심리학자와 의학자를 비롯해 수많은 과학자들은 여러 연구를 통해 혈액형에 따라 사람의 성격을 구분할 수는 없다는 결론을 얻었습니다.

굳이 과학자들의 연구 결과를 언급할 필요도 없이 잠깐의 생각만으로 혈액형 유형론이 얼마나 엉터리인지 알 수 있습니다. ABO 식 혈액형은 적혈구에 붙어 있는 단백질의 차이를 의미하는데, 이런 단백질이 어떻게 인간의 복잡한 성격을 설명해줄 수 있을까요? 사람들의 성격을 딱 네 가지 유형으로 구분할 수 있을까요? 페루 인디언은 100퍼센트가 O형이라는데, 이들의 성격은 모두 같을까요? 아무리 넓은 마음으로 이해하려고 해도 도저히 받아들일 수 없을 정도입니다.

그럼에도 불구하고 어설픈 심리학자들이 혈액형 유형론을 폐기 처분할 리는 만무해 보입니다. 이를 대체할 만큼 그럴싸하면서도 간단명료한 이론이 없으니까요. 생각해보세요. 혈액형과 성격, 즉 생물학과 심리학의 연결이라니! 뭔가 있어 보이지 않나요? 게다가 자신의 혈액형을 모르는 사람이 없고, 혈액형의 종류도 네 가지밖에 안 되어서 열여섯 가지 유형의 MBTI나 아홉 가지 유형의 애니어그램보다 더 쉽게 이해할 수 있으니 말이죠.

우리나라 혈액형 비율을 조사한 결과 A형이 가장 많은 34%, B형은 28%, O형 27%, AB형 11%인 것으로 나타났다.

　이보다 더 확실한 이유가 있습니다. 과학자들이 아무리 틀렸다고 말해도 사람들을 만나 혈액형에 대한 이야기를 나누다 보면 너무나 정확하다는 느낌까지 든다는 것입니다. A형인 사람에게 "소심한 편이죠?"라고 물어보면 "네, 제가 좀 소심해요."라고 답하고, B형인 사람에게 "바람기 있지 않나요?"라고 물어보면 "들키지만 않을 수 있다면 그럴 수 있을 것 같아요."라고 답합니다. O형인 사람에게는 "사람들과 어울리기를 좋아하거나 아니면 리더 기질이 있죠?"라고 물어보면 "지금은 삶에 찌들어 그렇지 않지만, 왕년에 학교 다닐 때는 친구들 좀 몰고 다녔죠."라는 대답이, AB형인 사람에게 "냉정하면서도 합리적인 측면이 있죠?"라고 물어보면 "저는 잘 모르겠는데, 주변 사람들이 그렇대요."라는 대답이 돌아옵니다.

심리학, 나를 이해하다

어쩌면 이렇게나 정확할 수 있을까 싶지만, 사실 이런 현상의 이면에는 '바넘 효과Barnum effect'라 불리는 심리학 원리가 숨어 있습니다. 바넘은 19세기 말 미국에서 활동한 어느 서커스 단원의 이름입니다. 그가 했던 묘기는 공중제비를 돌거나 맹수를 애완동물처럼 다루는 종류가 아니라 말로 하는 일종의 심리 게임이었죠. 관람객 중에서 자원하는 사람을 무대로 초대해 그 사람의 성격을 알아맞히는 것이었는데요, 그가 속임수를 쓴다고 생각했던 사람들도 막상 무대 위로 올라가면 바넘의 비범한 능력에 놀라지 않을 수 없었다고 합니다.

바넘은 어떻게 사람들의 성격을 알아맞힐 수 있었을까요? 사람의 마음을 꿰뚫어 보는 초능력이라도 있었던 걸까요? 물론 아닙니다. 그 비밀은 바로 애매모호한 표현에 있었습니다. 사람들은 자기중심적으로 생각하곤 합니다. 그래서 애매모호한 표현을 들으면 그중에서 자신의 모습과 일치하는 것을 떠올리기 때문에, 마치 자신을 아주 잘 아는 것처럼 착각하게 되는 것입니다.

혈액형에 대한 묘사들이 모두 이렇습니다. 세상에 소심하지 않은 사람이 있을까요? 들키지만 않는다면 바람을 피우고 싶지 않은 사람이 몇이나 될까요? 보통의 어린 시절을 보냈다면 한때 친구들과 잘 어울려 다녔을 것입니다. 그리고 바보가 아닌 이상 냉정하면서도 합리적인 측면은 누구에게나 있는 모습입니다. 정도의 차이를 무시한 이런 애매모호한 표현을 들으면 사람들은 자기 입장에서만 생각하기 때문에 인정하지 않을 수 없습니다. 따지고 보면 오늘의 운세나 타로점, 별자리를 비롯해 사주나 관상처럼 사람에 대한 묘사들은 한결같이 애매모호합니다. 기준에 따라 맞을 수도 있고 틀릴 수도 있다는 것이죠.

하지만 바넘 효과를 고려해보아도 혈액형에 따라 사람들의 성격이나 행동이 다르다고 느껴지나요? 충분히 그럴 수도 있습니다. 왜냐하면 혈액형 유형론이 너무 많이 알려져서 사람들에게 역으로 영향을 미치기도 하기 때문입니다. 이처럼 자신이 원하지 않아도, 의식하지 못해도 어떻게 행동하리라는 주변의 예언이나 기대에 부응하는 것을 '자기충족적 예언self-fulfilling prophecy'이라고 합니다. 주변 사람들이 "너 A형이지? 그럼 소심하겠구나."라고 말하면 자신도 모르게 소심하게 행동하기가 쉽다는 것입니다.

사람의 성격은 셀 수 없을 정도로 수많은 원인들이 상호작용하면서 만들어낸 결과입니다. 단순히 혈액형을 가지고서 어떤 사람의 성격에 대해 운운하는 것은 득보다는 실이 많을 수밖에 없습니다.

혈액형 유형론은 전 세계에서 일본과 한국에서만 통용되는 낭설이라고 합니다. 그런데 더욱 기가 막힌 것은 일본에서 유행했던 혈액형 유형론이 한국으로 들어온 계기입니다. 일본은 식민 지배를 정당화하기 위한 연구의 일환으로 혈액형을 연구했다고 합니다. 다시 말해 둥게른과 힐슈펠트가 시작한 혈액형에 따른 인종 우열 이론을 일본이 받아들여 '일본인이 조선인보다 인종적으로 우월하다'라는 주장을 전파하기 위해 한국 사람들의 혈액형 분류에 집착했다는 것입니다. 2013년 2월 한림 대학 일본학연구소 정준영 교수는 논문을 통해 "우리가 무심코 따져

보는 혈액형 얘기 속에 식민지적 근대를 관통하는 지식과 권력의 계보가 감추어져 있다는 사실에 유의할 필요가 있다."라고 주장했습니다.

이래도 혈액형에 따라 사람의 성격을 따지겠습니까? 혈액형을 어디까지 믿어야 하느냐고요? 아무것도 믿지 마십시오. 혈액형에 따라 사람을 구분하는 것은 과학적 사실이 아니라, 가슴 아픈 역사를 품고 있는 차별이자 우리 민족의 수치입니다.

우리 마음의 이퀄라이저 – Big Five 이론

성격이란 무엇일까요? 너무나 간단해 보이는 이 질문에 대해 수많은 심리학자가 서로 다른 이야기를 내놓습니다. 정신분석 입장에서는 성격이란 내(자아)가 양심(초자아)과 욕심(원초아) 사이에서 갈등하는 것이라고 정의하며, 인간주의 입장에서는 자신이 타고난 본래의 모습대로 살아가려는(자기실현) 경향성이라고 말합니다. 또 행동주의자들은 눈에 보이지 않는 성격 대신 눈에 보이는 행동만을 연구하자고 말합니다. 도대체 누가 맞는지는 두고 볼 일입니다.

그런데 이때 새로운 주장을 하는 사람들이 나타났습니다. '특질 이론 trait theory'으로 불리는 이들의 주장은 간단명료합니다. 특질(특성이라고도 번역함)이 바로 성격이라는 것이죠. 특질은 과연 무엇일까요? 우리는 보통 성격을 형용사로 묘사하는 경향이 있는데요, 이런 형용사들을 일종의 특질이라고 할 수 있습니다.

"저 사람은 일관성이 없어."

"나는 성격이 좀 꼼꼼한 편이야."

"우리 아빠는 무척 따뜻한 사람이야."

이 외에도 내/외향적이다, 사교적이다, 친절하다, 무뚝뚝하다, 진취적이다 등 사전에서 사람을 묘사하는 형용사는 모두 특질이라고 할 수 있습니다. 어때요? 간단명료하면서도 명쾌하지 않나요? 특질 이론은 성격심리학 분야에서 성격이 무엇이냐에 대한 논쟁을 끝낼 만큼 강력한 힘을 발휘했습니다. 자고로 논쟁이란 진리를 발견하는 수단이지만, 한편으로는 두통을 유발하는 탁상공론이기도 하니까요. 특질 이론이 강력한 두통약 역할을 한 셈입니다.

게다가 성격심리학의 다른 이론은 본래 성격 자체에 대한 관심에서 시작된 것이 아니라 심리치료(정신분석, 인간주의 등)나 실험(행동주의 등) 분야에서 시작된 것입니다. 그러다가 성격에 대한 설명이 가능하다는 점 때문에 성격심리학까지 그 영역을 넓힌 것이라고 할 수 있습니다. 그래서 성격심리학의 다른 이론은 성격심리학 이외의 다른 심리학 분야, 즉 상담심리학이나 학습심리학에도 등장합니다. 그러나 특질 이론은 처음부터 순수한 성격 이론으로 출발했습니다. 성격심리학에만 등장하는 이론이죠. 의의가 남다릅니다.

그런데 안타깝게도 이야기는 여기서 끝나지 않습니다. 특질 이론가들 사이에서도 또 논쟁이 시작되었습니다. 특질이 과연 몇 개인지에 대한 것이었습니다. 하여튼 학자들이란 말릴 수가 없다니까요. 다시 골치가 지끈지끈하겠지만, 이 사람들의 논쟁을 잠시만 들여다보죠. 먼저 성격심리학의 창시자라는 평가를 받는 올포트는 개인마다 고유한 특질을 가지고 있다고 주장하면서, 특질의 수를 헤아리는 것은 불가능하다고 했습니다. 커텔이라는 심리학자는 요인 분석이라는 통계 기법을 통해 16개의 특질이 존재한다고 주장하면서, 이에 근거해 16PF라는 성격 검사를 만들었습니다. 그리고 아이젱크라는 심리학자는 특질을 세 가지 차원으로 구분했습니다.

이처럼 여러 심리학자들이 특질의 종류와 수에 대해 서로 다른 주장을 하면서 특질 이론 자체에 대한 비판이 대두되기도 했습니다. 지금 여러분이 이런 내용을 구구절절 기록하는 저를 비판하고 싶은 마음과 비슷할 것 같네요. 특질 이론가들 중 몇몇은 특질에 대한 관심을 포기하지 않았습니다. 그러다가 문득 이런 생각을 하게 되었습니다.

> "어떻게 인간의 성격이라는 동일한 현상을 두고 연구하는데,
> 그 결과가 이렇게 제각각일 수가 있을까? 성격의 특질은 과연
> 몇 개일까? 혹시 기존의 연구자들이 놓치고 있는 것은 없을까?"

심리학자들은 연구에 연구를 거듭한 끝에, 여러분이 이 부분을 포기하지 않고 읽고 있는 것처럼 끈기 있게 연구한 덕분에, 여러 특질 이론이 결국 하나로 귀결될 수 있다는 결론에 도달했습니다. 바로 성격의 특질은 5개라는 사실을 확인하고 '5요인 모형'이라는 이름을 붙여준 것

이죠. 놀랍게도 특질의 개수가 5개라는 주장을 한 사람은 한 명이 아니었습니다. 보다 나은 통계 기법으로 기존 연구를 검토하고, 새롭게 자료를 모아 연구한 여러 심리학자들의 공통된 결론이었습니다. 그래서 미국 오리건연구소의 심리학자 골드버그는 이를 가리켜 'Big Five'라고 칭했습니다. 일종의 애칭이라고 할까요.

이제 두통을 유발하는 내용은 끝났습니다. 요점을 정리해 드리죠. 성격심리학의 여러 이론 중 가장 영향력 있는 이론은? 특질 이론입니다. 특질 이론의 대표는? 바로 5요인 모형입니다. 자, 이제 5요인 모형에서 말하는 다섯 가지 특질이 무엇이고, 각각 어떤 성향을 의미하는지 하나씩 알아봅시다.

첫 번째는 경험에 대한 '개방성'입니다. 경험에 대해 열려 있다는 의미입니다. 이 특질이 높은 사람은 상상력이 풍부하고 창의적이며, 호기심이 많고 생각이 깊은 경향이 있습니다. 고정관념에 얽매이지 않으며, 아름다운 것을 선호합니다.

두 번째는 '성실성'입니다. 양심성이라고 번역하기도 합니다. 이 특질은 목표를 성취하기 위해서 성실하고 꾸준하게 노력하는 것을 의미합니다. 계획 세우기를 좋아하고, 매사에 체계적으로 접근하기를 좋아합니다. 꼼꼼하고 약속을 잘 지키기도 합니다.

세 번째는 '외향성'입니다. 외향성이라는 말은 많이들 들어보았죠? 에너지의 방향이 외부로 향한다는 의미인데요, 이들은 세상에 대해 의욕적으로 접근하며, 지루한 것을 못 견딥니다. 새롭고 자극적인 것을

심리학, 나를 이해하다

추구하는 성향이죠.

네 번째는 '우호성'입니다. 이 특질이 높은 사람은 타인에게 친절하거나 이타적이고, 대인관계에서 협력을 잘하며, 자신이 속한 모임에 대한 애착이 높은 경향입니다. 타인의 의견을 잘 따른다고 해서 동조성이라고 번역되어 쓰이기도 합니다. 친구 관계가 좋은 사람들은 우호성이 높다고 할 수 있습니다.

마지막은 '신경증적 경향성'입니다. 불안이나 분노, 적대감과 우울, 자의식과 충동성이 높은 경향입니다. 감정의 기복이 많은 편이죠. 보통 예술가들은 이 특질이 높습니다. 그리고 예술을 하지 않더라도 인생을 드라마틱하게 사는 분들은 이 특질이 높은 경우가 많습니다.

어떤 분들은 '난 내향적인데, 그럼 내 특성은 5요인 모형에 속하지 못하나?'라고 생각하고 있을 듯하네요. 특질 이론은 MBTI처럼 '이것 아니면 저것'으로 구분하는 범주적 접근 방식이 아니라, 점수를 따지는 양적 접근 방식입니다. 외향성이나 내향성 둘 중의 하나로 사람을 구분하지 않고, 외향성 점수를 주기 때문에 내향적인 사람들은 외향성에서 낮은 점수를 받는 방식이죠.

마찬가지로 마지막 특질인 신경증적 경향성은 어감이 좋지 않고 그 자체로 부정적인 것처럼 보여서, 최근에는 이와 반대의 느낌으로 '정서적 안정성'이라고 표현합니다. 해석 역시 반대로 하면 됩니다. 정서적 안정성이 높으면 기복이 적은 편입니다.

자, 이제 우리의 성격을 구성하는 다섯 가지 특질에 대해 대략적인 감이 잡혔나요? 다섯 가지 특질이 어떻게 성격이라는 복잡한 현상을 만들어내는지 이해하려면 오디오 기기의 이퀄라이저를 떠올려보세요. 이퀄라이저는 특정 주파수 대역(밴드라고 함)에 포함하는 소리의 양을 조절해서 전체 음색을 바꾸는 장치예요. 사실 저처럼 귀가 예민하지 못한 사람은 이퀄라이저를 이리저리 바꿔도 큰 차이를 느끼지 못하지만, 음악 애호가들은 이퀄라이저에 따른 미묘한 차이에 꽤 민감하더라고요.

어쨌든 이퀄라이저의 밴드를 특질이라고 비유한다면, 사람의 성격은 5개의 밴드를 가진 이퀄라이저라고 할 수 있겠죠. 5개 밴드의 높낮이에 따라 다른 음색이 나듯이, 사람들이 모두 자신만의 성격을 가지고 있는 것은 5개 특질의 높낮이가 저마다 다르기 때문입니다.

여러분 마음속의 이퀄라이저는 어떤 형태인가요? 어떤 특질이 높고, 어떤 특질이 낮은가요? 제각각인 성격의 사람들과 함께 살아가기 위해서는 자신뿐 아니라 주변 사람들의 이퀄라이저가 어떤 모양일지 생각해보는 것도 심리학적인 지혜일 수 있습니다.

죽음을 부르는 성격 – A유형 행동

우리나라의 자살률이 전 세계적으로 높다는 것은 더 이상 뉴스거리도 아닙니다. 슬픈 현실입니다. 여기에는 자살을 비롯해 죽음이라는 주제에 대해 침묵하기를 강요하는 사회 분위기가 한몫하고 있습니다. 자살하는 사람을 그저 의지가 약한 사람 정도로 치부해버리고, 자살 유가족

심리학, 나를 이해하다

에 대해서는 곱지 않은 시선을 보내는 경우가 많습니다. 자살을 줄이기 위해서는 무엇보다 제대로 된 연구가 필요한데, 우리나라에서는 이런 연구를 진행하기가 무척이나 어렵습니다.

반면 외국은 자살에 대한 연구와 논의가 활발하다고 하니 부러울 따름입니다. 우리도 속히 제대로 된 연구를 통해 사회적 합의가 만들어지고, 이를 기반으로 좋은 정책이 나오기를 바라는 수밖에요. 그리고 마음이 힘들 때는 혼자서 괴로워하기보다는 심리학자 같은 마음 전문가에게 도움을 구하는 것이 자연스러운 일이 되었으면 좋겠습니다.

자살에 영향을 미치는 요인들은 정말 다양합니다. IMF 때처럼 경제 상황이 어려워질 때 자살률이 급증하는 것을 보면 분명히 경제적 어려움과 같은 현실적인 문제도 있습니다. 사회학자들은 자살을 용인하는 사회 분위기도 자살의 주요 원인이라고 말합니다. 그리고 심리학자들은 자살을 이해하는 데 심리적 원인을 빼놓을 수 없다고 합니다. 극단적 고립감이나 우울을 자주 경험하며, 자신의 감정에 따라 극단적으로 생각하고 행동하는 성격적인 측면도 고려해야 한다는 것이죠.

성격이 자살에 영향을 미친다니 좀 섬뜩한가요? 그런데 자살보다 사망률이 더 높은 질병에 영향을 미치는 성격이 있답니다. 통계청이 발표한 2012년 사망 원인 통계에 의하면 사인별 사망 순위에서 자살은 4위를 차지했습니다. 1위는 암이었고 2위는 심장질환, 3위는 뇌혈관질환이었습니다. 10만 명당 인원으로 따지자면 암은 146.5명, 심장질환은 52.5명, 뇌혈관질환은 51.1명, 자살은 28.1명이었죠.

자살보다 사망률이 높은 질병은 암, 심장질환, 뇌혈관질환인데 도대체 이 중 무엇이 성격의 영향을 받는다는 것인지 의아한가요? 놀랍게도 이 세 가지 모두 성격의 영향을 받는 질병들입니다.

먼저 심장질환에 대해 이야기해볼게요. 심장질환 중에서 가장 대표적인 것은 관상성 심장질환입니다. 허혈성 심장질환이라고도 합니다. 심장에 혈액을 공급해주는 관상동맥이 좁아지거나 막혀서 충분한 혈액 공급이 이루어지지 못해 심장에 문제가 생기는 것입니다. 일시적으로 산소나 영양 공급이 부족하면 가슴에 통증이 일어나는데 이를 협심증이라고 하고, 보다 심해지면 심장 근육이 일시적으로 마비되며 이를 심근경색이라고 합니다.

오랫동안 관상성 심장질환의 위험 요인으로 성별과 연령, 가족력, 고혈압, 당뇨, 흡연, 비만, 고콜레스테롤이나 신체 활동 부족 등을 꼽았습니다. 그러나 미국의 심장 전문의인 프리드만과 로젠만은 이런 위험 요인이 관상성 심장질환의 발병을 많아야 50퍼센트밖에 설명하지 못한다는 사실에 곤혹스러워했습니다. 두 사람은 뭔가 부족하다고 생각했습니다. 이 외에 또 다른 요인이 있을 것이라는 생각에 다양한 연구를 진행했죠.

여러 연구를 진행하고 임상 현장에서 환자들을 대하다가 그들의 눈에 띈 것이 있었습니다. 바로 환자들의 행동 특성, 즉 성격이었습니다. 이들은 하나같이 경쟁적이었고, 인내심이 부족했으며, 타인에 대해서

적대적이고 공격적이었습니다. 그리고 시간에 대한 압박감을 느끼면서 큰 야망을 가지고 있었죠. 자신이 원하는 것을 성취하지 못했을 경우에는 분노를 겉으로 표현하기도 했습니다.

두 의사는 이런 행동 특성, 즉 성격이 관상성 심장질환을 설명할 수 있는지 연구하기 시작했습니다. 성격이 심장병을 설명할지도 모른다는 생각에 주변 사람들은 고개를 갸우뚱했지만, 그들은 끝까지 연구를 포기하지 않았습니다. 그 결과 자신들이 찾아 헤매던 또 다른 요인이 성격이라는 사실을 확인했고, 이런 성격을 'A유형 행동'이라고 명명했습니다. 적은 시간에 많은 일을 하려는 경향, 투쟁적이고 적극적인 삶의 태도, 조급성과 적개심, 경쟁심과 위기감, 잦은 분노 표현으로 요약이 가능한 이 성격이 어떻게 관상성 심장질환이라는 신체적 질병을 초래할까요? 그 이유는 우리의 몸과 마음이 연결되어 있기 때문입니다.

우리 몸은 스트레스 상황에서 싸우거나 도망가는 반응을 보입니다. 자율신경계가 작동하면서 혈관은 수축하고 심박이 증가합니다. 또한 관련 호르몬이 분비되면서 근육에 힘이 들어가며, 소화와 배설의 작용을 일시적으로 멈추게 되죠. 선사 시대에는 곰이나 사자를 피해 도망가거나 싸웠기 때문에 이런 반응이 적응할 만한 것이었습니다. 하지만 현대인들에게 스트레스를 주는 것은 직장의 성과나 학교의 성적, 경쟁해야 하는 동료나 친구, 은행의 독촉 전화입니다. 몸은 긴장하고 흥분했는데 싸우거나 도망갈 수가 없으니, 이런 변화는 유해물질을 분비하게 만들고 결국 심혈관계에 문제를 일으키게 됩니다.

A유형과 반대로 느긋함과 여유로운 행동을 보이는 사람들을 B유형이라고 합니다. 이 사람들이 게으르거나 놀기를 좋아하는 사람들이라고 오해해서는 안 됩니다. 이 유형의 사람들 역시 어떤 일을 성취하려고 노력합니다. 다만 다른 점이 있다면 자신의 목표를 달성하지 못했을 때 A유형과 달리 스트레스를 덜 받는다는 것입니다.

최근에는 C유형에 대한 논의가 진행 중입니다. 이 유형은 분노와 적개심, 조급성을 잘 느끼고 스트레스에 취약하다는 점에서는 A유형과 비슷하지만, 분노 표출을 겉으로 하지 않는다는 점에서는 차이가 납니다. 그리고 어떤 연구에 의하면 이 유형도 암에 걸릴 확률이 높다고 합니다. 물론 암 발병에 영향을 미치는 요인이 너무 많기 때문에 논란이 있는 주장입니다. 하지만 암 환자들이 재발을 막기 위해 가급적이면 스트레스를 받지 않도록 생활하니, 성격적인 면과 암 발병이 무관하다고만은 할 수 없습니다.

이처럼 2012년 조사된 사망 원인 중 2위 심장질환과 1위 암 발병은 어떻게든 성격과 연관이 있습니다. 그렇다면 3위 뇌혈관질환은 어떨까요? 2014년 4월 서울성모병원의 심뇌혈관센터에서 관상성 심장질환이 있는 환자의 뇌 사진을 찍어보았더니, 무려 3명 중에 2명은 뇌혈관까지 손상되었다는 기사가 보도되었습니다. 전문가들에 따르면 우리 몸의 혈관이 모두 연결되어 있기 때문에, 관상동맥이나 심장에 문제가 있는 사람은 뇌혈관에도 문제가 있을 수 있다고 합니다. 이렇게 따지면 3위인

뇌혈관질환 역시 성격과 연관이 있다고 할 수 있습니다.

그동안 심리적 원인이 강조되는 죽음은 자살뿐이었습니다. 하지만 지금까지 언급한 것으로 알 수 있듯이 심리적 원인이 자살에만 영향을 미치는 것이 아닙니다. 자살로 죽는 사람들보다 더 많은 사람들의 죽음이 심리적 원인과 무관하지 않습니다. 놀랍지 않나요?

사실 A유형이나 C유형의 사람들의 특성인 조급함, 분노는 현대 사회가 개인에게 많은 역할을 요구하기 때문이기도 합니다. 경쟁하지 않으면 살아남을 수 없으니까요. 경쟁심은 의심과 증오, 화와 불신, 그리고 적대감과 무관하지 않으며, 당연히 일상에서 스트레스를 많이 받게 만듭니다.

하지만 세상이 그렇다고 우리가 무작정 스트레스를 받고 있을 수만은 없는 노릇입니다. 혹시 자신이 A유형이나 C유형이라는 생각이 든다면 마음을 다르게 바꾸면 좋겠습니다. 세상이 우리에게 경쟁을 요구하더라도 우리가 그 경쟁 속에서 중심을 잃지 않도록, 그래서 마음속에 분노를 쌓아두지 않도록 해야 합니다. 이를 위해 자신의 감정을 제때 알아차리고, 그 감정을 주변 사람들과 소통하는 일이 절대적으로 필요합니다. 많은 심리학 연구에 의하면 우리 몸과 마음의 건강에 지대한 영향을 미치는 것은 좋은 인간관계라고 하니까요.

물론 A유형이나 C유형이 현대 사회에서는 유리할 수도 있습니다. 실제로 B유형보다 더 잘 성공하기도 합니다. 한 번에 두 가지 일을 하며 늘 경쟁해서 이기려고 하니까요. 하지만 성공과 경쟁, 조급함과 분노 속에서 살다가 어느 순간 심장질환이나 뇌혈관질환, 암으로 쓰러진다면 이 모든 것이 무슨 소용일까요? 성경에 나와 있듯이 온 천하를 얻고도 제 목숨을 잃으면 무엇이 유익할까요?

심리학, 나를 이해하다

내향성과 외향성, 오해와 진실

사람들이 자신의 성격을 묘사할 때 가장 많이 사용하는 표현 중 하나가 바로 내향성과 외향성입니다. 그리고 내향적인지 외향적인지에 따라 자신의 행동을 설명하곤 하죠.

"저는 내향적이라 사람 만나는 것을 꺼려요."
"책상에 앉아 있는 일은 딱 질색이에요. 외향적이니까 그렇겠죠?"

이처럼 우리는 외향적인 사람은 사교적이고 활발하며, 내향적인 사람은 비사교적이고 차분하다고 생각합니다. 이런 단순한 이분법적인 구분 때문에 내향적인 사람은 사회생활을 하기가 어렵고, 따라서 요즘처럼 인간관계가 중요한 세상에서는 성공하지 못할 것이라고 생각하는 사람도 많습니다. 소개팅이나 면접에서조차 이런 외향성과 내향성 구분법을 적용합니다. 그러나 이상의 이야기는 외향성과 내향성을 잘못 이해한 것입니다. 내향성과 외향성이란 과연 무엇일까요?

처음으로 사람의 성격을 외향성과 내향성으로 구분한 사람은 분석심리학의 창시자 카를 융입니다.

융은 자신의 저서 《심리학적 유형》에서 사람의 유형을 언급하고 있습니다. 그중에서 가장 대표적인 것이 바로 내향성과 외향성입니다. 융은 어떤 면에서 두 유형을 구분했을까요?

융은 사람의 판단과 행동에서 자신이 중요한지, 타인이 중요한지에 따라 구분했습니다. 일례로 어떤 음식이 맛있다고 할 때, 그렇게 말하는 것은 주변 사람들도 맛있다고 말하기 때문이라면 외향적인 사람이라고 할 수 있습니다. 자신의 판단보다는 주변 사람들이나 외부의 기준에 따랐기 때문이죠. 그러나 아무리 주변에서 맛있다고 해도 자신의 주관이 뚜렷해서 맛이 없다고 말할 수 있다면 내향적인 사람이라고 할 수 있습니다. 외향적인 사람은 객관적인 사실이나 자신이 얻은 정보에 대해 주로 이야기하는 반면, 내향적인 사람은 자신의 느낌과 생각에 예민한 편입니다. 다른 말로 표현하자면 심리적 에너지가 외부를 향해 있을 때 외향적이라고 하고, 내부를 향해 있을 때 내향적이라고 합니다.

여전히 외향성과 내향성의 구분이 모호하다고 느껴지나요? 자신이 외향적인 사람인지 내향적인 사람인지 갑자기 헷갈리나요? 이를 확실히 알 수 있는 간단한 실험이 있습니다. 레몬즙 몇 방울이면 됩니다. 아이젱크라는 영국의 심리학자는 사람들의 혀에 레몬즙 몇 방울을 떨어뜨린 후 생성되는 침의 양을 조사했습니다. 그리고 이것을 평소 침의 양과 비교해보았죠. 그랬더니 놀라운 결과가 나타났습니다. 성격 검사에서 내향적인 사람들은 외향적인 사람들보다 더 많은 침을 생성했습니다.

이 간단한 실험이 의미하는 바는 무엇일까요? 내향적인 사람들이 더 예민하다는 사실입니다. 이런 특성 때문에 내향적인 사람들은 환경이 바뀌는 것을 별로 좋아하지 않습니다. 새로운 환경이 자신의 내면을 복잡하게 만들기 때문이죠. 반면 외향적인 사람들은 관심이 외부로 향해 있기 때문에 단조로운 것을 잘 견디지 못합니다. 뭔가 새로운 것을 계속 원하는 경향이 있습니다.

인간관계도 마찬가지입니다. 내향적인 사람의 경우 감정과 생각을 크게 자극하지 않는 사람들을 만나는 것은 좋아합니다. 보통 오래 만난 친구들이나 가족들이겠죠. 이들과 함께 있을 때는 편안함을 느낍니다. 자신의 생각과 감정을 적절하게 드러내기도 합니다. 하지만 새로운 사람들을 만나는 것은 힘들어합니다. 생각과 감정이 예민해져서 힘들기 때문입니다. 반면 외향적인 사람은 별로 관심을 끌지 않는 익숙한 사람들보다는 새로운 사람들을 만나는 것을 좋아합니다. 따라서 외향성을 사교적이고, 내향성을 비사교적이라고 단순히 구분하는 것은 옳지 못합니다. 누구와 함께하는 것을 더 좋아하는가의 문제라고 봐야 합니다.

보통 내향적인 사람들은 낯선 이들과 함께 있을 때 말수가 적어서 조용한 사람으로 평가받지만, 사실 이들의 마음속은 누구보다 시끄럽고 복잡합니다. 겉과 속이 정반대인 셈이죠. 반면 외향적인 사람들은 말이 많습니다. 말이 많아서 실수를 많이 해 주변 사람들로부터 생각 없이 말한다는 핀잔을 듣기도 합니다. 그런데 정말 외향적인 사람들은 복잡하게 생각하고 판단하지 않기 때문에 생각 없다는 말이 어느 정도 맞다고 할 수 있겠네요.

Chapter 03

나는 무인도에 살지 않는다

:사회심리학

사람을 사회적 동물이라 말합니다. 분명 사람은 함께 살아가는 존재입니다. 무인도에 표류한 로빈슨 크루소가 아니라면 어디를 가나, 무엇을 하나 사람들과 함께할 수밖에 없죠. 그러나 많은 심리학 이론은 그저 '한 사람'의 이야기를 주로 다룹니다. 마치 무인도에서 외롭게 살아가는 로빈슨 크루소를 연구하는 것처럼 말입니다.

사회심리학의 창시자로 불리는 레빈은 이런 흐름에 대해, 사람의 행동을 제대로 이해하기 위해서는 그 사람의 성격뿐 아니라 그가 처한 환경도 알아야 한다고 주장합니다. 개인의 성격 연구에 열을 올리던 당시 심리학계에 신선한 충격이었죠. 이후로 '사회 속의 사람'을 연구하는 사회심리학이 생겨났습니다. 참고로 사회학은 '사회 자체'를 연구한다는 점에서 차이가 있습니다.

당신의 귀는 팔랑거리고 있나요 – 규범 형성, 동조, 복종

소위 '팔랑귀'를 가진 사람들이 있습니다. 혼자 몇 날 며칠을 고민해서 어렵게 한 결정을 다른 사람의 한마디에 뒤집어버리는 사람들 말입니다. 더 심하면 아예 혼자서 결정을 못 하고 전적으로 다른 사람의 의견을 따르기도 하는데요, 요즘은 이를 '결정장애'라고 부르더군요. 반면 자신은 팔랑귀가 아니고 결정장애도 없다고 자신 있게 말하는 사람들이 있습니다. 예전 모 증권사의 광고처럼 모두가 '예'라고 말할 때 '아니요'라고 말할 수 있다고 합니다. 과연 그럴까요? 세 명의 사회심리학자들은 연구를 통해 우리의 귀가 생각보다 잘 팔랑거린다고 말합니다.

첫 번째 심리학자는 세리프입니다. 그는 1930년대 자동운동 현상을 이용한 실험을 진행했습니다. 자동운동 현상이란 고정된 불빛이 아주 어두운 상황에서 움직이는 것처럼 보이는 일종의 착시입니다. 우리의 안구가 움직일 때마다 망막에서의 불빛 위치가 변하기 때문에 발생하는 것이라고 할 수 있습니다. 캄캄한 밤의 별이나 위성을 매우 빠르게 움직이는 미확인비행물체(UFO)로 착각하는 것도 자동운동 현상 때문이라고 합니다.

세리프는 캄캄한 실험실에서 세 명의 참가자들에게 작은 불빛을 보여주었습니다. 그리고 이 불빛이 움직이고 있는지, 움직인다면 과연 얼마나 움직이는지 판단하게 했습니다. 처음에는 한 명씩 실험에 참가하게 했는데, 세 사람의 대답은 대략 1인치에서 8인치까지 다양했습니다.

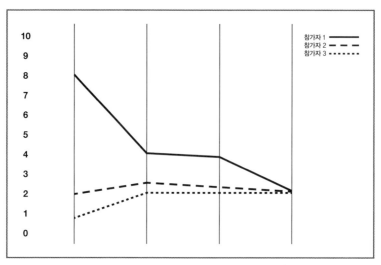

참가자 1 ———
참가자 2 – – –
참가자 3 ·······

↳ 한 명씩 실험에 참가할 때와 달리 세 사람이 한 곳에서 실험하면 결국 동일한 의견으로 귀결되었다.

　며칠 후 세리프는 세 사람을 다시 연구실로 불러서 동일한 실험을 진행했습니다. 이전과 다른 점이 있다면 이번에는 한 곳에서 동시에 실험을 진행하며 빛이 움직인 거리를 추정해보라고 한 것이었습니다. 자연히 다른 참가자들의 반응을 듣게 된 사람들은 자신의 판단을 수정하려는 경향을 보였습니다. 동일한 절차를 몇 차례 더 진행하니 결국 세 명의 추정치는 하나로 귀결되어 집단의 규범norm이 만들어졌습니다. 우리는 이처럼 불확실하고 애매한 상황에서 타인에게 동조하는 경향을 뚜렷하게 보입니다. 아무래도 자신의 판단에 대한 확신이 없으니 당연한 일일지도 모릅니다.

　두 번째 심리학자 애쉬도 어린 시절의 경험을 통해 모호한 상황에서 타인의 의견이 얼마나 큰 영향을 미치는지 잘 알고 있었습니다. 유대인이었던 애쉬는 어린 시절 온 가족이 모여 유월절이라는 절기를 지킬 때, 문이 조금 열려 있는 것을 보고 옆자리의 삼촌에게 물어보았습니다.

"삼촌, 문은 왜 열어놓았어요?"

"유월절에는 엘리야 선지자가 방문하셔서 저 잔에 담긴 포도주를 조금 마신단다."

"정말요? 엘리야 선지가가 와서 포도주를 마신다고요?"

"저 포도주 잔을 잘 지켜보렴. 포도주가 아주 조금 줄어들 테니까."

어린 애쉬는 흥분된 마음으로 포도주 잔을 응시하기 시작했습니다. 그리고 얼마 지나지 않아 잔에서 포도주가 조금 사라진 것을 확인했고, 엘리야 선지자가 포도주를 마셨다고 확신하게 되었다고 합니다. 물론 삼촌의 장난이었을 뿐입니다.

심리학자가 된 애쉬는 선배 심리학자인 세리프의 실험과 어린 시절의 경험을 통해 한 가지 결론에 도달했습니다. 모호한 상황에서 사람들은 타인의 의견을 쉽게 따를 수 있다는 것입니다. 그렇다면 애매하지 않은 상황, 다시 말해 자신의 판단에 대해 확신할 수 있는 상황이라면 어떻게 될지 궁금해졌습니다.

1951년 애쉬는 실험 참가자들에게 길이 차이가 명확한 세 선분을 보여주었습니다. 그리고 다른 한 선분이 세 선분 중 어느 것과 같은지를 보고하게 했습니다. 정답이 C라는 것은 너무나 자명해 보였습니다.

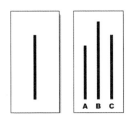

그런데 사실 실험의 참가자들 중 1명을 제외한 나머지 사람은 모두 협조자들이었습니다. 이들은 연구자로부터 틀린 대답을 해달라고 부탁받은 상태였죠. 가짜 참가자들은 순서에 따라 A라는 오답을 자신 있게 말했습니다.

앞 사람들이 모두 틀린 답을 자신 있게 말하자 진짜 참가자는 무엇이라고 대답했을까요? 틀린 답에 동조하는 비율은 얼마나 되었을까요? 놀랍게도 전체 응답의 37퍼센트나 되었습니다. 참고로 혼자 답하게 했을 때는 오답이 720회 중 3회(0.004퍼센트)에 불과했습니다. 타인의 존재가 오답을 9250배나 증가시킨 셈이죠. 이 실험에서 한 번이라도 오답에 동조한 사람들은 75퍼센트 정도였다고 합니다. 애쉬는 무엇이 옳고 그른지 명확한 상황에서도 타인의 의견에 쉽게 귀가 팔랑거린다는 사실을 입증한 셈입니다.

현대인들은 자신을 이성적이고 합리적이라고 생각하는 경향이 있기에 많은 사람들은 이 결과에 적지 않게 충격을 받았습니다. 인간의 이성과 합리성에 대한 신뢰가 무너졌다고 할 수 있죠. 그중의 한 사람은 바로 수년간 애쉬의 조교로서 이 실험을 돕기도 했던 밀그램이었습니다. 그는 이 실험 결과를 보면서 누구에게도 해가 되지 않는 상황이기 때문에 타인의 의견을 따라갈 수 있다고 생각했습니다. 선분의 길이 맞히기를 틀렸다는 게 뭐 그리 대수겠습니까? 하지만 누군가에게 큰 해가 될 수 있는 상황이라면 어떨까요? 그래도 타인의 의견을 따를까요?

심리학, 나를 이해하다

수년 후 예일 대학의 심리학과 조교수가 된 밀그램이 이 궁금증을 실험으로 옮기게 된 하나의 사건이 발생합니다. 바로 제2차 세계대전 중 유대인 대학살(홀로코스트)에 관여했던 나치군 장교 아이히만이 전범재판에 회부된 사건입니다. 아이히만은 전쟁이 끝나자 남미로 도주했다가 15년 만에 잡혔습니다. 그리고 1961년 전범재판에 회부되어 4개월 만에 사형선고를 받았습니다. 그는 재판 중에 자신은 그저 시키는 대로 했을 뿐이라며 무죄라고 항변했습니다. 이 장면은 언론을 통해 대대적으로 보도되었습니다. 밀그램은 아이히만의 항변을 지켜보고, 애쉬의 실험 결과를 떠올리면서 누군가에게 큰 해가 되더라도 과연 다른 사람의 의견을 따를 수 있는지 알아보기 위해 실험을 고안했습니다.

그는 학습과 기억에 대한 연구라고 알고 찾아온 참가자에게 교사 역할을 주면서, 다른 방에 자리 잡은 또 다른 참가자(학생 역할)가 암기할 수 있도록 단어를 불러주라고 했습니다. 만약 학생이 틀린다면 15V부터 450V까지 순차적으로 전기 충격을 가하라고 지시했습니다. 초반에는 학생이 암기를 잘했지만, 시간이 지날수록 답을 틀렸습니다. 교사는 지시받은 대로 전기 충격을 가하기 시작했습니다. 자신과 같은 처지의 참가자에게 전기 충격을 주어야 하다니! 끔찍한 일이었습니다.
게다가 학생 역할의 참가자들은 120V가 가해졌을 때 고통스러운 소리를 질렀고, 150V에서는 실험을 멈춰달라고 요구했으며, 180V에서는 울부짖었습니다. 교사 역할을 맡은 이들은 죄책감을 느끼면서 연구자에게 실험을 그만두겠다고 말했습니다. 이때마다 연구자는 실험은 계속 진행되어야 하며, 모든 책임은 자신이 질 것이니 계속하라고 명령했습니다. 결국 300V에서 비명이 들렸고, 330V를 가하자 아무 소리도 나지 않았습니다. 기절했거나 심장마비로 쓰러졌을지도 모르는 상황. 만약 여러분이 이런 상황에 처했다면 어떻게 하겠습니까? 상대 참가자는 고통을 호소하고, 연구자는 옆에서 실험을 계속하라고 명령합니다.

▲ 사람들을 충격에 빠뜨린 밀그램의 실험은 여러 차례 반복되었다.

결과는 충격적이었습니다. 실험에 참가한 40명 중에서 그 누구도 300V 이전에는 실험을 그만두지 않았습니다. 300V 이후에서야 연구자의 명령에 거부하는 참가자들이 나오기 시작했고, 무려 26명은 가장 높은 450V까지 전기 충격을 가했다고 합니다.

어떻게 이런 일이 일어날 수 있을까요? 물론 실제로는 학생 역할을 맡은 참가자들은 협조자들이었고 어떤 전기 충격도 가해지지 않았지만, 교사 역할을 맡은 참가자들은 실험이 끝날 때까지 실제 상황으로 알고 있었습니다. 혹시 이들이 범죄 경력이 있는 사람이라거나 혈기왕성한 젊은이들이었다면, 여러 이유로 사회에 불만이 많은 사람들이었다면 개

심리학, 나를 이해하다

인의 성격 문제로 돌릴 수 있을 것입니다. 그러나 이들은 재산과 학력, 지능과 정신병력 등 다양한 측면에서 평균적이고 정상적인 사람들이었습니다. 이후 미국에서도, 그리고 다른 여러 나라에서도 이 실험은 반복되었지만 결과는 크게 다르지 않았습니다. 이 말은 우리들 누구라도 저 상황으로 들어간다면 연구자의 명령을 어기거나 연구실을 박차고 뛰어나오기는 어렵다는 것을 의미합니다.

이 실험은 심리학계를 비롯해 미국 사회, 더 나아가 인류 사회 전체를 혼란에 빠뜨렸습니다. 아이히만의 항변이 단지 변명이 아니라 진실일 수도 있다는 것을 의미하기 때문이죠. 물론 이 실험이 아이히만의 무죄를 입증한다고 할 수는 없습니다. 분명 홀로코스트는 엄연한 범죄이며, 책임 있는 사람들은 마땅한 처벌을 받아야 합니다. 하지만 여기에서 끝나면 안 됩니다. 우리도 어느 순간 정신을 차리고 살지 않으면, 나도 모르는 사이에 아이히만이나 밀그램 실험의 참가자들처럼 끔찍한 일을 저지를지도 모릅니다.

지하철 에스컬레이터에서 두 줄로 서야 한다는 것을 알면서도, 뒤에서 인기척이 나면 한쪽으로 비켜서지는 않나요? 친한 친구들이 다른 친구 한 명을 욕할 때, 나도 모르게 고개를 끄덕거리지는 않나요? 우리의 귀를 한없이 팔랑거리게 두어서는 안 됩니다. 중요한 순간 우리의 귀가 팔랑거리지 않도록, 무엇이 옳고 그른지 분명히 따질 필요도 있습니다. 그리고 아무 생각 없이 주변을 따라 한 행동과 말이 누군가에게는 지울 수 없는 고통이 된다는 사실을 기억해야 합니다.

개인보다 더 비합리적인 집단 – 집단사고와 집단 극화

"뭉치면 살고 흩어지면 죽는다." 많이 들어본 말이죠? 단결과 협동을 강조해야 하는 상황에서 단골처럼 등장하는 말입니다. 어떤 분들은 이 말이 대한민국 초대 대통령인 고 이승만 박사가 처음으로 한 말이라고 알고 있습니다. 물론 한국전쟁 당시 이승만 대통령이 1950년 10월 27일 평양 탈환 환영 시민대회에서 연설할 때 언급했던 말이긴 합니다. 그러나 이 말의 기원은 동화작가로 유명한 이솝에게 있습니다. "United we stand, divided we fall."

미국 건국의 아버지이자 피뢰침을 발명한 과학자, 계몽주의 사상가로 잘 알려진 프랭클린도 이와 비슷한 말을 했습니다. 영국의 식민지에서 벗어나 독립을 이루기 위해서는 미국인들의 단결과 연합이 꼭 필요했습니다. 어느 일간지에 "Join, or die"라는 메시지와 함께 뱀이 잘려 있는 카툰을 실은 이야기는 유명합니다.

이 말을 자주 들을 수 있는 곳은 군대와 학교였습니다. 모두 개인보다는 전체로 움직여야 하는 곳이니까요. 학교 선생님이나 군대 지휘관들은 이 말을 깨닫게 해주겠다며 연대 책임을 강조했습니다. 한 명 때문에 여러 명이 얼차려를 비롯해 온갖 불이익을 받아야 했죠. 이때 불만을 터뜨리는 사람도 있었지만, 대부분은 수긍했습니다.

이런 말을 자주 들은 사람들은 자연스럽게 개인보다는 집단일 때가 모든 면에서 더 낫다는 생각을 하게 됩니다. 심지어 의사결정에 있어서도 말이죠. 과연 그럴까요? 심리학자들은 여러 실험과 사건을 통해 집단의 의사결정에 상당한 문제점이 있을 수 있다고 말합니다. '바로 집단 사고groupthink'와 '집단 극화group polarization'가 그것입니다.

2005년 연말은 우리 국민 모두에게 악몽 같은 시간이었습니다. 노벨상까지 넘볼 수 있는 연구 성과라고 치켜세웠던 황우석 박사 팀의 줄기세포 논문이 조작되었다는 발표 때문이었죠. 이 사건은 MBC 〈PD수첩〉에 황 박사의 연구가 조작된 것 같다는 제보가 들어오면서 시작되었습니다. 〈PD수첩〉 측은 방송을 통해 황우석 박사 팀의 논문에 문제가 있다고 주장했습니다. 그러나 결정타를 날린 것은 익명의 두 과학도였습니다. 결국 서울대에서 위원회를 꾸려 조사에 착수했고, 그 결과 논문이 조작되었다고 확인해주었습니다.

두 명의 과학도가 제시한 증거는 너무나 간단했습니다. 한 명은 논문에 실린 줄기세포 사진 가운데 동일한 것이 있다고 말했고, 다른 한 명은 서로 다른 DNA 지문 분석 그래프가 일치한다고 말했습니다. 다시 말해 연구팀이 줄기세포를 충분히 만들지 못하고도 마치 여러 개를 만든 것처럼 보이게 하기 위해 동일한 자료를 복사해서 논문에 실었다는 것입니다. 비유를 하자면 초등학생이 밀린 방학 일기를 한 번에 쓰느라 며칠 전의 일기를 그대로 베꼈다는 식이었죠.

사람들은 이 충격적인 사실을 쉽게 믿지 못했습니다. 전 세계적으로 주목받은 연구가 조작되었다는 사실도 충격인데, 조작하는 방식이 초등학생 수준이었기 때문입니다. Ctrl C(복사)와 Ctrl V(붙이기)라니! 황우석 박사와 함께 연구를 하고 논문을 쓴 이들은 그 분야의 최고 전문가들이 아니었습니까? 어떻게 최고의 전문가들이 모여서 엉터리 같은 결정을 할 수 있었는지, 사람들은 정말 의아해했습니다.

이와 비슷한 일이 1961년 미국에서 일어났습니다. 피그만Bay of Pigs 침공 사건이었습니다. 당시 대통령 케네디는 한 비밀 계획을 보고받았습니다. 미국에 거주하는 쿠바 망명자 1,300명에게 군사훈련을 시킨 후 쿠바의 피그만으로 침투시켜, 카스트로의 폭정에 지친 쿠바인들의 봉기를 유도해 공산주의 정권을 무너뜨릴 수 있다는 것이었습니다. 케네디 대통령은 CIA를 비롯해 합참의장과 백악관 각료, 외교 전문가들을 동원하여 이 작전을 검토했고, 만장일치로 이 작전을 실행하기로 결정했습니다.

불과 2개월 만에 작전이 시행되었습니다. 피그만으로 침투한 1,300명은 봉기를 일으키려고 쿠바인들을 설득하기 시작했습니다. 그러나 쿠바인들은 카스트로 정권에 호의적이었습니다. 게다가 미국의 예상과 달리 쿠바 군대의 대응은 신속했습니다. 쿠바 군대는 4일 만에 100명을 사살하였으며 1,200여 명을 생포했습니다. 결국 미국은 5,000만 달러 상당의 식품과 의약품을 주는 대가로 포로들을 구할 수 있었습니다. 쿠바의 공산주의 정권을 무너뜨리기는커녕 오히려 더 도와준 꼴이 되고 말았던 것이죠.

심리학, 나를 이해하다

▲ 피그만 침공 사건 당시 케네디 대통령과 군인들 모습. 이 사건은 집단사고의 대표적인 사례다.

미국 예일 대학의 심리학자 재니스는 전 세계 어느 나라보다 높은 정보력과 군사력, 조직력을 가진 미국이, 또한 최고의 전문가 집단이라고 할 수 있는 백악관 참모진들이 어떻게 이런 엉터리 같은 결정을 했는지 알고자 이 사건을 분석했습니다. 그 결과 응집력이 높은 집단에서 만장일치가 요구될 때 그 집단은 종종 엉터리 결정을 내린다고 결론 내렸고, 이를 집단사고라고 명명했습니다.

집단사고가 발생하기 위해서는 몇 가지 조건이 필요합니다. 첫 번째는 강한 응집력입니다. 응집력이 강하다는 것은 집단에 대하여 그만큼 애착이 강하다는 것이고, 이 때문에 모두가 동일한 생각을 해야 한다는 압박감 때문에 쉽게 반대 의견을 제시하기가 어렵습니다. 두 번째로 지시적인 지도자가 필요합니다. 지도자가 열려 있다면 다양한 의견을 들을 수 있으나, 지도자가 지시적이라면 다른 사람들은 그저 거수기 역할만 할 뿐이죠. 마지막으로는 상황의 압박이 필요합니다. 당장 성과를 내야 한다는 주변의 압력을 의미합니다.

황우석 박사나 케네디 대통령 모두 지시적이고 권위적인 리더입니다. 카리스마가 있었죠. 그리고 백악관 참모들이나 황우석 박사 연구팀원들은 상당한 자부심이 있었고, 모임에 대한 애착이 대단했습니다. 어느 누구도 반대 의견을 내기 어려웠을 것입니다. 게다가 케네디 대통령 재임 시절 미국은 소련과의 갈등이 극에 달했습니다. 대내외적으로 미국이 무엇인가를 보여줘야 했습니다. 황우석 박사 역시 국내외적인 관심을 받으면서 빨리 성과를 내야 한다는 압박감에 시달렸습니다. 바로 이런 상황에서 말도 안 되는 결정을 내리게 된 것입니다.

만약 이러한 세 가지 조건이 갖추어지지 않는다면 집단은 개인보다 합리적으로 의사결정을 할 수 있을까요? 이럴 경우에도 집단 극화라는 암초를 주의해야 합니다. 다함께 다음 문제를 풀어보죠.

▲ 2005년 〈사이언스〉에 황우석 박사의 줄기세포 논문이 표지를 장식했지만 2006년 논문은 공식 철회되었다.

심리학, 나를 이해하다

어느 날 여러분의 친구가 고민을 털어놓았습니다. 다른 회사에서 스카웃 제의가 들어왔다는 것입니다. 그 회사는 더 높은 연봉을 제시하며, 이후 회사가 더욱 잘되면 경영권의 일부도 주겠다고 제안했습니다. 그런데 문제는 회사의 규모가 작을 뿐 아니라 재정 건실도가 좋지 않다는 것입니다. 여러분이라면 그 회사의 재정 건실도가 어느 정도일 때 이직을 권하겠습니까? 보기에서 골라봅시다.

①그 회사가 재정적으로 건실할 확률 10퍼센트

②그 회사가 재정적으로 건실할 확률 30퍼센트

③그 회사가 재정적으로 건실할 확률 50퍼센트

④그 회사가 재정적으로 건실할 확률 70퍼센트

⑤그 회사가 재정적으로 건실할 확률 90퍼센트

⑥어떤 경우에도 권하지 않겠다.

미국의 사회심리학자 프루잇이 사람들에게 이런 상황을 제시하고 응답을 계산해보니 재정 건실도가 66.3퍼센트만 되어도 이직을 권하겠다는 의견이 많은 것으로 나타났습니다. 이 결과는 개별적으로 응답하게 했을 때 나온 수치입니다. 이번에는 다른 사람들과 토론을 거치게 한 후에 결정하도록 했습니다. 그랬더니 이번에는 재정 건실도가 56.9퍼센트만 되어도 이직을 권하겠다고 했습니다. 다시 말해 집단의 토론이 평균 9.4퍼센트 포인트나 모험을 감수하도록 한 것이죠.

이처럼 집단의 토의는 위험을 무릅쓰도록 하는 경향이 있습니다. 그래서 처음에는 '모험 이행'이라고 이름을 붙였습니다. 하지만 이후 다양한 실험을 통해서 이와 반대 현상, 즉 토론 후에는 보다 더 보수적이 된다는 '보수 이행'도 일어날 수 있음을 증명했습니다. 결국 집단의 토론은 구성원들의 성향을 극단으로 치닫게 한다는 사실이 밝혀졌습니다. 진보적인 사람들이 토론하면 더 진보적으로, 보수적인 사람들이 토론하면 더 보수적으로 판단하게 된다는 것이죠. 그래서 집단 극화라고 명명되었습니다.

문화인류학자들이나 문화심리학자들은 서양과 동양의 문화를 개인주의와 집단주의로 구분합니다. 개인주의는 집단보다 개인을, 집단주의는 개인보다 집단을 우선시하는 것입니다. 집단주의 문화에서는 집단을 위해 개인의 희생을 당연히 여기고, 개인보다는 집단이 더 뛰어나다고 생각합니다. 물론 그럴 때도 있습니다. 특히 1997년 IMF 위기에 전 국민의 금 모으기 운동이나 2002년 한일 월드컵에서 전 국민의 길거리 응원은 세계도 놀란 집단주의의 쾌거라고 할 수 있습니다.

▶ 1997년 IMF 당시 외채를 갚기 위해 국민 350만 명이 자발적으로 모은 금은 약 227톤이었다(왼쪽). 2002년 한일 월드컵 당시 시청 앞 광장에 모인 국민 수는 700만 명으로, 개국 이래 최대 인파였다고 한다(오른쪽).

심리학, 나를 이해하다

그러나 집단이 언제나 뛰어난 것은 아닙니다. 유치원까지 퍼져 있는 왕따 문화를 비롯해, 정치계와 경제계에 만연한 비리, 극단적이고 엉터리인 그리고 어느 누구도 피해 갈 수 없는 논문 조작과 표절 등은 개인이 아니라 집단으로 사고하기 때문에 발생하는 일들입니다. 집단사고와 집단 극화를 막기 위해서는 다른 사람의 눈치를 보지 않고 자신의 의견을 제시할 수 있어야 합니다. 자신의 의견에 대해 다른 사람들이 어떻게 평가할지를 생각하게 되면 자신도 모르는 사이에 그 영향을 받을 수밖에 없기 때문이죠. 여러분이 속한 집단은 안녕하십니까? 합리적으로 판단할 수 있는 건강한 집단인지 되돌아볼 필요가 있습니다.

도대체 나는, 너는 왜 이럴까 – 귀인과 편향

아이를 키워본 부모라면 아이들의 질문 세례에 한참을 웃거나 당황했던 기억이 있을 것입니다.

> "하늘에는 왜 해와 달과 별이 있어요?"
> "밥은 왜 먹어야 해요?"
> "왜 사람들은 콧구멍이 두 개예요?"
> "사람은 죽으면 어떻게 돼요?"
> "아기는 어떻게 생겨요?"
> "아빠는 왜 수염이 나고, 목에 뼈가 튀어나왔어요?"

나름 정답 아닌 정답을 알려주려고 애쓰고 고민도 했겠죠. 그냥 대충 대답을 하면 아이들이 또다시 쏟아내는 "왜"라는 질문에 난처해질 것을 잘 아니까요. 그래서 아이가 반박하지 못하도록 나름 완벽한 답변을 준비해서 아이에게 알려주려고 하면, 정작 아이들은 이미 다른 곳으로 관심을 돌려버린 탓에 당황했던 적도 있었을 겁니다. 아이들은 하나같이 질문쟁이들입니다. 누가 시킨 것도 아니고 어디서 배운 것도 아닌데 무한반복으로 질문을 쏟아냅니다.

　　호기심에 가득한 것이 비단 아이들뿐일까요? 실은 어른들도 다르지 않습니다. 자신에게 무슨 일이 벌어지든 그 이유를 궁금해하죠. 사업이 실패했건 성공했건 그 이유를 파악해 두 번 다시 실패하지 않으려 하고, 또다시 성공하고 싶어 합니다. 평소 어색한 사이로 지내던 사람이 갑자기 친절하게 대하면 숨은 의도가 있지는 않은지 파악하려고 합니다. 단지 아이들은 말로 드러낼 뿐이고, 질문을 하다가 많이 혼난 경험들이 쌓여온 어른들은 속으로 삭힐 뿐입니다.

▲ 초기 심리학자들은 호기심을 본능으로 분류했다.

　　　　　　　　　　　　　　　　　　　심리학, 나를 이해하다

호기심은 인종과 나이, 학력이나 문화와 상관없이 모든 사람에게 나타납니다. 호기심 때문에 사람들은 새로운 것을 발명하고, 미지의 세계를 개척하고 정복하고 싶어 합니다. 호기심 때문에 자동차와 비행기를 만들기도 하고, 달나라에 로켓을 쏘기도 합니다. 우리가 지금 누리는 문명의 혜택은 모두 호기심 덕분입니다.

초기 심리학자들은 호기심을 본능으로 분류했습니다. 직간접적으로 경험하거나 배우지 않아도 나타나는 행동이나 경향성이기 때문입니다. 물론 본능이라는 개념은 현대 심리학에서 더 이상 유용하지 않습니다. 왜냐하면 본능이라고 하는 어떤 행동이라도 학습의 영향을 배제하기 어렵고, 본능의 정의(본능이란 무엇인가)와 종류(무엇이 본능인가)에서 심리학자들의 의견이 엇갈렸기 때문입니다. 그럼에도 여러 심리학자들이 한결같이 호기심을 본능으로 분류했다는 것은 흥미롭습니다.

오스트리아 출신의 심리학자 프리츠 하이더는 이런 호기심이 자신이든 타인이든 사람의 행동을 향하는 것, 즉 도대체 나는 왜 이렇고 너는 왜 그런지 따지는 것을 '귀인歸因, attribution'이라고 명명했습니다. 귀인은 예상했던 일보다는 예상치 못했던 일에 대해, 그리고 긍정적이고 행복한 일보다는 부정적이고 불행한 일에 대해 일어납니다. 세상을 적극적으로 이해하고, 더 나아가 예측하려는 욕구가 있기 때문입니다. 귀인은 결국 생존을 위해 꼭 필요한 활동이라고 할 수 있습니다. 보통 귀인은 자동적으로, 매우 빠르게 일어나서 대부분의 사람은 자신이 귀인을 하고 있다는 사실조차 인지하지 못하는 경우가 많습니다.

하이더는 귀인의 차원을 크게 내부와 외부로 구분했습니다. 내부란 행동의 원인을 성격이나 기질, 생각이나 의도처럼 사람에게서 찾는 것이고, 외부란 환경이나 상황에서 찾는 것입니다. 여러분은 평소에 어떻게 귀인을 하나요? 자신이나 타인의 행동에 대한 원인을 어디에서 찾나요? 사람들은 보통 외부보다는 내부에서 찾습니다. 누군가를 욕하거나 미워하는 것은 모두 내부 귀인을 한다는 증거입니다. 의도를 가지고 일부러 했다거나 성격이 원래 그 모양이라거나 무능력하다는 것이죠.

공공기관의 민원실에서 직원에게 핀잔을 들을 때 혹은 식당에서 종업원에게 제대로 된 서비스를 받지 못할 때, 화가 난 사람들은 "일하는 자세가 틀려먹었다."라거나 "머리에 피도 안 마른 녀석이 버르장머리가 없다."라고 말합니다. 사실 그 사람의 부모님이 중병에 걸렸기 때문일 수도 있고, 얼마 전 교통사고로 사랑하는 사람을 떠나보냈을 수도 있는데 말이죠. 그 누구라도 이런 상황에서는 일에 온전히 집중할 수 없고 다른 사람에게 친절하기 힘들 수도 있는데, 우리는 이것저것 고려하지 않고 그냥 그 사람을 탓합니다.

이처럼 행동의 원인이 상황에 있을 수도 있는데, 그 원인을 사람에게서만 찾는 것을 가리켜 '기본적 귀인 오류'라고 합니다. 기본적이라는 말이 붙은 것은 그만큼 많은 사람들이 자주 범하는 오류이기 때문입니다. 예전에 TV 드라마에서 주로 활동하는 여배우의 고충을 들은 적이 있습니다. 한 드라마에서 악역을 맡았을 때 공중목욕탕에 가서 몸을 씻고 있는데, 어떤 아주머니가 오더니 자신의 등짝을 짝 소리 나게 때리

심리학, 나를 이해하다

더라는 것입니다. 너무 아프고 놀라서, 또 이게 무슨 일인가 싶어서 쳐다보았는데 그분이 자신을 째려보면서 이렇게 말씀하시더랍니다. "그렇게 나쁘게 하면 안 돼요!"

배우는 대본에 따라 연기하는 사람일 뿐인데도, 많은 시청자들은 배우의 말과 행동을 배우의 성격이나 의도로 귀인하는 경향이 있습니다. 비단 이 아주머니가 드라마에 너무 몰입했기 때문에 일어난 일일까요? 아닙니다. 우리도 어느 정도는 이런 오류를 범합니다. 어느 드라마나 영화든 좋은 배역을 맡은 배우들의 인기가 올라가 각종 CF에 등장하는 것만 봐도 알 수 있습니다.

자기 스스로의 행동에 대해서는 어떨까요? 심리학자들은 자신의 행동에 대해서도 내부 귀인하는 경향이 있다고 합니다. 성격이 나쁘다거나 게을렀다는 식으로 원인을 찾는 것이죠. 하지만 동일한 행동을 두고서는 타인과 자신에게 다르게 귀인을 하기도 합니다. 이를 '행위자-관찰자 편향'이라고 하는데요, 자신이 행위자일 경우는 외부 귀인을, 관찰자일 경우는 내부 귀인을 합니다. 다른 사람이 돌부리에 걸려 넘어지면 "조심성이 없다."라고 판단하고, 자신이 걸려 넘어지면 "웬 돌부리냐!"라면서 화를 냅니다. 운전자들도 이런 오류를 자주 범합니다. 자신이 교통 법규를 위반하는 이유는 도로 현실과 다른 교통 규칙에서 찾고, 타인의 경우는 잘못된 운전 성향에서 찾습니다. 직장인들의 경우 자신이 진행한 프로젝트가 안 좋은 평가를 받으면 시간이나 회사의 지원 부족 때문이라고 생각하고, 옆 동료의 프로젝트가 안 좋은 평가를 받으면 능력 부족 때문이라고 생각하지요.

혹시 비 오는 월요일 아침 지각을 면하기 위해 우산도 제대로 쓰지 않고 줄달음했지만 결국 지각했던 경험이 있나요? 우리는 동료에게 보통 이렇게 하소연합니다. "하필 출근길이 더 혼잡한 월요일인 데다가 비까지 오고, 몸이 피곤해서 평소처럼 일찍 일어나지도 못했어. 오늘 지각은 정말 어쩔 수 없었어." 하지만 비를 쫄딱 맞고 헐레벌떡 엘리베이터로 뛰어 들어온 우리를 보고 동료는 속으로 이렇게 생각합니다. '이 친구 오늘도 지각했나 보네. 게으르다던 소문이 소문만은 아니군.' 오해를 받아 억울한가요? 하지만 여러분도 반대의 입장에서 저렇게 생각하고 판단했을 텐데요.

▲ 지각을 하면 우리는 출근길 교통 정체 등의 원인으로 외부 귀인을 한다.

심리학, 나를 이해하다

행위자-관찰자 편향을 극명하게 볼 수 있는 곳이 바로 여의도입니다. 야당은 정부와 여당이 잘못을 하면 무능하고 부정부패에 찌들었기 때문에 잘못을 한 것이라며 날을 세웁니다. 그러나 정권이 바뀌면 입장이 달라지고 말이 달라집니다. 이전 정권에서는 무능함, 부정부패 때문이라고 떠들었던 사건이 일어나도 상황 때문에 어쩔 수 없었다고 말합니다. 이건 뭐 내가 하면 로맨스, 남이 하면 불륜이라는 막장 드라마가 생각나네요.

그렇다면 도대체 우리는 왜 이런 것일까요? 귀인 과정에서 발생하는 편향이나 오류의 귀인을 해봅시다(원인을 찾아봅시다). 여러 가지가 있으나 두 가지만 꼽아보죠. 우선은 눈에 띄는 것이 다르기 때문입니다. 다른 사람이 길을 가다가 넘어질 때는 그 사람 발밑의 돌부리보다는 넘어지는 사람이 눈에 띕니다. 그러나 자신이 그런 상황이라면 넘어지는 자신의 모습보다는 돌부리가 눈에 띕니다. 운전도 마찬가지입니다. 타인이 교통 법규를 위반한다면 그 사람이 눈에 띄지만, 자신이라면 지나치게 짧은 신호나 헷갈리는 교통 표지판이 눈에 띕니다.

다음으로는 정보의 차이 때문입니다. 자신의 행동을 설명할 수 있는 이유(정보)는 많지만, 타인의 행동에 대한 정보는 부족하죠. 비 오는 월요일 아침, 자신이 지각을 했다면 울리지 않은 알람, 연착되는 지하철이나 막히는 도로 등 설명할 수 있는 이유가 많습니다. 그러나 타인의 지각에 대해서는 이유를 알 수 없습니다. 그러니 그저 사람(성향)으로부터 원인을 찾는 수밖에요.

이러한 행위자-관찰자 편향은 조직이나 인간관계에서 적지 않은 갈등과 문제를 일으킵니다. 자신은 최선을 다했지만 어쩔 수 없다고 생각하고, 다른 사람에게는 날선 잣대를 들이대기 때문이죠. 따라서 조직이 유기적으로 움직이거나 인간관계가 원만하려면 행위자-관찰자 편향을 잘 극복해야 합니다.

어떻게 극복할 수 있을까요? 직장 내의 업무나 프로젝트라면 정확한 평가를 하는 것이 필요하겠죠. 어떤 문제가 발생했을 경우 단순하게 책임자의 능력이나 노력 부족으로 치부하기보다는 설명 가능한 모든 이유를 수집한 후, 그 이유의 경중을 따져볼 필요가 있습니다.

일상에서라면 좀 다릅니다. 누군가 지각을 했다고 해서, 친구가 연락이 뜸하다고 해서, 가족이 집안일을 안 한다고 해서 정확한 평가를 할 수는 없습니다. 그저 자신의 경험에 비추어서 '저 사람에게 내가 모르는 다른 이유가 있겠거니' 생각하고 판단을 보류하면 됩니다. 물론 남들의 잘못을 가십으로 삼으려는 놀부 심보가 아니라면 말이죠.

시식 코너의 음모

1990년대부터 우리나라에도 대형 마트가 들어서기 시작했습니다. 요즘 어린 아이들에게는 마트가 너무나 익숙하고 친숙하겠지만, 어린 시절 재래시장에서 어머니 손을 잡고 장을 보던 추억을 가진 어른들에게 처음 경험하는 마트라는 곳은 꽤나 적응하기 힘든 곳이었습니다. 백화점보다 더 넓은 매장에 천장까지 쌓아놓은 물건들, 가격이 저렴한 것은 물론 비슷한 상품들이 얼마나 많은지! 시간이 지나고 경험이 쌓이면서 금방 익숙해졌지만, 아직도 적응하기가 쉽지 않은 것이 있으니 다름 아닌 시식 코너입니다. 아이들이야 부모를 졸라서 이것저것 신 나게 먹으면서 돌아다니지만, 부모는 왠지 모를 부담감에 시식 코너 직원들과 눈도 잘 못 맞추는 경우가 많죠. 이런 어른들의 부담감을 알아챈 것일까요? 시식 코너에서 일하는 분들은 "부담 갖지 말고 마음껏 드세요!"라고 말합니다. 하지만 시식 코너에 올라오는 상품도 엄연히 파는 물건인데 어떻게 부담을 안 갖겠습니까?

어떤 사람들은 시식 코너가 소비자에게 음식의 맛을 미리 보게 함으로 소비자의 선택권을 보장해주기 위해서 존재한다고 생각합니다. 하지만 시식 코너에서 벌어지는 일을 보면 꼭 그렇지는 않은 것 같습니다.

"한번 맛보세요. 부담 없이 맛보세요."

시식 코너 직원은 약간 쉰 듯한 목소리, 약간 피곤한 듯한 얼굴로 애원과 간청 비슷한 부탁을 합니다. 그 앞을 지나가던 사람들은 이런 부탁 아닌 부탁을 들어주기 위해 시식 코너로 발길을 돌리죠. 그리고는 이쑤시개를 이용해, 잘게 썰어놓은 음식을 먹습니다. 씹을 필요가 없을 정도로 작은 음식을 침으로 대충 처리하고 다시 발걸음을 돌리려는 찰나 이런 목소리가 들립니다.

"맛있죠? 이거 하나 구입해보세요."

직원은 상품 하나를 쑥 내밉니다. 상황 종결. 시식 코너를 벗어나 정신을 차리고 보면 카트에는 예정에도 없던 그 시식 코너의 상품이 떡하니 자리를 잡고 있습니다. 왜 사람들은 시식을 한 후에 직원이 내미는 손길을 거절하기 힘든 것일까요? 여기에는 나름의 심리 전략이 숨어 있습니다.

미국의 심리학자 프리드만과 프레이저는 캘리포니아의 가정집을 방문해서 안전운전 캠페인의 일환으로 커다란 공익광고판을 마당에 설치하게 해달라고 부탁했습니다. 아무리 공익도 좋지만 개인 가정집에 와서 그런 부탁을 하니 들어주는 사람들이 별로 없었습니다(대략 20퍼센트만 승낙했다고 합니다). 그러나 2주 전에 동일한 캠페인이라면서 캠페인 동참 서명을 받고 창문이나 차량에 작은 스티커를 붙여달라는 부탁에 흔쾌히 응했던 주부들의 경우는 무려 50퍼센트 이상이 공익광고판 설치를 허락해주었다고 합니다.

이 둘의 차이는 무엇이었을까요? 바로 '캠페인 동참 서명과 작은 스티커 붙이기'라는 어렵지 않은 부탁을 먼저 했느냐 안 했느냐의 차이였습니다. 이처럼 처음부터 큰 부탁을 하는 것보다, 상대방이 들어줄 만한 작은 부탁을 먼저 하고 이후에 큰 부탁을 함으로써 상대방의 동의를 쉽게 얻어내는 심리 전략을 '문간에 발 들여놓기 foot-in-the-door'라고 합니다. 문을 열고 들어갈 때, 발 한쪽 먼저 들여놓는 데 성공하면 결국 그 집 안으로 들어가는 것이 수월해지는 것처럼요.

이 기법은 세일즈맨들이 사용하는 주요 전략 중 하나입니다. 물건을 잘 파는 세일즈맨들은 처음부터 물건을 사달라고 조르기보다는 먼저 상대가 거절할 수 없는 작은 부탁을 하죠. 이렇게 조금씩 우리의 마음 문을 열고 발을 들여놓은 후 결국 예상에도 없던 지출을 하게 만드는 것입니다.

마트에 가서 예정에도 없던 물건을 구입하고 싶지 않다면 시식 코너에는 가지 않는 것이 좋습니다. 그 누구라도 시식 코너 직원의 부탁 아닌 부탁을 거절하기는 쉽지 않으니까요.

Coaching 01

심리학 코칭

:연애

연애는 참 쉽습니다. 누가 알려주지 않아도 다들 알아서 짝을 찾으니까요. 요즘은 중고등학생은 물론 초등학생, 심지어 유치원생들도 연애를 한다고 합니다. 이렇게 보면 세상에서 가장 쉬운 것 중의 하나가 아닌가 싶습니다. 그러나 잘나가던 연애가 한번 막히기 시작하면 너무 어렵습니다. 서로 좋아서 죽고 못 살던 연인들이 서로를 죽일 듯이 싸우고, 서로에게 사랑을 고백하던 그 입으로 서로를 저주하기도 합니다. 도대체 연애를 어떻게 하면 좋을까요?

친구에게 조언을 할 때는 그렇게도 뻔히 보이던 연애 문제가 막상 내 앞에 닥치니 아무것도 보이지 않습니다. 친구에게 묻자니 자존심이 상하고, 선배에게 묻자니 민폐를 끼치는 것 같아 망설여지나요? 그렇다면 심리학에게 코칭을 요청해보세요. 행복한 연애를 위한 안내가 여기에 있습니다.

데이트 코치가 필요한가요 – 매력의 요인

2005년 윌 스미스가 주연으로 나온 영화 〈Mr. 히치〉를 보셨나요? 부제는 '당신을 위한 데이트 코치'였죠. 영화의 주인공 히치(윌 스미스 분)는 미국 뉴욕에서 성공률 100퍼센트를 자랑하는 데이트 코치입니다. 그는 짝사랑하고 있는 여성과 데이트할 수 있도록 자문을 해줍니다. 히치에 의해 짝사랑으로 잠 못 이루거나 연애로 고민하는 수많은 사람이 구제됩니다. 어느 날 알버트라는 남자가 찾아옵니다. 알버트는 몽당연필 같은 외모를 가지고 있는 데다가 연애 경험마저 전무하죠. 그가 데이트하고 싶어 하는 상대는 바로 자신의 회사가 재정을 관리해주는 유명 상속녀 알레그라입니다. 알버트는 그 회사의 말단 직원이구요. 둘은 누가 보아도 어울리지 않을뿐더러, 연애는 도저히 불가능해 보입니다. 그러나 히치의 코칭으로 알버트는 알레그라의 마음을 얻게 되었습니다.

이것이 정말 가능할까요? 어떤 분들은 사랑이란 자연스러워야 하지, 인위적인 방법을 사용하면 안 된다고 생각합니다. 물론 그렇습니다. 진심 없이 그저 상대방을 유혹하려는 요량이라면 말이죠. 하지만 상대에 대한 진심이 있어도, 그 진심을 현실화하지 못하는 분들이 있습니다. 이런 분들에게 히치가 말합니다.

"언제든 어떤 상황이든 상대가 누구든 여자를 사로잡을 기회는 충분합니다. 제대로 된 방법만 안다면."

▲ 영화 〈Mr. 히치〉에서 주인공 히치(왼쪽)는 고객 알버트(오른쪽)에게 데이트 코칭을 해준다.

　이 말은 단지 영화 속 대사가 아닙니다. '매력'에 대한 심리학의 연구 결과를 종합하면 충분히 가능합니다. 우리는 누구에게 끌릴까요? 우리는 누구와 사랑에 빠질까요? 어떻게 연애가 시작될까요? 상대의 마음을 사로잡는 이유는 무엇일까요? 지금부터 심리학자들이 말하는 매력의 요인을 하나씩 살펴보도록 하겠습니다.

　매력의 첫 번째 요인은 '근접성'입니다. 많은 사람들은 운명적인 사랑을 꿈꿉니다. 길을 가다가 우연히 마주친 사람이나 영화 〈Mr. 히치〉에서처럼 유명인과 사랑에 빠지기를 꿈꿉니다. 물론 이런 사랑을 이루는 사람들도 있더군요. 하지만 대부분의 사람들은 운명이라는 말이 무색할 정도로 가까운 동네 사람이나 학교 선후배, 혹은 종교 활동이나 봉사 활동을 하면서 만난 사람들과 사랑에 빠집니다.

왜 가까운 곳에 있는 사람과 사랑에 빠질까요? 당연한 소리지만 가까이 있어야 만날 기회가 많아지기 때문입니다. "임을 봐야 뽕을 따지."라는 말처럼요. 실제로 어느 연구에 따르면 같은 건물에 살더라도 같은 출입구를 이용하는 사람들 사이의 친밀도가, 다른 출입구를 이용하는 사람들 사이의 친밀도보다 더 높다고 합니다. 자주 만나야 말이라도 걸어볼 수 있고, 책을 떨어뜨리면 주워줄 수라도 있겠죠. 마주칠 수도 없는데 사랑이 이루어진다는 것은 거의 불가능에 가깝습니다.

근접성이 중요한 또 다른 이유는 자주 볼수록 호감이 증가하기 때문입니다. 광고에서 적용되는 단순 노출 효과라고 할 수 있죠. 서로 조건이 잘 맞는 두 사람이 소개팅이라는 이름으로 만났을 때 생각보다 잘되지 않는 이유도 바로 이 때문입니다. 제아무리 자신이 원하는 조건을 갖추었을지라도 마음이 쉽게 움직이지 않습니다. 차라리 매일 아침 버스 정류장에서 만나는 동네 사람에게 더 호감을 느끼는 것은 당연한 일입니다. 그래서 많은 이들은 소개팅을 하면 최소한 세 번은 만나보라고 말합니다. 물론 세 번을 만난다고 해서 꼭 마음이 동하지 않을 수 있지만, 한 번 보고서 상대에게 호감을 느끼기는 어렵습니다.

두 번째는 '외적 아름다움'입니다. 근접성이 제아무리 중요하다 해도 주변의 아무하고나 사랑에 빠지지는 않습니다. 말 그대로 우리는 예쁘고 잘생긴 사람에게 끌립니다. 강력한 매력의 요인이죠. 성형외과가 성행하는 것도 이런 이유에서입니다. 물론 신체적 매력의 중요성은 여자보다 남자에게 강한 경향이 있으나 요즘은 여성들도 매력적인 남성을 선호합니다. 키가 크고 잘생긴 남자들을 예전에는 '기생오라비' 같다고 했지만, 요즘에는 '꽃미남'이라고 하니까요.

여기서 말하는 외모가 꼭 이목구비가 또렷하거나 몸매가 끝내주는 것만을 의미하는 것은 아닙니다. 옷차림이나 깔끔함을 포함한 외형적인 모습을 말합니다. 어떤 여성분들은 "저는요, 외모는 안 봐요. 성격이 중요하죠."라고 말하지만, 이 말은 사실 꽃미남 같은 얼굴이 아니어도 된다는 것일 뿐입니다. 생긴 것은 둘째 치고 머리도 부스스하고 어깨에 비듬이 내려앉아 있으며 패션도 엉망인 데다가 슬리퍼를 끌고 다니는 남자에게 관심을 갖기는 어렵죠.

왜 우리는 외모에 끌리는 것일까요? '아름다운 것이 좋다What is beautiful is good'라는 고정관념 때문입니다. "이왕이면 다홍치마"라거나 "보기 좋은 떡이 먹기도 좋다."라는 속담만 보아도 사람들이 얼마나 외양을 중요시하는지 알 수 있습니다. 어떤 심리학자들은 이를 '후광 효과'로 설명합니다. 어떤 한 가지 좋은 특성을 가지고 있으면, 다른 특성도 좋아 보인다는 것입니다. 공부 잘하는 학생이 삭발을 하면 본격적으로 공부하겠다는 의지로 평가받지만, 공부 못하는 학생이 삭발을 하면 학교에 불만이 많은 것으로 오해받죠. 마찬가지로 얼굴이 예쁘고 잘생겼다면 왠지 성격도 좋을 것 같아 보입니다. 타고난 외모는 그저 그렇더라도 옷이라는 날개를 잘 활용하는 것이 중요합니다.

그렇다면 얼굴도 못생기고 키도 작고 몸매도 형편없으며 옷도 제대로 입지 못하는 사람은 그 누구와도 사랑에 빠질 수 없을까요? 천만다행히도 그렇지 않습니다. 매력의 세 번째 요인인 '유사성' 덕분입니다. 이 세상의 모든 사람들이 가장 예쁘고 잘생긴 한두 사람에게 목을 매지 않는 이유이기도 합니다. "제 눈에 안경" 혹은 "짚신도 짝이 있다."라는 말과 일맥상통하는 것이죠. 사람들은 자신과 닮은 사람을 좋아하게 되어 있습니다. 부부이기 때문에 서로 닮는 것이 아니라 사실 처음부터 닮은 사람끼리 부부나 연인이 되는 것입니다.

유사성은 외모뿐 아니라 가치관이나 지역, 인종과 피부색, 기호와 취미에도 적용할 수 있습니다. 사람들은 자신과 비슷한 점이 많은 사람에게 매력을 느낍니다. 연구에 따르면 유사성이 많을수록 이혼 확률이 낮아집니다. 결국 비슷한 사람을 만나야 사랑에 성공할 확률이 높습니다.

어떤 분들은 유사성의 효과에 대해 의문을 가집니다. 경험상 자신과 비슷한 사람보다는 다른 특성을 가진 사람에게 매력을 느끼기도 하니까요. 이를 '상보성'이라고 합니다. 유사성과 상보성 중 어느 것이 더 클까요? 심리학자들은 중요하다고 여기는 부분에서는 유사성이, 사소하다고 여기는 부분에서는 상보성이 작용한다고 말합니다. 예를 들어 한국에서 중요한 가치인 집안 배경이나 학벌, 종교에서는 유사성이 중요합니다. 그러나 취미나 기호에서는 상보성이 작용합니다. 상대에 대한 호기심과 궁금증을 유발하는 긍정 효과를 기대할 수 있으니까요.

중요하다고 여기는 부분에서는 서로의 차이가 '대비 효과'를 초래할 수 있습니다. 예를 들어 경제적 수준이 확연하게 차이 날 경우 한 쪽이 소위 '아깝다'는 이야기를 끊임없이 들을 수 있습니다. 서로에게 주는 선물 가격도 큰 차이가 날 수 있고, 이 때문에 자존심이 상하는 경우도 생기게 됩니다. 어쩌면 영화나 소설 속의 신분과 계급을 초월한 사랑 이야기는 현실에서 불가능하기 때문에 더 아름답고 애절하게 느껴지는 지도 모르겠네요.

네 번째는 '자기공개'입니다. 친구들끼리 모여서 각자의 힘든 이야기를 털어놓았던 경험을 떠올려보세요. 분명 심리적으로 매우 가까워졌다고 느꼈을 것입니다. 일종의 비밀을 공유했다는 느낌 때문에 정서적 유대감이 형성된 탓이죠.

자기공개가 주는 유익은 정서적 유대감만이 아닙니다. 유사성을 확인할 수도 있습니다. 심리상담을 하면서 알게 된 사실은 사람들이 자주 하는 착각 중 하나가 '나만 이럴 것이다'라는 것입니다. 자신이 겪어야 했던 힘든 시간이 온전히 자신에게만 일어난 불행이라고 생각하기 쉽죠. 그러나 사람들의 삶은 엇비슷합니다. 친구에게 어렵게 자신의 이야기를 꺼냈을 때 "너도 그랬니? 사실은 나도 말이야…"라고 하면서 친구로부터 비슷한 경험을 듣는 경우가 생각보다 많습니다. 자연스럽게 유사성이 확인되는 순간이죠.

자기공개의 강력한 증거로는 애인 때문에 힘들어하던 이성 친구의 이야기를 들어주다가 눈이 맞아서 결혼하는 커플입니다. 처음에는 아무런 감정이 없었지만 속 이야기를 나누다 보니 그 심정이 공감되고, 또 자신도 과거 애인 때문에 힘들었던 기억이 떠오르기도 하죠. 이렇게 하다보면 "그냥 우리끼리 사귀자."라는 말이 나오게 됩니다.

다섯 번째는 '상호성'입니다. 어느 한 사람이 자신의 힘든 이야기, 아무에게도 말하기 어려운 이야기를 꺼내면 잠시 후 다른 사람들도 그와 비슷한 이야기를 꺼냅니다. 한국 사람들에게는 주로 가족 이야기, 부모님 이야기가 그렇습니다. 어렸을 적부터 입단속을 주문받으며 살았으니까요. 사람의 마음에는 받은 만큼 주어야 한다는 암묵적 규칙이 존재합니다. 그래서 이를 가리켜 '상호성의 규범'이라고 합니다. 선물을 받았을 경우 그에 상응하는 선물을 주고, 칭찬을 받으면 그와 비슷한 칭찬을 해줍니다.

흥미로운 사실은 좋아하는 감정도 이 원리에서 벗어나지 못한다는 것입니다. 다시 말해 누군가가 자신을 좋아하면 그에 상응하는 감정을 느끼도록 압박을 받습니다. 혹시 여러분이 별로 마음에 들어 하지 않는 사람이 여러분에게 사랑을 고백한 적이 있나요? 그랬다면 여러분은 뭐라고 말하면서 거절했습니까? 아마 십중팔구는 "미안"이라고 말을 시작했을 것입니다. 따지고 보면 미안할 일은 아니죠. 여러분이 그 사람에게 좋아해 달라고 한 적도 없고, 여러분이 그 사람의 호감에 같은 마음으로 부응해야 할 어떤 이유도 없으니까요. 그러나 우리에게 미안한 마음이 드는 이유는 상호성의 규범을 위반했기 때문입니다.

상호성이 매력에 중요한 영향을 미치는 또 다른 이유는 불확실한 세상에서 안전한 선택을 하기 위해서입니다. 내가 좋아하는 사람이 나를 좋아하지 않는다면 얼마나 끔찍할까요? 그래서 이런 경험을 하지 않기 위해 자신을 좋아하는 사람을 좋아하려는 경향이 있습니다. 이런 경향성은 남성보다는 여성에게서 많이 나타납니다. 어쨌든 우리는 자신을 좋아하는 사람을 좋아할 가능성이 높습니다.

　마지막으로 매력에 영향을 미치는 요인은 '신체적 각성'입니다. 심박의 증가가 대표적이죠. 심장이 갑자기 빨리 뛸 때 사람들은 누구나 '왜 이렇게 심장이 뛰지?'라고 생각합니다. 자신에게 일어난 일에 대해서 원인을 찾는 귀인 경향이 있기 때문입니다. 귀인은 매우 자동적으로 일어나며, 비논리적이고 비합리적으로 작동하기도 합니다.

　캐나다 밴쿠버에 가면 전 세계에서 연간 80만 명이 찾는 캐필라노 현수교가 있습니다. 높이가 70미터, 길이가 140미터나 되는, 세계에서 가장 큰 구름다리죠. 캐필라노 계곡 상류에 가면 또 다른 다리가 있습니다. 길이가 고작 3미터밖에 안 되는 고정된 나무다리입니다.

↖ 캐나다 캐필라노 현수교에서는 신체적 각성에 대한 심리학 실험이 진행되었다.

1974년 두 명의 심리학자는 매력적인 여성 연구자를 두 개의 다리로 보냈습니다. 심리학 연구를 하고 있다며 다리를 건너고 있는 남성 85명에게 접근했습니다. 이들의 나이는 18세에서 35세 사이였죠. 이 남성들에게 어떤 그림을 보여주면서 이야기를 만들어달라고 부탁했습니다. 그리고 간단한 설문을 작성해달라고도 부탁했죠. 설문이 끝날 무렵 여성은 전화번호를 건네주면서 실험 결과에 대해 알고 싶다면 나중에 연락하라고 말했습니다.

결과는 어땠을까요? 얕고 안전한 다리에서 실험에 참여했던 남성들은 12.5퍼센트만 여성 연구자에게 연락을 했지만, 심하게 흔들거리는 무서운 구름다리에서 실험에 참여했던 남성들은 무려 50퍼센트나 연락을 했습니다. 또한 인터뷰 내용도 차이가 있었는데요, 전자의 경우는 평범한 내용이었지만 후자의 경우는 이성적인 호감을 풍기는 내용이 많았다고 합니다. 이런 결과가 나타나는 이유는 증가한 심장박동의 귀인 때문입니다. 사실 심장박동이 증가한 것은 무서운 구름다리를 건너고 있었기 때문이었지만, 자신의 눈앞에 있는 매력적인 여성 연구자에 대한 호감 때문이라고 착각한 것이죠.

지금까지 심리학자들이 말하는 매력의 요인을 살펴보았습니다. 이를 잘 활용하면 히치가 말한 것처럼 어떤 상황이든, 상대가 누구든 사로잡을 수 있죠. 당신의 데이트 코치가 여기에 있습니다. 혹시 모태솔로라면 눈을 크게 뜨고 잘 기억해두세요.

1   사랑은 멀리 있지 않습니다. 가까운 곳에서부터 찾으세요. 만약 가까운 곳에 이성이 없다면 자연스럽게 이성을 만날 수 있는 곳에 가거나 다양한 활동에 참여하세요. 비슷한 연령대의 이성이 많은 곳에 가기만 해도 이미 반은 성공입니다. 자주 만나다 보면 호감이 생기는 사람이 있을 테니까요.

2   호감을 느끼는 사람이 생기면 그 사람에게 자연스럽게 접근하세요. 중요한 점은 먼저 그 사람의 시야에 자주 등장하는 것입니다. 그 사람이 당신을 의식적으로 알아보지 않아도 상관없습니다. 단순 노출 효과는 잠재의식 수준에서도 잘 작동합니다.

3   자연스럽게 상대와 대화할 기회나 도움을 주고받을 수 있는 기회를 만들어보세요. 그 사람이 어려움에 처해 있을 때 도움을 주는 것도 좋지만, 한편으로 그 사람에게 도움을 요청하는 것도 좋습니다. 도움을 요청하는 사람을 뿌리치기란 쉽지 않은 법이죠.

4   가능한 수준에서 외모를 가꾸어보세요. 당신이 여성이라면 화장술을 이용할 수 있겠죠. 화장만 잘해도 성형수술 이상의 효과가 나더군요. 태생적 한계를 극복하기 어렵다면 옷이라는 날개를 달아보세요. 깔끔하고 정갈한 외양은 누구든지 조금만 준비하면 가질 수 있습니다. 또 다른 방법으로는 상대의 패션을 잘 관찰했다가 그와 비슷한 분위기의 옷을 차려입는 것도 좋습니다.

5 처음부터 비슷한 점이 많은 상대를 찾든지, 아니면 좋아하는 대상과 비슷하게 변신하세요. 집안의 배경까지는 바꿀 수 없겠지만 종교적 신념이나 정치 성향은 충분히 고려해볼 수 있겠죠. 또한 그 사람이 좋아하는 음악이나 작가, 분야 등을 공부해서 배경 지식을 가지고 있는 것은 필수입니다. 다른 면에서도 가능하다면 그 사람과 비슷하게 생각하고 행동해보세요. 생각보다 그 사람을 닮는 것은 그리 어렵지 않을 수 있습니다. 우리의 현재 모습은 대부분 경험의 산물이니까요.

6 이야기를 나누다 보면 자연스럽게 공통의 관심사가 나오게 됩니다. 관심 분야가 비슷한 사람과 이야기하는 것은 정말 즐거운 일이죠. 자연스럽게 호감이 급상승합니다.

7 이야기를 하다가 분위기가 무르익으면 남들에게 하기 어려운 자신의 과거나 가족 이야기를 공개해보세요. 이때 중요한 점은 누구에게나 하는 이야기가 아님을 상대가 알도록 하는 것입니다. 그래야 상대방은 자신이 특별한 존재가 되었다고 느끼고, 정서적으로 더 가까워집니다. 그리고 보통 이럴 경우 상대도 그에 상응하는 자신의 이야기를 할 텐데, 이때 충분히 공감하고 이해해주세요.

8 마지막으로 좋아한다는 고백, 사귀자는 프러포즈는 신체적으로 각성이 된 상태에서 하세요. 놀이공원이나 불꽃놀이, 벚꽃놀이처럼 신 나고 즐거운 경험을 한 후에 하는 것도 좋습니다. 집안 이야기나

과거 이야기를 한 후 기분이 가라앉은 상태에서 고백하면 결과가 좋지 않을 수 있습니다. 그리고 단번에 고백하기보다는 "할 말이 있어."라고 말해서 상대의 궁금증을 유발해놓고, 온갖 추측을 하게 한 후에 고백하는 것이 좋습니다.

사실 어떤 사람들이 연애를 시작하지 못하는 것은 이런 방법을 모르기 때문이 아니라 사람에 대한 불신 때문일 수 있습니다. 사랑하는 마음 자체가 생기지 않기도 하고, 이별에 대한 두려움 때문에 사랑에 대해 엄두조차 못 내기도 하죠. 어린 시절 양육자로부터 안정감과 일관성 있는 양육을 받지 못했기 때문일 수 있습니다. 이런 경우는 데이트 코치의 도움을 받아도 크게 달라지기 어렵습니다. 안타깝게도 이 주제를 여기서는 다루기가 힘듭니다. 개인마다 경험이 다를뿐더러, 많은 지면을 할애해야 하기 때문입니다. 이 주제에 관심 있는 분들은 관련된 책을 읽어보아도 좋지만, 보다 확실한 방법은 직접 심리학자를 찾아가 심리상담을 받아보는 것입니다.

이제 다시 영화 이야기로 돌아가 보겠습니다. 히치는 알버트를 도우면서 우연히 만난 스캔들 전문 기자 사라에게 반합니다. 연애 전문가답게 히치는 사라에게 적극적으로 다가가지만 "중이 제 머리는 못 깎는다."라는 말을 증명이라도 하려는 듯 처음에는 번번이 거절당하고, 데이트를 하게 되면서는 실수를 연발하죠. 결국 사라의 마음이 조금씩 움직일 때 즈음 사라는 히치의 직업을 알게 되면서 자신을 갖고 놀았다는 생각에 배신감을 느낍니다. 관계는 깨지게 됐죠. 히치 역시 사라와의 관계를 포기하려 했습니다. 그러나 그것이 그의 진심은 아니었습니다. 단지 상처받고 싶지 않아서 도망가고 싶었을 뿐이었죠. 결국 그는 용기를 냈습니다. 자신을 보호하려고 도망가지 않고, 자신의 진심을 상대에게 온전히 전달하기 위해서요. 그리고 사랑을 얻어냈습니다. 물론 알버트도 우여곡절 끝에 알레그라와의 사랑에 골인했고요.

이 영화가 말하려고 하는 바는 사랑에서 정말 중요한 것은 방법이 아닌 진심과 용기라는 것입니다. 상대를 진심으로 사랑하지 않는다면, 그리고 진심으로 사랑하더라도 용기가 없다면 제아무리 좋은 방법도 소용이 없죠. 결정적 순간에 상대의 마음을 사로잡는 것은 진심과 용기니까요. 히치는 마지막에 이렇게 말합니다. "기본 법칙은… 없습니다."

진짜 연애 고수가 되는 법 – 남자, 그리고 여자

'연애의 고수'는 어떤 사람일까요? 자칭 혹은 타칭 연애의 고수라는 사람들은 하나같이 교제한 이성의 수를 내세웁니다. 어떤 이들은 일 년에 수십 명을 만났다고 자랑하죠. 여기서 '만났다'는 의미는 그저 "안녕?"이라고 인사할 정도는 당연히 아니겠죠. 적어도 연애라면 마음을 주고받았다거나 진한 스킨십 혹은 섹스를 한 경우일 것입니다. 그런데 일 년에 수십 명을 만나려면 도대체 며칠이나 사귀고 헤어져야 할까요? 양다리 혹은 세 다리, 그것도 아니면 문어다리를 걸쳤다고 해도 한 사람과한 달 이상의 교제를 하지 못했다는 계산이 나오죠. 결국 일 년에 수십 명과 연애했다는 말은 수십 명과 헤어졌다는 말입니다. 당연히 연애 과정도 피상적일 수밖에 없습니다. 과연 이런 사람을 고수라고 하는 것이 맞을까요? 국어사전에서는 고수高手를 다음처럼 정의하더군요.

1. 바둑이나 장기 따위에서 수가 높음. 또는 그런 사람.
2. 어떤 분야나 집단에서 기술이나 능력이 매우 뛰어난 사람.
[유의어] 달인, 명인

사전적 의미로 보면 연애의 고수는 연애에서 기술이나 능력이 매우 뛰어난 사람이라고 정의할 수 있습니다. 연애의 기술이나 능력이 매우 뛰어난 사람은 과연 어떤 사람일까요? 소위 '작업'을 잘해서 여러 이성과의 새로운 만남을 많이 갖고 또 그만큼 헤어지는 사람일까요, 아니면 자신이 사랑하는 사람과 어렵고 힘든 일이 있을 때 위기를 잘 극복해서 관계를 유지하는 사람일까요? 저는 당연히 후자라고 생각합니다.

우정에 있어서는 고수를 따지지 않지만, 만약 우정에서도 고수가 있다면 단지 많은 친구들을 새로 사귀었다가 그들과 관계를 유지하지 못해서 틀어지고 마는 사람은 아닐 것입니다. 친구와 오해가 쌓이고 갈등이 있어도, 서로에 대한 배려와 이해로 관계를 깨지 않고 잘 유지하는 사람이겠죠. 이런 면에서 볼 때 연애의 고수라고 떠벌리는 이들은 하나같이 관계를 지속할 수 있는 능력이 결여되어 있는 사람들입니다. 연애에서 가장 중요하다고 할 수 있는 소통을 못 한다는 증거입니다. 어쩌면 연애의 고수라고 하는 사람들은 사실 연애의 하수인 것이죠.

그렇다면 진짜 연애의 고수가 되려면 어떻게 해야 할까요? 친구와 관계를 잘 유지하기 위해서는 친구의 성향을 잘 파악해야 하는 것처럼, 연애를 잘하려면 무엇보다 이성에 대해서 잘 알아야 합니다. 많은 연인이나 부부가 헤어지는 이유를 성격 차이라고 말합니다. 그러나 그 내막을 들여다보면 성격 차이라기보다는 성性 차이인 경우가 많습니다. 남성과 여성의 근본적인 차이가 오해와 갈등을 불러일으키는 셈이죠.

《화성에서 온 남자, 금성에서 온 여자》는 남녀의 차이를 다룬 세계적 베스트셀러입니다. 책의 저자 존 그레이는 왜 남자를 화성, 여자를 금성에서 왔다고 했을까요? 그 이유는 화성인 마르스Mars는 로마 신화에서 전쟁의 신, 금성인 비너스Venus는 미美의 신이기 때문입니다.

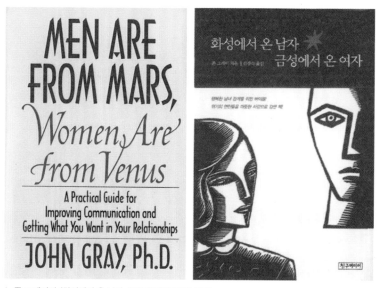

▲ 존 그레이의 《화성에서 온 남자, 금성에서 온 여자》 표지

실제로 인류 역사에서 전쟁은 남자, 아름다움은 여자의 몫이었죠. 남자는 가족과 부족, 국가를 지키기 위해서 전쟁에 나가서 승리할 만큼 강해야 했습니다. 신체적으로는 큰 키와 건장한 체격이, 정신적으로는 빠른 판단과 문제 해결 능력이 요구되었습니다. 이런 능력은 전쟁뿐 아니라 농경 사회에서의 경제력과도 맞닿는 특성이었습니다. 반면 여자는 임신과 출산, 육아를 담당했기 때문에 남자를 유혹할 수 있는 아름다움과, 자녀를 잘 양육할 수 있는 언어 능력이 필요했습니다.

물론 현대 사회에서는 전쟁에 나가는 남자는 극히 적은 반면, 육아를 담당하는 남자는 점차 많아지는 추세입니다. 또한 남편보다 더 큰 수입을 올리는 아내도 급증하고 있죠. 그러나 오랜 기간 동안 남자와 여자의 역할은 분명하게 구분되었기에, 이런 차이는 우리의 마음 깊숙한 곳에 자리 잡았다고 볼 수 있습니다.

남자와 여자의 차이는 달리 보자면 뇌의 차이라고 할 수 있습니다. 영국의 심리학자인 사이먼 배런 코언은 남자의 뇌를 '체계화하는 뇌', 여자의 뇌를 '공감하는 뇌'라고 칭합니다. 남자는 어떤 사건이 발생하면 문제를 분석하고 해결 방법을 찾고, 여자는 그 일 때문에 일어난 감정에 대해 공감받기를 원하기 때문이라고 합니다. 구체적으로 남자와 여자가 어떻게 다른지 하나씩 살펴보겠습니다.

우선 애정 표현 방식에서 차이가 있습니다. 남자는 관심 있는 여자에게 접근하기 위해, 혹은 자신의 여자에게 사랑을 표현하기 위해 자신이 얼마나 능력 있는 사람인지를 증명하려고 합니다. 그래서 돈이 있다면 선물 공세를 펼치기도 하죠. 때로는 여자가 너무 부담스러워 할 정도의 선물을 해서 문제입니다. 반대로 여자에게 선물을 해줄 수 없는 남자라면 위축되기 마련입니다.

또 남자는 여자 앞에서 호전적으로 변합니다. 여자와 함께 길을 가다가 불량배를 만났을 때 꽁무니를 빼기보다는 물러서지 않으려고 하죠. 물론 상대와 싸워서 흠씬 얻어터질망정 도망가는 것보다는 더 낫다고 생각합니다. 적어도 비겁한 남자라는 인상은 주지 않을 수 있으니까요. 하지만 싸움의 대상이 가끔은 가게의 점원이나 민원실 직원이 되는 바람에 여자의 원성을 사기도 합니다.

자신의 능력을 과시하고 싶어 하는 경향은 애인을 자신의 주변인들에게 자랑하고 싶어 하는 것과 무관하지 않습니다. 여자 친구의 외모가 뛰어날수록 주변 사람들에게 자신의 능력을 인정받는다고 생각하는 경향이 있죠. 그래서 남자는 아름다움을 위한 여자의 소비에 인색하지 않습니다. 자신은 거지처럼 걸치더라도 여자는 왕비처럼 차려입기를 바랍니다. 그러나 왕비는 거지보다는 왕에게 어울린다는 점을 잘 기억해야 합니다. 남자도 어느 정도는 자신의 외모와 패션에 신경을 써야 한다는 것입니다. 다른 남자에게 여자를 빼앗기지 않으려면 말이죠.

이 때문에 남자는 사랑하는 여자가 생기면 보다 열심히 일에 매진하는 경향이 있습니다. 여자에게 자신의 능력도 증명해야 하고, 선물도 사줘야 하며, 여자 친구를 데리고 주변 사람들을 만나서 한턱도 쏴야 하고, 여자 친구의 아름다움을 향상시키기 위해 돈이 필요하니까요. 또 걸어 다니다가 불량배를 만나 얻어터지지 않으려면 자가용을 타고 다녀야 하는데, 이왕이면 좋은 차를 타고 싶어 하니 또 돈이 필요할 수밖에요.

이래저래 열심히 일을 하다가 여자를 만나면 남자는 여자의 사랑을 확인받고 싶어 합니다. 남자에게 사랑은 노골적입니다. 바로 섹스입니다. 감정적인 소통도 중요하고, 함께 웃고 즐기는 것도 좋습니다. 손을 잡고 같은 방향을 바라보는 것도 가치 있는 일이죠. 대화하는 것도 나쁘지 않은 소통의 수단입니다. 그러나 섹스가 없다면 이 모든 것이 무의미합니다. 남자는 무엇보다 섹스가 가장 좋습니다. 무엇보다 섹스가 가장 중요합니다. 무엇보다 섹스가 가장 가치 있는 일입니다. 무엇보다 섹스가 최고의 소통입니다. 사랑하는 여자와 둘이 있다는 것은 남자에게는 섹스를 의미합니다. 섹스가 곧 사랑의 표현이라고 생각하기 때문입니다. 게다가 언제 전쟁에 나가서 목숨을 잃을지도 모르기 때문에 마음까지 급합니다.

하지만 여자는 좀 다릅니다. 섹스도 나쁘지는 않지만, 무엇보다 남자의 마음을 확인하고 싶어 합니다. 전쟁에서 죽는 것은 어쩔 수 없다지만 진짜 자신을 사랑하는지, 전쟁에서 죽지 않고 살아 돌아온다면 자신과 자식을 위해 책임감을 다할 수 있는지 알고 싶어 합니다. 이를 알기 위해서 무엇보다 대화와 소통, 정서적인 친밀감을 중요하게 여깁니다. 연애나 결혼 후 남자가 일에 매진하면 자신을 위해 애쓴다는 생각에 이해는 하면서도 한편으로는 자신에 대한 마음이 식은 것은 아닌지 불안해하는 것도 이 때문입니다.

 게다가 남자가 얼마나 외적인 아름다움에 취약한지 잘 알기 때문에 남자 주위에 있는 여자, 특히 '젊고 어린 것들'을 견디지 못합니다. 그래서 남자의 여자 후배나 같은 회사의 여직원을 경계하면서, 그들의 험담을 늘어놓기 일쑤죠. 험담은 여자의 외모나 패션, 그리고 자기 남자를 유혹하는 듯한 행동과 표현에 치중되는 경향이 있습니다. 이 모두가 남자에 대한 애정 표현 방식입니다.

 대화와 섹스만을 놓고 본다면 남자와 여자의 차이는 극명합니다. 남자는 여자와의 섹스를 위해서 여자가 그토록 원하는 대화를 하는 척하고, 반면 여자는 남자와의 대화를 위해서 남자가 미치도록 원하는 섹스에 마지못해 동의합니다. 만약 여자가 대화만 하고 섹스를 다음으로 연기하거나, 남자가 섹스만 하고 잠만 잘 때 속았다는 느낌에 분에 못 이겨 하는 것도 이 때문입니다.

 여자는 남자와 정서적 교감을 원하고, 남자는 여자와 신체적 교감을 원하기 때문에 서로에게 느끼는 질투 역시 다릅니다. 상대가 바람을 피웠다는 것을 알게 되었을 때 남자는 "그 남자랑 잤어?"라고 묻지만, 여자는 "그 여자 사랑했어?"라고 묻습니다. 다시 말해 남자는 여자의 신체적 부정에, 여자는 남자의 정서적 부정에 격노하죠.

 물론 그렇다고 해서 남자가 대화를, 여자가 섹스를 싫어한다고 생각할 필요는 없습니다. 술집에 가보면 술 한잔 걸치고 폭포수처럼 말을 쏟아내는 남자들이 많습니다. 그러나 말의 주제와 방법에서 남자와 여자의 말은 다릅니다. 우선 남자는 정치, 스포츠, IT 제품, 자동차, 주식, 업무, 경험(군대, 여행) 등 사람 자체가 아닌, 사람들의 활동이나 물건에 대한 대화를 좋아합니다. 자신의 속마음이나 사생활을 공개하는 것을 꺼리기 때문에, 주변 사람들과의 관계에 대한 이야기를 거의 하지 않으려고 합니다.

반면 여자는 주로 관계에 대한 이야기를 하고 싶어 합니다. 직장 동료와 상사, 직장 후배나 다른 부서 사람들, 사장님과 이사님, 과장님과 부장님, 대리나 수위 아저씨, 대학 선배와 후배, 동아리 선배와 후배, 지도교수와 과목 담당 교수, 강사, 조교, 초중고등학교 선생님과 동창, 선후배, 부모님, 언니, 오빠, 동생, 이모, 외삼촌, 고모, 사돈의 팔촌, 옆집 사람은 물론 연예인과 운동선수, 정치인 이야기까지 사람에 대한 이야기를 하고 싶어 합니다.

남자에게 말이란 목적을 위한 하나의 수단에 불과합니다. 그 목적이란 문제를 해결하는 것일 수도 있고, 상대방과의 경쟁에서 이기기 위한 것일 수도 있습니다. 이를 위해 남자들은 논리적으로 상대방의 모순을 지적하거나 대화 중간에 끼어들어서 이의를 제기하려고 합니다. 상대방에게 어떤 교훈을 주려는 설교 식의 대화를 하는 경우가 많습니다. 무엇보다 상대방의 이야기를 듣고 해결책을 제시하려는 경향이 강합니다.

그러나 여자에게 말이란 그 자체가 목적입니다. 대화를 통해 상대방과 친밀감을 추구하며 외로움을 극복하고 싶어 하죠. 당연히 상대방의 정서적 공감과 지지를 원하기 때문에, 관계에서 경험하는 자신의 속마음을 자주 털어놓습니다. 남자가 자신의 이야기에 대해서 공감과 지지보다는 옳고 그름을 판단하면서, 자꾸만 어떤 답을 주려고 하면 자신의 마음이 무시당했다는 생각에 화를 냅니다. 반면 남자는 여자가 불평만하거나 요구 사항이 많다고 느끼면 무언가를 해결해주어야 한다는 압박 때문에 대화에 적지 않은 부담을 느끼게 됩니다.

예전에 식당에 갔다가 옆 테이블에서 젊은 남녀 6명 정도가 대화하는 것을 본의 아니게 들은 적이 있습니다. 그때가 한여름이었는데, 아마도 여행 계획을 세우는 것 같았습니다. 대화 내용은 대략 이랬습니다.

"우리 ○○ 계곡에 가자. 계곡에 발 담그고 놀자." (여)

"거기서 뭐 하고 놀아?" (남)

"얘기하면 되지." (여)

"또 얘기해? 우리 계속 얘기만 했잖아." (남)

순간 웃음보가 터질 뻔했습니다. 여자는 너무나 당연하게 얘기하고 놀면 된다고 말하고, 남자는 얘기하는 것이 어떻게 노는 것이냐, 그렇게 얘기를 많이 했는데 또 할 얘기가 있느냐며 거의 울상을 지었거든요. 남자는 뚜렷한 주제나 목표가 없이 대화하는 것을 어려워합니다. 결론도 나지 않을 이야기를 할 필요가 없다고 생각합니다. 마치 여자가 자신을 다람쥐 쳇바퀴에 넣고 돌리는 것처럼 느낄 것입니다. 정확히 말하면 두려워한다고 해야겠네요. 언어 능력이 여자보다 떨어지니까요.

이런 차이는 스트레스를 푸는 방법에서도 나타납니다. 여자는 스트레스를 받으면 혼자 있으려 하지 않습니다. 즉시 스마트폰을 열어서 자신을 이해해줄 것 같은 사람에게 지금의 상황과 자신의 감정에 대한 엄청난 양의 말(메시지)을 쏟아냅니다. 스트레스 상황을 문제 해결의 관점에서 보는 것이 아니라 사람과의 관계에서 감정이 상했다고 판단합니다. 이렇게 메시지를 주고받으면서 스트레스를 준 사람에 대해 실컷 욕을 하고 나면 마음이 어느 정도 진정은 됩니다. 그러나 여전히 부족함을 느끼고 그날이 지나가기 전에 상대와 만날 약속을 잡습니다. 아무래도 말이란 손가락이 아닌 입으로 해야 제맛이죠.

이때 찾는 대상은 정서적으로 친밀한 사람입니다. 가장 좋다면 남자친구나 남편이겠지만, 남자들은 이야기를 끝까지 듣지도 않고 자꾸 말도 안 되는 해답(남자 입장에서는 꽤 괜찮은 해결책)을 주려 하기 때문에 기피합니다. 차라리 자신이 필요한 위로와 공감을 줄 수 있는 동성 친구를 만나고 싶어 합니다.

그러나 남자는 여자보다는 혼자 지내려는 경향이 있습니다. 스트레스를 일(문제 해결)의 관점에서 보기 때문입니다. 또한 남의 도움을 받기보다는 스스로 해결하고 싶어 합니다. 아무래도 혼자서 생각을 하려다 보니 말수는 더욱 적어지죠. 여자에 비하면 평소에도 말수가 적은데 이런 상황이 되면 아예 말을 안 하는 경우도 비일비재합니다.

남자는 문제를 풀기 위해 방에 틀어박혀 있다가도 스트레스를 풀 수 있는 방법이 떠오르지 않는다면 이야기를 나눌 사람을 찾습니다. 이때 찾는 사람은 친구나 동료인 경우가 많습니다. 아내나 애인에게 말하면 문제 해결은커녕 그들은 걱정만 늘어놓기 때문입니다. 문제만 해결하면 될 일이라 생각하고, 상대에게 걱정을 끼치고 싶어 하지 않습니다. 또 문제 해결에 여자의 걱정(여자 입장에서는 공감)이 하등 도움이 되지 않는다고 판단하죠. 차라리 좋은 해결책을 얻는 데 도움이 될 만한 사람을 만납니다.

그러다가 문제를 해결하거나 스트레스를 풀 수 있는 방법이 떠오른 다면 행동으로 옮깁니다. 건전하다면 운동이요, 위험하다면 스트레스를 주는 대상에게 폭력을 행사하거나 회사에 사표를 집어 던지는 식입니다. 물론 여자도 스트레스를 풀기 위한 행동을 합니다. 남자와 달리 쇼핑을 하거나 맛있는 음식을 먹거나 머리를 새로 하거나 공연을 보는 것 등이죠. 모두 기분을 전환하거나 분위기를 바꾸려는 목적입니다.

어떻게 보자면 남자와 여자는 아예 다른 종種이 아닌가 싶을 정도로 차이가 많습니다. 서로에 대한 이해와 배려가 없이는 관계를 유지하는 것이 불가능에 가까울 정도입니다. 연애의 하수와 고수는 바로 이 부분에서 갈립니다. 연애의 하수는 자신의 입장만을 고수固守합니다. 그래서 상대의 말과 행동을 평가하고 비난합니다. 심하면 자신의 모든 불행이 상대에게서 온 것처럼 말합니다. 그러나 연애의 고수는 상대의 입장을 충분히 인정합니다. 그 가운데서 자신의 입장을 잘 전달하기 위해 노력합니다.

일례로 이렇게 하면 연애의 하수입니다. 남자의 경우 여자의 무한한 대화 욕구를 귀찮고 피곤하게 여깁니다. 여자가 스트레스를 받을 때 이야기를 끝까지 듣지도 않고, 여자의 감정이 무엇인지 헤아리지도 않은 채 되지도 않는 해결책만 툭툭 내뱉습니다. 그리고 결론만 말하라면서 윽박지르죠. 여자의 경우 남자의 한없는 섹스 욕구를 동물 같다며 무시합니다. 남자가 스트레스 상황에서 혼자 있고 싶어 하는 것을 인정해주지 못하며, 자신과 대화는 안 하면서 술이나 마시고 게임이나 한다면서 힐난합니다.

그러나 연애의 고수는 다릅니다. 남자의 경우 여자와 충분한 대화를 합니다. 여자가 원하지 않으면 섹스하지 않아도 된다면서 여자가 마음 놓고 대화의 즐거움에 푹 빠지도록 합니다. 자연스러운 정서적 교감 속에서 섹스는 아주 자연스럽게 이루어집니다. 여자의 경우 남자를 위해 때로는 과감한 섹스에 도전합니다. 남자는 시각에 예민하게 반응한다는 사실을 잘 활용합니다. 그러면서 만족할 만한 섹스를 한 후에 또 충분한 대화를 나누기도 합니다.

스트레스 상황에서도 연애의 고수는 다릅니다. 남자의 경우 여자가 스트레스를 받았다고 하면 누구 때문인지 묻습니다. 그리고 그 사람에 대해 함께 욕을 해주면 됩니다. 한두 번의 위로와 공감으로 여자가 만족할 것이라고 생각하지 않고, 온전히 여자의 입장에서 그 감정이 풀어질 때까지 대화를 나눕니다. 대화가 정 힘들다면 함께 쇼핑을 하러 가거나 함께 미용실에 가주기도 합니다. 여자의 경우 남자가 어떤 일 때문에 스트레스를 받는지 파악해서 어떻게 하면 좋을지 함께 해결책을 궁리합니다. 남자가 혼자 있겠다고 하면 인정해주고 기다립니다. 그리고 함께 알코올을 섭취하거나 운동, 게임을 하기도 합니다.

혹시 남자와 여자의 이런 차이에 동의하지 않는 분이 있나요? 심리학 연구에 따르면 남자나 여자 중 이성의 뇌를 가진 비율이 대략 20퍼센트 정도라고 합니다. 다시 말해 행동보다는 말, 운동보다는 수다, 섹스보다는 대화, 문제 해결보다는 공감을 좋아하는 남자가 있고, 이와 반대로 말보다는 행동, 수다보다는 운동, 대화보다는 섹스, 공감보다는 문제 해결을 좋아하는 여자가 있다는 이야기입니다. 이럴 경우 또 그에 적절한 방법을 사용해야 연애의 고수가 될 수 있습니다.

또한 성 차이 못지않게 개인차도 중요합니다. 모든 남자와 모든 여자가 동일하게 반응하지는 않으니까요. 그러나 큰 틀에서 남자와 여자의 차이점을 잘 인식하고 서로에 대해 배려한다면 진짜 연애의 고수가 될 수 있죠. 그렇지 않고 상대를 무시하고 자신의 성향만을 고수하다가는 남자와 여자는 지구가 아닌 화성과 금성에서 평생을 외롭게 살아야 할지도 모릅니다.

사랑한다면 이렇게 싸워라 – 사랑법보다 중요한 싸움법

연예계의 대표 잉꼬부부를 꼽자면 두 커플이 생각납니다. 바로 최수종 씨와 하희라 씨, 션 씨와 정혜영 씨죠. 이들은 방송에 나와 이렇게 말하곤 합니다. "연애할 때부터 결혼 후 10년이 넘도록 한 번도 안 싸웠습니다."

이에 대해 사람들의 반응은 결혼 여부에 따라 두 가지로 갈립니다. 미혼인 사람들은 "정말 대단하다." 정도고, 결혼을 해본 사람들은 "거 짓말이야. 말도 안 돼!"라고 합니다. 미혼인 사람들은 '물론 어렵겠지만 부부가 함께 노력하면 가능하지 않을까?' 생각합니다. 반면 결혼이라는 틀 안에서 누군가와 함께 살아본 이들은 '논리적으로는 가능할지 모르 나 실제로는 불가능하다'라고 단언합니다. 그렇다면 그들의 말은 방송 용 멘트일까요? 당사자들만 알겠죠. 그런데 어떻게 싸우지 않고 살 수 있는지에 대한 노하우를 들어보면 정말일 수 있겠다는 생각이 듭니다.

> "내가 잘못한 일이 있으면 무조건 잘못했다고 해야 싸움이 끝 난다. 보통 부부 싸움의 원인 제공은 남자가 한다. 남편은 아내 가 자신을 이해 못 한다고 다그칠 것이 아니라 아내가 이해할 수 있도록 기회를 마련해야 한다. 부부 싸움의 대부분은 대화 부족이다. 무조건 서로에 대해 많은 이야기를 나누고 시시콜콜 한 것까지 함께하는 것이 무엇보다 중요하다."
>
> – 최수종(2008년 2월 OBS 경인TV 〈쇼도 보고 영화도 보고〉 중)

> "물론 단점이 있고 안 맞는 것도 있다. 음식 취향도 안 맞고, 속 도도 안 맞는다. 하지만 서로에게 맞춰가며 시간이 지나도 서 로에게 멋있어 보이자고 약속했다. 시간이 흘러도 남녀로서의 긴장감을 유지하려 한다."
>
> – 션 (2012년 12월 KBS2 〈승승장구〉 중)

남녀가 만나서 사랑을 주고받는데 싸우지 않을 수 있을까요? 그리고 싸우지 않으면 행복하기만 할까요? 만약 이 두 커플의 이야기가 진짜라면 이분들은 아주, 매우, 극히 드문 경우입니다. 대부분의 연인이나 부부는 싸웁니다. 말다툼을 합니다. 소리도 지르고, 울기도 하죠.

　왜 싸울까요? 아이러니하게도 사랑하기 때문입니다. 사랑하기 때문에 기대하게 되고, 실망하게 되죠. 늘 함께 있고 싶지만 그럴 수 없어서 속이 상합니다. 원하는 것을 받지 못해도 화가 나죠. 또 상대의 표정이나 말투 때문에 감정이 상할 수도 있고, 일찍 만나서 오래 함께 있고 싶은데 약속에 늦으니 짜증이 나기도 합니다. 혹시 다치거나 잘못되지 않을까 불안한 마음에 지나치게 간섭하거나 잔소리를 하기도 하죠. 자신에게 솔직하게 마음을 털어놓지 않는다고 속상해하며, 상대의 주변 사람들로부터 오해를 받아 기분이 상할 수 있습니다. 중요한 일을 결정하는 과정에서 자신이 원하는 만큼 존중받지 못해 분할 수도 있으며, 자꾸 다른 이성에게 눈을 돌리기 때문에 분노할 수도 있습니다. 엄청나게 많은 이유로 남녀는 싸웁니다만, 그 핵심은 서로 사랑하기 때문입니다.

　싸우는 것은 어쩌면 자연스러운 일입니다. 커플의 99퍼센트가 싸운다고 확신합니다. 물론 저 두 커플처럼 싸우지 않는 1퍼센트의 연인이나 부부를 만날 수 있습니다. 그런데 속 이야기를 들어보면 싸우지 않는 이유는 싸울 이유가 없거나 싸우기 전에 대화로 잘 풀기 때문이 아니라 싸움이 두려워 감정을 억압하거나 피하는 경우가 태반입니다. 분노와 원망을 드러내면 상대가 자신을 떠날지도 모른다는 두려움 때문에 혼자 삭히기도 하고, 갈등이 두렵기 때문에 무조건 상대에게 맞춰주기도 합니다. 이는 심리적으로 건강하지 못하다는 방증입니다. 진짜 사이가 좋고 행복한 것이 아니라, 사이가 좋은 척하고 있는 셈이죠. 일종의 시한폭탄을 안고 있다고 할 수 있습니다.

심리적으로도 건강하고 동시에 싸우지도 않을 수 있을까요? 물론 가능하긴 합니다. 다음과 같은 조건의 남녀가 만난다면 말이죠. 어떤 갈등 상황에서도 서로를 존중하고 배려할 수 있고, 필요 이상의 감정을 품지 않으며, 감정이 들더라도 적절하게 드러내고 표현할 수 있어야 합니다. 경제적으로도 크게 어렵지 않아야 하고, 상대방의 주변 사람에게 받는 스트레스도 없어야 할 것입니다. 성격도 안정되어서 좌절을 견디는 힘도 필요할 것입니다. 서로에 대한 성적 매력을 유지할 만큼 적절한 긴장을 유지할 수 있다면 더할 나위 없이 좋겠죠. 이런 커플이 과연 얼마나 될까요? 제 생각에는 싸우지 않는 1퍼센트 커플 중에서 또다시 1퍼센트 정도, 결국 전체에서 0.01퍼센트 정도나 될까 싶네요.

다시 한 번 말씀드리지만 대부분의 커플은 싸운다는 것입니다. 또한 싸우는 것은 사랑하는 사람들 사이에서 발생하는 매우 흔하고 당연한 일이라는 것이죠. 어떤 이들은 앞의 두 커플을 보면서 "우리도 저렇게 되어야 해."라고 생각하며, 자주 싸우는 자기들을 비정상이라고 생각합니다. 아닙니다. 다수가 정상이고 소수가 비정상이라면, 그리고 굳이 정상과 비정상을 나누자면 오히려 싸우지 않는 커플이 비정상이라고 할 수 있습니다.

행여나 오해할까 봐 미리 말씀 드리는데요, 싸움이 정상이라고 해서 자주, 그리고 심하게 싸워서 서로에게 상처를 주라는 말이 아닙니다. 오히려 싸울 일이 있으면 제대로 싸우자는 것입니다. 이 말은 서로의 마음에 상처를 남기지 않으면서, 서로에 대한 마음을 상대방이 이해할 수 있도록 소통하자는 것이죠.

앞서 말씀드렸듯이 싸움은 사랑하기 때문에 일어납니다. 저 역시 사랑하기 때문에 아내와 종종 싸웁니다. 사랑하지 않는 옆집 여자와는 싸우지도 않습니다. 언제나 밝은 얼굴로 인사하죠. 옆집 여자와는 부딪힐 일이 없습니다. 우리 집 여자하고만 사사건건 충돌하죠. 이제는 만난 지 10년이 훌쩍 넘어가서 예전보다는 덜 싸우지만, 그래도 30년 이상 각자 다른 환경에서 살았으니 서로 부딪히는 부분이 많습니다. 불편하고 속상한 마음에 싸울 때가 있습니다. 예전에는 홧김에 말인지 똥인지 신경 쓰지 않고 내뱉고, 상대방의 마음은 보지도 않고 그 사람의 말만 듣고 받아치고, 상대가 되로 준다 싶으면 말로 되돌려줬죠. 그러다가 결국 헤어지기도 했습니다.

이런 개인적인 경험과 수많은 커플치료 전문가들의 조언을 합쳐서 사랑하는 사람과 제대로 싸우기 위한 전략을 소개할까 합니다. 어찌 보면 당연한 이야기 같지만 당연한 것조차 연습 없이는 제대로 하기가 어렵습니다. 연인이 있다면 이 부분을 연인과 함께 읽고 이야기 나누기를 추천합니다.

제대로 싸우기 위한 첫 번째 전략은 '명심'입니다. 연인 간의 싸움은 전쟁이 아니라는 점을 꼭 명심해야 합니다. 전쟁은 승자와 패자가 나뉩니다. 국가 간의 전쟁은 물론이고, 전쟁에 비유되는 운동경기도 그렇습니다. 전쟁의 목적은 이기는 것입니다. 상대에게 치명타를 날려서 자기 발아래 무릎을 꿇게 만드는 것이죠. 그래서 공격과 방어라는 표현을 사용합니다. 그러나 연인의 싸움에서 승패는 없습니다. 싸움의 원인이 되는 불협화음을 파악해서 조율해야 합니다. 이 과정을 잘해내면 모두가 승자가 되지만, 그렇지 않다면 모두가 패자가 됩니다. 따라서 전쟁이 아니라 함께 풀어야 하는 숙제나 프로젝트 정도라고 생각해야 합니다. 서로 맞서는 일이 아니라 함께 팀이 되어서 갈등을 풀어가야 합니다.

이를 위해 두 사람이 같은 마음이어야 합니다. 싸움은 어느 한쪽만의 문제가 아닙니다. 쌍방의 문제입니다. 한쪽은 싸움을 통해 소통하려고 하는데, 상대는 싸움을 무조건 피하려고만 하거나 이기려고만 하면 제대로 싸울 수가 없습니다. 두 사람의 마음이 편안할 때 마주앉아서 싸움에 대해 어떻게 생각하는지, 싸울 때 어떻게 하면 좋겠는지 미리 충분히 마음을 나누어야 합니다. 특히 어린 시절 부모님이 서로에게 욕설을 퍼붓고 소리 지르며, 폭행하고, 물건을 집어 던지는 모습을 보고 자란 사람은 연인 사이의 갈등을 못 견뎌 합니다. 마치 자신도 과거의 부모님처럼 행동할까 두렵기 때문이죠. 만약 이런 경험이 있다면 이야기해야 합니다. 우리는 어린 시절 본 것을 기억하고, 답습하는 경향이 있으니까요. 혼자서 고군분투하지 말고 같은 팀의 도움을 요청해야 합니다.

두 번째 전략은 '여유'입니다. 결코 서두르면 안 됩니다. 많은 사람들이 싸움이 시작되면 어떻게든지 서둘러서 끝내려고 합니다. 싸움이 곧 상처라고 오해하기 때문에 싸우는 기간 동안의 긴장과 불안을 견디기 어려워합니다. 또 상처가 오래될수록 깊어지듯 싸움도 길어질수록 고통이라고 생각하기에, 빨리 끝내려고 상대방의 코를 납작하게 할 결정타를 날립니다. 상대방도 가만히 있지 않죠. 사람은 누구나 스스로를 방어하려는 속성이 있기 때문에 그냥 당하고 있지 않습니다. 더 큰 약점을 잡아서 그대로 갚아줍니다. 결국 싸움은 불필요하게 더 커집니다.

어떤 이들은 반대로 자신의 감정을 억압합니다. 자신도 속상하고 억울하지만 싸움이 싫어서 먼저 사과합니다. 상대방이 사과를 받아준다면 싸움은 일단 끝나지만, 억압된 감정은 사라지지 않습니다. 켜켜이 쌓이다가 결국 폭발하면 나중에 더 큰 문제가 됩니다. 어떤 경우든 싸움을 빨리 끝내려는 시도는 역효과를 가져옵니다.

화가 났을 경우 서로를 비난만 하게 되니 일단은 어느 정도 감정이 가라앉기를 기다려야 합니다. 그리고 각자가 자신의 감정이 무엇이고, 또 왜 그런 감정이 생겼는지 나름의 생각을 정리하는 시간도 필요합니다. 만약 합의나 해결이 필요한 문제라면 어떻게 풀어갈지 나름의 방법을 생각해볼 필요도 있습니다. 그다음에 자신의 감정과 생각을 말하고, 상대방의 감정과 생각을 들어야 합니다. 이 과정에서 또다시 감정이 격해지면, 다시 시간을 가져야 합니다. 일종의 타임아웃입니다. 타임아웃은 싸움을 회피하는 것이 아니라, 다시 마주앉아 이야기하기 위해 잠깐의 시간을 두는 것입니다.

얼마나 많은 사람들이 이별이나 이혼을 홧김에 결정해버리는지! 조급하고 서두르다 보면 주체가 안 될 정도로 화가 나서 일을 그르치기 쉽습니다. 중요한 점은 서두르지 않는 것입니다. 특히 한 사람은 마음이 어느 정도 가라앉았는데, 상대방이 그렇지 않다면 기다려줄 필요가 있습니다. 두 사람 모두 마주 앉을 수 있을 때까지 그래야 합니다.

세 번째 전략은 '경청'입니다. 마음을 다해 상대방의 마음을 들어야 합니다. 많은 사람들이 말하고 싶어 합니다. 자신이 얼마나 억울한지, 속상한지, 화가 나는지 전달하고 싶어 합니다. 이해받고 싶은 마음 때문이겠죠. 가끔 길을 가다 보면 대로에서 소리를 지르며 싸우는 사람들을 볼 수 있습니다. 하나같이 귀는 없고 입만 있습니다. 분명 그 집 가훈은 "목소리 큰 사람이 이긴다."일 것입니다. 어찌나 고래고래 소리를 지르는지요.

민원실에서 직원과 싸우는 것이라면 모를까, 남녀 간의 싸움에서는 말하기보다는 들어야 합니다. 이때 상대의 말에서 논리적 허점을 잡아 되받아치려고 들어서는 안 됩니다. 세상에서 가장 피곤한 사람이 말꼬투리를 잡는 사람이라죠. 경청은 자신의 생각이나 판단을 내려놓고 상대방의 입장에서 들어보는 것입니다. 이를 가리켜 '말이 아닌 마음을 듣는다'라고 하죠. 입으로 쏟아져 나오는 말이 아니라, 그 말을 하는 상대의 마음을 보자는 것입니다.

결혼을 생각하고 만났던 여자 친구가 있었습니다. 서로 사랑했지만 맞지 않는 부분도 많았습니다. 그러던 어느 날 말다툼이 벌어졌습니다. 그 과정에서 여자 친구가 저에게 소리치듯 "오빠랑 사귀는 것이 얼마나 힘든 줄 알아?"라고 하더군요. 저는 그 '말'을 듣고는 이렇게 맞받아쳤습니다. "힘들어? 그럼 헤어지면 되잖아!" 여자 친구도 역시 제 '말'을 듣고 "알았어! 그래, 헤어져!"라고 말하면서 뒤돌아 갔습니다. 사실 여자 친구의 '마음'은 저랑 사귀는 과정에서 힘든 부분이 있으니 좀 알아달라는 것이었죠. 만약 그때 제가 '말'이 아니라 '마음'을 들을 수 있었다면 헤어지자고 맞받아치지는 않았을 것입니다. 결국 1년여간의 연애는 그렇게 갑작스럽고 허무하게 끝나고 말았습니다. 물론 여자 친구의 '마음'에 대해 뒤늦게 깨달은 저는 수개월 후 용기를 내어 찾아갔습니다. 다시 만나자고 말했고, 결국 결혼에 골인했죠.

남녀의 싸움에서 상대의 마음이 아닌 말만 들으면 자신을 공격한다고 생각하기 쉽고, 결국 방어와 역습에 주력하게 됩니다. 상대의 말속에 감춰진 마음을 들어야 합니다. 그러려면 평소에 많은 이야기를 주고받는 일이 필요합니다.

네 번째 전략은 '전달'입니다. 그저 입에서 튀어나오는 대로 말을 하지 말고, 자신의 마음을 전달할 수 있는 말을 하라는 것입니다. 입에서 쏟아지는 대로 하는 말은 말이 아니라 똥입니다. 그냥 싸버리는 것이죠. 이래서는 누구와도 사랑을 지속할 수 없습니다. 평생 방바닥을 닦으며 혼자 살 수밖에요.

어떤 사람은 상대가 자신을 여전히 좋아하는지 아닌지 시험하기 위해서 툭하면 "우리 헤어져."라고 말합니다. 사실 그 마음은 '나 좀 잡아 줘, 확신을 가지게 해줘'라는 것입니다. 상대방이 말이 아닌 마음을 제대로 들을 수 있는 사람이라면 이런 말을 할 때마다 더 굳게 잡아주겠지만, 그렇다고 이런 식의 말을 계속하면 누구든 지칠 수밖에 없습니다. "네가 아직도 날 좋아하는지 아닌지 확신이 서지 않아서 불안해."라고 정확히 자신의 마음을 드러낼 수 있어야 합니다.

연애할 때 많이 싸웠던 우리 부부는 결혼하면 안 싸울 줄 알았습니다. 더 이상 싸울 것이 없을 거라고 할 정도였기 때문이죠. 하지만 연애와 결혼은 또 다르더군요. 갈등거리가 끊이지 않고 나왔습니다. 과거의 실수를 되풀이하지 않기 위해서 결혼 후에는 말이 아니라 마음을 들으려고 노력했습니다. 하지만 듣는 것만으로는 싸움이 제대로 되지 않았습니다. 왜냐하면 아내가 제 입에서 나가는 말 때문에 상처받는다는 사실을 알았기 때문입니다. 제가 원하는 것은 아내가 상처받는 것이 아니었습니다. 제 속상함과 억울함, 그리고 결국에는 아내와 잘 지내고 싶은 마음을 전달하는 것이었죠. 그래서 저는 아내와 갈등이 생기면 "나 당신에게 상처주고 싶지 않아. 지금 내 마음을 전달하고 싶을 뿐이야." 라고 이야기합니다.

말이 아닌 마음을 전달하기 위해서는 먼저 자신이 보고 들은 것을 말하고, 그다음에 이에 대한 자신의 생각과 감정을 말하는 것이 좋습니다.

또한 자신이 관찰한 것을 구체적으로 말해야지, 상대가 아직 하지도 않은 말과 행동을 추측하면서 비난하면 안 됩니다. 이를 심리학자들은 주어를 '나'로 놓고 말한다고 해서 '나 전달법'이라고 합니다.

예전에 연애하다가 싸우고 헤어졌을 때 제가 만약 여자 친구의 말만 듣고 말로 받아치는 것이 아니라, 제 마음을 제대로 전했다면 그렇게 허무하게 끝나지는 않았겠죠. 만약 지금의 제가 그때로 돌아간다면 아마 이렇게 말했을 것 같네요. "네가 나랑 사귀는 것이 힘들다고 하니 너무 속상하다. 너랑 잘 지내고 싶은데, 자꾸 오해가 생기니 슬퍼."

마지막 전략은 '타협'입니다. 많은 경우 연인의 싸움은 해결해야 할 문제가 있기 때문이 아니라 감정이 상했기 때문입니다. 그래서 앞서 말씀드린 대로 명심하고 여유를 갖고, 마음을 경청하고 자기 마음을 전달하다 보면 자연스레 감정이 해소되어 싸움이 끝납니다.

때로는 현실적으로 해결해야 할 문제가 있습니다. 이럴 경우 문제를 바라보는 서로의 입장과 이에 대한 해결책을 함께 모색하고, 최선의 방법을 찾는 것이 필요합니다. 이 과정에서 어느 한쪽이 일방적으로 희생하거나 양보해서는 안 됩니다. 나중에 억울해지면 더 큰 문제가 될 수 있으니 적절한 양보와 타협이 필요합니다. 당장에는 그 문제에 대한 해결책이 생각나지 않는다면 각자 생각할 시간을 갖는 것도 좋습니다. 주변의 조언을 구할 수도 있고, 책이나 인터넷 검색을 활용할 수도 있겠죠. 그리고 각자의 해결책을 나누고, 서로 양보와 타협으로 결정하는 것이 필요합니다.

어떤 이들은 연인 관계에서 먼저 변하지 않으려고 합니다. 상대만 변하면 모든 것이 해결된다는 식이죠. 너만 변하면 된다고 목 터지게 말하면, 목만 터지지 해결책은 터지지 않습니다. 그리고 결국에는 이별이나 이혼이라는 암초를 만나서 얻어터집니다. 때로는 양보, 그리고 자신 먼저 변하겠다는 결단이 필요합니다.

결혼한 부부나 연애를 오래 해본 사람이라면, 지금까지 말한 다섯 가지가 뻔하지만 결코 뻔한 이야기가 아니라는 것을 잘 알 것입니다. 뻔하기 때문에 어떤 분들은 시도도 하지 않습니다. 정말 뻔뻔한 사람들입니다. 여러분의 애인이 이렇게 뻔뻔한 사람이라면 관계를 고려해봐야 합니다. 만약 안타깝게도 이미 뻔뻔한 분과 결혼했다면 온갖 회유책으로 제대로 싸우기 위한 연습과 준비를 하기 바랍니다. 하늘이 맺어준 천생연분도 아니면서 제대로 싸우기 위한 준비도 하지 않는다면, 분명 다음처럼 싸우다가 헤어져서 평생 후회하며 살지도 모르겠습니다. 협박이 아닙니다. 있는 그대로의 사실일 뿐.

1   싸움은 상대를 이기지 않으면 내가 지는 전쟁이다.

2   싸움은 어떻게든 빨리 끝내야 한다. KO시킬 수 있도록 핵 펀치를 날리거나 무조건 도망가라.

3   상대의 말만 듣는다. 꼬투리를 잡거나 그 이상의 말로 갚아줘라.

4   똥인지 말인지 구별하지 않고 입에서 튀어나오는 대로 싸버린다.

5   절대로 양보하지 말고, 상대보다 먼저 변하지 않는다.

피할 수 없다면 즐기라는 말처럼 연애나 결혼생활에서도 싸움과 갈등을 피할 수 없다면 제대로 해야겠죠. 제대로 된 방법으로 싸우면 '비온 후 땅이 굳어진다'라는 말처럼 싸움을 통해 서로를 사랑하고 이해하게 될 것입니다. 그리고 비가 아무리 와도 땅이 굳어지기는커녕 늪으로 변해버린다면, 심리학자를 찾아가 보기를 추천합니다. 사랑은 한 사람의 인생을 좌지우지할 정도로 중요하니까요.

3

심리학, 나를 치유하다

: 마음의 상처와 치유를 위한 심리학

Chapter 01

심리테스트 한번 해볼래
:심리검사

많은 자연과학자들은 심리학을 과학으로 인정하지 않습니다. 심리학에서 다루는 '마음'이 눈에 보이지 않기 때문입니다. 과학이라고 하려면 연구와 실험을 위해서 객관적인 자료를 수집해야 하는데, 우리의 마음에서는 이런 자료를 얻을 수 없다고 생각합니다. 이런 이유로 심리학자들은 눈에 보이지 않는 마음을 측정하려고 애를 썼고, 자연스럽게 이를 연구하는 분야가 발전하게 되었습니다. 이것이 심리 측정 혹은 계량심리학입니다.

심리 측정은 심리학이 과학이 되기 위해 꼭 필요한 분야입니다. 심리 측정이 탄탄하지 않다면 심리학은 철학이나 문학, 신학과 같은 비과학에 속하기 때문입니다. 심리 측정을 전공한 사람들이 하는 일은 여러 가지가 있지만, 그중 한 가지는 심리검사 제작입니다. 간혹 심리학자가 되어서 심리검사를 제작하고 싶다는 분들이 있는데, 대학원에서 심리 측정을 전공한다면 충분히 가능합니다.

심리테스트, 진품과 짝퉁 구분하기 – 좋은 심리검사의 기준

심리테스트는 사람들이 심리학에 관심을 갖게 되는 흔한 계기 중 하나입니다. 인터넷에 떠돌아다니거나 친구들끼리 심심풀이로 해보는 심리테스트는 정확성 여부를 떠나 흥미롭기 그지없습니다. 무게와 키를 재듯 마음을 잴 수 있고, 나도 잘 모르는 내 마음을 검사로 알 수 있다니! 생각만으로도 설레는 일 아닌가요?

이런 관심을 반영하듯 심리학 전공생들에게 인기 있는 과목 중 하나가 바로 심리검사 수업입니다. 어떤 학생들은 이 수업을 들으면 자신도 간단한 심리테스트 하나쯤 만들 수 있을 것이라고 기대하기도 하죠. 하지만 이런 기대를 가지고 수업을 듣는다면 실망이 이만저만 아닐 것입니다. 인터넷에 떠돌아다니는 정체불명의 심리테스트와 심리학자들이 사용하는 진짜 심리검사 사이에는 엄연한 차이가 있기 때문입니다. 어떤 차이가 있을까요? 심심풀이 심리테스트는 맞으면 좋고 틀려도 어쩔 수 없다는 식입니다. 연쇄 살인 사건이 일어나면 실시간 검색어 1위에 오르는 것이 바로 '사이코패스 테스트'인데요, 출처나 근거가 명확하지 않은 여러 버전이 떠돌아다니지만 그중 하나를 싣자면 다음과 같습니다. 여러분도 한번 풀어보세요.

Q1 어두컴컴한 어느 더운 여름날, 바람을 쐬려고 아파트 15층 옥상에 올라갔다. 어떻게 올라가겠는가?

　　1) 계단　　　　　　　　2) 엘리베이터

Q2 옥상에 올라간 당신은 그곳에서 무표정한 A를 목격했다. A는 무엇을 하고 있었겠는가?

　1) 아래를 내려다보며 미소를 짓고 있다.

　2) 더운 몸을 곧게 펴 바람을 쐬고 있다.

　3) 아무것도 하지 않고 그냥 가만히 서 있다.

　4) 스토킹을 하려는 듯 맞은편 아파트의 어느 집을 쳐다보고 있다.

여러분은 어떤 답을 골랐나요? 이 심리테스트는 Q1에서 '1) 계단'을, Q2에서 '3) 아무것도 하지 않고 그냥 가만히 서 있다'를 골랐다면 사이코패스라고 합니다. 이유가 무엇일까요? 심리테스트에 붙어 있는 해석은 다음과 같습니다.

Q1 어두운 밤에 사람은 공포라는 감정에 매우 취약하다고 합니다. 혼자 옥상에 올라가는 일도 드물지만, 대부분의 사람들은 엘리베이터를 이용하겠죠.
Q2 사이코패스들은 보통 3번이라고 한답니다.

이 해석을 풀어보자면 1번 문제는 사이코패스가 공포라는 감정을 잘 느끼지 않으며, 대부분의 사람들과 다르게 행동할 것이라는 전제를 깔고 있습니다. 사실은 틀린 전제라 당황스럽지만, 그래도 나름의 설득력을 가지려고 애쓴 흔적이 보입니다. 그런데 2번 문제의 해석은 당황을 넘어 황당하기까지 합니다. '사이코패스들이 3번을 고르니, 당신이

3번을 골랐다면 당신도 사이코패스'라는 순환논리의 오류를 범하고 있기 때문입니다.

어디 이 테스트뿐일까요? 여러분이 쉽게 접할 수 있는 거의 모든 심리테스트가 이런 식, 즉 하나의 특성만을 강조하거나 무조건 우기는 식이죠. 물론 대부분의 사람들은 그냥 웃고 넘기겠지만, 이 때문에 자신의 성격이 이상한 것이 아닌지 고민하는 사람들도 적지 않습니다. 나름대로 설득력이 있다고 느껴지니까요.

그렇다면 심리학자들이 사용하는 제대로 된 심리검사는 어떨까요? 가짜와 진짜를 구분할 수 있는 기준은 무엇일까요? 크게 세 가지 측면에서 살펴볼 수 있습니다. 첫 번째는 '신뢰도'입니다. 신뢰도란 검사를 여러 차례 실시했을 때 동일한 결과가 나오는지, 즉 일관된 결과를 보이는지 따져 묻는 것입니다. 신뢰도는 용어 자체로 보자면 믿을 수 있는지 따져 묻는 것인데, 믿기 위해서는 먼저 변덕스럽지 않고 일관되어야 하겠죠. 이런 면에서 신뢰도는 일관성이라고 할 수 있습니다.

두 번째는 '타당도'입니다. 타당도란 검사의 목적을 제대로 수행하고 있는지 따져 묻는 것입니다. 다시 말해 성격검사가 정말 성격을 측정하고 있는지, 지능검사는 지능을 측정하고 있는지에 대해 입증해야 합니다. 심리학자들이 심리검사를 만들 때 가장 신경 쓰는 부분이기도 합니다. 생각보다 검사의 목적을 제대로 수행하지 못하는 경우가 많습니다. 정신장애가 있는지 알기 위해 만들었는데 정신장애보다는 성격 특징을 측정하기도 하고, 직업에 따른 적성(능력)을 측정하려고 만들었는데 직업에 대한 선호도(흥미도)를 측정하는 검사도 있으니까요. 타당도는 정확성의 문제입니다.

마지막 기준은 '표준화'입니다. 표준화란 누가 검사를 실시하고 채점, 해석하더라도 동일한 결과가 나올 수 있도록 하는 것입니다. 단지 절차의 문제가 아니라 검사 점수의 의미를 파악할 수 있는 기준인 '규준norm'을 만들어야 합니다. 만약 지능이 높거나 낮다는 해석을 하려면 다른 사람들은 보통 어느 정도의 점수를 받는지 알아야겠죠. 규준이라는 비교 기준이 필요합니다. 사이코패스 테스트는 당연히 규준이 없습니다. 규준을 얻기 위해서는 수천, 수만 명의 사람들에게 검사를 실시해야 하거든요. 이런 세 가지 기준에 따라 심리학자들은 심리검사를 만들고 실시합니다.

잘 와 닿지 않은가요? 취업이나 대학원 진학을 준비하는 사람들이 통과의례처럼 치르는 공인 영어 시험을 예로 설명해보겠습니다. 일단 TOEIC, TOEFL, TEPS와 같은 시험은 열심히 공부해서 영어 실력이 향상되지 않는 이상 점수가 오르지 않습니다. 물론 시험 유형에 적응하기 전에는 점수가 낮고, 적응한 후에는 점수가 어느 정도는 오릅니다만, 그 이후에는 거의 비슷한 점수가 나옵니다. 점수의 일관성이 있죠. 신뢰도가 확립된 시험이라고 할 수 있습니다. 다른 말로 검사의 난이도가 일정하게 유지된다는 것입니다. 공인 영어 시험은 신뢰도가 보장되기 때문에 같은 날짜에 치른 시험이 아니더라도, 몇 년 이내에 받은 점수를 모두 인정해줍니다.

심리학, 나를 치유하다

타당도는 어떨까요? 각 영어 시험은 본래의 목적에 맞게 만들어졌습니다. 만약 목적에 부합되지 못하는 요인이 발견되면 계속 보완하죠. 일례로 TOEIC은 '국제적인 커뮤니케이션을 위한 영어 능력 테스트Test of English for International Communication'의 약자입니다. 그렇다면 TOEIC에서 높은 점수를 받은 사람은 그렇지 않은 사람보다 외국인들과 의사소통을 잘해야 할 것입니다. 초기 TOEIC으로는 이것이 확실했는데, 시간이 지나면서 문제가 발생했습니다. 영어 학원에서 실제 커뮤니케이션 능력이 아니라 좋은 점수를 얻기 위한 방법만을 가르치기 시작했기 때문입니다. 이렇다 보니 TOEIC 점수는 높은데 외국인 앞에 서면 말을 한마디도 못 하거나 영어 문장 하나 쓰는 것도 어려워하는 사람들이 나오기 시작했습니다. 그래서 기존의 듣기와 읽기 시험에 말하기와 쓰기 시험이 추가된 것입니다.

마지막으로 공인 영어 시험은 실시와 채점에서 표준화가 잘되어 있습니다. 전 세계적으로 같은 절차를 따르고 있을 정도죠. 표준화에서 중요한 것이 규준이라고 말씀드렸죠? 공인 영어 성적에서 받은 점수를 보면 규준이 있음을 알 수 있습니다. TOEIC(LC와 RC) 점수는 원점수가 아닙니다. 즉 800점을 받았다는 것은 1점짜리 800문항이나 2점짜리 400문항을 맞혔다는 것이 아닙니다. 다른 사람들, 즉 규준과 비교했을 때 어느 정도의 실력인지를 알려주는 상징적인 숫자입니다. 790점 받은 사람보다는 잘했고, 810점 받은 사람보다는 못했다는 의미죠. 규준이 확립된 검사들은 이렇게 다른 사람과 상대적으로 비교할 수 있습니다.

우리의 삶에는 진품을 위협하는 짝퉁이 넘쳐나고 있습니다. 소위 명품이라고 불리는 고가의 가방 이야기만이 아닙니다. 우리의 식탁에 올라오는 음식만 해도 그렇습니다. 외국산을 국내산으로 속여 팔기도 합니다. 그리고 특정 음식이 유명하다는 동네에 가보면 거의 모든 식당에 '원조' '진짜 원조' '정말 원조'라는 표현이 붙어 있으니 혼란스러울 수밖에 없습니다. 이런 세상에서 소비자도 보다 현명해져야 하겠죠.

명품이나 음식뿐 아니라 심리검사도 마찬가지입니다. 누군가가 정말 재미있다면서 여러분에게 심리테스트를 권한다면 제가 말씀드린 세 가지를 떠올려보세요. 물론 그 사람을 민망하게 만들 필요는 없습니다. 상대방이 무안하지 않게 그저 따라주는 척하더라도, 제대로 된 심리검사가 아니라면 그 결과가 어떻든 절대 믿지 말라는 것입니다. 앞부분의 사이코패스 테스트에서 1번과 3번을 골랐더라도 너무 걱정하지 마세요. 아마 이런 분은 그저 담력과 체력이 뒷받침된, 타인에게 약간 무관심한 사람일 뿐일 테니까요.

여러분의 IQ는 얼마입니까 – 지능, 지능검사

초등학교 5학년때였던 것으로 기억합니다. 담임선생님이 갑자기 시험지를 들고 들어오셨습니다. 시험 기간이 아니었기 때문에 우리 반 친구들은 모두 어리둥절해했죠. 선생님은 책상 위에 필기도구만 꺼내놓으라고 하시더니 시험지를 나누어주셨습니다. 부담 갖지 말라고 말씀하셨지만, 시험인데 어떻게 긴장하지 않을 수 있을까요.

심리학, 나를 치유하다

시험지는 앞에서부터 뒤로 넘어오기 시작했습니다. 저도 문제를 받아 들고는 재빨리 문제지를 살펴보았죠. 도대체 무슨 시험을 이렇게 예고도 없이 보는지 궁금했으니까요. 시험지에는 국어와 수학 문제가 있었습니다. 문제 유형이 평소 배워온 내용과 다르긴 했지만 확실히 국어와 수학 문제였습니다. 그런데 그다음 장을 넘기자 웬 도형 문제들이 나왔습니다. 예를 들자면 이런 식이었습니다.

Q 다음의 종이를 점선대로 접으면 어떤 모양이 되는가?

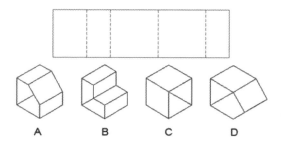

문제가 좀 특이하다 싶었지만, 어쨌든 시험이 끝났습니다. 선생님은 아직 다 풀지 못한 아이들에게 괜찮으니 그냥 제출하라고 하셨습니다. 그 후 쉬는 시간, 다른 반에 다녀온 한 친구가 우리 교실로 뛰어 들어오면서 이렇게 소리쳤습니다. "좀 전에 본 시험, IQ 테스트였대!"

저도, 친구들도 눈이 커졌습니다. 갑자기 교실 안이 웅성거리기 시작했습니다. 누구의 IQ가 높을까 궁금하다는 친구들이 많았습니다. 이날부터 아이들의 머릿속에서는 IQ에 대한 궁금증이 떠나지 않았습니다.

선생님에게 여쭈어보아도 묵묵부답이셨습니다. 그러던 어느 날 교무실에 다녀온 아이가 선생님의 책상에서 IQ 점수가 적힌 종이를 보았다면서 몇 명에게 점수를 알려주었습니다. "현식아, 넌 145더라."

145점이 어떤 의미인지 잘 몰랐지만 이내 기분이 좋아졌습니다. 친구들의 반응으로 높은 점수라는 감을 잡았기 때문이죠. 이때부터 저는 무려 20년 이상을 제 IQ가 145라고 착각하면서 살았습니다. TV에서 연예인들이 나와서 자신의 높은 IQ를 자랑할 때도 기죽지 않았습니다. 가끔 어떤 연예인이 자신의 IQ는 두 자리라고 말하면 다른 연예인들이 돌고래보다 낮다면서 깔깔거릴 때 저도 속으로 비웃었습니다. 그러나 이 웃음은, 이 행복은, 이 착각은 대학에서 심리검사 수업을 듣기 전까지만 유효했습니다. 실제 지능에 대해서, 지능검사에 대해서 알고 보니 허탈하더군요.

사실 지능은 심리학과 교육학에서도 여전히 논란이 되는 개념입니다. 대다수의 학자들이 인정하는 지능의 정의가 없을뿐더러, 지능을 측정하는 검사 역시 헤아릴 수 없을 정도로 다양하기 때문입니다. 게다가 같은 검사를 통해 얻은 점수가 아니면 직접 비교할 수 없습니다. 마치 TOEIC, TOEFL, TEPS의 점수를 직접 비교할 수 없듯이 말이죠. 상당수의 지능검사들이 언어와 상식을 활용한 문항을 사용하고 있다는 점에서 나라 간 비교 역시 어렵습니다. 사람과 사람의 IQ를 비교하는 것도 이렇게 까다로운데, 사람과 동물의 IQ를 비교하는 것이 과연 가당키나 한 말입니까?

이토록 IQ에 대한 오해가 많은 것은 사람들이 그만큼 지적 능력에 관심이 많다는 것을 의미합니다. 그러면 지능검사는 언제부터 시작되었을까요? 그리고 왜 지능을 알고 싶어 했을까요? 19세기 말 서구 사회는 공공 교육을 확대했습니다. 이전까지는 어느 정도의 경제적, 지적 능력을 갖춘 아이들만 교육을 받았지만, 이후로는 누구나 교육을 받을 수 있게 되었죠. 아니, 정확히 말하면 교육을 받아야 했습니다. 지적 능력이 부족한 아이들도 무조건 책상에 앉아야 했다는 의미입니다. 그러나 학생들의 수준은 많이 차이가 났고, 제대로 된 수업이 어려웠습니다. 이 문제를 해결하기 위해 프랑스에서는 특수 학급을 편성하기 위한 위원회를 구성하고, 심리학자 비네에게 주도적인 역할을 맡겼습니다. 비네는 의사인 동료 시몬과 함께 1905년 최초의 지능검사를 제작했습니다. 발달 심리학자 피아제가 바로 이 프로젝트에 참여한 것입니다.

▲ 비네−시몬 지능검사는 처음에 특별한 도움이 필요한 학생을 식별하는 데 사용되었다.

비네와 시몬은 자신들이 제작한 문항에 근거해 아이들에게 질문을 던지고 대답을 받아 적었습니다. 그리고 다른 아이들의 대답과 비교하고, 그 결과에 따라 아이들의 '정신 수준'을 정했습니다. 만약 5세 아동의 대답이 4세 아동들과 비슷하다면, 이 아이의 정신 수준을 4세라고 한 것이죠. 이것이 최초의 지능검사였습니다.

지적 능력을 측정할 수 있다는 비네의 주장과 방식을 미국 스탠퍼드 대학의 심리학자 터만이 받아들여 미국 현실에 맞게 수정한 후, 1916년 스탠퍼드-비네 지능검사를 출간했습니다. 프랑스에서는 공공 교육을 돕기 위해 전문가들이 조심스럽게 사용했던 지능검사가 미국에서는 대중적인 인기를 얻었습니다. 그 이유는 터만이 IQ 개념을 도입했기 때문입니다. 사람들은 키와 몸무게를 측정하듯 자신들의 지적 능력을 측정할 수 있다는 사실에 흥미를 느꼈습니다.

터만은 비네가 사용했던 정신 수준이라는 모호한 표현 대신, 실제 연령과 비교 가능한 '정신 연령'이라는 표현을 사용했습니다. 그리고 이를 실제 연령으로 나눈 후 100을 곱해 하나의 수치를 만들었죠. 이것이 바로 최초의 IQ였습니다.

$$IQ = \frac{정신\ 연령}{실제\ 연령} \times 100$$

비율로 계산한다고 해서 '비율 IQ'라고 합니다. 이 때문에 IQ가 100 이하(두 자릿수)인 사람은 소위 '나잇값도 못 하는 사람'이라는 잘못된 인식이 생겨났습니다.

심리학, 나를 치유하다

이제는 어떤 지능검사도 비율 IQ를 사용하지 않습니다. 대신 비슷한 연령대의 사람들과 비교해서 점수를 부여하는 '편차 IQ'를 사용합니다. 이 방식의 IQ를 최초로 도입한 검사, 현재 전 세계적으로 심리학자들이 가장 많이 사용하는 검사를 처음으로 만든 사람은 미국의 임상심리학자 웩슬러입니다. 대상에 따라 성인용(WAIS)과 아동용(WISC), 그리고 유아용(WPPSI)이 있습니다.

웩슬러 지능검사를 비롯한 대부분의 지능검사에서는 평균을 100, 표준편차를 15로 정하고 있습니다. 간단하게 말하면 인구의 50퍼센트는 지능지수가 100 이상이고, 나머지 50퍼센트는 100 미만입니다. 그리고 지적장애(정신지체)로 진단받는 70 이하인 사람은 인구의 2.5퍼센트, 영재 판단이 내려지는 130 이상인 사람도 2.5퍼센트입니다.

저처럼 자신의 IQ를 알고 있는 사람들 대부분은 학창 시절 실시했던 정체불명의 지능검사 결과를 알고 있는 것입니다. 그런 지능검사의 대부분은 언어 능력(국어), 수리 능력(수학), 공간지각 능력(도형)을 주로 측정하고 있죠. 하지만 웩슬러의 지능검사가 측정하는 지능의 영역은 훨씬 더 다양합니다. 언어 능력과 단기 기억, 추론 능력, 정보 처리 속도를 기본적으로 측정합니다. 여기에 더해 지능검사만으로도 그 사람의 우울이나 불안 등 정신건강 상태와 성격, 대인관계를 알 수 있습니다. 심리학자와 대략 2시간 이상 일대일로 검사를 진행하기 때문에 다양한 정보를 얻을 수 있는 것이죠.

심리검사 수업을 들으면서 이상의 사실을 알게 된 저는 크게 낙담했습니다. 초등학교 시절 정체불명의 검사 때문에 머리가 좋다고 생각하고 살았고, 공부를 뛰어나게 잘한 적은 없어도 기죽지 않을 수 있었는데 말입니다. 그렇다면 웩슬러의 지능검사로 제 지능은 얼마나 될까요? 차마 여기서 공개할 수는 없지만, 지극히 평범한 수준입니다. 100은 넘겼다는 것만 말씀드릴게요.

참고로 만약 여러분이 심리학자를 찾아가 지능검사를 받는다 하더라도 대부분의 심리학자는 정확한 수치보다는 대략의 범위를 알려줄 것입니다. 예를 들면 평균하, 평균, 평균상, 우수 같은 표현을 사용하면서 말이죠. 그 이유는 지능검사의 결과에 영향을 미치는 것이 아주 많기 때문입니다. 우울하거나 불안하다면 점수가 낮을 수밖에 없습니다. 마치 컨디션이 좋지 않은 날 공인 영어 시험을 보면 망치는 것과 같은 논리입니다. 이런 면에서 심리학자들은 지적장애(정신지체)인지, 영재인지 판별해야 하는 경우가 아니라면 지능지수 자체보다는 다양한 심리적 측면에 관심을 갖습니다.

여러분이 알고 있는 IQ는 어떤 검사를 통해 나온 결과였는지 정확하게 알고 있나요? 잘 모르겠다면 그냥 잊어버리기를 바랍니다. 정체불명의 영어 시험에서 1000점을 받고는 TOEIC에서 900점을 받은 사람보다 더 잘했다고 떠드는 것과 같은 우를 범하지 말기 바랍니다. 저처럼 말이에요.

심리학, 나를 치유하다

이 세상의 모든 심리검사 – 각종 심리검사

심리학은 응용학문으로 시작하지 않았습니다. 인식론이라는 철학적 주제, 다시 말해 사람의 정신세계가 어떻게 구성되어 있으며 어떻게 작동하는지 알기 위해 시작된 학문입니다. 이를 위해 초기 심리학자들은 실험실에서 참가자들에게 일련의 단어를 암기하게 한 후 기억이 얼마나 오래 지속되는지 시간을 재기도 하고, 보일 듯 말 듯 미세한 자극을 제시한 후 보이는지 아닌지 수백 번 묻기도 했습니다. 이들의 연구는 너무나 전문적이어서(현실과 동떨어져서) 대중은 심리학이 어떤 학문이고, 심리학자가 무엇을 하는지 잘 몰랐습니다.

이렇게 상아탑에만 있던 심리학이 세상으로 나오게 된 계기가 바로 심리검사였습니다. 미국은 제1차 세계대전이 발발했을 때 중립을 지키고 있었으나, 독일군의 공격으로 영국 배에 탑승해 있던 수많은 미국인들이 사망하자 참전을 선언했습니다. 그리고 많은 인원을 파병하기 위해 시민권이 없는 이들에게는 시민권까지 약속했습니다. 미국으로 이민 왔지만 시민권이 없었던 사람들, 마땅히 일자리를 구하지 못했던 사람들이 대거 입대를 지원했습니다. 입대할 사람들을 모아놓고 보니 한가지 고민이 생겼습니다. 지금이야 의무교육이 보편화되어서 최소한의 학력만 입증된다면 명령을 수행할 수 있는 지적 능력이 있음을 알 수 있지만, 당시 미국 이민자들의 경우 의무교육의 혜택을 받지 못한 사람이 너무나 많았습니다. 모국에서 교육을 받았더라도 입증할 수 없는 경우가 태반이었습니다. 게다가 행색이 초라하고 위생 상태가 좋지 않은 사람이 많아 지능이 낮은 것이 아닌지, 정신 상태가 불안한 것은 아닌지 의심이 되었습니다. 당연히 이들에게 총을 줄 수는 없는 노릇이었죠.

급기야 미 국방성은 여키스와 터만을 비롯한 심리학자들에게 장병들의 지능을 측정할 수 있는 검사를 제작해달라고 의뢰했습니다. 국가의 이런 요구에 대해 심리학자들 역시 흔쾌히 응했습니다. 심리학계 내부에서도, 국가가 참전을 선언했는데 우리도 국가를 위해 무엇인가를 해야 하지 않겠느냐는 의견이 지배적이었기 때문입니다. 심리학자들은 각고의 노력 끝에 간단하게 실시할 수 있는 지능검사를 만들었고, '군대 알파army alpha'라는 이름을 지어주었습니다. 이 검사를 통해 미군은 지능이 낮은 사람을 걸러낼 수 있게 되었죠.

제1차 세계대전 당시 미국에서는 입대 지원자들을 대상으로 지능검사가 실시되었다.

심리학, 나를 치유하다

그런데 이 검사를 모든 이들에게 실시할 수 있는 것은 아니었습니다. 미국으로 이민을 온 지 얼마 되지 않아 아직 영어에 서툰 사람들은 검사가 불가능했습니다. 심리학자들은 이 문제를 해결하기 위해 '군대 베타army beta'라는 검사를 내놓았습니다. 미로 찾기나 퍼즐, 숫자 맞히기처럼 언어를 활용하지 않은 검사라서 영어를 잘 못하는 사람들도 검사가 가능했습니다.

이를 계기로 미국의 1920년대에는 심리검사 운동의 전성기라고 할 정도로 다양한 목적의 검사들이 개발되었습니다. 그중 하나가 미국의 수학능력시험이라고 하는 SAT입니다. SAT의 기초를 놓은 사람은 칼 브리검입니다. 여키스의 조수 중 한 명이었던 그는 이후 프린스턴 대학에서 심리학자로 활동하게 되었습니다. 여키스 밑에서 군대 알파, 군대 베타 검사를 제작한 경험을 되살려 학업 수행 능력을 측정하는 검사를 주도적으로 만들었고, 여러 대학에서 이 검사 결과에 근거해 학생들을 선발하기 시작했습니다.

기업에서도 좋은 직원을 뽑기 위해 심리학자들에게 검사 제작을 의뢰했으며, 아동들의 문제를 파악해서 제대로 된 도움을 주기 위한 검사가 개발되었습니다. 정신장애를 변별하고 파악하기 위한 검사들도 개발되기 시작했습니다. 많은 분들은 심리검사라고 하면 성격검사를 주로 떠올리지만, 우리가 시험이라고 말하는 모든 것이 사실은 심리검사인 셈입니다.

그렇다면 이 세상에는 셀 수 없을 정도로 많은 심리검사가 존재하는데, 어떻게 구분할 수 있을까요? 몇 가지 기준으로 가능합니다. 먼저 무엇을 측정하는지에 따라 적성검사와 성취도검사로 구분할 수 있습니다. 적성의 다른 말은 능력입니다. 다시 말해 적성이나 능력은 타고나는 것입니다. 어린 자녀를 둔 부모들은 자기 아이의 적성이 무엇인지 궁금해합니다. 그리고 우리는 적성에 맞는 직업을 선택하려고 합니다. 이런 생각 이면에는 적성이 타고난 능력이라는 가정이 있습니다. 이와 반대되는 개념인 성취는 누구든 경험과 노력으로 얻을 수 있는 것입니다. 누구든 열심히 준비하고 노력하면 얻어낼 수 있다는 것이죠.

제가 수학능력시험 첫 세대입니다. 이전까지의 학력고사가 성취도검사였다면 수학능력시험은 적성검사라고 할 수 있습니다. 성취도검사였던 학력고사는 그동안 얼마나 열심히 공부했는지, 그동안 배운 지식이 머리에 얼마나 남아 있는지를 알아보는 시험이었습니다. 그러나 적성검사인 수학능력시험은 대학에 들어가서 공부를 할 수 있는 능력이 얼마나 되는지를 파악하는 시험입니다.

잠깐만요! 수학능력시험이 적성검사이고, 적성은 타고난 능력으로 성취와 반대되는 개념이라면, 열심히 공부한다고 해서 수학능력시험에서 좋은 성적을 받을 수 없는 것 아니냐고요? 이런 생각이 들었다면 아주 예리한 분이군요. 사실 이론적으로 적성과 성취도는 반대입니다. 그러나 현실적으로 이 둘은 상당 부분 중복됩니다. 다시 말해 적성도 노력하면 어느 정도 증가할 수 있고, 성취 역시 어느 정도는 타고나는 부분

심리학, 나를 치유하다

이 있다는 것이죠. 그렇다면 아무리 열심히 해도 수학능력시험에서 올릴 수 있는 점수의 폭은 '어느 정도'밖에 안 되는 것이냐면서 따지고 싶은가요? 안타깝게도 그렇습니다. 분명 한계가 있습니다. 하지만 대학 당락을 결정하는 것은 불과 몇 점이니, 이 내용을 핑계로 공부를 포기하는 일은 없길 바랍니다.

참고로 적성검사와 관련하여 사람들의 오해가 가장 많은 것은 직업적성검사입니다. 이런 검사는 구체적인 직업이나 관련 직업군을 추천해주고, 많은 이들은 이에 근거하여 직업을 선택합니다. 하지만 이런 검사들은 엄밀히 따지면 선호도검사입니다. 직업에 대한 능력이나 적성이 아니라, 해당 직업이나 관련된 활동을 얼마나 좋아하고 있는지를 측정하는 것이죠. 적성이란 지필검사로는 알 수 없습니다. 자신에게 어떤 직업을 수행할 능력이 있는지 알려면 검사보다는 그 직업을 직간접적으로 체험해보거나, 그 직업에 종사하는 전문가를 찾아가 질문을 던지고 정확한 정보를 얻는 것이 더 낫습니다.

적성과 성취라는 구분 외에도, 시간 제한과 문항의 난이도에 따라 속도검사와 능력검사로 구분할 수 있습니다. 속도검사는 짧은 시간에 비교적 쉬운 문제를 가능한 한 많이 풀어야 하는 것이라면, 능력검사는 시간 제한 없이 난이도가 다양한 문제 중에서 가능한 한 어려운 문제를 풀어야 하는 것입니다. 우리가 보는 수많은 시험은 이 둘의 조합이겠죠. 난이도도 다양하고, 시간 제한도 있으니까요.

또한 실시 방식에 따라 일대일로 실시하는 개인검사와, 교실 같은 제한된 공간에서 여러 명이 함께하는 집단검사로 구분할 수도 있습니다. 여러분도 그렇겠지만 저 역시 심리학 공부를 하기 전까지는 집단검사만 받아보았습니다. 그런데 심리학자들이 주로 사용하는 검사는 일대일 검사입니다. 심리학자와 마주 앉아서 몇 시간 동안 검사를 진행하죠. 아주 긴장이 됩니다.

마지막으로 응답 방식에 따라 주어진 보기에서 선택하는 객관적 검사와, 주어진 자극을 보고 자신의 느낌과 생각을 자유롭게 표현하는 투사적 검사가 있습니다. 심리학자를 찾아가 받을 수 있는 대표적인 검사인 미네소타 다면적 성격검사(MMPI)는 해당 문항이 자신에게 해당하는지 아닌지를 '예' '아니요'에서 선택해야 하는 객관적 검사이고, 데칼코마니 기법을 활용한 애매모호한 그림을 보고 자신의 느낌과 생각을 말해야 하는 로르샤흐 잉크 반점 검사는 투사적 검사입니다.

심리적 도움을 얻기 위해 정신과 의사나 심리학자를 방문했다면 심리검사를 권유받을 수 있습니다. 보통 이때 실시하는 여러 심리검사의 모음을 '검사 총집'이라고 하는데요, 병원에서 종합 검진으로 전반적인 신체 상태를 파악하듯이 검사 총집은 마음의 전반적인 상태를 드러내줍니다. 마음의 종합 검진인 셈이죠. 검사 총집은 기본적으로 객관적 성격검사(MMPI, PAI 등), 투사적 성격검사(Rorschach, TAT 등), 지능검사(K-WAIS)를 포함합니다. 이 외에도 기관이나 피검자의 상태에 따라 BGT(벤더-게슈탈트 검사)나 SCT(문장 완성 검사), HTP(집-나무-사람), MBTI

심리학, 나를 치유하다

등 여러 심리검사가 포함될 수 있습니다. 심리적인 어려움이 없더라도 검사 총집을 받아보면 자신의 심리적 강점과 약점을 알 수 있습니다.

심리검사를 실시한 후 검사 결과에 대한 해석을 받을 때 심리학자가 정확한 검사 결과(수치)를 알려주지 않을 수도 있습니다. 심리검사의 결과는 그 자체로 절대적이지 않기 때문입니다. 어떤 분들은 심리검사 점수의 의미를 파악하기 위해서 관련 서적이나 인터넷 정보를 참고하기도 하는데, 이것은 좋은 방법이 아닙니다. 다른 의학적 검사와 달리 심리검사는 피검자의 심리 상태를 기계적이고 자동적으로 측정하는 도구가 아니기 때문이죠. 여러 가설과 가능성을 고려하도록 하는 보조 수단일 뿐입니다. 특히 HTP 같은 검사를 이렇게 잘못 사용하는 경우가 있는데, 모든 사람들이 특정 심리 상태에서 동일한 그림을 그리지는 않는다는 사실을 기억해야 합니다.

검사의 실시와 채점, 해석은 반드시 공식적인 교육과 수련을 받은 임상심리학자에게 받기를 추천합니다. 심리학자들은 단순히 검사만 실시하고 채점하는 사람이 아니라, 전문적인 지식에 근거하여 면접과 행동 관찰을 하고 이 모든 결과를 종합하는 심리 평가를 하는 전문가이기 때문입니다. 심리검사가 단지 검사의 실시와 채점, 해석만을 의미한다면 심리 평가란 종합적인 판단을 의미합니다. 사람의 마음을 제대로 알려면 검사에 대한 단편적인 지식만으로는 한계가 있으니 당연히 전문가에게 맡겨야 합니다.

심리학자와 정신과 의사는 어떻게 다른가

사람들이 종종 던지는 질문 중 하나입니다. 정확히 말씀드리면 심리학자 전체와 정신과 의사를 비교하는 일은 타당하지 못합니다. 왜냐하면 심리학에도 여러 분야가 있고, 그중에서 임상심리학자가 심리치료를 담당하고 있기 때문입니다. 마치 의사들도 여러 전문 분야가 있고, 그중에서 정신과 의사가 정신치료를 담당하고 있는 것처럼 말이죠. 참고로 'psychotherapy'를 심리학자들은 '심리'치료로, 정신과 의사들은 '정신'치료로 번역합니다. 자기 분야의 자부심이나 자존심 때문이겠죠.

심리학자들 중에 상담심리학자, 건강심리학자도 심리치료를 하는데, 임상심리학이 심리학 내에서 시작된 분야이니 여기서는 임상심리학자를 대표로 지칭하겠습니다. 그렇다면 처음의 질문을 이렇게 바꿔볼 수도 있겠군요. "임상심리학자와 정신과 의사는 어떻게 다른가?"

임상심리학자와 정신과 의사는 몇 가지 부분에서 중요한 차이가 있습니다. 먼저 정신과 의사가 되기 위해서는 의과대학을 졸업해서 수련을 받고, 전문의 시험을 치르면 됩니다. 반면 임상심리학자가 되기 위해서는 보통 일반 대학원에서 임상심리를 전공하고 석사학위를 받은 후, 병원이나 정신건강 관련 기관에서 3년간의 수련을 받고 자격증 취득을 위한 시험을 치릅니다.

이렇게 다른 과정을 밟았으니 하는 일도 차이가 있겠죠? 정신과 의사는 의과대학에서 주로 생물학적 훈련을 받았기 때문에, 정신장애를 우선 뇌의 문제로 보고 약물치료를 진행합니다. 그래서 정신과에 가면 의사와 마주하는 시간이 생각보다 짧습니다. 마치 감기 때문에 이비인후과를 찾았을 때처럼 약 처방을 위해서 의사는 질문을 던지고 환자는 대답을 하는 식이죠. 물론 어떤 의사는 이에 더해 정신치료를 하기도 하며, 자신이 직접 하지 않더라도 임상심리학자나 간호사, 사회복지사를 고용해서 상담을 맡기기도 합니다.

임상심리학자도 생물학적 접근(생리심리학)을 공부하긴 하지만 주로 심리적 접근을 합니다. 만약 내담자에게 약물치료가 필요하다 싶으면 정신과에 가서 약 처방을 받도록 권유합니다. 약 처방과 함께 심리치료를 진행하면 효과가 더 좋아지거든요. 심리치료는 보통 1주일에 1회(50분)씩 진행하며, 짧게는 10회 이내로도 하지만, 성격이나 대인관계 문제가 오래되었다면 얼마든지 길어질 수도 있습니다.

어떤 임상심리학자는 정신과에서 심리검사를 합니다. 앞서 언급했듯 일부 정신과 의사들은 임상심리학자에게 심리치료를 맡기기도 하지만, 대부분은 치료가 의사의 고유 업무라고 생각해 임상심리학자가 심리치료를 하는 것을 달가워하지 않습니다. 게다가 현실적으로는 검사 수요가 너무 많기 때문에 임상심리학자에게 심리치료를 맡길 수 없기도 합니다. 이러한 이유로 임상심리학자들은 자신들의 본연의 업무인 심리치료(상담)와 심리평가(심리검사), 연구 모두를 제대로 하기 위해 개업을 합니다.

간혹 힘든 마음으로 괴로워하다가 정신과 의사를 찾아가서 자신의 이야기를 하려고 하는데, 의사가 듣지도 않고서는 "약 지어줄 테니 나가보라."라고 말해서 상처를 받았다고 하는 분들이 있습니다. 환자 입장에서는 어렵게 찾아간 정신과에서 자신의 문제를 털어놓고 해결해볼까 하는 마음이었겠지만, 약물치료를 주로 하는 의사 입장은 다를 수 있습니다. 자신의 이야기를 누군가에게 털어놓고, 지속적인 만남과 관계를 통해 자신의 마음을 이해하고 싶거나 심리적 문제를 해결하고 싶다면 정신과 의사보다는 임상심리학자를 찾아가는 것이 좋습니다.

그런데 심리치료의 경우 관련 법이 없기 때문에 의료보험이 적용되지 않는 것은 물론, 개업을 하는 데 어떤 조건이나 제약이 없습니다. 그냥 식당 하나 개업하듯이 세무서에 사업자 등록만 하면 됩니다. 이렇다 보니 제대로 준비도 하지 않고 심리상담센터를 개업하는 사람도 적지 않습니다. 하지만 불법은 아니죠. 아예 법이 없으니까요. 따라서 심리상담센터를 찾아가기 전에 홈페이지를 찾아가 치료자가 어느 학교를 나왔는지 어떤 자격증이 있는지 확인할 필요가 있습니다.

특히 요즘에는 워낙 유사 자격증이 많아서 일반인이 이를 구별하기가 쉽지 않습니다. 한국심리학회 산하의 '한국임상심리학회' '한국상담심리학회' '한국건강심리학회'나 독립학회인 '한국상담학회'에서 발급한 자격증은 믿을 수 있습니다.

심리학, 나를 치유하다

그런데 한국상담심리협회, 한국심리상담학회 등 이름이 워낙 비슷해서 일반인들은 구별이 쉽지 않다는 것이 문제죠. 이럴 경우 치료자의 출신 학교와 전공을 보고 판단하는 것도 한 방법입니다. 대학원 심리학과에서 임상심리학이나 상담심리학, 건강심리학, 그리고 교육학과에서 상담을 전공했는지가 최소한의 기준이라고 할 수 있습니다.

Chapter 02

내가 이상한 거니, 네가 이상한 거니

:이상심리학

이상심리학은 심리학 전공자들에게 가장 인기 있는 수업 중 하나입니다. 어떤 사람들은 심리학이 정신병에 대해서 다루는 학문이 아니냐고 할 정도로, 심리치료(상담) 분야와 함께 심리학에서 가장 많이 알려진 분야입니다. 이상심리학에서는 누구든지 겪을 수 있는 우울이나 불안부터, 정도가 심한 정신분열까지 다양한 정신장애의 증상과 원인을 다룹니다.

간혹 대학원에서 이상심리학을 전공하고 싶다는 분들이 있습니다. 그러나 이상심리학은 정신장애를 다루는 내용이지, 심리학의 하위 분야(전공)가 아닙니다. 보통 임상심리학이나 상담심리학을 전공하면 심도 있게 배울 수 있습니다. 제대로 심리치료를 하려면 먼저 내담자의 심리적 문제를 정확하게 파악해야 하기 때문입니다.

감정이 격해진 사람들이 서로에게 욕을 하면서 싸울 때 '정신병자' '사이코'라는 표현을 쓰기도 합니다. 이런 말 때문에 기분이 나빠져서 사소한 다툼이 큰 싸움으로 변하기도 하죠. 타인의 말이나 행동 때문에 쉽게 감정이 상하는 사람에게 '히스테리'나 '노이로제'라는 표현도 씁니다. 또 학부 과정의 이상심리학이라는 수업은 대학원으로 가면 정신병리학이라는 이름으로 탈바꿈합니다. 도대체 이런 표현은 정확히 무엇을 의미할까요? 그리고 그 기원은 무엇일까요?

먼저 '이상심리'와 '정신병리'에 대한 구분부터 시작해보겠습니다. 두 용어는 출발점과 배경이 다릅니다. 우선 이상심리는 정상심리(혹은 일반심리)에 대응하는 말로 심리학에서 나온 개념이고, 정신병리는 정신건강에 반대되는 말로 의학에서 나온 개념입니다. 이는 단지 심리학과 의학의 차이가 아니라 마음의 문제를 바라보는 중요한 관점의 차이, 철학의 차이기도 합니다. 심리학에서는 정상과 이상(비정상)을 연속선상(양적 차이)에서 이해하려는 경향이 있습니다. 이야기인즉, 우리 누구나 어느 정도는 심리적으로 문제가 있다는 것입니다. 단지 많고 적음의 차이일 뿐이라는 것이죠. 정신과 폐쇄병동에 입원해서 치료를 받는 사람이나 일상생활을 잘해내는 사람이 질적으로 다르지 않다는 것입니다. 그러나 의학에서는 몸의 병처럼 마음의 문제도 정신적 질병/질환으로 보는 경향이 있습니다. 질적으로 다르다는 것입니다.

이런 면에서 심리학자들은 증症이라는 표현을, 정신과 의사들은 병病이라는 표현을 선호합니다. 대표적으로 '정신분열schizophrenia'이 그렇습니다. 정신분열은 증일까요, 병일까요? 심리학 서적에서는 보통 정신분열증이라고 하지만, 정신의학 서적에서는 정신분열병이라고 합니다. 물론 모든 심리학자와 정신과 의사들이 같은 입장을 취하는 것은 아니며 개인마다 다를 수는 있습니다.

이처럼 용어의 문제는 별것 아닌 것처럼 보여도 그 이면에는 중요한 관점의 차이가 존재합니다. 그래서 학자들은 이상심리와 정신병리의 두 입장을 모두 아우를 수 있는 '정신장애mental disorder'라는 표현을 사용합니다. 우리말로는 장애라고 번역하고 있어서 뉘앙스가 잘 살지 않는데요, 영어로 보자면 질서order에서 벗어난 무질서disorder라는 개념이죠. 이상심리와 정신병리 사이에서 적절한 균형을 잡고 있다고 볼 수 있겠네요. 하지만 굳이 '증'이나 '병' 가운데서 하나를 골라야 하는 상황이라면 저는 심리학자답게 '증'을 사용하려고 합니다.

이제 '노이로제'라는 표현에 대해 알아보도록 하겠습니다. 노이로제는 독일어인데 영어로는 뉴로시스neurosis, 우리말로는 신경증이라고 합니다. 우리는 노이로제라는 표현을 '신경이 예민하다' '신경질적이다'와 비슷하게 사용하고 있죠. 그런데 왜 심리적으로 불안하고 예민한 사람에게 '신경'이라는 표현을 붙이는 것일까요? 정말 이런 사람들은 신경계에 어떤 문제라도 생긴 것일까요?

이 용어를 처음으로 사용한 사람은 스코틀랜드의 의사였던 윌리엄

심리학, 나를 치유하다

컬린입니다. 그가 1769년 신경계에 이상이 있다고 의심되는 증상을 통칭하기 위해 처음으로 사용했습니다. 실제로 신경계통에 문제가 있는 사람은 아주 예민합니다. 지금이야 어떤 사람이 예민하고 짜증을 잘 낼 때, 몸(신경계)이 아파서 그런 것인지 아니면 마음(정신)이 불편해서 그런 것인지 구분할 수 있지만, 컬린이 이 용어를 사용할 당시만 해도 의학이 충분히 발달하지 않아 구분하기가 어려웠습니다.

그러나 의학의 발전으로 신경계 이상으로 인한 대부분의 증상은 치료가 가능해졌고, 그동안 신경증이라고 뭉뚱그린 증상군에서 제외되었습니다. 결국 신경증은 심리적인 증상만을 의미하게 되었죠. 다시 말해 지금은 신경계 이상이 아닌 심리적(정신적) 문제만을 신경증이라고 합니다. 아이러니한 일입니다.

신경증과 함께 자주 언급되는 것이 정신증(정신병)입니다. 영어로는 사이코시스psychosis라고 합니다. 신경증과 정신증은 모두 정신장애를 포괄하는 표현입니다. 만약 누군가가 전문적 치료를 받을 만큼 심리적으로 고통 받고 있다면 신경증이나 정신증, 둘 중 하나를 가지고 있다는 말이 됩니다. 이 둘은 어떤 차이가 있을까요? 바로 현실 검증력의 유무입니다. 현실 검증력이 있다면 신경증이고, 없다면 정신증입니다.

현실 검증력이란 내적 현실과 외적 현실을 비교하고, 외적 현실에 근거해서 내적 현실을 수정할 수 있는 마음의 힘을 의미합니다. 의처증(의부증)을 예로 들어볼게요. 자신의 배우자나 애인이 바람을 피우지는 않는지 의심(내적 현실)하는 사람이 있다고 합시다. 이럴 경우 자신의 의심이 정당한지 아닌지, 맞는지 틀린지 알기 위해서 여러 자료를 수집합니다. 몰래 상대의 휴대전화나 메일함을 확인해보기도 하고, 대화 도중에 슬쩍 떠보기도 합니다. 이런 과정을 거쳐서 상대가 다른 사람을 만나는 것이 아니라는 것(외적 현실)을 알게 되어 자신의 의심이 틀렸음을 인정한다면, 외적 현실과 비교하면서 내적 현실을 수정하는 것이라고 할 수 있습니다. 현실 검증력을 발휘하는 순간이죠.

그런데 어떤 증거 앞에서도 상대가 바람을 피운다는 의심을 포기하지 않는 사람들이 있습니다. 하루 종일 집 안에 함께 있으면서 상대가 자신 몰래 집을 나가서 누군가를 만나고 왔다고 생각합니다. 아니면 직접 만나지는 않았더라도 내심 그 사람을 그리워하고 있다고 확신합니다. 배우자나 애인의 외모가 전혀 출중하지 않고, 별다른 매력이 있지 않아도, 누가 봐도 바람을 피우기는 어렵겠다는 생각이 들 정도인데도 끊임없이 의심합니다. 어떤 설득과 증거로도 바꿀 수 없다면, 즉 현실 검증력이 없다면 망상이라고 할 수 있습니다.

망상과 함께 정신증의 대표적인 증상으로 꼽을 수 있는 것은 환각입니다. 환각이란 존재하지 않는(외적 현실) 무언가를 지각하는(내적 현실) 것입니다. 없는 것을 본다면 환시, 아무도 듣지 못하는 소리를 혼자 듣는다면 환청입니다. 이 외에도 환후, 환촉, 환미가 있습니다. 간혹 지하철이나 길거리에서 혼자 허공을 보면서 누군가와 대화하는 것처럼 보이는 사람들을 볼 수 있는데요, 이런 경우는 대부분 현실 검증력이 무너졌기 때문입니다. 현실 검증력은 다른 말로 현실감, 현실 판단력이라고도 해서, 현실 검증력이 무너진 사람은 굳이 전문가가 아니더라도 딱 보면 좀 이상하다는 것을 알아차릴 수 있습니다.

정신장애 중에서 정신증적 장애를 꼽자면 대표적으로 정신분열을 꼽을 수 있습니다. 이 외에도 아주 심각한 우울증과 조울증을 의미하는 주요 우울장애나 양극성장애를 꼽을 수 있습니다. 이를 제외한 나머지 정신장애는 대체로 신경증적 장애라고 할 수 있습니다. 현실 검증력이 있다는 것은 다른 말로 자신에게 문제가 있음을 인정한다는 것입니다. 전문 용어로는 '병식病識'이 있다고 합니다. 당연히 정신증적 장애를 가진 사람들은 자신의 문제를 인정하려고 하지 않습니다.

신경증과 정신증의 구분은 전문가들 사이에서 여전히 유용하게 사용되고 있으나, 모든 정신장애를 칼로 무 자르듯 둘 중 하나로 정확하게 구분하기는 어렵기 때문에 공식적으로는 언급되지 않는 표현입니다.

우리가 욕으로 사용하는 '정신병자'나 '사이코'라는 표현은 정신증(사이코시스)의 약어가 아니라 사이코패스의 약어라고 할 수 있습니다. 사이코시스가 심각한 정신장애를 의미한다면, 사이코패스는 잘 알려져 있듯 연쇄살인범에게 붙는 대표적인 표현이죠. 타인의 감정에 전혀 공감하지 못해서 죄책감을 느끼지도 않기 때문에, 자신의 필요에 따라 강도나 강간, 살인을 서슴지 않는 사람들입니다. 그러니 자신에게 심리적, 물질적 피해를 주는 사람을 향해서 "이 사이코야!"라고 말하는 것은 엄청난 욕 중의 욕입니다. 사이코패스를 사이코라고 줄여서 부르게 된 것은 1960년 히치콕 감독의 〈사이코〉라는 영화 때문이 아닐까 합니다.

▲ 히치콕 감독(왼쪽)의 영화 〈사이코〉 중 주인공이 욕실에서 살해되는 장면(오른쪽)

이제 '히스테리'라는 말로 넘어가 볼게요. 헬라어로 히스테리는 자궁을 의미합니다. 예전에 히스테리라고 불렸던 증상들은 신경계에는 아무런 이상이 없는데도 안 보이거나 안 들리고 맛이 안 느껴지는 등 감각기관에 이상이 생기거나 팔, 다리 같은 수의적 운동이 마비되는 것이었습니다. 신경계에 이상이 있을 것이라고 의심은 되나 아무리 검사해봐도 이상이 발견되지 않습니다.

보통 이런 증상은 평소에는 타인에게 잘 보이기 위해서 내적 욕구를 억압하다가 갑작스럽게 폭발시키는 사람들에게 나타났습니다. 많은 사

심리학, 나를 치유하다

람이 히스테리라고 부르는 것은 바로 이런 성격 특성이죠. 요컨대 예전에는 감각 기관의 이상이나 수의적 운동의 마비 같은 증상을 가리키는 말이었지만, 요즘은 이런 증상을 가진 사람들의 성격적인 측면을 가리키는 말이라고 할 수 있습니다.

히스테리 앞에 대표적으로 붙는 말이 '노처녀'입니다. 왜일까요? 결혼하지 못한 여성들은 욕구를 억압하고 있을 것이라는 잘못된 고정관념 때문이 아닐까 싶습니다. 물론 예전에는 여성들이 결혼을 안 하는 것이 아니라 못 하는 것이라고 생각했고, 결혼을 통해서만 성적으로나 정신적으로 욕구를 표출할 수 있다고 생각했죠. 반면 남성들에게 결혼은 못 하는 것이 아니라 안 하는 것이었고, 결혼을 통하지 않아도 욕구를 분출할 수 있는 통로가 많다고 여겼으니까요. 하지만 요즘은 어디 그런가요? 소위 '골드미스'라 불리며 결혼보다는 자신의 당당한 삶을 선택하는 여성들이 많아졌지만, 남성들은 오히려 결혼을 하고 싶어도 못 하는 사람들이 많아졌습니다. 이제 '노총각 히스테리'라는 표현이 더 많이 쓰일지도 모르겠네요.

마음의 감기 – 우울증

우울은 현대인들에게 친숙한 단어입니다. 끊임없는 경쟁과 반복되는 실패, 계속되는 좌절 속에서 우울은 '마음의 감기'로 비유할 정도로 일상적입니다. 물론 감기처럼 우울 역시 시간이 지나면 자연스럽게 회복될

: 마음의 상처와 치유를 위한 심리학

수 있습니다. 그러나 감기에 자주 걸리면 몸 상태를 의심해야 하는 것처럼, 자주 우울하다면 마음 상태를 의심해야 합니다. 감기를 방치하다간 더 큰 병이 생길 수 있듯이, 우울도 더 심각한 정신장애나 자살 같은 끔찍한 결과로 발전할 수 있기 때문이죠.

실제로 세계보건기구(WHO)는 우울증이 21세기 인류를 가장 괴롭히는 질병이 될 것이라고 경고했습니다. WHO의 예측에 따르면 2020년에는 우울증이 심장병 다음으로 많이 앓는 질병 2위가 되고, 2030년에는 고소득 국가에서 부담 1위의 질병이 될 거라고 하네요.

국민건강보험공단에 따르면 2012년 기준으로 정신과에서 우울증 치료를 받은 사람들은 대략 58만 명인데요, 이는 치매(대략 29만 명)보다 2배나 더 많습니다. 암 환자(98만 4,166명)보다는 적지만 우울증의 경우 치료 장면으로 나오지 않는 사람들이 많다는 것을 고려할 때, 실제로는 암 환자보다 더 많을 것이라고 추측할 수 있습니다.

그렇다면 어떤 상태를 우울증이라고 할까요? 보다 전문적인 이야기를 해보겠습니다. 심리학자들과 정신과 의사들이 정신장애를 진단하고 연구할 때 사용하는 기준이 있습니다. 정신장애의 진단 및 통계 편람Diagnostic and Statistical Manual of Mental Disorders인데요, 줄여서 DSM이라고 합니다. 2013년 5월에 5판이 나와 통상 DSM-5라고 표기합니다. DSM-5에서 가장 대표적인 우울증은 '주요 우울장애'입니다. 주요 우울장애를 진단하는 기준을 살펴보면 어떤 상태를 우울증이라고 하는지 알 수 있습니다.

심리학, 나를 치유하다

▲ 우울증은 점점 늘어나며 현대인을 가장 괴롭히는 질병이 되어가고 있다.

첫 번째 기준은 우울한 기분입니다. 우울증이니 당연한 기준이 아니냐 싶은가요? 그런데 아동과 청소년의 경우는 과민한 기분으로 나타나기도 합니다. 쉽게 짜증을 내는 상태, 극도로 예민해진 상태를 말하죠. 두 번째는 일상의 활동에서 흥미나 즐거움을 느끼지 못하는 것입니다. 학교나 직장에 가는 일, 친구를 만나 수다를 떠는 일, 땀을 흘리면서 운동을 하고 난 이후 느끼는 상쾌함 등 우리가 일상에서 느끼는 작은 즐거움을 느끼지 못하죠. 세 번째는 체중 관리를 하고 있지 않은 상황에서의 체중 증가나 감소입니다. 체중의 변화가 있다는 것은 음식 섭취에 변화가 있다는 것인데요, 어떤 사람들은 우울하기 때문에 계속 먹기도 하고, 반대로 음식 섭취를 거부하기도 합니다. 네 번째는 잠을 제대로 자지 못하는 불면증이나, 반대로 계속 잠만 자는 과다 수면입니다. 다섯 번째는 정신운동성 초조나 지체입니다. 정신운동성이란 마음 때문에 나타나는 몸의 반응을 의미합니다. 정신운동성 초조의 예로는 마음이 불안해서 다리를 떤다든지, 손톱을 물어뜯는다든지, 안절부절못하는 것이 있습니다. 반면 정신운동성 지체란 몸을 가누기 힘든 상태를 말합니다. 몸이 아파서가 아니라 마음이 불안하거나 우울하기 때문이죠. 전화가 와서 휴대전화를 집어 들어야 하는데, 마치 휴대전화가 무거운 돌덩이처럼 느껴져서 들지도 못합니다. 여섯 번째는 몸을 조금만 움직여도 쉽게 피곤함을 느끼거나 아예 힘이 나지 않는 상태입니다. 일곱 번째는 어떤 일에 집중하기가 어려워지고, 결정해야 하는 순간에 주저하는 우유부단입니다. 여덟 번째는 스스로가 무가치하게 느껴지고, 뭔가 잘못한 것 같은 죄책감입니다. 마지막 아홉 번째는 반복적으로 자살이나 죽음을 생각하거나 구체적 계획을 세우고 시도하는 것입니다.

이처럼 우울은 다양한 형태로 드러납니다. 단지 기분만 우울한 것이 아니라, 생각(비관, 집중 곤란 등)이나 행동(수면, 자살 등)도 큰 변화를 겪습니다. 그렇다면 이 아홉 가지의 기준을 모두 충족해야만 우울일까요? 그렇지 않습니다. 이 중에서 5가지 이상의 증상이 연속 2주 동안 나타나면 주요 우울장애라고 합니다. 이는 아주 심각한 우울증이라고 보면 됩니다. 그 정도가 심해서 학교나 직장을 안 나가는 것은 물론 집에서 계속 잠만 자거나 울기도 합니다. 사람들이 모두 자신을 미워하며 자신은 무엇을 해도 실패한다고 말해 망상이 의심될 정도입니다. 또 자신은 죽어야 하는 사람이고 창문으로 뛰어내리라는 목소리가 들린다고 말해

심리학, 나를 치유하다

환청이 의심되기도 합니다. 이 때문에 주요 우울장애는 현실 검증력이 없는 정신증적 장애로 봅니다. 주요 우울장애가 심할 경우 자살할 위험이 있기 때문에 강제 입원이 필요할 수도 있습니다.

물론 이렇게 심각하지 않은 우울증도 있습니다. 이런 증상이 불과 서너 개라도 2년 이상 꾸준히 나타난다면 '지속성 우울장애'라고 합니다. 만성적 우울증이라고 할 수 있죠. 또 불안이나 분노 같은 기분이 이런 증상과 함께 월경 전에 시작되었다가 월경과 함께 사라지는 '월경전 불쾌장애'도 우울증에 속합니다. 보통 PMS라고 불리던 월경전 증후군이라고 생각하면 됩니다.

우울증과 함께 자주 언급되는 것이 조울증이죠. 조울증이란 조증 상태와 우울증 상태가 시차를 두고 나타나는 것을 말합니다. 많은 이들은 단순한 감정 기복을 조울증이라고 표현하는데요, 절대로 그렇지 않습니다. 조증은 단순히 기분이 좋은 상태가 아니라 아주 심각할 정도로 흥분된 상태를 말하거든요. 자신은 무슨 일이든지 다 할 수 있다고 말하고, 잠도 제대로 자지 않고 무언가에 몰두합니다. 밤새도록 무언가를 하지만 제대로 뭘 하는 것은 아닙니다. 주의가 산만해서 이것저것 정신없이 시간만을 보낼 뿐이죠. 생각도 왜곡되어서 논리적이지 못하고, 말도 많이 합니다. 어떤 경우는 도박이나 섹스, 쇼핑 등 결국 자신을 고통스럽게 할 만한 쾌락 활동에 몰두하기도 합니다.

이런 조증 상태가 끝나면 많은 경우 우울증 상태로 접어듭니다. 마치 두 개의 극단을 왔다 갔다 하는 것 같다고 해서 DSM에서는 양극성 장애라고 합니다. 주요 우울장애처럼 양극성장애도 현실 검증력이 없는 정신증적 장애라고 할 수 있습니다. 정도가 심각한 정신장애라는 소리죠. 경우에 따라 입원치료가 필요할 수도 있습니다. 만성적 우울증이 있듯이 만성적 조울증도 있습니다. 이것은 순환성 장애라고 합니다. 양극성 장애로 진단받을 정도로 심각하지는 않지만, 조증 증상과 우울증 증상이 2년 이상 나타날 경우 내려지는 진단입니다.

▲ 조울증은 단순한 감정 기복이 아니다. 조울증과 우울증을 극단적으로 오가는 정신증적 장애다.

우울증은 왜 나타날까요? 우울증의 원인에 대해서는 의견이 분분합니다. 여기서는 크게 두 가지만 설명해볼게요. 첫 번째는 생물학적 원인론입니다. 우리의 뇌는 수많은 신경세포로 이루어져 있고, 그 신경세포는 신경전달물질이라는 화학물질을 통해 서로 소통하고 있습니다. 우리의 생각과 감정, 의지와 노력 등 모든 정신 활동은 바로 이런 과정을 통

심리학, 나를 치유하다

해서 나오는 것이죠. 그런데 신경전달물질의 분비나 활동에 문제가 생겨 우울증이나 조증이 나타날 수 있습니다. 원인이 뇌에 있으니 치료도 당연히 뇌에 영향을 미치는 약물이어야겠죠. 보통 생물학에 근거한 의학 훈련을 받은 정신과 의사들은 이런 입장을 선호합니다.

그러나 인간의 심리적 구조와 과정을 연구하는 심리학자들은 이에 못지않게 심리적 원인론에 초점을 둡니다. 우울증으로 고통 받는 사람들이 항우울제를 먹으면 일단 감정과 기분은 우울에서 벗어나지만, 생각이나 행동의 우울은 그렇지 않은 경우가 많습니다. 다시 말해 기분은 정상인데 생각은 여전히 비관적이어서, 자신이 무가치하게 느껴지고 뭘 해도 재미를 느끼지 못합니다.

이런 심리 상태를 설명하는 현상이 '학습된 무기력'입니다. 동물들에게 전기 충격을 주면 어떻게든 피하려고 합니다. 그런데 피할 수 없게 만든 장치에 넣고 계속해서 전기 충격을 주면 처음에는 발버둥치다가 나중에는 무기력하게 전기 충격을 받게 됩니다. 이런 동물을 다시 피할 수 있게 만든 장치에 넣고 전기 충격을 주면 어떻게 될까요? 피할 수 있는 상황이지만, 동물들은 아예 피할 생각조차 안 하고 전기 충격을 받습니다. 뭘 해도 소용이 없다는 무기력을 학습했기 때문이죠.

우울증도 이런 경험 때문에 생길 수 있다고 심리학자들은 말합니다. 아무리 노력했지만 성공 대신 실패를 한다면 이후의 상황에서도 실패를 예상하게 됩니다. 조금만 애쓰면 성공할 수 있는 상황에서조차 무기력해지죠. 바로 이것이 우울한 상태라는 것입니다.

물론 모든 심리학자들이 우울증을 이렇게 본다고는 할 수 없고, 모든 상담자들이 우울한 내담자가 오면 약물치료를 무시하고 심리치료만 실시하지도 않습니다. 심각하지 않은 우울증은 상담만으로도 치유가 가능하지만, 우울증이 심각하면 상담조차 불가능합니다. 필요에 따라서는 정신과 의사에게 가서 약물 처방을 받도록 권하죠. 약물의 도움을 받으면서 상담하면 효과가 뛰어납니다.

우울증을 겪는 사람들은 자신의 우울한 기분 때문만이 아니라 주변 사람들의 시선으로도 힘들어합니다. 자신의 우울을 주변 사람들에게 표현하면 "너만 우울하냐?" "원래 인생이 우울한 것이다. 유난 떨지 마라." "아무리 우울해도 직장(학교)은 나가라." "의지가 약해빠져서 그렇다." 같은 반응이 돌아오니까요. 따라서 주변 사람들에게 하소연을 하기보다는 전문가를 찾아가 자신의 우울이 어느 정도인지 정확히 파악하고 필요한 도움을 받는 것이 좋습니다. 우울증을 그냥 방치할 경우 자살이나 자해 같은 끔찍한 일이 생길 수도 있습니다.

이 세상은 장밋빛도 아니지만, 그렇다고 잿빛도 아닙니다. 우리의 일상에는 실패도 좌절도 많아 우울할 때도 많지만, 소소한 즐거움과 재미 또한 존재합니다. 우울증에서 벗어나려면 작은 즐거움과 성공 경험에 주목할 필요가 있습니다. 앞서 언급했던 무기력을 학습한 동물을 기억하세요. 무기력만 학습되는 것이 아닙니다. 성공 경험을 반복하면 자신감과 즐거움도 학습할 수 있습니다. 이를 위해 우울증이 무엇인지 정확히 알고, 제대로 된 접근을 취하는 것이 가장 중요합니다.

고장 난 화재경보 시스템 - 불안과 공포

"땡땡땡땡땡땡땡땡!" 갑자기 화재경보기가 울립니다. 귀를 찢을 듯 아주 크게, 그리고 아주 날카롭게 울어댑니다. 사람들은 무슨 일이 났나 싶어서 복도로 뛰어나오고, 창밖을 내다봅니다. 이때 매캐한 냄새가 코를 찌르고, 복도에 연기가 자욱해지고, 사람들의 비명 소리가 들린다면 십중팔구 화재가 발생한 것입니다. 어떻게 해야 할까요?

아직 화재 발생을 모르는 사람들이 있을 수도 있으니 "불이야!"하고 큰 소리로 외쳐야 합니다. 아직 울리지 않는 화재경보기가 있다면 벨을 눌러야겠죠. 그다음은 엘리베이터가 아닌 계단을 이용하되 아래층으로 대피가 불가능할 때는 옥상으로 대피합니다. 불길 속을 통과할 때는 물에 적신 담요나 수건 등으로 몸과 얼굴을 감싸야 하며, 연기가 많을 때는 젖은 수건 등으로 코와 입을 막고 낮은 자세로 이동합니다. 방문을 열기 전에 문손잡이를 만져보았을 때 뜨겁지 않으면 문을 조심스럽게 열고 밖으로 나가고, 출구가 없으면 연기가 방 안에 들어오지 못하도록 옷이나 이불을 물에 적셔 문틈을 막고 구조를 기다려야 합니다 (상기 내용은 소방방재청에 나온 화재 발생 시 국민행동요령을 참고했습니다).

그런데 어린아이들의 불장난을 큰불로 오해해서 화재경보기를 눌렀다면? 담요나 수건을 적실 필요도 없고, 계단으로 도망갈 필요도 없습니다. 아이들에게 주의만 주고 일상으로 돌아가면 됩니다. 실제로 아무 일도 일어나지 않았으니까요.

하지만 화재경보기가 울리는 순간 우리의 심장은 이미 빠르게 뛰기 시작하고 근육에는 힘이 들어갑니다. 소화 기능은 잠시 정지되고 손에 땀이 나기 시작합니다. 혹시 모를 위험에 대비해서 우리의 뇌가 교감신경계를 통해 몸을 준비시키기 때문입니다. 만약 화재를 경험한 사람이 있다면 신체 반응은 더욱 강렬할 것입니다. 과거는 과거일 뿐이고 지금은 불이 난 것이 아니라면서 아무리 되뇌어도, 몸의 반응은 쉽게 사그라지지 않고 마음도 쉽게 진정되지 않을 것입니다.

건물의 화재경보기처럼 우리의 마음에도 위험에 대비할 수 있도록 화재경보기 같은 장치가 있습니다. 바로 불안입니다. 화재경보기가 제대로 작동하면 화재의 피해를 최소화할 수 있듯이, 위험한 상황에서 불안이 제대로 작동한다면 우리의 삶은 보다 안전해집니다. 그런데 화재경보기는 오작동할 때가 있습니다. 누가 누르지 않아도 자기 혼자 울거나 누군가의 장난 혹은 실수로 울리기도 합니다. 불안도 마찬가지입니다. 위험요소가 없더라도, 혹은 위험요소가 있긴 하지만 실제적인 위협이 안 되더라도 작동하기도 합니다. 이것을 불안장애라고 합니다.

불안장애의 대표는 공포증입니다. 특정 대상이나 상황에 노출되었을 때 즉각적으로 발생하는 현저한 공포와 불안이 특징입니다. '현저한'이라는 표현이 좀 모호하죠? 일상생활이 어려울 정도라면 현저하다고 할 수 있습니다. 어두운 밤 길고양이를 마주칠 때마다 공포에 사로잡혀서 집 밖을 나가지 못한다거나, 학교나 직장에 가는 길에 비둘기를 마주칠까 봐 먼 길로 돌아가느라 늘 지각하는 경우입니다.

특정 동물을 무서워하기도 하지만 특정 상황을 무서워하기도 합니다. 높은 곳을 무서워하는 고소공포증, 사방이 막혀 있는 곳을 무서워하는 폐소공포증 등이 있습니다. 물론 누구든 높은 곳에 서면 긴장이 되고, 창문이 없는 곳에서는 답답함을 느낍니다. 그러나 공포증이라고 하려면 훨씬 심각해야 합니다. 고소공포증이 있는 사람들은 건물의 높은 층에서 근무하라는 인사발령을 받으면 사표를 냅니다. 폐소공포증이 있는 사람들은 엘리베이터를 탈 수 없어서 층수와 상관없이 계단으로 걸어 오릅니다. 천둥이나 번개, 바다나 산에 대해 심각한 공포를 느끼는 자연환경공포증도 있습니다. 주삿바늘처럼 뾰족한 것이나 피, 상처가 난 징그러운 모양의 피부를 쳐다보지 못하는 공포증도 있고요.

사회 불안장애라고도 불리는 사회공포증은 타인이 자신을 싫어하거나 비웃을까 봐, 간혹 자신이 타인을 불편하게 할까 봐 사람을 피하는 것입니다. 심할 경우 길거리를 혼자서 걸어 다닐 때도 너무 긴장해서 손에 땀이 나거나, 심장이 지나치게 빨리 뛰기도 합니다. 흔히 말하는 대인공포증이라고 생각하면 됩니다. 또 어떤 이들은 타인의 주목을 받는 상황에서만 공포를 경험하기도 합니다. 이들은 대학이나 직장에서 어떻게든 발표를 맡지 않으려 합니다. 그냥 지인들과 함께 이야기를 할 때에는 편안하다가도, 자리에 일어서서 말하려고만 하면 다리가 후들거리는 증상이 나타납니다. 이것은 무대공포증이라고 할 수 있겠네요.

누군가 실수나 장난으로 누르지 않아도 화재경보기가 오작동할 수 있는 것처럼, 우리의 불안도 마찬가지입니다. 딱히 이유가 없이 갑자기 불안에 휩싸이기도 하는데요, 이것이 공황발작입니다. 참고로 공황발작을 경험한 이후로 추가 발작에 대한 걱정과 불안이 있을 경우 공황장애라고 합니다.

한때 연예인들이 TV에 나와서 너도나도 공황장애를 앓고 있다고 고백 아닌 고백을 하는 바람에 연예인들의 정신장애가 아니냐는 오해가 있었습니다. 가수 김장훈 씨는 공황장애 때문에 스케줄을 취소하고 입원하는 일이 빈번했고, 배우 차태현 씨는 공황발작을 경험한 이후로 MC 자리는 사양한다고 말했습니다. 이 외에도 수많은 배우와 가수들이 공황발작을 경험했다고 말합니다. 그리고 한때 천하장사로 씨름판을 누볐던 이만기 씨도 공황장애로 고통 받은 적이 있다고 했습니다.

도대체 공황발작이 무엇이기에 천하장사까지 꼼짝 못하게 하는 것일까요? 공황발작은 크게 신체적 증상과 심리적 증상으로 나눌 수 있습니다. 신체적으로는 갑자기 심장이 빨리 뛰고, 숨이 가빠지거나 질식당할 것 같으며, 토할 것 같은 느낌이 들거나 가슴에 통증을 느낍니다. 어지럽거나 몸이 떨리고, 땀이 나며 오한이 들기도 합니다. 신체 감각에 이상을 느끼거나 마비되었다는 느낌도 갖습니다. 이때 심리적으로는 스스로에 대한 이질감이나 세상과 동떨어진 것 같은 느낌을 받고, 통제감을 잃을 것 같으며, 이러다가 죽으면 어떡하나 하는 두려움이 듭니다. 이런 일이 불과 몇 분 이내에 최고조에 도달하기 때문에 공황발작을 겪은 사람들은 큰 충격을 받습니다.

공황발작을 겪은 사람들 중 상당수는 집 밖으로 혼자 외출하는 것을 꺼립니다. 갑자기 공황발작을 했는데 누구도 자신을 도와주지 않는다면 정말 미치거나 죽을지도 모른다는 공포 때문이죠. 이것이 바로 광장공포증입니다. 여기서 말하는 광장이란 넓은 운동장을 의미하는 것이 아니라, 자신이 위험에 처했을 때 개인적으로 도와줄 사람이 없는 공공장소를 의미합니다.

예전에 대학에 다닐 때 한 살 연상의 여자 선배를 만난 적이 있습니다. 그 선배 왈, 자신은 웬만하면 버스를 안 타고 택시를 탄다는 것입니다. 저는 속으로 '돈 많다고 자랑하나?' 생각했죠. 약속을 마치고 각자 갈 길을 가려는데, 저에게 데려다 줄 수 있느냐고 묻더군요. 근처에서 과외를 하는데 혼자 가기가 무섭다면서요. '나 좋아하나? 사람 보는 눈은 있네'라고 생각하면서 흐뭇해했죠. 하지만 나중에 그 선배가 공황장애와 광장공포증이 있다는 것을 알았습니다. 그동안의 말과 행동이 이해가 되더군요. 공황장애가 있는 사람들은 버스나 지하철같이 사람이 많은 곳보다는 택시를 선호합니다. 보다 안정감을 느낄 수 있고, 혹시 택시 안에서 발작을 하면 택시 기사가 외면할 수는 없을 테니 말이죠.

공포증은 다른 정신장애보다 주변 사람들의 이해를 받기가 더 힘듭니다. 작고 귀여운 강아지 앞에서 대부분의 사람들은 즐거워하지만, 개에 대한 공포증이 있는 사람은 불안에 떱니다. 주변에서 "야, 쟤는 너 못물어. 제대로 짖지도 못하는 귀여운 강아지인데 무섭다니 말이 돼? 네가 더 무섭다!"라고들 말합니다. 이들도 머리로는 알지만, 각성된 신체 반응과 함께 찾아오는 불안과 공포에 온 마음을 다 빼앗겨버립니다. 그런데 이들을 더 불안하게 하는 것은 영원히 이 공포에서 벗어나지 못할지도 모른다는 걱정입니다.

이런 공포증은 왜 나타날까요? 많은 경우 실제 이와 관련된 부정적 경험을 했기 때문입니다. 한밤중 아주 사나운 길고양이 여러 마리가 자신을 향해 달려왔다든지, 엘리베이터 고장으로 몇 시간 동안 갇힌 경험이 있다든지, 학교에서 발표를 할 때 실수해서 교수님과 친구들이 크게 비웃었다든지 하는 경험이 있습니다. 버스를 타고 가다가 공황발작이라는 충격적 사건을 경험했기 때문에 광장공포증이 생기듯 말이죠. 마치 과거에 큰 화재를 경험해서 생명의 위협을 느꼈던 사람은 화재경보기만 울려도 과거의 불안과 공포에 사로잡히는 것과 같습니다.

공포증은 이런 과정을 역으로 적용하는 노출치료가 효과적입니다. 두려워하는 대상이나 상황에서 편안함을 반복적으로 경험하도록 합니다. 다시 화재경보기로 돌아가 볼게요. 앞서 과거에 큰 화재를 경험했던 사람은 화재경보기만 울려도 불안과 공포를 경험한다고 이야기했죠. 만약 화재경보기가 고장 나서 하루에도 수차례 오작동한다면 어떨까요? 처음에는 불안해하겠지만 실제 위협이 되지 않는 상황이기 때문에 결국 불안에서 벗어날 수 있습니다.

노출치료는 간혹 영화나 드라마에서 기괴하게 묘사되기도 합니다. 폐소공포증으로 고통 받는 사람을 옷장에 가두면, 그 내담자는 옷장 안에서 두려움에 사로잡혀 소리를 지르고 꺼내달라고 외칩니다. 치료자는 옆에서 씩 웃고 있죠. 마치 심리학자를 사디스트처럼 묘사하는데 실제로는 그렇지 않습니다. 내담자의 동의를 얻어 진행할뿐더러, 지나치게 고통스러울 것 같으면 단계적 접근 방법을 사용합니다.

먼저 몸과 마음을 아주 편안하고 나른하게 만든 다음에, 아주 약한 자극에 노출시킵니다. 고양이 공포증이라면 고양이 글자를 보여줍니다. 이 자극을 보고 불안해하면 다시 몸과 마음을 편안하게 만들어줍니다. 그리고 다시 보여줍니다. 이런 절차를 반복하면 고양이 글자를 보고는 긴장하지 않습니다. 그다음은 고양이 그림, 고양이 사진, 고양이를 촬영한 동영상, 마지막으로는 실제 고양이에 노출시킵니다. 결국 공포증을 극복하게 되죠. 이 절차가 단순하게 보일 수 있지만, 심리학자나 정신과 의사 같은 전문가에게 받아야 부작용 없이 공포증을 극복할 수 있습니다. 불안의 경우 이런 심리치료의 효과성에 대해 정신과 의사들도 인정하기에, 항불안제만을 처방하기보다는 다양한 노출치료를 병행합니다. 여러분은 어떤 불안과 공포 때문에 힘든가요? 사람, 동물, 발표, 무대, 높은 곳, 막힌 곳, 천둥과 번개 등 우리를 힘들게 하는 모든 공포와 불안은 다 극복할 수 있다는 점 잊지 마세요.

현이 고르지 못한 악기 – 정신분열

정신장애 중 사람들에게 가장 많이 알려졌지만 그만큼 오해도 많은 것이 정신분열입니다. 이름 때문에 생긴 오해도 많은데요, 마치 정신이 갈라지고 나뉘고 산산조각이 난다는 느낌을 주죠. 정신이 분열되었으니 어떻게 행동할지 예측할 수 없으며, 매우 위험할 것이라고 생각하기도 합니다.

이를 위해 오래전부터 학계와 의사, 환자들은 정신분열이라는 이름의 개명을 추진했습니다. 그 결과 2011년 말 관련 법 중 최상위 법인 약사법이 개정되면서 정신분열은 '조현병調絃病'으로 이름이 바뀌었습니다. 조현이란 '현악기의 줄을 고르다'라는 뜻입니다. 좋은 소리를 내기 위해 악기를 튜닝하고 조율하는 것이죠. 악기의 줄을 정확히 고르지 않으면 제대로 연주할 수 없듯이, 뇌에 이상이 생기면 행동이나 마음에 문제가 나타난다는 의미입니다. 저는 처음에 조현병으로 이름이 바뀌었다는 이야기를 듣고, 정신분열이 보통 20세 전후로 인생에서 이른 시기에 발병하기 때문에 조현(朝見, 빨리 나타나는)병인 줄 알았습니다. 알고 보니 은유적 표현이더군요.

오해와 편견을 줄이기 위해 개명한 정신장애는 여럿 있습니다. 예전에는 지능이 낮은 사람들을 정박아, 저능아라고 부르면서 폄하했지만, 이후 '정신지체'를 거쳐 이제는 '지적장애'라고 부릅니다. 마치 소경이나 맹인이라 하지 않고 시각 장애인, 귀머거리라 하지 않고 청각 장애인이라고 하는 것과 마찬가지입니다. 또 간질은 '뇌전증'이라고 이름을 바꾸었습니다. 뇌에서 발생하는 비정상적인 전기 신호 때문에 발작이 일어나서 이런 이름을 붙였다고 하네요. 치매 역시 이제는 '신경인지장애'라는 새 이름을 얻었습니다.

심리학, 나를 치유하다

일본과 홍콩은 우리나라보다 훨씬 전에 정신분열의 개명을 추진했습니다. 일본은 2002년에 '통합실조증統合失調症'으로, 비슷한 시기에 홍콩은 '사각실조증思覺失調症'으로 바꾸었습니다. 둘 다 생각과 행동이 일치하거나 조화하지 못한다는 뜻입니다. 개명 결과 사회적 편견이 줄어들고 치료 효율성이나 인권 측면에서 개선됐다고 하니, 우리도 그 효과를 기대해볼 만하겠죠. 참고로 일본과 홍콩은 우리나라와 달리 '병'이 아닌 '증'이라고 한 것이 눈에 띄네요.

이제 조현병이 무엇인지 구체적으로 알아보겠습니다. 정신장애 중에서도 증상이 다양하고 정도가 심해질 수 있는 조현병은 인류 역사와 함께 시작되었다고 할 수 있습니다. 조현병의 행동적 특징이 기원전 14세기 힌두 문서에서도 나타나거든요. 그러나 과학적이고 체계적으로 접근하기 시작한 것은 19세기부터입니다.

조현병의 증상 중 가장 많이 알려진 것은 망상과 환각입니다. 망상이라고 하니 의처증이나 의부증 같은 질투 망상이 떠오르나요? 모든 망상이 조현병은 아닙니다. 질투 망상은 처음 들을 때는 "정말 그럴 수 있겠네요."라면서 고개를 끄덕거릴 수 있습니다. 현실에서 외도하는 사람들이 실제로 있으니까요. 그리고 이런 질투 망상을 가지고 있는 사람은 멀쩡하게 직장도 다니고, 친구들과 관계도 잘 맺고 있습니다. 단지 어떤 증거를 제시해도 설득되지 않는 망상만 있을 뿐이죠. 이런 것을 전문가들은 조현병이 아닌 '망상장애'라고 합니다.

많은 경우 조현병의 망상은 현실과 동떨어져서 기괴하기까지 합니다. 들으면 좀 이상하다고 알아차릴 수 있죠. 조현병의 망상이 기괴한 것 중 하나는 환각이 동반되는 경우가 적지 않기 때문입니다. 환각은 오감에서 모두 나타날 수 있는데, 가장 일반적인 것은 환청입니다. 환각을 경험하는 조현병 환자들 중 90퍼센트는 환청을 듣습니다.

2001년 러셀 크로가 주연으로 출연했던 영화 〈뷰티풀 마인드〉는 노벨경제학상을 수상한 미국의 천재 수학자 내쉬의 실화를 바탕으로 만들어졌죠. 한때 조현병으로 고통 받았던 내쉬가 어려움을 극복하고 위대한 수학자가 되는 과정을 그리고 있습니다. 영화에서는 내쉬가 환시를 보는 것으로 나왔지만, 이는 영화라는 매체의 특성 때문에 제작자들이 설정을 극대화한 것일 뿐입니다.

▲ 영화 〈뷰티풀 마인드〉의 실제 모델 존 내쉬는 조현병을 극복하고 위대한 수학자가 되었다.

심리학, 나를 치유하다

환청은 귀울림이라고 하는 이명과는 다릅니다. 이명은 소음이 들린다는 주관적인 느낌이지만, 환청은 구체적인 언어로 지각됩니다. 그리고 환청은 파괴적이고 공격적인 내용이 많아 자살이나 살해 같은 사건과 사고로 이어지는 경우도 있습니다.

실제로 2002년 9월, 50대 중반의 남성이 길거리를 배회하다 갑자기 종교기관에서 운영하던 유치원(선교원)에 들어가 칼을 휘둘러 11명의 아이들에게 중상을 입히는 사건이 발생했습니다. 경찰 조사 결과 이 남성은 평소 정신분열증을 앓고 있었으며, 사건 당일 '아이들을 찌르지 않으면 네가 죽는다'라는 환청을 들었다고 하네요. 이런 기사를 보면 '역시 정신분열은 위험해'라고 생각할지 모르겠습니다. 그러나 우리 사회에서 일어나는 대부분의 범죄는 정신장애와 무관하게 벌어지는 것들입니다.

망상과 환청을 주된 특징으로 하는 조현병은 당연히 정신증적 장애라고 할 수 있습니다. 조현병의 증상으로는 망상과 환청 이외에도 긴장증과 무감동이라는 증상이 있습니다. 긴장증이란 특이한 행동을 기계적으로 반복하거나, 같은 자세로 몇 시간이고 움직이지 않는 것입니다. 무감동이란 어떤 감정도 느끼지 못하는 것처럼 얼굴에 극단적인 무표정이 나타나는 것입니다.

도대체 조현병은 왜 생기는 것일까요? 다른 정신장애는 생물학적 원인론 못지않게 심리적 원인론이 설득력을 얻습니다. 하지만 조현병은 좀 다릅니다. 한때 조현병의 원인이 부모의 잘못된 양육 방식, 일례로 이중구속 때문이라는 주장이 관심을 끌었습니다. 이중구속이란 상반되는 메시지를 동시에 던지는 것입니다. 예를 들어 아이에게 놀지 말고 공부하라고 했는데, 아이가 계속 놀고 있을 때 부모님들은 속상한 마음에 이렇게 말하곤 하죠. "그래, 계속 놀아라, 놀아! 절대 공부하지 마!"

소리를 지르면서 이렇게 말하면, 아이는 순간 혼란스러워합니다. 분위기를 보아하니 놀면 안 될 것 같은데, 공부하지 말고 놀라고 말하니까요. 이때 아이가 눈치를 보다가 공부를 하려고 하면, 부모는 다시 이렇게 소리 지르죠. "공부하지 말라니까! 그냥 놀아, 계속 놀라고!"

그렇다고 인상을 쓰고 소리를 지르는 부모 앞에서 아이는 마음 편히 놀 수도 없습니다. 이렇게 해도 안 되고, 저렇게 해도 안 되는 것이 이중 구속입니다. 아이 입장에서는 너무 혼란스러워서 결국 정신이 분열된다는 주장이었는데, 여러분이 보기엔 어떤가요? 가능할까요? 심리학자들의 연구 결과 이런 주장은 틀린 것으로 입증되었습니다. 물론 아이 입장에서 혼란을 느낄 수 있지만 이 때문에 조현병이 발병하지는 않는다는 것이죠. 시간이 지나 생물학이 더욱 발전했고, 조현병의 원인은 도파민 같은 신경전달물질의 이상이라는 것이 밝혀졌습니다. 또한 가족력이 다른 정신장애보다 더 확실하다는 점에 근거하여 유전자도 연관이 있다고 생각합니다.

생물학적 원인론이 가장 강력하긴 하지만 이것으로 모든 현상을 설명할 수는 없습니다. 어떤 증상은 시대와 문화에 따라 다르게 나타나기 때문입니다. 20세기 초만 해도 긴장증은 조현병에서 나타나는 가장 일

심리학, 나를 치유하다

반적인 증상이었지만, 근래에는 드물게 나타난다고 합니다. 그리고 망상이나 환청 역시 시대마다 그 내용이 다릅니다. 냉전 시기인 20세기 후반에 가장 흔한 망상은 피해망상이었지만, 이후 이 망상은 상당히 줄어들었습니다. 또한 기계문명이 발달하면서부터는 사람들의 망상 속에 기계가 등장하기 시작했습니다. 1988년 8월 MBC 〈뉴스데스크〉 생방송 중에 웬 남자가 스튜디오로 뛰어들어 앵커의 마이크를 붙잡고 "내 귀에 도청장치가 있다!"라고 소리 질렀습니다. 이런 망상은 도청장치가 없었던 시대나, 서로가 서로를 감시할 필요가 없었던 시대에는 존재할 수 없었을 것입니다.

조현병은 우울증이나 불안장애와 달리 완치가 어렵다는 것이 학계의 중론입니다. 조현병은 치매처럼 사고와 언어 기능을 망가뜨리기 때문입니다. 그래서 전문가들은 재활과 자기 관리에 초점을 둡니다. 마치 자폐증이나 지적장애(정신지체), 신경인지장애(치매)처럼 말입니다. 그러나 조현병은 보통 20세 전후로 발병하기 때문에, 발병 직후에 제대로 된 치료를 받고 꾸준히 전문가의 도움을 받으면 나름의 직업을 가지면서 일상생활을 잘할 수 있습니다.

정신분열로 고통 받는 사람들의 비율(유병률)이 대략 0.5퍼센트라고 합니다. 우리가 만나는 사람 200명 중 1명꼴에 해당하는 수치죠. 이런 면에서 오해와 편견을 해소하는 것이 매우 중요합니다. 단지 법을 개정하는 것만으로는 부족합니다. 사회적 분위기가 바뀌어야 합니다. 우리 모두의 노력이 필요한 일입니다.

마지막으로 조현병을 비롯하여 수많은 정신장애를 소재로 삼는 영화나 드라마 제작자들이 조금 더 세밀하게 신경을 써주었으면 하는 바람이 있습니다. 시청률이나 흥행 성적도 중요하지만 정신장애를 현실과 너무나 다르게 묘사하는 것은 오해와 편견을 부추기는 꼴입니다. 2006년에 개봉한 박찬욱 감독의 영화 〈싸이보그지만 괜찮아〉만 봐도 그렇습니다. 이 영화에서는 정신병원의 음산한 분위기를 표현하기 위해 온갖 이상한 행동을 하는 사람들을 화면 곳곳에 배치했습니다. 병원에 있는 환자들은 하나같이 무작정 병원 바닥을 굴러다닌다든지, 이상한 포즈로 굳어 있습니다. 망상과 환청도 너무 기괴하고, 수시로 의료진이 달려들어 환자들을 통제하는 모습입니다. 만약 제가 심리학 공부를 하기 전에 이 영화를 보았다면 '역시 정신분열은 위험하고 이상한 정신병이야'라는 생각이 들었을 것입니다.

마음도 몸처럼 아플 수 있습니다. 또 고혈압이나 당뇨처럼 조현병도 평생 관리가 필요할 뿐입니다. 적어도 고통을 덜어주지는 못할망정, 오해와 편견 때문에 고통을 가중시켜서는 안 되지 않을까요?

심리학, 나를 치유하다

소유냐 존재냐, 그것이 문제로다

20세기의 위대한 사상가이자 심리학자였던 에리히 프롬은 자신의 저서 《소유냐 존재냐》에서, 산업화 사회에서 물질적 풍요가 가져온 폐해를 지적하면서 소유의 삶에서 존재의 삶으로 옮겨 갈 것을 권하고 있습니다. 너무 현학적이어서 어렵다고 느낄 수도 있으나, 그 내용을 찬찬히 뜯어보면 우리가 늘 고민하는 문제이기도 합니다.

산업혁명은 세상을 크게 변화시켰습니다. 혁명이라는 표현이 붙을 정도로 말이죠. 돈의 중심이 논과 밭(농업)에서 공장(제조업)으로 바뀌었고, 가족도 조부모를 중심으로 여러 가족 구성원이 함께 사는 대가족에서 부부 중심의 핵가족으로 바뀌었습니다. 공장에서 물건을 대량 생산하니 원하는 물건을 싼값에 구입할 수 있게 되었습니다. 물질적으로 풍요로워지면서 세상에는 돈이 넘쳐났죠. 이전까지는 귀족이나 양반, 명문가가 아니면 성공하기 어려운 시대였지만, 산업화 사회에서는 제아무리 비천한 가문에서 태어났다고 해도 돈만 있으면 누구나 성공할 수 있게 되었습니다.

물론 어두운 면도 있습니다. 어른들이 아침부터 저녁까지 공장에 나가서 일하게 되니 아이들이나 노인들이 방치되었습니다. 대가족이 아니라 핵가족이었으니까요. 또 실업자들이 생겨났습니다. 농사를 짓던 시절에는 어느 곳에서든 노동만 하면 입에 풀칠은 할 수 있었는데, 공장 중심의 세상에서는 그것마저 쉽지 않았습니다. 하지만 이런 것들과 비교도 안 될 정도의 큰 폐해는 지나친 비교와 경쟁입니다. 너른 지역에서 서로 도우면서 사는 농촌의 삶이 아니라, 좁은 땅에서 서로 부대끼면서 사는 도시의 삶은 비교와 경쟁을 불러일으켰습니다.

비교와 경쟁은 곧바로 소유의 문제가 되었습니다. 공장에서 물건을 대량으로 찍어내었으니까요. 남들은 가지고 있는데, 나만 없다? 심리적으로 매우 위축되는 일입니다. 모두가 가지고 있는 'it 아이템'을 나만 가지지 못했다면? 생각만 해도 끔찍하지 않던가요? 결국 우리는 비교와 경쟁에서 뒤떨어지지 않기 위해 더 많은 것을 소유하려고 애씁니다. 그러려면 돈이 필요하죠. 그래서 밤낮없이 일을 합니다.

지금도 끊임없이 온갖 매체에서 '소유하라'는 광고를 쏟아냅니다. 마치 "남들은 다 소유하고 있는데 너는 뭐 하고 있느냐!" "남들은 모두 신상이 있는데 넌 아직도 구닥다리를 가지고 있느냐!" "그렇게 살다가는 뒤떨어지고 뒤처져서 실패할 것이다!"라고 협박합니다. "소유해라, 행복해질 것이다." "남들이 가지지 못하는 것을 가지면 너의 품격이 올라갈 것이다."라고 유혹합니다.

이런 소유가 과연 우리를 행복하게 만들어줄까요? 미국 콜로라도 대학의 심리학자 벤 보벤은 1,200여 명을 대상으로 하여 전화로 설문조사를 실시했

심리학, 나를 치유하다

습니다. 주로 가정의 경제에 대한 내용들이었는데, 그 가운데 행복해지기 위해서 '소유' 자체를 목적으로 구매했던 물건(옷, 보석, IT 제품 등)과, '경험'을 목적으로 구매했던 물건(공연 티켓, 여행 등)을 한 가지씩 고르게 했습니다. 그리고 둘 중에 무엇이 자신을 더 행복하게 했는지 물었죠. 여러분은 어떤가요? 소유와 경험 중 어느 것이 여러분을 더 행복하게 했나요? 이 연구에서는 34퍼센트의 사람만이 소유가 자신을 행복하게 했다고 응답한 반면, 경험을 선택한 사람은 57퍼센트였습니다. 나머지 9퍼센트는 소유와 경험이 가져다준 행복의 정도가 비슷하다고 말했습니다.

소유는 당장 행복감을 줄 수 있습니다. 남들이 부러워하는 무언가를 가지고 있다는 것은 생각만 해도 설레죠. 하지만 그 기쁨은 오래가지 않습니다. 소유한 물건은 얼마 못 가 분실할 수도 있고, 고장이 나며, 금세 구식이 되기 때문입니다. 그리고 무엇보다 우리는 적응의 귀재이기 때문입니다. 제아무리 좋은 조건이어서 즐겁고 행복하더라도, 얼마 지나지 않으면 매우 당연하다는 듯 받아들입니다. 하지만 경험은 다릅니다. 경험은 우리의 마음속에 남기 때문에 분실과 고장의 염려가 없으며, 구식이 되지도 않습니다. 그리고 쉽게 적응이 되지도 않죠.

정말 행복해지려면, 우리는 소유의 패러다임에서 존재와 경험의 패러다임으로 바꿔야 합니다. 노벨문학상을 수상한 헤르만 헤세도 "행복은 '무엇'이 아니라 '어떻게'의 문제입니다. 행복은 대상이 아니라 능력입니다."라고 했습니다. 소유하겠습니까, 존재하겠습니까?

Chapter
03

내 상처를
힐링해다오
:심리치료

심리치료와 연관된 심리학의 하위 분야는 여럿입니다. 먼저 상담심리학이 있습니다. 상담이란 본래 학문이 아니라 '연애'나 '공부'처럼 일상 활동이었죠. 누군가를 찾아가 자신의 이야기를 하고 상대의 이야기를 듣는 것입니다. 그러다가 인간의 마음과 행동을 과학적으로 연구하는 심리학이라는 학문을 만나 체계를 잡기 시작했습니다. 이것을 아동학, 가족학, 사회복지학, 교육학을 비롯해 각종 종교에서 받아들였습니다. 임상심리학은 실험심리학자들이 심리적 고통을 해결해주면서 생겨난 분야입니다. 상담심리학과 달리 처음부터 심리학이라는 틀 안에서 시작됐죠. 연구 주제나 전문적 활동은 상담심리학과 매우 비슷해서 전공자들조차 헷갈릴 정도입니다. 최근 주목받고 있는 코칭심리학은 심리적인 고통보다는 일상적인 주제를 다룹니다. 특히 조직을 잘 이끌기를 원하는 기업의 임원이나 효율적 학습을 원하는 학생들을 대상으로 한 코칭이 활발한 편입니다. 이상의 세 영역이 마음의 건강을 다룬다면 건강심리학은 몸의 건강을 목표로 합니다. 우리의 몸과 마음은 연결되어 있기에 마음을 통해 몸에 영향을 미칠 수 있습니다. 우리나라의 건강심리학은 주로 명상을 통한 스트레스 관리에 초점을 맞추고 있습니다.

심리학의 뜨거운 감자 – 정신분석

감자는 뜨거워야 제맛이죠. 다 식어버린 감자는 우선 겉모양부터 쭈글쭈글하고 맛은 밍밍합니다. 이게 과연 음식인가 하는 의심이 들 정도입니다. 그래서 많은 사람들이 뜨끈뜨끈한 감자를 먹으려고 합니다. 막익은 감자를 손에 들고 입으로 호호 바람을 불어가며 껍질을 벗깁니다. 그리고 한 입 베어 물죠. 먹기 좋게 식었다면 최고겠지만, 아직 뜨거운 감자라면 그때부터는 난리가 납니다. 너무 뜨거워 뱉고 싶지만 조금만 지나면 식을 테니 뱉기도 그렇고, 그렇다고 뱉지 않자니 너무 뜨거워 입천장과 혀를 모두 날려버릴 것만 같습니다. 뱉을 수도 안 뱉을 수도 없는 상황, 이것이 뜨거운 감자입니다.

어느 분야든지 뜨거운 감자가 있습니다. 심리학에서는 정신분석이 그렇습니다. 많은 사람들이 그렇듯 저 역시 심리학 공부를 하기 전에는 심리학과 정신분석을 구분하지 못했고, 프로이트를 대표적인 심리학자로 알고 있었습니다. 그런데 심리학 공부를 하면서 정말 많이 들었던 말이 "정신분석은 심리학이 아니다."라는 말이었습니다. 이는 단지 무엇이 심리학이고 무엇이 아닌지를 설명해주는 말이 아니라 '심리학이라는 성역聖域에 정신분석 같은 구시대의 유물을 들여서는 안 된다'라는 선언 같았습니다. 아주 단호했죠.

이것은 단지 몇 사람의 주장이 아니었습니다. 심리학 전문 교재를 살펴봐도 정신분석은 잘 보이지 않았습니다. 그나마 조금 배울 수 있는 분야도 상담심리학, 성격심리학, 발달심리학 정도였습니다. 이런 과목에서도 정신분석은 배우면 배울수록 정말 말도 안 되는 이론이라는 생각이 들었습니다. 대부분의 교수님이 그렇게 가르치셨고, 아무래도 학생은 가르치는 사람의 입장을 따르기 쉬우니까요.

그런데 소수이긴 했지만 어떤 심리학자들은 완전히 정신분석의 골수팬이었습니다. 특히 현장에서 심리치료를 하고 있는 임상심리학자나 상담심리학자들이 그랬는데요, 이분들의 수업을 들으니 정신분석만큼 흥미를 끄는 이론이 없다는 생각이 들었습니다. 부족한 지식을 채우기 위해 계속해서 더 공부하고 싶어졌죠. 단순히 A=B, B=C이니 A=C라는 식의 논리적, 이성적, 합리적 접근을 접할 때는 들지 않았던 마음입니다. 정신분석에서는 A=B, B=C이지만 A≠C일 수도 있다고 말하거든요.

도대체 왜 정신분석은 뜨거운 감자가 되었을까요? 그 이유는 현대 심리학이 과학을 지향하기 때문입니다. 현대 과학의 개념은 과학철학자 칼 포퍼의 주장을 따릅니다. 포퍼는 1934년 자신의 책 《과학적 발견의 원리》에서 과학의 기준을 '반증가능성'이라고 천명했습니다. 간단히 말하자면 과학적 주장은 증거 앞에서 입증될 수도, 그리고 반증될 수도 있어야 한다는 것입니다.

조금 더 쉽게 설명해보겠습니다. 여러분 주변에 고집 센 사람, 어떤 경우에도 자기 주장을 굽히지 않는 사람이 있나요? 만약 그 사람이

"강현식은 자기 이익만을 챙기는 욕심쟁이야!"라고 말했다고 가정해봅시다. 그럼 여러분은 강현식이 얼마나 괜찮은 사람인지, 그 사람에게 얼마나 많은 도움을 받았는지 말하면서 반박해보세요. 미리 감사를 드립니다. 이때 그 사람이 "아 그런가? 내가 너무 한쪽만을 보았나 보네. 내 의견을 철회하지."라고 말하기보다는 "네

▲ 과학철학자 칼 포퍼

가 몰라서 그래. 그 사람을 더 알고 나면 다른 모습이 보일 거야."라거나 "그 사람이 그렇게 친절한 척하는 것은 속으로 대가를 기대하기 때문이야."라고 대답할 수 있습니다. 이런 식이라면 여러분은 어떤 증거로도 그의 주장을 반증할 수 없습니다.

포퍼는 바로 이런 식의 접근을 하는 학문은 과학이 아니라고 말했습니다. 그러면서 카를 마르크스의 공산주의와 프로이트의 정신분석을 언급했죠. 두 이론은 어떤 경우에도 나름의 논리를 앞세워 틀리지 않았다고 주장합니다. 비과학인 학문이나 이론은 이 외에도 많습니다. 문학이나 철학, 신학과 종교, 예술, 사회학과 역사가 비과학 영역에 속합니다. 공산주의 이론을 비롯한 이런 학문들은 비과학이라는 포퍼의 선언에 충격을 받지 않습니다. 오히려 "과학? 그게 뭐니? 먹는 거야, 노는 거야?"라고 반문을 하죠. 그러나 정신분석만큼은 다릅니다. 과학 훈련을 받은 의사들과 심리학자들이 관심을 가지기 때문입니다.

비과학이라는 욕 아닌 욕을 먹는 상황에서도 정신분석을 고수하는 이들의 입장은 무엇일까요? 이들은 하나같이 말합니다. 인간의 마음에 자연과학과 동일한 잣대를 들이댈 수는 없다고 말입니다. 물론 인간의 마음도 논리적, 합리적, 이성적으로 접근해야 할 필요가 있으나 경우에 따라서는 다른 접근이 필요하다고 합니다. 인간의 마음에는 때로 모순이나 역설이 적용되는 것처럼 말입니다. 여러분은 어떻게 생각하나요? 다음의 격언이나 속담을 보고 생각해보세요.

"지나친 겸손은 교만이다."

"미운 자식 떡 하나 더 준다."

"겉 다르고 속 다르다."

정신분석에서는 우리의 겉모습과 속마음이 다를 수 있다고 말합니다. 겉으로는 웃고 있어도 속으로는 울 수 있다고 합니다. 아주 겸손한 척하지만 속으로는 상대를 무시할 수도 있고, 정말로 미운 사람한테도 아주 잘 대할 수 있다고 합니다. 여기서 끝이 아닙니다. 이와 반대도 가능하다고 말합니다. 마음이 정말 즐겁기 때문에 웃을 수도 있고, 진짜 겸손하기 때문에 말과 행동도 겸손하게 나올 수 있으며, 정말 좋아하는 사람에게 잘 대하기도 합니다.

헷갈리나요? 간단히 말하면 이래도 맞고, 저래도 맞다는 식인 것이죠. 이런 논리는 어떤 경우에도 반증이 되지 않습니다. 당연히 실험과 연구, 과학을 지향하는 심리학자들의 입장에서는 정신분석이 말도 안

심리학, 나를 치유하다

되는 이론입니다. 하지만 현장에서 심리치료를 하면서 사람들의 속 이야기를 듣는 심리학자들의 입장에서는 충분히 가능한 이론인 것이죠. 실제로 사람들의 마음은 이렇게 양면성이 있으니까요. 오히려 사람의 본질을 제대로 이해할 수 있도록 돕는 좋은 이론이기도 합니다.

이제 정신분석과 과학의 이야기를 접고, 정신분석 자체에 대한 이야기를 해보겠습니다. 정신분석이 이런 모순과 역설을 잘 설명하는 이유는 무의식이라는 핵심 개념 때문입니다. 무의식이란 자신도 모르는 자신의 마음을 의미합니다. 여러분은 어떤가요? 자신의 마음을 다 알고 있다고 생각하나요? 지금은 많은 사람들이 인정하는 개념이지만, 프로이트가 무의식을 이야기했을 때는 달랐습니다. 계몽주의 사조의 영향으로, 인간은 합리적이고 이성적인 존재라고 생각했죠. 그러나 프로이트는 의사로서 수많은 히스테리 환자들을 대하면서 그들의 마음속에 억압된 마음, 즉 무의식이 존재한다는 것을 알았습니다. 자신의 욕구나 감정을 인정받지 못할 때 우리는 그 마음을 억압합니다. 좌절을 견디지 못하고, 마치 그 욕구나 감정이 없었던 것처럼 눌러버립니다.

그런데 무의식은 억압할수록 의식으로 떠오르려고 합니다. 예를 들어 사랑하는 사람과의 이별이 너무 힘들다면 '난 그 사람을 사랑하지 않았고 그 사람도 날 사랑하지 않았어'라고 생각해버리며 당장의 고통을 피하려고 합니다. 하지만 꿈에 그 사람이 자주 나오기도 하고, 실수로 새 애인의 이름을 옛 애인의 이름으로 부르기도 합니다. 더 억압하면 꿈도 안 꾸고 실수도 안 하겠지만 우울이나 불안, 신체의 마비나 감각 기관의 이상 같은 정신장애로 드러나게 됩니다. 무의식은 결코 완벽하게 억압되지 않는 셈이죠.

그래서 초기 정신분석 치료는 억압된 감정을 표현하고, 무의식을 의식으로 떠올리는 '정화catharsis'에 초점을 맞추었습니다. 억눌렸던 감정을 입 밖으로 표현하면 더 이상 정신장애로 표현할 필요가 없으니까요. 실제로 정화를 통해 신체의 마비나 감각 기관의 이상 같은 증상이 감쪽같이 사라지기도 했고, 우울과 불안에서 벗어나기도 했습니다.

하지만 이런 방법이 모든 정신장애에 효과적이지는 않았습니다. 오래된 성격 문제나 대인관계 문제는 한두 번의 정화만으로 해결되지 않았습니다. 사람들이 자기를 미워할 것 같다는 생각에 늘 외톨이로 지내던 사람에게 정화가 큰 변화를 일으키지 못했습니다. 늘 타인에게 의존하는 경우, 지나칠 정도로 완벽을 추구하는 경우, 자기 자신을 너무 사랑해서 타인을 무시하는 경우도 마찬가지였습니다.

이런 사람들을 치료 장면에서 자주 접하면서 프로이트의 정신분석은 한 단계 발전했습니다. 단순히 마음을 의식과 무의식으로 구분하기보다는 성격에 초점을 맞추어서 자아, 초자아, 원초아로 구분했습니다. 자아(독일어 Ich, 영어 I, 라틴어 ego)는 그냥 나라고 생각하면 됩니다. 초자아(독일어 Uber-Ich, 영어 Over-I, 라틴어 superego)는 도덕성이나 양심, 자아 이상입니다. 원초아(독일어 Es, 영어 it, 라틴어 id)는 욕심과 욕구입니다.

심리학, 나를 치유하다

▲ 프로이트의 정신분석에서는 마음을 자아, 초자아, 원초아로 구분했다.

우리(자아)는 늘 원하는 것(원초아)과 해야 하는 것(초자아) 사이에서 고민하고 갈등합니다. 누군가 나를 욕했다면 마음 한편에서는 그 사람을 찾아가 몇 배로 쌍욕을 하면서 갚아주고 싶지만(원초아), 왠지 그러면 안 될 것 같기도 하고 또 그 사람처럼 수준 낮게 맞대응하기 싫다는 마음(초자아)도 있습니다. 한밤중 배가 고파서 마음껏 야식을 즐기고 싶지만(원초아), 다음 날 아침 부은 얼굴이나 늘어난 체중이 걱정되어(초자아) 고민합니다. 상대방에게 사랑을 받고 싶은 마음도 있지만(원초아), 왠지 내가 초라해지는 것 같아 별 관심 없는 척(초자아)하기도 합니다. 이것이 정신분석에서 말하는 마음의 작동 원리입니다.

이런 관점에서 정신장애란 너무나 강렬한 두 마음, 즉 원초아와 초자아 사이에서 자아가 힘을 잃고 균형을 잃을 때 생긴다고 합니다. 말과 행동에 일관성이 떨어지기도 하고, 자기 자신을 지나치게 비난하기도 하며, 자신의 욕구에만 충실해서 막 나가는 삶을 살기도 하는 것이죠. 이런 상태에서 벗어나 건강한 마음을 가지기 위해서는 자아가 힘이 있어야 한다고 말합니다. 그래야 두 마음 사이에서 균형을 잡을 수 있기 때문입니다. 강한 자아는 불안한 상황에서도 섣부르게 행동하지 않고, 욕구가 올라와도 적절하게 통제하며, 자신을 비난하고 싶을 때도 사실관계를 따져가면서 스스로를 보호할 수 있는 힘이 있습니다.

많은 분들이 정신분석에 대해 오해하는 것이 있습니다. 정신분석에서는 어떤 욕구든지 분출하고 표현하는 정화를 최고의 방법으로 여긴다는 것입니다. 그러나 진짜 정신분석은 다릅니다. 유아기적 욕구를 포기하고, 현실을 인정하고 받아들이라고 합니다. 어린 시절 부모에게 사랑받지 못한 마음 때문에 지금 주변에 있는 사람들에게 지나치게 기대하고 실망하거나 상처를 주고 있다면, 과거를 보상받으려 하지 말고 있는 그대로 과거나 자신의 모습을 받아들이라고 합니다. 그것이 건강한 어른의 모습이며, 그래야 자신의 일과 사랑을 제대로 즐기면서 살 수 있다고 합니다.

이를 위해 정신분석에서는 먼저 과거의 경험과 그 안에서 만들어진 무의식을 살펴보려고 합니다. 어떤 분들은 정신분석이 현재의 문제와 고통은 외면한 채, 과거와 무의식의 분석에 집착하게 만든다고 비난합니다. 이에 대해 프로이트는 우리의 마음은 물질과 달라서 분석할수록 통합하는 성질이 있다고 말했습니다. 또한 과거와 무의식이 좋아서 파헤치는 것이 아니라, 많은 사람들이 과거에 묶여 있기 때문에 먼저 그것을 풀어주어야 한다고 말했습니다. 그래야 현재를 제대로 살 수 있으니까요. 의학 훈련을 받았던 프로이트는 의사가 환자의 병에 집중하는 것처럼 치료자는 내담자의 문제(과거)에 집중할 필요가 있다고 판단했을 것입니다.

과거와 무의식을 제대로 이해하고, 자신의 문제를 깨닫고, 그것에서 벗어나는 일이 어디 쉽겠습니까? 그래서 정신분석 치료는 다른 치료에 비해서 기간이 깁니다. 제대로 정신분석을 받을 경우 일주일에 3회씩 진행되기도 합니다. 이렇다 보니 돈 많은 사람들만 받을 수 있는 치료, 귀부인들의 고급 취미라는 비난도 들어야 했습니다. 물론 지금은 많은 치료자들이 다른 상담처럼 주 1회씩 진행하고, 성격 전반을 다 뜯어고치는 것이 아니라 내담자의 시급한 문제에만 초점을 맞추기 때문에 이런 비난은 면하는 편입니다.

비록 과학이라는 기준에서 정신분석이 많은 비판을 받고 있지만, 사람의 마음을 꼭 과학으로만 조명해야 하는지 생각해봅니다. 또 프로이트 입장에서는 억울하겠다는 생각도 듭니다. 프로이트가 정신분석을 창시한 해가 1896년이고, 포퍼가 태어난 해가 1902년입니다. 다시 말해 프로이트는 과학의 현대적 기준이 만들어지기 이전에 나름의 과학적 방법으로 이론을 만들었는데, 과학의 기준이 바뀌어버린 것입니다. 나중에 만들어진 기준으로 이전의 이론을 비판한다면 누가 억울하지 않을 수 있을까요. 어쨌든 프로이트의 정신분석은 누가 뭐라 해도 계속 심리치료 역사의 맨 첫 페이지를 차지할 것입니다.

모든 것은 마음에 달려 있다 – 인지치료

인지치료라고 하니 매우 전문적이고 어렵게 느껴질 수도 있겠지만, 알고 보면 그 원리는 우리에게 낯설지 않습니다. 어린 시절 위인전에서 읽었거나 학교 수업에서 익히 들었던 원효대사의 이야기 때문입니다. 원효대사는 의상대사와 함께 신라 불교에서 빼놓을 수 없는 고승입니다. 《삼국유사》에 따르면 661년 두 분은 당나라로 유학을 가기 위해 함께 길을 떠났습니다. 현재의 충남 당진인 당주항에서 중국으로 가는 배를 기다리다가 날이 어두워지자 쉴 곳을 찾아 헤매던 중 어느 동굴을 발견하고 들어가서 잠을 청했다고 합니다.

한참을 자다가 목이 말라 잠에서 깬 원효대사는 머리맡에 있는 바가지를 들어 물을 들이켰습니다. 비몽사몽 간에 원효대사는 그 물이 아주 달고 시원하다고 생각했습니다.

그런데 다음 날 아침, 눈을 뜬 원효대사는 충격을 받았습니다. 그곳은 그냥 동굴이 아니라 허물어진 무덤이었고, 원효대사가 들었던 바가지는 해골바가지, 맛있게 들이켰던 물은 썩은 물이었으니까요. 그 순간 구토가 올라오더랍니다. 이때 원효대사는 이런 깨달음을 얻었다고 하죠.

심리학, 나를 치유하다

心生則種種法生 心滅則種種法滅
마음이 일어나면 갖가지 법이 일어나고,
마음이 사라지면 갖가지 법이 사라진다.

대부분의 사람이 다음 날 아침 구토를 하면서 얻게 되는 깨달음인 '이제 술을 좀 줄여야겠군'과는 비교할 수 없는 대단한 깨달음 아닙니까? 이 깨달음은 다른 말로는 '일체유심조一切唯心造'라고 합니다. 모든 것은 마음이 만들어낸다, 혹은 마음먹기에 달려 있다는 뜻이죠. 정말 세상만사 마음먹기에 달려 있을까요? 이 말은 노력이나 준비도 없이 "난 무조건 성공할 거야."를 주문처럼 외우면 성공할 수 있다는 뜻은 아니겠죠. 하지만 실패를 겪은 사람이 "난 정말 안 되는 사람인가 봐."라고 생각하는 것과, "이번 실패를 통해 좋은 교훈을 얻었어. 다시 도전할 때는 이 부분을 고려해야지."라고 생각하는 것은 큰 차이를 만들어냅니다. 이 것이 바로 인지치료의 핵심 가정입니다. 다음처럼 요약할 수 있습니다.

A(activating event) → B(belief) → C(consequence)

사람들은 보통 자신에게 일어난 사건(A) 때문에 우울이나 불안 같은 심리적 결과(C)가 생겼다고 생각합니다. 시험에 떨어졌기 때문에 우울하고, 사업에 실패했기 때문에 자신을 비난하며, 사랑하는 사람과 헤어졌기 때문에 죽고 싶다고 생각하죠. 그러나 인지치료자들은 심리적 고통(C)에는 두 가지 원인이 있다고 말합니다. 당연히 일어난 사건(A)도 원인입니다. 그런 사건이 없었다면 결과(C)도 없었을 테니까요. 하지만 이보다 더 직접적인 원인은 생각(B)입니다. 사건이 간접적 원인이라면, 생각은 직접적 원인이라고 할 수 있습니다. 시험 때문에 우울하다면 '나는 시험을 꼭 잘 봐야 해, 시험에 떨어지면 내 인생도 끝이야'라는 생각이, 사업 때문에 자신을 비난한다면 '성공하지 못한 사람은 비난받아 마땅해'라는 생각이, 사랑하는 사람 때문에 죽고 싶다면 '누구에게도 사랑받지 못하는 사람은 살 이유가 없어'라는 생각이 있기 때문입니다.

정신장애도 이런 관점으로 이해할 수 있습니다. 따라서 정신장애의 치료란 자신에게 닥친 사건과 문제를 해석하는 관점과 생각, 즉 인지를 바꾸어주는 것입니다. 그래서 인지치료라고 합니다.

인지치료의 선구자 중 한 명인 아론 벡은 원래 정신분석 훈련을 받은 사람이었습니다. 그런데 우울증을 호소하는 내담자를 치료하면서 정신분석의 한계를 절감하게 되었다고 합니다. 정신분석에 따르면 사람의 무의식에는 공격성이 존재하는데, 이것이 외부로 향하면 타인에 대한 분노와 살인이 되고 내부로 향하면 자신에 대한 비난과 우울, 자살충동이 됩니다. 벡은 어떻게든 내담자들의 무의식에 숨겨진 공격과 분노를 끌어내려고 했지만 쉽지 않았습니다. 시간은 오래 걸렸고, 그럴수록 우울증은 점점 더 심각해졌습니다.

내담자들은 상담 때 자신의 머릿속에 스쳐 가는 비관적인 생각을 벡에게 말하고는 했는데, 무의식에 관심이 있었던 벡은 이들의 생각에 크게 관심을 갖지 않습니다. 그러다가 이후 내담자들의 비관적인 생각을 듣고는 혹시 이것이 원인이 아닐까 생각하고, 이런 생각을 보다 현실에 가깝게 바로잡아주기 시작했습니다. 놀랍게도 내담자들의 우울증이 호전되기 시작했습니다. 이를 계기로 벡은 정신분석을 포기하고, 인지치료라는 자신만의 치료 방법을 확립하게 되었습니다.

인지치료에 대한 오해 중 하나는 비관적이고 부정적인 생각을 버리고 낙관적으로 생각하도록 강요한다는 것입니다. 어떤 분들은 "좋은 것이 좋다는 식으로 생각하라는 거냐?"라고 반문하는데, 그렇지 않습니다. 낙관적이 아니라 현실적으로 생각하라고 말합니다. 우울과 불안은 현실에서 멀어져서, 일어나지도 않은 일에 대해서도 비관적이고 부정적으로 생각하기 때문에 나타납니다. 너무 극단적으로 생각하기도 하며, 다른 사람의 마음을 부정적으로 추측하기도 합니다.

인지치료에서는 현실을 있는 그대로 받아들이라고 말합니다. 시험에 떨어졌다면 당연히 슬픕니다. 사업에 실패해도 그렇고, 사랑하는 사람과 이별해도 속상하고 슬프죠. 그러나 시험에 떨어졌다고 인생이 끝난 것이 아니고, 사업에 실패했다고 비난받아야 하는 것도 아니며, 사랑하는 사람과 헤어졌더라도 살아야 할 이유는 얼마든지 있습니다.

벡과 함께 인지치료의 또 다른 선구자인 알버트 엘리스는 우리를 괴롭히는 생각을 '비합리적 신념'이라고 표현했습니다. 구체적으로는 "~해야 해(should, must, have to)"와 같은 당위적인 생각이나 "절대 안 돼

(never)" 혹은 "항상(always)"과 같은 극단적인 생각이 비합리적이라고 했습니다. 상담을 하다 보니 심리적으로 고통 받는 사람들의 마음에는 '이번 시험에 꼭 붙어야 해' '내 사업은 늘 성공해야 해' '난 결코 버림받아서는 안 돼' 같은 말도 안 되는 비합리적 신념이 있다는 것을 알게 되었습니다. 신이 아닌 이상 어느 누구도 이렇게 당위와 극단을 만족시킬 수 없기 때문에 비합리적이라고 하는 것입니다.

엘리스는 이런 신념을 "~원해(want)"와 같은 소망과 바람으로 바꾸라고 합니다. '이번 시험에 붙으면 좋으련만' '사업에 성공하기를 원해' '버림받지 않기를 바랐는데' 같은 생각은 합리적 신념입니다. 인간의 한계성을 인정하는 말이죠. 당위와 극단이 충족되지 못하면 자기 비난과 타인 비난이 나오고, 이는 지속되는 우울과 불안을 유발합니다. 그러나 소망이 충족되지 못하면 슬픔이 됩니다. 엘리스는 우울과 불안은 비합리적 신념이 만든 비합리적 정서, 슬픔은 합리적 신념이 만든 합리적 정서라고 말합니다. 우울과 불안은 시간이 지나도 잘 사라지지 않으면서 우리의 마음과 몸을 해치지만, 슬픔은 시간이 지나면 자연스럽게 잦아들게 됩니다.

초기의 인지치료는 내담자의 왜곡된 생각을 바꾸는 데 주력했습니다. 생각을 바꾸면 정서도 바뀌고, 그에 따라 행동도 바뀔 수 있기 때문이죠. 하지만 어떤 사람들은 생각을 바꾸기 어려워합니다. 특히 우울증이 심한 사람들은 생각을 바꿀 에너지조차 없습니다. 이럴 경우 인지치료자들은 내담자의 생각보다는 행동 변화를 촉구합니다. 너무 우울해서

심리학, 나를 치유하다

하루에 한 번도 외출을 하지 않는 내담자가 있다면, 하루에 단 5분이라도 산책을 하라고 과제를 내줍니다. 그렇게 꾸준하게 외출을 하다 보면 햇빛도 쬐고, 바람도 쐽니다. 몸을 움직이니 신체 반응도 활발해지죠. 이렇게 행동을 하다 보면 긍정적 정서가 생깁니다. 행동과 정서가 바뀌면 자연스럽게 생각도 바뀌게 됩니다.

이처럼 사람의 인지와 정서, 행동은 매우 밀접하게 움직입니다. 셋 중의 어느 하나만 달리해도 다른 두 가지가 영향을 받죠. 이 때문에 인지치료는 '인지행동치료'나 '인지정서행동치료'라고도 불립니다.

마지막으로 엘리스의 경험 하나를 들려드리죠. 엘리스는 본래 매우 수줍고 불안감이 높으며, 대중 앞에 서거나 여성들에게 말을 거는 것에 대한 공포가 있었습니다. 그는 자신의 이런 문제를 극복하기 위해서 많은 책을 읽었고, 책을 통해서 자신의 문제를 극복하는 나름의 방법을 깨달았습니다. 자신의 문제는 실패와 거절을 두려워하는 것이기 때문에 역설적으로 많은 실패와 거절을 경험하면 이런 문제를 극복할 수 있다고 생각한 것이죠.

19세였던 엘리스는 근처의 식물원으로 가서 지나가는 여성들에게 데이트 제안을 하기로 결심했습니다. 대략 한 달 동안 100명의 여성에게 다가갔습니다. 결과는 어땠을까요? 뜬금없는 제안을 받아들인 여성은 불과 한 명뿐이었습니다. 그런데 그 한 명조차도 약속한 시간에 나타나지 않았다고 하는군요. 비록 헌팅에는 실패했지만, 그는 자신의 두려움을 극복할 수 있었습니다. "나는 거절당하거나 실패하면 안 돼. 그럼 아주 끔찍할 거야."라는 생각을 행동으로 확인해보았더니 생각보다 그렇게 끔찍하지 않았다는 것이죠. 이때부터 엘리스는 타인의 시선을 의식하지 않고 자유롭게 자신의 진짜 인생을 살기 시작했습니다.

인지치료는 우리 자신과 삶을 바라보는 생각과 관점을 바꾸라고 말합니다. 비관적이지도 말고, 근거 없이 낙관적으로 생각하지도 말라고 합니다. 현실적으로 생각하라고 합니다. 우리의 한계를 인정하고 받아들이라고 말합니다. 타인의 시선이나 미래에 대한 두려움에서 벗어나라고 말합니다. 여러분의 생각은 어떻습니까? 얼마나 현실에 근거하고 있나요? 엘리스처럼 지금 길거리로 나가보는 것도 좋겠습니다.

사람이 꽃보다 아름다워 – 인간중심치료

심리적 반발심이라고도 하는 청개구리 심보. 무엇이든 반대로 하다가 결국 엄마의 무덤도 제대로 지키지 못했다는 청개구리 이야기에서 유래했죠. 여러분도 이런 경험이 있었나요? 저 역시 그렇습니다. 초등학교 시절 어쩌다가 공부하려고 책상에 앉았는데 부엌에서 어머니가 "공부 안 하냐?"라고 말하는 순간 공부하고 싶은 마음이 감쪽같이 사라지면서 책상을 박차고 나가서 놀았죠. 그러다가 엄청 혼났습니다. 이런 현상은 비단 아이들에게만 나타나는 것이 아닙니다. 아이들은 마음을 잘 숨기지 못하기 때문에 행동으로 자주 드러내고, 어른들은 숨기는 데 능할 뿐입니다.

인간중심치료에 대해 설명하기 전에 청개구리 심보니, 심리적 반발

심리학, 나를 치유하다

심이니 떠드는 이유가 있습니다. 인간중심치료의 창시자인 칼 로저스는 치료자가 내담자에게 어떤 답이나 조언을 할 필요가 없다고 말했습니다. 만약 내담자가 의존적인 사람이라면 문제가 생길 때마다 치료자에게 찾아올 수 있어서라고 합니다. 상담이란 내담자가 자신의 성장과 치유, 발전을 위해서 치료자에게 일시적으로만 도움을 받는 것이기 때문입니다. 그리고 치료자가 답을 알려줘서는 안 되는 또 다른 이유가 있다고 합니다. 바로 저런 청개구리 심보가 있는 사람이라면, 즉 심리적 반발심이 큰 사람이라면 치료자가 제시하는 좋은 해결책을 거들떠보지도 않고, 오히려 반대로 할 수 있기 때문이라는 것입니다.

그렇다면 어떻게 하라는 말인가요? 로저스는 내담자가 겪고 있는 모든 문제에 대한 답은 내담자 스스로가 가지고 있다고 말합니다. 치료자가 할 일은 그저 내담자가 자신이 가지고 있는 답을 찾도록 도와주는 것이라면서요. 이것이 바로 인간중심치료의 핵심 원리입니다.

인간은 태어날 때 선하게 태어난다는 성선설에 비유되는 로저스의 이런 생각은 성장 배경과 무관하지 않습니다. 본래 로저스의 아버지는 기술자이자 사업가였지만, 로저스가 열두 살 되던 해 도시를 떠나 농장으로 이주했습니다. 로저스는 청소년기를 농장에서 보냈습니다. 도시에서 농촌으로 이사 갔으니 편리한 도시 생활을 그리워했을 것 같지만, 로저스는 농장 생활에 꽤 만족했던 것 같습니다. 그가 처음으로 진학한 대학에서 농업을 전공으로 선택했으니까요.

로저스는 자신의 이론에서 사람을 유기체라고 지칭합니다. 무기물의 반대말인 유기체란 살아 있는 생명체를 의미합니다. 사람은 물론, 동물과 식물까지 포함합니다. 로저스는 모든 유기체는 누가 시키지 않아도 어떤 조건만 주어지면 스스로 성장하고 발전할 수 있다는 것을 어린 시절 농장에서의 경험을 통해 알았습니다. 마치 흙과 물, 태양만 있으면 씨앗에서 싹이 나와 줄기와 잎이 자라고 열매를 맺는 것처럼 사람도 그렇다고 생각했습니다. 농부는 그저 식물이 잘 자라도록 도와주는 역할만 하면 됩니다. 필요하면 좋은 토양을 마련해주고, 때에 맞게 물을 뿌려주고, 햇빛을 잘 받게 해줄 수는 있습니다. 하지만 식물이 어떻게 자라야 하는지에 대해 방법과 정답을 제시할 필요는 없죠.

로저스는 치료자도 마찬가지라고 생각했습니다. 사람의 성장과 발전에 필요한 세 가지만 제시하면 정신장애의 치유와 성장은 내담자의 내면에서 자연스럽게 일어날 것이라고 말입니다. 그 세 가지란 무조건적 긍정적 존중, 공감적 이해, 솔직성입니다.

하나씩 살펴보죠. 무조건적 긍정적 존중이 필요한 것은 사람에게 긍정적 존중의 욕구가 있기 때문입니다. 집에서는 부모에게 사랑받고 싶고 학교에서는 선생님과 친구들에게 인정받고 싶은 마음이죠. 그런데 부모와 사회가 조건적으로만 사랑을 줍니다. 부모는 말을 잘 듣고 동생을 잘 보살피면 사랑을 주겠다고 말하고, 선생님은 공부를 잘하면 인정해주겠다고 말합니다. 친구들 역시 자기들 마음에 들게 행동해야 함께 놀아주겠다고 하니까요.

이런 조건을 충족하기 위해 누구나 애를 씁니다. 음식과 물이 없이 우리 육체가 살아갈 수 없는 것처럼, 사랑이 없다면 우리의 마음이 살 수 없기 때문입니다. 그러다가 조건을 충족하지 못하면 곧바로 사랑과 인정이 사라집니다. 부모는 아이를 미워하고, 선생님도 인정해주지 않고, 친구들은 따돌림을 하죠. 결국 조건적 존중을 해줍니다.

앞서 언급했듯이 유기체인 사람에게도 자신만의 시간표가 있습니다. 자신의 욕구와 감정, 자신이 살고자 하는 삶, 재능과 잠재력이 있죠. 이것은 너무나 고유해서 누구와도 비교할 수 없고, 비교해서도 안 되는 것입니다. 그리고 부모나 사회, 선생님과 친구들 그 누구도 이보다 더 탁월한 방향을 제시해줄 수 없습니다. 하지만 놀랍게도 자신의 욕구가 부모나 사회, 친구들이 제시하는 것과 상충될 때 우리는 과감히 자신의 것을 포기합니다. 너무나 사랑받고 싶고 인정받고 싶기 때문이죠.

로저스는 사람들의 심리적 문제와 갈등, 정신장애의 원인을 바로 여기서 찾습니다. 자신이 원하는 삶을 살지 못하고, 부모나 사회가 원하는 삶을 살기 때문이라고 합니다. 남이 보기에는 제아무리 좋은 직업을 갖고 있고 돈이 많고 좋은 차를 타더라도, 정작 자기 자신은 행복하지 않고 우울하고 불안한 것은 자신이 원하는 삶이 아니기 때문입니다. 그래서 인간중심치료에서는 치료자가 내담자에게 아무런 조건도 제시하지 않고 있는 그대로 긍정적 존중을 해주라고 말합니다.

어떤 부모들은 조건적 존중의 이유가 아이를 위해서라고 주장합니다. 소위 잘나간다는 전문직을 갖도록 하겠다는 일념하에 아이가 원하지도 않는 온갖 활동이나 사교육을 시킵니다. 아이가 너무 힘들어하고 싫어해도 무시합니다. 시간이 지나면 아이도 좋아할 것이라면서 자위합니다. 그러나 과연 그럴까요? 인간중심치료에서는 무엇이 가장 좋은지 아닌지는 자신 이외에는 아무도 판단할 수 없다고 말합니다. 온전히 그 사람의 입장이 되어보지 않고서는 말이죠. 이 때문에 인간중심치료에서는 공감적 이해를 강조합니다.

공감적 이해란 판단이나 평가, 잔소리와는 정반대의 태도입니다. 그의 신발을 신고 그가 갔던 길을 걸으면서 "그럴 수밖에 없었겠구나." "이래서 그랬던 것이구나."하고 인정하고 이해하고 공감하자는 것입니다. 온전히 내담자의 삶을 인정해주고, 그 사람이 원하는 삶을 살도록 도와주는 것입니다. 아이가 힘들어한다면 그 힘든 감정을 있는 그대로 인정해주는 것입니다.

여러분에게 위로가 되는 사람은 누구입니까? 여러분을 신 나게 하는 사람은 누구입니까? 분명 여러분을 평가하고 비판하는 사람은 아닐 것입니다. 어떤 말이나 행동을 하든 있는 그대로 인정해주는 사람, 아니 완벽히 인정해주지는 못하더라도 인정해주려고 애쓰는 사람에게 여러분은 크나큰 신뢰를 느낄 것입니다. 사람은 누구나 공감받고 싶어 하고 이해받고 싶어 하기 때문입니다.

"내가 사랑하는 사람이 잘못된 길로 가도 이해해주고, 무조건
사랑해주라는 말이냐?"

심리학. 나를 치유하다

무조건적 긍정적 존중과 공감적 이해라고 하니, 어떤 분들은 이렇게 항변하고 싶을 것입니다. 그래서 인간중심치료에서는 솔직성을 강조합니다. 내담자가 어떤 상황이든 애정과 관심을 철회하지 않고 판단하지 않으면서 그 입장을 이해하더라도, 상담자는 속이 상하고 화가 날 수 있습니다. 그런 마음을 솔직하게 표현하는 것이 중요합니다.

"앞으로 그렇게 행동하면 당신의 상담을 맡지 않겠다."라고 말하는 것은 조건적 존중입니다. "당신의 그런 행동은 매우 잘못되었다."라고 말하는 것은 판단과 지적입니다. "당신이 어떤 모습이더라도 당신에 대한 애정과 관심은 변함이 없다. 당신 입장에서는 충분히 그럴 수 있다고 생각한다."라고 무조건적 긍정적 존중과 공감적 이해를 표현하면서도 "하지만 당신이 그런 행동과 말을 했다는 것이 나는 매우 속상하다."라고 말할 수 있습니다. 이것이 바로 솔직성입니다.

이 세 가지는 상담 장면뿐 아니라 우리의 일상에서도 충분히 적용할 수 있습니다. 부모가 자녀에게, 남편이 아내에게, 친구가 친구에게 적용할 수 있습니다. 우리가 서로를 비난하거나 정죄, 판단하지 않고 있는 그대로 이해해줄 때 우리는 자신이 가진 최고의 능력을 발휘할 수 있습니다. 더 나아가 학교에서는 교사가 학생에게, 기업에서는 관리자가 직원들에게 적용할 수 있습니다. 제아무리 성적이 중요하고, 성과가 중요하고, 돈이 중요하더라도 사람 자체보다는 중요하지 않으니까요.

로저스는 인생 후반부에 자신의 이론을 이렇게 광범위한 영역에 적용하기 위해 많은 노력과 연구를 진행했습니다. 특히 국제 사회에서 세계 평화를 위해 노력했습니다. 그 공로를 인정받아 1987년에는 노벨평화상 후보에 이름을 올리기도 했죠. 무엇보다 사람을 가장 중요하게 여겼던 로저스. 저는 안치환의 노래 '사람이 꽃보다 아름다워'를 들으면 로저스가 떠오릅니다. 아마 로저스가 생전에 이 노래를 알았다면 매우 좋아하지 않았을까 하는 상상을 해봅니다.

대인관계 연습의 장 – 집단상담

어떤 이들은 중고등학교 시절이 좋았다고 말하지만 저에게는 악몽이었습니다. 공부를 잘하지도 못했지만, 공부 때문은 아니었습니다. 인간관계 때문이었습니다. 한마디로 친구가 없었죠. 제가 학교를 다니던 때에는 요즘처럼 왕따라는 개념도, 친구를 괴롭히는 일도 거의 없었습니다. 그래서 제가 별 탈 없이 학교를 졸업할 수 있었던 것이 아닌가 싶습니다. 요즘 같은 분위기였다면 분명 왕따를 당하고, 돈을 빼앗기고, 친구들에게 얻어맞기까지 했을지도 모릅니다.

고등학교 2학년 때로 기억합니다. 며칠을 고민하다가 아버지에게 학교를 자퇴하고 검정고시를 치르겠다고 말씀드렸습니다. 사실 자퇴를 하고 싶었던 첫 번째 이유는 대인관계였지만, 차마 자세한 이야기는 할 수 없었습니다. 그래서 아버지에게는 별로 관심 없는 과목까지 시험을 위해 공부해야 하는 것이 싫다고만 했습니다. 아버지는 제 이야기를 들으시더니 "학교는 공부만 하는 곳이 아니다. 친구를 사귀고 사람을 배우는 곳이지. 사회에 나가면 인간관계가 가장 중요하니, 꼭 공부 때문은

심리학, 나를 치유하다

아니더라도 인간관계를 배운다고 생각하면서 다녀라."라고 말씀하셨습니다. 저는 할 말이 없었습니다. 아버지 말씀이 맞기 때문이었죠. 하지만 저는 학교에서 인간관계를 배울 수가 없었습니다. 오히려 상처만 받았습니다. 결국 버티고 버틸 수밖에 없었습니다.

사람을 대하는 일은 저에게 너무 어려웠습니다. 지옥 같은 고등학교를 벗어나서 대학에 가면 좀 나아질까 생각했는데, 막상 대학에 가니 더 어렵게 느껴졌습니다. 중고등학교는 좋든 싫든 교실에서 종일 친구들과 함께 있지만 대학은 그렇지 않았습니다. 그래서 더욱 외톨이가 되어 혼자만의 세계에 갇혀 살았죠. 도대체 사람을 어떻게 사귀고, 어떻게 친해지는지 방법을 알 수 없었습니다.

그렇게 시간이 흐르고 흘러 심리학 공부를 하게 되었습니다. 수강신청을 하려는데 '집단상담'이라는 수업이 눈에 띄었습니다. 보통 상담이라고 하면 상담자와 내담자가 일대일로 진행하는 개인상담을 떠올리죠. 저 역시 그랬습니다. '집단으로 상담이 가능할까?' 궁금하기에 얼른 신청했습니다. 총 3시간의 수업 중 1시간은 이론을, 2시간은 팀별로 나누어서 학생상담센터에서 근무하는 상담 선생님들과 함께 집단상담 실습을 했습니다. 대략 10명 정도 되는 사람들이 동그랗게 둘러앉아서 이야기하는 형태가 낯설지는 않았습니다. 조별 발표 준비를 위해, 또 엠티를 가서도 늘 그렇게 앉았으니까요. 그런데 집단 리더의 설명이 흥미로웠습니다.

"집단상담은 자신이 하고 싶은 이야기를 하면 됩니다. 다른 사람의 이야기에 대해서도 저(리더, 상담자)뿐 아니라 누구든지 피드백을 줄 수 있습니다. 그리고 가장 좋은 것은 다들 서로에게 관심을 갖고 솔직하게 피드백을 주는 것입니다. 당장은 상대가 기분 나쁘더라도 결국 도움이 될 수 있거든요. 물론 부정적인 이야기만 할 필요는 없습니다. 칭찬이나 격려 같은 긍정적인 이야기도 좋습니다. 솔직성이 가장 중요합니다."

처음에는 이게 뭐지 싶었습니다. 조별 모임은 발표를 목적으로 하기 때문에, 또 엠티는 서로 친해지려는 목적이 있기 때문에 대화의 방향과 내용이 거의 정해져 있었습니다. 그런데 집단상담에서는 어떤 이야기든 서로 할 수 있고, 또 서로에게 솔직하게 드러내라고 하니까요.

그렇게 시간이 흘렀습니다. 매주 1시간의 이론 수업 덕분에, 집단상담에 대한 적응이 비교적 쉬웠죠. 때로는 어색하기도 했지만, 자신의 이야기를 나누는 집단원들이 하나둘 나오기 시작했습니다. 하루는 어떤 집단원이 어렸을 때 받았던 상처에 대해 이야기했습니다. 그 이야기를 듣고 여러 사람이 공감과 위로를 전했습니다. 그런데 한 사람이 "이해가 안 된다."라고 툭 내뱉었습니다. 이때 리더가 말했습니다.

"그래서 감정이 어떠신가요?"
"속상해요. 저도 저 사람 마음을 이해하고 싶은데 이해가 잘 안 되니까요."

심리학, 나를 치유하다

이 말을 듣고 충격을 받았습니다. 이해가 안 된다는 말이 상대에 대한 비난과 지적이 아니라, 제대로 이해하고 싶어 하는 마음일 수 있음을 알았기 때문이죠. 자기 이야기를 꺼낸 사람도 그 이유를 들은 후 어두웠던 표정이 환해졌습니다. 그리고는 이렇게 말했습니다.

> "저도 제 이야기를 하면서 사람들이 이해할까 싶었는데 어쨌든 공감과 이해를 해주니 좋았어요. 그런데 저분이 이해가 안 된다고 해서 거절당하는 것 같아 속상했는데, 그 이유를 듣고 나니 오히려 더 이해받은 것 같아서 좋아요. 그런데 구체적으로 어느 부분이 이해가 안 되는지 말해주면 좋겠어요."

누군가 어렵게 한 이야기에 대해서 다른 사람이 이해가 안 된다고 말하는 이 상황이 집단 밖에서 일어났다면 아마 두 사람은 서로의 진심을 확인하지도 못하고 갈등이 생겼겠죠. 하지만 집단에서는 달랐습니다. 서로의 마음을 확인할 수 있었고, 또 구체적으로 피드백을 줄 수도 있었습니다. 이런 경험을 하면서 수업 내용이 이해가 되었습니다. 교수님은 집단상담을 통해 대인관계를 연습할 수 있다고 말씀하셨습니다. 보통 사회에서는 앞에서만 친절한 척하고 뒤에서는 욕을 하기 때문에 서로 갈등이 생기고 상처만 남지만, 집단상담에서는 서로에게 솔직한 피드백을 해주기 때문에 진정한 만남과 소통이 가능하다고 하셨습니다. 물론 당장은 갈등이 생길 수 있지만, 집단상담은 약속한 시간에 다시 마주앉아 서로의 마음을 나누어야 하기 때문입니다.

▲ 집단상담의 효과는 개인상담과 비슷하거나 오히려 더 높다.

수업에서 사용했던 교재 《최신 집단정신치료의 이론과 실제》라는 책에서 저자인 어빈 얄롬은 자신이 그동안 개인상담과 집단상담의 효과를 비교한 논문들을 확인한 결과 집단상담의 효과가 개인상담과 비슷하거나 오히려 더 높다는 결론을 얻었다고 했습니다. 개인상담 효과가 집단상담보다 좋았다는 논문은 단 한 건도 발견하지 못했다고 하더군요.

집단상담 수업은 제 인생에서 큰 전환점이 되었습니다. 아주 오랫동안 저를 괴롭혔던 대인관계 문제를 극복할 수 있는 실마리를 발견한 것 같았습니다. 실제로 저는 이때의 집단상담에서도 큰 도움을 얻었고, 이후 여러 집단상담에 참여하면서 대인관계 문제를 극복했습니다. 그래서 얄롬처럼 집단상담의 열렬한 지지자가 되었죠.

집단상담에서는 치료자나 상담자, 그리고 내담자라는 표현보다 리더와 집단원이라는 표현을 더 선호합니다. 전문가 혼자서 여러 사람들을 상담하기보다는 모두가 서로에게 피드백을 줄 수 있기 때문입니다. 다른 말로 하면 모두가 상담자이자 모두가 내담자이기 때문이죠. 물론 필요에 따라 적절히 개입하기도 하고 집단상담이 원활하게 진행될 수 있도록 하는 리더의 역할이 있습니다. 하지만 개인상담처럼 상담자와 내담자의 관계가 일방적이지 않습니다.

집단은 매우 유동적입니다. 무슨 이야기가 나올지, 어떤 갈등이 생길지 알 수가 없습니다. 이는 집단원들이 매우 다양하기 때문인데요, 그래서 얄롬은 집단상담을 '축소된 사회 social microcosm'라고 표현합니다. 세상의 어느 집단이든 나서는 사람이 있고, 주저하는 사람이 있습니다. 말이 많은 사람도 있지만, 말이 적은 사람도 있죠. 늘 웃는 사람이 있고, 늘 찡그리는 사람이 있습니다. 권위적인 사람도 있고, 권위를 아주 싫어하는 사람도 있습니다. 매사 장난스럽게 대하는 사람이 있는가 하면 너무 진지한 사람도 있죠. 놀랍게도 집단상담을 하면 이런 유형의 사람들을 모두 볼 수 있습니다. 마치 누가 유형별로 끼워 맞춘 것 같다는 생각이 들 정도입니다. 이렇게 다양한 사람들이 모여 매주 2시간 정도씩 솔직성을 전제로 이야기를 나누니, 어느 곳에서도 배우기 어려운 대인관계나 의사소통을 배우고 연습할 수 있습니다.

물론 개인상담이 필요한 사람들도 있습니다. 타인 앞에서 자신의 이야기를 공개하기 어려워하거나 집중적으로 다루어야 할 상처가 있는 사람들입니다. 하지만 우리의 상처가 대인관계와 무관하지 않다는 점에서 집단상담은 누구에게나 필요합니다. 특히 개인상담은 시간과 비용 면에서 부담이 됩니다. 그래서 시급한 문제가 아니면 개인상담은 여러모로 아깝습니다. 반면 집단상담은 굳이 내가 이야기를 안 해도 누군가의 이야기에 반응할 수 있습니다. 또 어느 집단이든 내 신경을 거슬리게 하는 사람이 있습니다. 그러니 없던 갈등이 생기기도 합니다. 누군가 상담을 받고 싶다고 할 때 집중적으로 다룰 문제가 있다면 개인상담을 권하지만, 딱히 그런 것이 아니라면 집단상담을 권합니다. 비용 면에서도 개인상담보다는 훨씬 저렴합니다.

상담과 심리치료에 대한 인식이 괜찮은 서구 사회에는 매주 한 번씩 모이는 위클리 집단상담이 많지만, 우리나라는 며칠씩 아침부터 저녁까지 집중적으로 진행하는 마라톤 집단상담이 많습니다. 물론 대학의 학생상담센터 같은 곳에서는 '발표력 향상을 위한 집단상담'처럼 특정 주제가 있는 위클리 집단상담이 있습니다. 하지만 어떤 주제도 정하지 않고, 또 자신이 원하면 원하는 만큼 집단에 참여할 수 있는 위클리 집단상담은 드뭅니다.

그래서 심리학자로 본격적으로 활동하게 되면서 이런 형태의 집단상담을 계속 시도했습니다. 처음에는 진행이 되다가 종결하는 사람만 있고 그 자리를 채우는 사람이 없어서 도중에 끝나기를 여러 차례 반복한 끝에, 2009년 11월부터 지금까지 계속 이어지는 집단상담을 하게 되었습니다. 집단상담에서 충분히 도움을 얻었다고 느끼거나 다른 일정 때문에 종결하는 사람이 있다면, 대기 명단에 있는 사람들이 순서대로 들어오는 방식입니다.

심리학, 나를 치유하다

집단상담의 효과가 뛰어나다는 사실의 증거는 바로 접니다. 중고등학교 시절을 포함해 대략 10년 동안 제대로 된 친구를 사귀지 못했던 제가 지금은 심리학자로 활동하면서 여러 집단상담을 비롯해 다양한 모임과 대중 강연을 소화하고 있으니까요.

굳이 집단상담이라는 틀이 아니어도 좋습니다. 사람이라면 누구나 서로 진심으로 만나고 솔직하게 소통할 수 있는 모임이 필요합니다. 무인도에 혼자 사는 사람이 아니라면 말이죠. 여러분에게는 그런 모임이 있습니까? 가족과 친구, 회사 동료, 혹은 지역 사회에서 만난 사람들끼리 솔직성에 근거한 참만남을 해보는 것은 어떨지요?

프로이트, 색광인가 인간주의자인가

정신분석이라는 뜨거운 감자를 심리학에 던져놓은 지그문트 프로이트. 그에 대한 평가는 극명하게 갈립니다. 영국 브래드포드 대학의 철학자인 프리델 와이너트는 프로이트를 코페르니쿠스, 다윈과 함께 과학사에서 혁명을 일으킨 사람이라고 평가합니다. 세 사람 모두 인간이 가진 자기중심적 사고를 무너뜨렸다고 합니다. 코페르니쿠스는 우주의 중심이 인간(지구)이 아니라 태양이라고 했으며, 다윈은 인간이 만물의 영장이 아니라 원숭이의 후손이라고 했고, 프로이트는 마음의 중심은 이성이 아닌 무의식이라는 것을 밝혀냈기 때문이죠. 또 어떤 이들은 종교 영역에 머물러 있던 인간의 정신장애를 의학과 과학의 영역으로 끌어낸 선구자라고 칭송합니다.

반대 입장도 만만치 않습니다. 정신분석이란 비과학적인 구시대의 유물로, 그가 인간의 모든 행동을 성^{性}과 연관시킨 것은 그 자신이 성에 몰두한 색광^{色狂}이기 때문이라고 합니다. 특히 프로이트가 그의 처제였던 미나 베르나이스와 내연관계에 있었다고 주장합니다. 사실 이 충격적인 주장은 한때 프로이트와 함께 정신분석에 몸담았다가 성에 대한 관점의 차이 때문에 갈라섰던 카를 융이 처음 제기했습니다. 프로이트의 추종자들은 융의 주장이 모략일 뿐이라면서 가능성을 일축해왔지만, 2006년 성탄 전야에 이 주장이 다시 수면 위로 떠올랐습니다. 〈뉴욕 타임스〉 인터넷판은 프로이트와 그의 처제인 미나 베르나이스의 은밀한 관계가 증명되었다는 기사를 실었습니다.

　　이처럼 사후 100년이 되도록 논란이 되고 있는 프로이트는 어떤 사람이었을까요? 1856년 오스트리아에서 출생했습니다. 아버지는 41세, 어머니는 21세로 나이 차이가 엄청났습니다. 어머니가 아버지의 세 번째 아내였기 때문이죠. 프로이트는 그녀의 첫째 아이였으나, 아버지에게는 전처가 낳은 두 아들이 있었습니다. 이런 상황에서 프로이트는 나이 많은 아버지를 두렵게 여겼고, 어머니에게 친밀감을 느꼈다고 합니다. 이런 경험은 오이디푸스 콤플렉스라는 개념으로 남았다고 하네요.

　　프로이트는 유대인이었습니다. 당시 유럽의 반유대주의 때문에 그의 직업 선택은 자유롭지 못했습니다. 결국 그는 공부를 선택해 비엔나 의과대학에 진학했습니다. 1881년 의학 공부를 마친 프로이트는 교수가 되기를 원했지만, 당시에는 학계에서도 유대인을 배척했습니다. 결국 사랑하던 여인 마르타 베르나이스와 결혼하기 위해 개업을 하기로 결정했습니다.

　　병원에서 수련하면서 시작된 환자들과의 만남은 그를 전혀 다른 세상으로 이끌었습니다. 특히 그의 관심을 끌었던 것은 히스테리였습니다. 당시 의사들은 히스테리를 환자의 꾀병으로 치부했습니다. 신경계통의 이상이 의심되지만, 아무리 검사해도 결과가 나오지 않았기 때문이죠. 그래서 의사들은 이들의 입원과 치료를 거부했습니다. 정확히 말하자면 의사들이 해 줄 수 있는 것이 아무것도 없었습니다.

프로이트는 달랐습니다. 히스테리 환자들과 이야기하면서 꾀병이 아니라는 확신을 가졌습니다. 그러던 중 프랑스에서 한 의사가 최면을 통해 히스테리 환자들을 돕는다는 소식을 듣고 그를 찾아가 최면을 배웠습니다.

1886년 비엔나로 돌아와 결혼과 개업을 한 프로이트는 본격적으로 히스테리 환자를 치료하기 시작했습니다. 이 과정을 통해 히스테리의 원인이 무의식에 있음을 확신했죠. 처음에는 최면을 사용했지만, 최면의 한계성을 깨달아 1896년부터 자유연상이라는 나름의 방법을 사용했습니다. 그리고 이해에 프로이트는 처음으로 정신분석이라는 용어를 썼습니다. 이 때문에 정신분석의 시작을 1896년으로 잡고 있습니다.

프로이트가 많은 비난을 받았던 것 중 하나는 성에 대한 이론 때문입니다. 프로이트는 인간의 가장 중요한 추동(욕구)으로 성을 꼽았는데, 이에 대한 주장이 너무나 완고해서 전혀 타협할 줄 몰랐습니다. 그래서 융을 비롯해 알프레드 아들러 같은 동료를 잃었습니다. 이 때문에 엄청난 비난에 시달려야 했고, 한편으로는 아무도 언급하지 않았던 인간의 치부를 용감하게 드러냈다면서 많은 지지자들을 얻기도 했습니다.

성을 중심으로 이론을 발전시키던 그의 심경에 큰 변화를 일으킨 것은 제1차 세계대전입니다. 서로를 죽이고 파괴하는 전쟁은 성으로 설명할 수 없었기 때문입니다. 특히 전쟁에서 자신의 아들이 전사했기에 충격은 더 컸습니다. 프로이트는 전쟁을 겪으면서 기본 추동으로 성과 함께 공격성을 꼽기 시작했습니다.

심리학, 나를 치유하다

성은 생명을 추구하지만, 공격성은 죽음으로 귀결됩니다. 전쟁이 가져온 죽음이라는 주제는 정신분석을 넘어서 프로이트에게 다가오기 시작했습니다. 1920년을 전후로 구개암 진단을 받은 프로이트는 병세가 날로 악화되어 무려 30번이 넘는 수술을 받아야 했습니다. 말로 표현할 수 없는 고통 속에서도 프로이트는 지치지 않고, 정신분석을 수정하고 발전시켰습니다. 1933년 히틀러 정권이 수립되면서 유럽 전역에서 유대인에 대한 본격적인 탄압이 시작되었고, 프로이트는 1938년 영국으로 망명했습니다. 그리고 이듬해 구개암으로 사망했습니다.

프로이트의 삶은 끊임없는 시련의 연속이었다고 해도 과언이 아닙니다. 그럼에도 온갖 시련을 뚫고 정신분석이라는 거대한 이론을 확립한 사람이었습니다. 정신분석을 비과학적이라고 비난하는 심리학자들도 심리치료 이론을 강의할 때는 어김없이 정신분석을 언급합니다. 정신분석이 마음 아픈 사람들을 치료하기 위한 최초의 이론이었기 때문입니다. 이전까지 정신장애로 고통을 받는 사람들은 그저 인류의 쓰레기 정도로 취급을 받았으니까요. 이 때문에 자폐아동의 연구와 치료로 유명했던 브루노 베텔하임은 프로이트를 가리켜 정말 사람을 사랑했던 인간주의자라고 칭송했습니다.

여러분은 어떻게 생각하나요? 프로이트는 인간주의자라는 탈을 쓴 색광인가요, 아니면 색광으로 오해받는 인간주의자인가요? 여러분이 욕을 하든 칭송을 하든 프로이트는 모두 자신에 대한 관심으로 받아들일 것입니다.

4

심리학, 실험과 만나다

: 낯설지만 가장 중요한 심리학

Chapter
01

굴러온 돌이 심리학의 중심에 서다

:생리심리학

"굴러온 돌이 박힌 돌을 빼낸다."라는 속담이 있죠. 생리심리학은 심리학에서 굴러온 돌이라 할 수 있습니다. 초기 심리학에는 존재하지도 않던 분야지만 어느 순간 심리학의 중심이 되었습니다. 인간의 마음과 행동에 대해 과학적으로 접근할 수 있다면 어떤 내용이든 심리학으로 받아들인 결과입니다.

생리심리학은 생물심리학이라고도 합니다. 간혹 생물학과 같다고 생각하는 분도 있겠지만, 다른 점이 있다면 생물학에서는 생물 현상 자체에, 생리심리학에서는 인간의 마음과 행동을 설명하는 데 관심이 있습니다. 다시 말해 생물학에서는 우리 몸에 존재하는 다양한 세포와 그 기능이나 활동에 관심을 갖지만, 생리심리학에서는 사람의 마음과 행동을 설명할 수 있는 신경계(뇌)와 내분비계(호르몬), 유전자 등을 주로 다룹니다.

자전거나 오토바이를 탈 때 헬멧을 꼭 착용하라고 합니다. 야구 선수들도 타석에 들어서기 위해 헬멧을 씁니다. 군인들도 전투 헬멧을 쓰죠. 도대체 왜 헬멧을 쓸까요? 물론 머리를 보호하기 위해서, 더 정확하게 말하자면 머릿속에 있는 뇌를 보호하기 위해서겠죠. 다른 안전장비보다 헬멧을 우선시하는 것은 뇌가 그만큼 중요하다는 것일 텐데, 얼마나 중요하기에 헬멧 착용을 그토록 강조할까요? 실제로 뇌를 본 적도 없고, 뇌는 느껴지지도 않으니 잘 모르겠더라고요.

적어도 심장은 왼쪽 가슴에 손만 대면 느껴지잖아요. 신체의 다른 장기 역시 다양한 방식으로 "나 여기에 있어!"라면서 자신의 존재를 알리죠. 화장실 변기에 앉아서는 더부룩한 아랫배를 움켜잡으며 대장을 느끼고, 과음이나 과식을 한 후에는 뒤틀리는 윗배를 부여잡고 위를 느낍니다. 출발하려는 버스에 올라타기 위해 전력질주를 한 후에는 숨을 헐떡거리면서 허파를 느낍니다.

반면 뇌는 거의 느낄 수가 없습니다. 두통으로 고통 받을 때조차 뇌가 아프다고 말하는 사람은 많지 않죠. 사실 뇌는 머리카락과 두피 아래, 두개골 아래, 그리고 세 겹의 얇은 껍질 아래에 꼭꼭 숨어 있습니다. 마치 자신의 존재를 감추려는 것처럼. 눈에도 보이지 않고 느껴지지도 않는 것을 보호하려고 저렇게나 애를 써야 한다니요.

어느 날 대학병원에 친구 병문안을 갔다가 휠체어에 앉아 있는 환자를 본 적이 있습니다. 뭔가 이상해 보이기는 했는데, 정확히 어디가 불편해서 휠체어에 앉아 있는지 몰랐습니다. 다리가 부러진 것도 아니고, 걸을 수 없을 정도로 나이가 많아 보이지도 않았으니까요. 손과 발은 휠체어에 묶여 있었고, 얼굴 표정의 변화도 크지 않았습니다. 그런데 갑자기 그분의 고개가 아래쪽으로 툭 하고 떨어졌습니다. 고개를 숙이는 느낌이 아니라 매달려 있다가 떨어지는 것처럼 말이죠. 옆에 있던 보호자가 고개를 바로 세워주더군요. 함께 병문안을 갔던 친구가 말했습니다. "저분은 아마 척수가 손상된 것 같아. 우리 친척 누나도 수년 전에 교통사고를 당해서 저렇게 휠체어 신세를 지거든…."

그때 처음으로 알았습니다. 제아무리 튼튼한 근육이 있어도 뇌에서 근육으로 명령을 전달하는 신경계인 척수에 이상이 생기면 튼튼한 근육이 하등 쓸모가 없다는 것을, 그리고 척수와 뇌를 구성하는 신경세포는 다른 세포와 달리 손상이 되면 재생이 되지 않는다는 것을요. 이 때문에 전 세계가 모든 세포로 분화시킬 수 있는 줄기세포 연구에 그토록 매달릴 수밖에 없다는 것도 알게 되었습니다. 줄기세포 연구가 실용화되면 수많은 신경계 손상 환자들이 새 삶을 살 수 있을 테니까요.

그로부터 얼마 지나지 않아 친할머니가 알츠하이머 치매에 걸리셨습니다. 치매가 진행될수록 할머니는 최근의 기억부터 잃기 시작했고, 빠진 기억 사이사이에 나름의 생각과 해석을 채워 넣으며 망상 증세도 보였습니다. 시간이 더 지나니 사람 얼굴도 못 알아보기 시작했습니다. 제가 알던 할머니가 아니었습니다. 말과 행동, 기억과 판단력 등 할머

심리학, 실험과 만나다

니의 모든 특징이 변하는 것 같았습니다. 모든 것이 망가져가고 있는 뇌 때문이었죠.

인류는 오래전부터 인간의 마음(영혼)이 신체의 어디에 있는지 궁금해했습니다. 어떤 사람들은 마음이 장腸에 있다고 생각했습니다. 대표적으로는 일본과 멜라네시아 문화권입니다. 일본에서는 무사(사무라이)들이 억울한 일을 당했을 때 할복을 했는데요. 할복은 단순히 자신의 배를 찌르는 것이 아니라 자신이 얼마나 결백한지 보여주기 위해서 내장이 밖으로 나올 정도로 배를 완전히 가르는 것이었다고 합니다. 자신의 마음과 영혼의 순수함을 보여주려는 시도였죠. 멜라네시아 문화권에서도 사람이 죽으면 영혼이 깃들어 있다고 믿었던 위장을 방부 처리해서 보관했다고 하네요. 영어에서도 감각과 논리를 뛰어넘는 마음과 영혼의 울림인 직감을 "gut feeling(장의 느낌)"이라고 하니, 여러모로 마음과 장은 연관이 되는군요.

이보다 많은 사람들이 인간의 마음은 심장에 있다고 생각했습니다. 지금도 신체에서 마음이 어디에 있는지 가리켜보라고 하면 가슴에 손을 얹는 사람들이 많습니다. 이 때문일까요? 맹세를 하거나 국기에 대한 경례를 할 때 우리는 가슴에 손을 얹습니다. 고대 그리스 철학자 아리스토텔레스 역시 마음이 심장에 있다고 했고, 뇌는 그저 심장에서 나가는 뜨거워진 혈액을 식히는 냉각기 정도로 보았습니다. 영어에서도 심장을 의미하는 'heart'는 마음을 의미하기도 합니다.

의학의 아버지라고 불리는 히포크라테스나 플라톤은 인간의 마음이 뇌에 있다고 주장했으며, 이후 과학이 발전함에 따라 이는 사실로 확인되었습니다. 현대인들은 뇌의 중요성을 인식하면서도, 여전히 심장에 대한 미련을 버리지 못합니다. 그래서 머리는 이성과 합리, 가슴(심장)은 감정과 직관을 맡는다고 구분합니다. 머리로는 이해가 가는데 가슴으로는 와 닿지 않는다는 둥, 가슴은 뜨겁게 머리는 차갑게 하라는 둥의 이야기를 합니다.

왜 마음의 위치를 장이나 심장으로 보는 것일까요? 장과 심장이 우리의 마음 변화와 밀접하게 연관되기 때문입니다. 중요한 시험을 앞두고 긴장하면 가장 먼저 반응하는 신체 기관 중 하나는 장입니다. 그래서 화장실에 들락날락하게 되죠. 또 다른 기관은 심장입니다. 쿵쿵쿵 소리가 들릴 정도로 뛰니까요. 당연히 눈에 보이지 않고 느껴지지도 않는 뇌보다는 이런 장과 심장을 마음과 연관 짓기가 쉬웠을 것입니다.

이참에 확실하게 정리하고 넘어갈 필요가 있겠네요. 장은 그저 우리가 먹은 음식을 통과시킬 뿐이고, 심장은 피를 통과시킬 뿐입니다. 혈액형을 성격과 연관 지을 수 없듯이, 심장을 마음과 연관 지을 수 없습니다. 인간의 마음은 뇌에 있습니다. 이성과 합리, 감정과 직관도 마찬가지고요. 성격은 어떨까요? 뇌에 있습니다. 기억과 지식은요? 뇌에 있습니다. 여러분 주변에 예의 바른 사람이나 꿈과 비전을 갖고 있는 사람이 있나요? 그 사람의 예의 바른 태도와 꿈, 비전은 어디에 있을까요? 역시 뇌에 있습니다. 우리가 중요하게 여기는 대부분이 뇌에 있습니다.

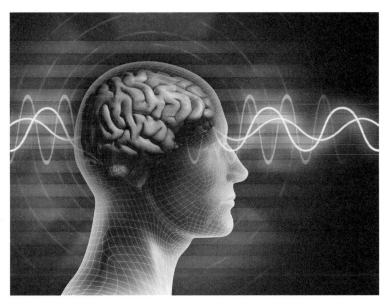

▲ 뇌는 이성과 합리뿐만 아니라 감정과 직관, 성격 등을 담고 있다.

뛰어난 운동선수들의 운동 실력도 뇌에 있고, 음악이나 미술을 하는 예술가들의 창의성도 뇌에 있습니다. 물론 운동선수는 잘 움직이고 잘 달리기 위해 다리 근육이 튼실해야 하고, 음악을 하는 사람들도 악기를 제대로 연주하기 위해 손 근육이 발달해야 하지만, 제아무리 근육이 발달해도 뇌가 망가지면 아무것도 할 수 없습니다. 모든 신체가 뇌의 통제를 받는다고 해도 과언이 아닌 셈이죠.

한 걸음 더 나아가 볼까요? 여러분이 지금 읽고 있는 이 글은 과연 어디로 보는 것일까요? 여러분의 주변에서 나는 소리는 어디로 듣는 것일까요? 지금 들고 있는 책이나 휴대전화의 촉감은 어디로 느끼는 것일까요? 아까 마신 커피의 맛은요? 냄새는요? 그리고 어디로 말하고 있나요? 사람들은 너무도 당연하게 눈으로 보고, 귀로 듣고, 손으로 만지고, 혀로 맛보고, 코로 냄새를 맡고, 입(성대)으로 말한다고 생각합니다. 그러나 실은 뇌로 보고, 뇌로 듣고, 뇌로 만지고, 뇌로 맛보고, 뇌로 냄새를 맡고, 뇌로 말하는 것입니다.

과학자들은 뇌가 멀쩡하지만 안구 이상으로 시력을 잃은 사람들에게 인공 눈을 만들어 넣어서 뇌와 연결하는 프로젝트를 추진하고 있습니다. 고막이 손상된 사람들에게는 인공고막을 넣어주죠. 아직까지는 누구나 이런 혜택을 받을 수는 없지만, 시간이 지나면 충분히 가능하리라 생각합니다.

TV가 발명되었을 때 사람들은 적지 않게 놀랐다고 합니다. 작은 상자 안에 사람들이 들어가 있다고 생각했기 때문이죠. 이제는 우리 모두 알고 있습니다. TV는 그저 방송국의 전파를 받아서 영상을 보여주는 기계일 뿐이라는 사실을요. 물론 TV가 없으면 영상을 볼 수 없지만, TV보다 훨씬 중요한 곳은 방송국입니다. 우리 집의 TV가 고장이 났다고 영상을 못 보는 것은 아닙니다. 방송국이 여전히 영업 중이라면 옆집이나 식당에 가서 TV를 볼 수 있듯이 말이죠.

오디오도 마찬가지입니다. 스피커는 그저 소리를 내는 기계일 뿐, 직접 소리를 담고 있는 음원은 아닙니다. LP판이나 CD가 소리를 내면, 그것을 앰프가 증폭해서 스피커로 내보낼 뿐이죠. 마이크도 소리를 직접 크게 만들지는 못합니다. 마이크에서 받아들인 소리를 앰프가 증폭해야 하죠.

뇌로 보고, 뇌로 듣고, 뇌로 만지고, 뇌로 맛보고, 뇌로 냄새를 맡고, 뇌로 말한다니 아직 잘 믿기지 않을지 모르겠지만, 한 가지 이야기를 더 해보죠. '나'라는 개념, '나'라는 주체는 신체의 어디에 존재할까요? 당연히 이것도 뇌에 있습니다. 그렇다면 나는 뇌이고, 뇌는 나일까요? 사람들은 '나의 뇌'라고 말할지 모르지만, 사실은 그 나가 뇌를 의미하고 뇌에 나라는 개념이 있으니 '뇌의 나'라는 말이 더 맞을지도 모르겠네요. 1.3킬로그램밖에 안 되는 모카빵 크기의 단백질 덩어리가 '나'라니 조금 허무하기도 합니다.

현대 심리학에서 생리심리학은 매우 중요합니다. 뇌에 대해 모르면 심리학자가 아니라고 할 수 있을 정도로 말이죠. 어떤 글을 읽다가 이 사실을 아주 단적으로 보여주는 문장을 발견했습니다.

어떤 연구자들의 예언에 따르면 언젠가 심리학은 생물학의 한 전문 분야가 될 것이다.

저는 이 말에 동의합니다. 뇌는 소우주라고 할 정도로 너무 복잡해서 아직 모르는 것이 훨씬 많지만, 시간이 지나 뇌에 대한 비밀이 밝혀질수록 모든 심리학의 이론과 주장은 뇌과학에 파묻히게 될 것입니다. 그때가 되면 굳이 학교에 와서 지루한 수업을 들을 필요도 없이(어차피 지식이란 뇌에 담기는 것이니까요) 지식을 담고 있는 칩 같은 것을 뇌의 어느 부분에 꽂으면 되겠고, 굳이 상담가에게 찾아와 위로와 공감을 받을 필요가 없이(어차피 마음과 행동의 변화도 뇌에 기인한 것이니까요) 변화를 유발할 수 있는 프로그램이 내장된 칩만 구입하면 되겠죠. 아마 그때도 제가 살아 있다면 저 역시 출판사와 함께 여러분의 뇌에 꽂을 심리학 정보를 담은 칩을 만들지도 모르겠네요.

간땡이가 부은 것이 아니다 – 뇌의 구조

심리학을 공부하기 전에는 뇌가 단순히 대뇌와 소뇌로만 구분되는 줄 알았습니다. 겉으로는 하나의 큰 뇌 아래쪽에 작은 뇌가 보였기 때문이죠. 그러나 외견상으로 보는 것이 아니라 해부학적으로 그 내면을 들여다보면 수많은 구조물이 있습니다. 여러 구조물을 하나씩 다 소개하려면 지면도 부족할뿐더러, 무엇보다 책을 내던질 정도로 너무너무 재미가 없다고 느낄 것 같습니다. 그래서 우리의 일상 경험과 연관된 것들을 중심으로 간단하게만 소개해볼까 합니다.

우선 소뇌를 소개합니다. 저는 소뇌라고 하면 전 피겨 국가대표 김연아 선수가 생각납니다. 흐르는 음악에 맞춘 아름다운 동작, 정교한 손놀림, 팔과 다리의 놀라운 협응 능력은 전 세계의 수많은 사람을 황홀하게 만들었죠. 이런 일을 가능케 한 뇌가 바로 소뇌입니다. 소뇌는 목 바로 위쪽, 뇌에서 보자면 뒤쪽에 위치해 있습니다.

소뇌가 사람의 운동을 관장하는 유일한 부분은 아닙니다. 어떤 행동을 할지 계획을 세우는 것은 대뇌피질에서 하지만, 그 행동이 익숙해질 때까지 연습을 반복하다가 나중에는 자연스럽게 그런 행동을 하도록 만

심리학, 실험과 만나다

드는 것은 소뇌입니다. 지금 노트북으로 글을 쓰고 있는 저도 태어나서 처음으로 컴퓨터 키보드를 쳤을 때는 화면은 쳐다보지도 못했습니다. 키보드에서 원하는 자음과 모음을 찾느라 정신이 없었죠. 그러다가 이상한 영어 문장을 만들기도 했고, 새로운 한국말을 만들어내기도 했습니다. 키보드를 치기 시작한 지 30년이 넘은 지금은 자판은 보지도 않은 채 빠른 속도로, 제 생각을 그대로 화면에 집어넣습니다. 왼손과 오른손 그

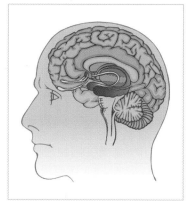

▲ 뇌는 대뇌, 소뇌, 뇌줄기 등 여러 부분이 서로 연결되어 있다.

리고 눈의 협응이 끝내줍니다. 소뇌가 있기 때문에 가능한 일입니다.

김연아 선수에게는 미안한 일이지만 과학 기술이 발달해서 제가 김연아 선수의 소뇌를 복제해다가 제 소뇌 자리에 넣을 수 있다면, 저도 트리플 러츠를 뛸 수 있을까요? 가능합니다. 물론 팔다리 근육이 충분하지 못하고 힘이 없어서 적응 기간이 필요하겠지만 말이죠.

또한 소뇌는 몸의 기억이라고 할 수 있는 절차 기억을 담당합니다. 기억은 크게 언어로 표현 가능한 서술 기억과, 행동으로 표현 가능한 절차 기억으로 구분할 수 있습니다. 일례로 김연아 선수가 저를 책상에 앉혀놓고 판서를 해가면서 트리플 러츠를 뛰는 방법에 대해 강의한다고 생각해보죠. 생각만으로도 기분이 좋아지는군요. 그런데 이런 강의가 가능할까요? 제아무리 김연아 선수라 해도 직접 시범을 보여주는 것이 아

니라 말로 설명하라고 하면 난감해할 것입니다. 왜냐하면 트리플 러츠는 언어를 사용하는 대뇌의 작품이 아니라, 몸을 사용하는 소뇌의 작품이기 때문입니다. 다른 운동도 마찬가지고, 운전도 마찬가지입니다. 그리고 악기를 다루는 일도 동일합니다. 아무리 뛰어난 전문가라도 말로 가르쳐주기는 어렵습니다. 직접 시범을 보여주고, 따라 하라고 하는 것이 훨씬 쉽고 정확하게 배우게 할 수 있는 길이죠.

이처럼 소뇌는 언어가 아닌 몸의 반응을 담당하기 때문에 기억상실증도 비켜갑니다. 크리스토퍼 놀런 감독의 2000년 영화 〈메멘토〉를 보면 기억상실증을 겪는 주인공이 나옵니다. 자신은 누구이고 무엇을 하고 있는지 전혀 기억하지 못합니다. 그러나 운전하는 법이나 전화기를 사용하는 법 등은 여전히 잘 알고 있습니다. 이것은 기억상실증이 언어를 담당하는 대뇌 수준에서만 일어나고, 소뇌 수준에서는 발생하지 않는다는 것을 시사합니다.

그다음은 대뇌 중에서 편도체 이야기를 해보겠습니다. 우리는 보통 겁이 없는 사람을 보고 "간땡이가 부었다." "간이 배 밖으로 나왔다."라고 말합니다. 도대체 왜 겁과 용감함 같은 감정이 간과 연관될까요? 알고 보니 유학의 경전인 《역경》에서 분노하여 화를 내면 간장肝臟이 크게 손상을 입는다고 한 데서 나온 말이라고 하네요.

그러나 현대 과학은 우리의 몸에서 분노나 화 같은 감정을 담당하는 부위가 대뇌의 편도체라고 말합니다. 일례로 쥐의 편도체를 손상하면 고양이 앞에서도 전혀 위축되지 않습니다. 고양이를 이길 수 있다고 생각하기 때문이 아니라, 감정을 느끼는 부분이 없어졌기 때문입니다. 당연히 편도체가 손상되기 전에는 고양이 앞에서 털을 곤두세우고 위축되어 있죠. 이는 단지 쥐에게만 해당하는 이야기는 아닙니다. 원숭이 실험을 통해서도 입증되었던 사실입니다.

미국의 저명한 뇌과학자인 칼 프리브람은 원숭이 8마리를 실험실에서 사육하며 관찰했습니다. 일정 기간이 흐르니 원숭이는 서로 싸우고 견제하면서 자기들끼리 서열을 정했습니다. 서열이 매겨진 상태에서 프리브람은 제일 우두머리의 편도체를 제거하고 원숭이 우리에 넣었습니다. 그랬더니 놀랍게도 서열이 재조정되어 제일 우두머리가 맨 아래 서열로 내려가는 것이 아니겠습니까? 서열이 정해진 다음에도 원숭이들이 끊임없이 서로 싸우기 때문에 가능한 일이었습니다. 결국 2위가 1위로 올라가게 되었습니다. 프리브람은 새로 1위로 올라온(원래 2위) 녀석의 편도체를 제거하고 다시 우리에 넣었습니다. 그랬더니 이제는 이 녀석이 아래로 내려가서 원래 1위와 티격태격하는 것이었습니다. 그리고 원래 3위였던 원숭이가 1위로 등극했습니다.

이처럼 편도체가 손상되면 감정 반응이 줄어듭니다. 그러니 긴장하지도 않고 굳이 싸우려고 하지도 않습니다. 다른 말로 스트레스를 받지 않는다고 할 수도 있죠. 앞으로는 위험한 상황에서도 별 감정 없이 나서는 사람을 보면 간 운운하지 말고 "너 편도체가 손상되었구나."라고 말해야 하지 않을까 싶네요.

▶ H.M.으로 알려진 헨리 몰래슨. 1975년(왼쪽), MIT에서 테스트를 기다리고 있는 모습. 1986년(오른쪽)

편도체는 해마에 딱 붙어 있습니다. 해마는 그 이름이 바다생물과 동일합니다. 생김새도 비슷하죠. 해마는 기억을 담당합니다. 더 정확하게는 잠깐 머물렀다가 사라지는 단기 기억을 영구적으로 저장되는 장기 기억으로 변환한다고 알려져 있습니다.

이 놀라운 사실을 알게 해준 사람은 헨리 몰래슨입니다. 2008년 그가 사망하기 전까지는 사생활 보호를 위해 H.M.으로만 알려졌으나, 그의 사망과 함께 실명이 공개되었습니다. 원래 그는 뇌전증, 즉 간질 발작으로 고통 받던 사람이었습니다. 참고로 간질은 뇌의 한 부분에서 시작된 이상 전기 신호가 뇌 전체를 덮어버리기 때문에 생깁니다. 요즘에는 약물이 발달해서 웬만하면 약물치료를 하지만, 그가 집중적으로 치료를 받던 1950년대는 제대로 된 약물도 없었을뿐더러, 뇌에 대한 정확한 지식이 없는 상태였습니다. 그래서 주치의의 제안으로 이상 전기 신호가 발생한다고 여겨지는 뇌의 한 부분을 제거하기로 했습니다. 마치

심리학, 실험과 만나다

암세포를 제거하듯이 이상 뇌세포를 제거하자는 생각이었죠. 물론 현대의학에서는 상상도 못 할 수술이었지만, 그 당시에는 나름 괜찮은 아이디어였습니다. 딱히 다른 방법이 있는 것도 아니었으니까요.

일단 수술은 성공적으로 끝났습니다. 두개골을 열어서 뇌의 일부를 제거했고, 봉합도 잘 끝났으며, 환자도 의식을 되찾았습니다. 다행히 간질 발작도 현저히 줄었죠. 그런데 예상치 못한 문제가 생겼습니다. 그것은 바로 수술 이후의 일에 대해서는 30초 이상 기억을 유지하지 못하는 것이었습니다. 수술 이전에 만난 사람들은 잘 기억했으나, 수술 이후에 만난 사람과는 통성명을 했음에도 다음 날이면 처음 보는 사람처럼 대했습니다. 수술 이후에 읽은 책도 다음 날이면 그에게는 완전히 새로운 것이었습니다. 이처럼 과거가 아닌 새로운 정보를 기억하지 못하는 것을 순행성(진행성) 기억상실이라고 합니다. 이 때문에 심리학자들과 뇌과학자들은 그를 대상으로 수많은 연구를 진행했고, 결국 해마를 제거했기 때문에 순행성 기억상실에 걸렸다고 결론 내렸습니다.

저는 이 헨리 몰래슨의 사례를 보며 조금 엉뚱한 상상을 해보았습니다. 만약 결혼식 후 신혼여행을 다녀오자마자 해마를 제거하면, 아마 평생 신혼으로 살 수 있지 않을까 하고 말이죠. 물론 아이를 낳아서는 안 될 것 같네요. 아이의 얼굴을 30초 이상 기억하지 못할 테니까요.

해부학적으로 감정을 담당하는 편도체와 단기 기억을 장기 기억으로 변환하는 해마가 붙어 있다는 것은 우리의 일상 경험을 통해서도 알 수 있습니다. 여러분의 경험 중 강렬한 기억으로 남아 있는 것은 무엇인가요? 한번 떠올려보죠. 그 기억에는 감정이 어느 정도 묻어 있습니까? 아마도 상당한 감정이 실려 있을 것입니다. 아주 재미있었거나 아주 무서웠던 경험들은 기억에 오래 남고, 반대로 별 감정이 없었던 경험은 기억에 오래 남지 않습니다. 그래서 저는 오래 기억하고 싶은 것들은 일부러라도 감정을 실으려고 합니다.

마지막으로 한 가지만 더 말씀드리면 후각을 제외한 나머지 감각 정보(시각, 청각, 미각, 촉각)는 시상이라는 뇌의 구조물로 정보를 보냅니다. 후각 정보는 시상이 아닌 편도체로 들어갑니다. 감정을 담당하는 편도체에 냄새가 들어가는 셈이죠. 냄새가 불러일으키는 감정이나 정서는 강렬합니다. 전 세계 향수 시장의 규모는 상상을 초월합니다. 이 사실만으로도 냄새와 정서가 얼마나 밀접한지 알 수 있죠.

게다가 다른 감각 정보는 해석에 따라 정서가 달라지지만, 후각은 그렇지 않습니다. 길을 가다가 저 멀리 똥 같은 것이 보였을 때 불쾌감을 느낀 적이 있을 것입니다. 그런데 가까이 가서 보니 맛있는 소보로 빵이었다면 불쾌감은 금방 사라집니다. 갑자기 다리에 벌레 같은 것이 느껴지면 깜짝 놀라지만, 다시 확인해보니 나뭇잎이 스쳐 지나간 것이라면 안도의 한숨을 쉽니다. 그러나 후각은 좀 다릅니다. 그것이 제아무리 몸에 좋고 맛있는 것이라고 해도 냄새가 싫으면 끝까지 싫어지죠. 우리나라 음식 중에는 청국장이 그렇습니다. 한번 안 좋은 냄새를 맡으면 그 불쾌감 때문에 오랫동안 먹기를 거부합니다.

심리학, 실험과 만나다

이처럼 후각과 정서는 밀접한 연관이 있고, 이는 다시 기억과 연관이 있다고 볼 수 있습니다. 소위 엄마 냄새라거나 고향 냄새라는 것이 있습니다. 어떤 특정한 냄새를 맡으면 그에 따른 기억과 감정이 매우 선명하게 느껴집니다. 이런 모든 것이 결국 우리 뇌에 있는 구조물의 연결 때문인 것입니다.

잠을 자야 뇌가 깨어난다 – 수면

20대 후반 꿈에 그리던 배낭여행을 떠나게 되었습니다. 한 달 정도 유럽으로 떠나는 배낭여행이 아니라 1년 이상 아시아와 유럽을 가로지르는 배낭여행이었습니다. 결과적으로는 체코에서 도둑을 맞는 바람에 계획대로는 되지 않았습니다만, 어쨌든 여행을 준비할 때 여행을 오래 다녀본 사람들에게 이런 조언을 들었습니다. "장기 여행을 잘한다는 것은 얼마나 좋은 것을 구경하느냐가 아니야. 잘 먹고, 잘 싸고, 잘 자는 것, 이 세 가지만 잘하면 돼."

잘 먹고 잘 싸는 것은 당연하다 싶었습니다. 배고프니 먹어야겠고, 먹었으니 배출도 원활해야겠죠. 지금까지 살아오면서 먹는 것과 싸는 것만큼은 잘해왔고, 또 잘할 수 있다는 자신도 있었습니다. 그런데 잘 자야 한다니 처음에는 이해되지 않았습니다. 그동안 살면서 어느 누구도 잠이 중요하다고 알려준 사람이 없었으니까요.

오히려 반대로 제가 가장 많이 들었던 이야기는 잠을 줄이라는 이야기였습니다. 하루에 8시간을 잔다면 하루의 1/3을 잠으로 보내는 것이고, 60세까지 산다면 20년, 요즘은 평균 수명이 늘어서 만약 90세까지 산다면 30년이나 잠 따위로 보내는 것이니 얼마나 시간이 아까우냐는 논리였습니다. 저 역시 그렇게 생각했습니다. 그래서 학창 시절 공부를 위해서 잠을 줄이는 것은 당연하다고 생각했습니다. 그저 잠은 쉬는 시간마다 보충하면 되지, 마음 편히 누워서 편안하게 자면 왠지 잘못하는 것 같은 느낌이 들었습니다.

하지만 장기 여행을 하면서 잠을 잘 자는 것이 얼마나 중요한지 몸소 체험했습니다. 잠자리가 계속 바뀌다 보니, 그리고 가난한 배낭여행자였기에 유스호스텔이나 한국인 민박집을 주 숙소로 삼다 보니 여간 불편한 것이 아니었습니다. 제가 원할 때 불을 끌 수도 없었고, 옆자리에 있는 여행객에게 무조건 조용히 해달라고 말할 수도 없었습니다. 잠을 제대로 자지 못하니 늘 피곤하고 짜증이 났습니다.

시간이 지나 심리학 공부를 본격적으로 시작하면서 수면에 대해 배우게 되었을 때, 저는 정말 깜짝 놀랐습니다. 지금까지 수면에 대해 너무나 잘못 알고 살았기 때문입니다. 공부를 하고 관련 연구를 보면 볼수록 수면이 너무나 중요하다는 사실을 깨달았습니다.

많은 분들이 예전의 저처럼 수면이란 그저 휴식이라고 생각할 것 같습니다. 하루 종일 열심히 몸을 움직이며 일했으니, 편안히 누워서 잠을 잔다고 생각합니다. 하지만 단지 휴식만을 위한 것이라면 잠은 좋은 방법이 아닙니다. 연구 결과에 따르면 잠을 잘 때 사용하는 에너지

　　　　　　　심리학, 실험과 만나다

는 편안히 누워서 책을 볼 때 사용하는 에너지보다 많다고 합니다. 그래서일까요? 잠은 잘수록 더 자게 됩니다. 잠이 오히려 사람을 피곤하게 만들기도 하죠.

또한 사람들은 운동을 많이 한 다음 날에는 아침에 일어나는 것이 쉽지 않다는 경험에 근거해, 지친 몸을 회복하는 것이 잠의 목적이라고 생각합니다. 하지만 연구 결과 수면과 운동 사이의 관련성도 그리 밀접하지 않다고 합니다. 신체 건강한 참가자들을 대상으로 침대에서 쉬게만 하면서 6주를 보내게 한 결과 수면의 변화가 없었음을 발견했습니다. 만약 수면이 피로를 보상해주는 것이라면, 침대에서 쉬기만 한 참가자들은 평소보다 적게 자야 하는 것일 텐데 말이죠. 아마 여러분도 이런 경험은 해보았을 것 같네요. 하는 일 없이 빈둥거리면서 놀아도 잠은 계속 오지 않던가요?

그렇다면 정말 운동이 수면에 영향을 미치지 않을까요? 수면 연구의 대가이자 영국의 심리학자 호른은 운동이 직접 수면에 영향을 미치는 것이 아니라, 운동 때문에 올라간 체온이 수면에 영향을 미친다고 생각해 재미난 실험을 고안했습니다.

실험 참가자 전원에게 러닝머신에서 달리기를 하게 했습니다. 이때 한 집단의 참가자들에게는 선풍기로 시원한 바람을 제공하고 피부에 물을 뿌려주면서 체온의 상승을 막았습니다. 또 다른 집단의 참가자들에게는 아무런 조치도 취하지 않았습니다. 평소처럼 그냥 달리게 했죠. 그 결과 체온이 대략 섭씨 1도 상승했다고 합니다.

러닝머신에서 달린 시간은 동일했습니다. 만약 두 집단에서 수면의 변화가 동일하다면 운동이 수면에 영향을 미친다고 할 수 있고, 그렇지 않다면 수면을 체온과 연관해서 볼 수 있을 것이라고 호른은 생각했습니다. 결과는 어땠을까요? 체온이 올라가지 않은 집단은 수면의 변화가 없었으나, 체온이 올라간 집단은 전체 수면 중에서 서파slow-wave 수면이 더 많아지는 현상이 나타났습니다. 더 정확히 말하면 몸의 온도가 아니라 뇌의 온도가 문제였습니다. 이후 호른은 다른 실험에서 헤어드라이어로 참가자의 머리와 얼굴을 따뜻하게 하여 뇌의 온도를 대략 1도 정도 올렸더니 6명 중 4명의 서파 수면이 증가했다고 합니다.

서파 수면이 무엇이기에 운동을 할 때, 그리고 뇌의 온도(체온)가 올라갈 때 증가할까요? 이를 설명하려면 먼저 심리학자들이 수면을 연구하는 방법을 말씀드려야겠네요. 심리학자들은 수면을 연구하기 위해 뇌파를 측정합니다. 뇌전도라고도 하는 뇌파는 우리의 뇌세포가 전기적 신호를 주고받기 때문에 생기는 현상입니다. 모든 전자제품에서 전자파가 발생하듯 뇌에서도 전자파가 발생한다고 보면 됩니다. 뇌파는 주기에 따라 베타(β, 14~30Hz), 알파(α, 9~13Hz), 세타(θ, 4~8Hz), 델타(δ, 1~3Hz)로 구분합니다.

이 중 베타파와 알파파는 깨어 있을 때 나오는 뇌파인데요, 간단하게 말씀드리면 눈을 뜨고 있거나 활발한 활동을 할 때에는 베타파가 나오고, 눈을 감고 편안한 상태이거나 무언가에 고도로 집중하는 상태일 때에는 알파파가 나옵니다. 그리고 본격적으로 수면에 들어가면 느린 뇌

심리학, 실험과 만나다

파인 세타파와 델타파가 나옵니다. 빠른 뇌파는 뇌의 활동이 활발하다는 것을, 느린 뇌파는 뇌의 활동이 느려졌다는 것을 의미합니다.

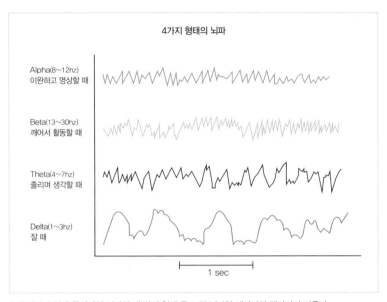

4가지 형태의 뇌파

Alpha(8~12hz)
이완하고 명상할 때

Beta(13~30hz)
깨어서 활동할 때

Theta(4~7hz)
졸리며 생각할 때

Delta(1~3hz)
잘 때

1 sec

우리가 수면에 들어가면 뇌파의 네 가지 형태 중 느린 뇌파인 세타파와 델타파가 나온다.

처음 연구자들은 수면이란 휴식이고, 뇌의 활동이 느려지기 때문에 서파만 나올 것이라 예상했습니다. 그런데 놀랍게도 수면 중 일정 시간 동안에는 빠른 파가 나오는 것이 아니겠습니까? 수면 연구에 참여한 사람들이 잠에서 깼는지 확인해보니 그들은 여전히 잘 자고 있었습니다. 결국 몸은 자는데 뇌는 깨어 있다는 결론을 얻었습니다. 이때 참가자들의 눈을 보니 눈꺼풀 아래서 눈알이 빠르게 돌아가는 것을 관찰할 수 있었고, 이에 근거해 연구자들은 빠른 뇌파가 나오는 수면을 REM 수면이라고 명명했습니다. REM이란 '빠른 안구 운동 rapid eye movement'의 약어입니다. 그리고 서파 수면을 non-REM 수면이라고 합니다. 결국 수면은 non-REM 수면과 REM 수면으로 구분할 수 있는 셈이죠.

수면 연구 결과 non-REM 수면 동안 신체를 회복하는 다양한 호르몬이 분비된다는 것을 발견했습니다. 주로 수면 초기에 일어나는 일입니다. 뇌의 온도가 올라갔을 때 서파 수면이 증가한 것도 바로 이 때문입니다. 그렇다면 수면의 목적이 휴식이라고 할 수 있지 않느냐고 반문할 것 같네요. 안타깝게도 수면의 핵심은 서파 수면이 아니라 REM 수면입니다. 심리학자들은 참가자들의 REM 수면을 박탈하는 실험을 진행했습니다. 참가자들의 뇌파를 측정해 빠른 뇌파가 나오기 직전 참가자를 깨우는 식이었죠. 그랬더니 수면 시간을 충분히 확보했음에도 불구하고 참가자들은 피로함을 호소했을 뿐 아니라, 그 다음 날 편안하게 자게 했을 때에는 REM 수면만 했다고 합니다. 아예 며칠 동안 잠을 못 자게 하면 어떨까요? 이때에도 증가하는 것은 REM 수면이었습니다. 서파 수면은 REM 수면이 충분할 때 나타났습니다. 결국 수면의 핵심은 REM 수면이라는 것이죠.

도대체 REM 수면 시 우리의 뇌는 무엇을 하고 있을까요? 이에 대해 많은 가설들이 있지만, 가장 유력한 가설은 REM 수면이 기억과 사고 과정을 돕는다는 것입니다. 하루 동안에 뇌로 입력된 정보들을 정리해서 나중에 필요할 때 쉽게 찾을 수 있게 한다는 것이죠. 그 증거로 정신

심리학, 실험과 만나다

활동을 많이 하는 직업을 가진 사람이 그렇지 않은 사람보다, 나이가 어린 사람이 나이가 많은 사람보다 REM 수면이 많습니다. 앞서 언급했던 것처럼 REM 수면을 박탈했을 때 기억력과 집중력이 떨어지는 등 우리의 정신 과정에 현격한 저하가 일어났습니다.

학창 시절 선생님으로부터 '공부는 머리로 하는 것이 아니라 엉덩이로 하는 것'이라는 이야기를 자주 들었습니다. 아직도 많은 사람들이 이런 생각으로 잠을 줄이면서 공부에 시간을 투자합니다. 그러나 여러 연구 결과는 수면이 결코 공부의 적敵이 아닐뿐더러 오히려 충분한 수면이 학업을 돕는다는 사실을 보여줍니다.

수면에 대해 알면 알수록 수면이 너무나 중요함을 깨닫게 됩니다. 어린아이들 중에 잠시도 가만히 있지 못하고 '고장 난 발동기'처럼 사방을 뛰어다니는 산만한 아이들이 있습니다. 한 연구에 따르면 이런 아이들의 상당수가 충분한 수면 시간을 확보해준 후에는 산만한 행동이 사라졌습니다. 또 다른 연구에서는 수면이 부족할 경우 우울과 불안에 취약해진다고 합니다. 또한 몸의 대사율이 낮아져서 체중이 느는 것은 물론, 식욕이 증가해서 더 많은 음식을 섭취하기도 한다는군요. 그러고 보면 중고등학생들이 부모님에게 짜증을 내는 이유는 단지 사춘기라서가 아니라 수면 부족 때문이라고도 할 수 있습니다.

사람에게 수면은 일차적, 생리적 욕구입니다. 물론 생리적 욕구에는 성욕과 식욕도 있지만, 이 둘은 수면의 중요성에 비할 바가 못 됩니다.

성과 섭식은 하루나 이틀 정도는 충분히 거를 수 있습니다. 해결하지 못한다고 당장 큰 문제가 오는 것은 아닙니다. 때에 따라 적절하게 조절할 수 있는 여지도 충분합니다. 그러나 수면은 사정이 다릅니다. 단 하루만 걸러도 그 여파가 심상치 않으며 파급 효과도 엄청납니다. 교통사고 중 상당수가 수면 문제 때문에 발생하며, 2교대 근무를 주로 하는 직업군의 암 발병률이 높다는 것은 이미 잘 알려진 사실입니다.

인생을 성공적으로 살기 위해 말 위에서 선잠을 잤다는 나폴레옹이나 하루에 네 시간밖에 자지 않았다는 고 정주영 회장을 모델로 삼을 필요는 없습니다. 이보다 더 많은 사람들은 충분한 잠을 자면서도 성공하고 있으니, 마음 편히 잡시다. 그래야 낮에 뇌가 깨어나 온전한 정신으로 우리의 일상을 잘 살아낼 수 있을 테니까요.

잘못된 뇌 상식

어떤 사람들은 아인슈타인이 뇌를 몇 퍼센트 사용했는데 일반인은 이보다 훨씬 더 적게 사용하고 있다는 식의 이야기를 합니다. 이 주장도 사람마다 달라서 어떤 이들은 3퍼센트 혹은 10퍼센트, 어떤 이들은 20퍼센트라고 주장하죠. 이는 과학적 근거가 없는 속설일 뿐입니다. 우선 뇌의 영역을 가지고 퍼센트를 따지는 것이라면, 사람은 누구든 뇌의 전 영역을 사용하고 있기 때문에 이 말은 설득력이 없습니다. 만약 뇌의 활용도를 가지고 퍼센트를 따지는 것이라면, 인간의 두뇌 활용도의 최고치를 알 수도 없고, 활용도라는 개념 또한 모호하기 때문에 설득력이 없습니다. 물론 인간의 두뇌가 가지고 있는 능력과 용량이 엄청날 테니 열심히 뇌를 활용하라는 의미로 받아들일 수도 있겠지만, 터무니없이 뇌의 몇 퍼센트 운운하는 사람들이 너무 많습니다.

뇌의 주름은 지문이나 손금처럼 사람마다 다르다고 알고 있는 분들이 많습니다. 사람들의 심리적 특성이 다르니 이를 담고 있는 뇌의 모양(주름)도 다를 것이라고 생각하는 것 같습니다. 그러나 뇌의 주름은 사람마다 다르지 않습니다. 독일의 신경학자인 브로드만은 뇌의 주름과 주름 사이의 영역에 번호를 부여했습니다. 의대생들이나 뇌를 연구하는 사람들은 브로드만이 붙여놓은 번호에 근거해서 뇌의 특정 부분을 가리킵니다. 이런 기준이 없다면 뇌를 연구하거나 수술할 때 제대로 된 의사소통이 안 되겠죠.

명절에 친척 집에 가서 어른들에게 인사를 하면서 고개를 숙이면, 어른들은 머리를 쓰다듬어주셨습니다. 그러면서 "넌 앞짱구니까 공부를 잘하겠다." "뒷짱구라서 고집이 센 편이겠구나."와 같은 말씀을 하셨습니다. 잘 몰랐을 때는 정말 그런가 싶었죠. 뇌의 앞부분이 크면 어떻고, 뒷부분이 크면 어떤 특성이 있을 것이라는 생각은 사실 서양에서 오래된 주장이기도 합니다.

18세기 오스트리아의 의사 프란츠 갈은 심리적인 특성이 대뇌에 일정하게 위치하기 때문에, 어떤 부위의 크기는 그곳에 자리 잡은 특성의 발달 정도를 반영한다고 주장했습니다. 이를 '골상학phrenology'이라고 합니다. 분명 우리의 뇌에 온갖 심리적 특성이 자리를 잡은 것은 맞지만, 특정 부위에 국한된 기능은 많지 않으며 이 또한 일차적이고 단순한 기능이 대부분입니다. 공부를 잘하는 것, 고집이 센 것 같은 특성은 인간의 고차적인 정신 기능이라, 특정 부위에만 자리를 잡지 않습니다. 뇌가 전체적으로 반응해야 나타나죠. 게다가 특정 부위의 뇌를 많이 사용해도, 그 부분의 뇌가 더 커지지는 않습니다.

얼마 전부터 '남자의 뇌 여자의 뇌'라고 하면서 남자와 여자의 특성을 뇌로 재미있게 묘사한 그림들이 인터넷에서 돌아다니는 것을 보았습니다. 이 외에도 '직장 상사의 뇌 부하 직원의 뇌' 등 다양한 사람들의 마음을 묘사하는 그림들이 있더군요. 바로 이런 그림들의 기원이 골상학을 주장했던 갈의 아이디어였다는 사실을 아는 분들은 많지 않죠.

심리학, 실험과 만나다

그다음은 뇌 손상에 대한 것입니다. 머리에 충격이 가해지면 뇌가 손상되거나 뇌세포가 죽을까요? 저 역시 어린 시절 친구가 머리를 때리면 너 때문에 뇌세포가 100개가 죽었다느니, 뇌세포는 다시 살아나지 않는다고 하던데 네가 책임져야 한다느니 하며 목소리를 높였던 기억이 납니다.

그러나 뇌는 안팎으로 보호를 받습니다. 아마 사람에게 가장 중요한 곳이기 때문에, 가장 안전하게 보호되고 있는지도 모릅니다. 바깥으로는 머리카락과 두피, 두개골을 비롯해 세 겹의 막이 뇌를 보호하고 있습니다. 그리고 뇌의 안쪽에서는 뇌실이 지탱해주는데요. 뇌실은 뇌척수액이 가득 차 있는 공간이라고 보면 됩니다. 뇌 자체에는 뼈가 없어서 안쪽의 지지대가 없으면 충격에 취약할 수밖에 없죠. 어쨌든 꿀밤을 한두 대 맞았다고 해서 뇌세포가 더 죽는 일은 없습니다.

또 어떤 분들은 머리를 세게 부딪혔을 때 피가 나면 다행이라고 이야기하더군요. 그 이유를 물어보니 밖으로 피가 나지 않으면, 안쪽에서 피가 나기 때문이라고 합니다. 뇌출혈이 일어난다는 것이죠. 그러나 이 역시 잘못된 상식입니다. 밖으로 피가 나는 것은 두피에 있는 혈관이 찢어졌기 때문이고, 뇌출혈은 이와 무관하게 대뇌피질에 있는 뇌혈관에서 피가 나는 것입니다. 같은 혈관이 아니니, 밖에서 피가 난다고 안에서 피가 안 나는 것은 아니죠. 참고로 우리의 뇌는 피가 아닌 뇌척수액으로 둘러싸여 있습니다. 뇌혈관에만 피가 흐르는 것입니다. 그래서 뇌 수술을 하려고 두개골을 열어도 피가 쏟아지지는 않습니다.

Chapter
02

정신 과정을
따라가자

:인지심리학

인지심리학은 인간의 정신 과정을 따라가는 심리학의 하위 분야입니다. 사람이 어떻게 세상을 인식하고, 어떻게 사고하며, 어떻게 판단하는지에 관심을 갖습니다. 심리학이 인식론이라는 철학적 주제를 과학적으로 접근하기 위해 시작된 학문이라는 점에서, 인지심리학은 심리학계의 장자長子나 주류主流라고 할 수 있습니다.

인지심리학에서 다루는 주제는 광범위합니다. 사람의 머리에서 일어나는 모든 것을 다루고 있다고 해도 과언이 아닙니다. 마치 컴퓨터가 외부의 정보를 입력, 저장, 출력하듯이 사람도 그렇게 정보를 처리한다고 가정합니다. 이 관점에서 사람이 처리하는 정보에 관심을 가지죠. 구체적으로는 기억, 사고, 정서, 판단, 추리, 언어 등이 있습니다.

과거와 현재의 징검다리 – 기억

과거의 나와 현재의 나는 같은 '나'일까요, 다른 '나'일까요? 시간이 지나면 피부도 때로 변신해 밀려나가고, 머리카락도 힘없이 땅으로 떨어집니다. 손톱도 일정 기간마다 잘려나가죠. 단지 눈에 보이는 것뿐일까요? 눈에 보이지 않는 우리 신체의 모든 조직도 그렇습니다. 과학자들의 주장에 따르면 원자atom 수준에서 우리의 간은 6주, 피부는 1개월, 위벽은 5일마다 새롭게 생성되며, 영원할 것처럼 보이는 뼈도 3개월마다 새것으로 교체됩니다. 그래서 일 년 전과 지금의 여러분은 물리적으로 98퍼센트나 다르다고 합니다. 하지만 심리적으로는 다르다고 느끼지 않죠. 어떻게 물리적으로는 다른데 심리적으로는 다르지 않을 수 있을까요? 그 비밀은 기억에 있습니다. 기억은 과거와 현재를 연결해주는 징검다리입니다.

여러분에게 기억은 무엇입니까? 어떤 사람들은 과거의 상처받은 기억 때문에 여전히 아파합니다. 물론 과거의 행복했던 기억 때문에 현재의 고통을 이겨내는 사람도 있습니다. 중요한 약속을 깜빡 잊어버리거나 물건을 어디에 두었는지 생각나지 않아 자신의 빈약한 기억력을 탓하는 사람들도 있죠. 드물긴 하지만 어떤 사람들은 과거의 모든 일이 사진처럼 선명히 남아 있어서 고통 받기도 한다네요.

기억은 예나 지금이나 꾸준하게 심리학자들의 관심을 끄는 연구 주제입니다. 도대체 기억이란 무엇인지 알기 위해 심리학자들은 다양한 실험을 진행하고, 이론을 제시했습니다. 그중에서 가장 유력한 이론인 중다저장 모형을 중심으로 살펴봅시다.

중다저장 모형은 기억을 하나의 저장소가 아니라 여러 저장소로 구분할 수 있다고 주장합니다. 여러 저장소를 거치면서 정보를 처리한다고 해서 정보 처리 모형이라고도 합니다. 첫 번째 저장소는 '감각 기억'입니다. 기억이라고 하기에는 너무 짧은 순간만 지속되기에 '감각 등록기'라고도 합니다. 쉽게 생각해서 시각, 청각 등 감각 기관에서 외부의 자극을 받아들여 등록(일시 저장)하는 곳이죠.

오감 중 하나인 시각에 있는 감각 기억에 대해 이야기해볼게요. 여러분은 다른 그림 찾기를 좋아하나요? 얼핏 보면 같아 보이는 두 그림에서 다른 부분을 찾는 것인데요, 여러분은 어떻게 찾나요? 한쪽 그림을 오랫동안 보면서 완벽히 기억한 뒤 다른 쪽 그림을 보면서 찾는 분은 거의 없을 것 같습니다. 방법은 간단합니다. 단지 두 그림 위에서 눈알만 빠른 속도로 굴리면 됩니다. 그러다가 이상하다는 느낌을 주는 곳을 자세히 보면 역시나 다른 그림을 발견할 수 있습니다. 어떻게 이런 일이 가능할까요? 바로 망막에 위치한 감각 기억 덕분입니다.

우리의 안구 뒤편에는 외부의 이미지가 투영되는 망막이 있는데요, 이미지가 망막에 머무는 시간이 대략 0.5초 이하라고 합니다. 이것이 감각 기억입니다. 한쪽 그림의 영상이 사라지기 전에 다른 쪽 그림을 쳐다보면, 망막에 두 그림의 영상이 겹치겠죠. 이때 두 그림 사이에서 다른 부분이 있다면 망막을 다르게 흥분시키고, 우리는 이것을 알아차려서 자세히 쳐다봅니다. 어떤 사람들은 "눈을 크게 뜨고 찾아봐."라고 말하지만 다른 그림을 잘 찾기 위해서 굳이 눈을 크게 뜰 필요는 없습니다. 0.5초 이내로 두 그림을 번갈아 쳐다보기만 하면 나머지는 감각 기억이 알려줄 테니까요.

이렇게 감각 기억으로 들어오는 정보 중 주의를 기울이지 않은 정보는 사라지지만, 주의를 기울인 정보는 단기 기억으로 넘어갑니다. 단기 기억은 대략 20~30초 정도만 유지된다고 해서 붙은 이름입니다. 사실 감각 기억에 비교하면 아주 길지만, 지속 시간의 한계를 측정할 수 없는 장기 기억에 비하면 짧은 편이죠. 단기 기억도 우리의 일상에서 자주 경험합니다. 방금 보거나 들었던 정보를 여러 번 되뇌지 않는다면 잊기가 쉽습니다. 딱 보면 알 것 같지만 20~30초만 지나도 정확하게 회상하기가 어렵죠. 단기 기억의 지속 시간을 넘겼기 때문입니다.

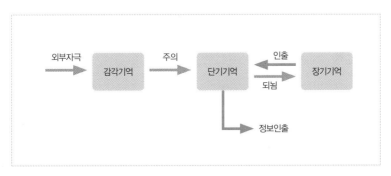

↘ 중다저장 모형에 의하면 기억은 감각 기억에 일시 저장되었다가 단기 기억으로 넘어간 후 이를 되뇌면서 장기 기억으로 저장된다.

단기 기억의 용량은 얼마일까요? 미국 프린스턴 대학의 심리학자 조지 밀러는 1956년 자신의 논문을 통해 단기 기억의 용량이 7±2라고 했습니다. 평균적으로는 7개, 개인차를 고려하면 5~9개 정도라는 것입니다. 밀러는 이를 가리켜 '마법의 수'라고 말했습니다. 마법이라는 표현이 무색하지 않은 이유는 우리가 쉽게 기억해야 하는 거의 모든 정보들이 놀랍게도 5~9개 정도이기 때문입니다.

여러분의 집 전화번호, 휴대전화 번호, 주민번호, 차량 번호, 학번, 여권 번호는 어떻게 되나요? 몇 개의 숫자나 영문으로 이루어져 있는지 보세요. 제 경우를 생각해보면 집 전화번호는 10자리, 휴대전화 번호는 11자리, 주민등록번호는 13자리, 차량 번호는 7자리, 학번은 10자리, 여권 번호는 9자리입니다. 전화번호의 지역번호(031)와 휴대전화 번호의 가입자 식별 번호(010)는 3자리, 주민등록번호의 앞부분 생년월일은 6자리이지만 워낙 익숙해 한 묶음이라고 할 수 있습니다. 학번의 경우 입학년도 4자리, 여권 번호의 경우 여권 발급 지역을 나타내는 앞의 영문 2자리(JR) 역시 한 묶음이라고 할 수 있죠.

이렇게 한 묶음으로 엮을 수 있는 번호들을 '한 자리'로 계산하면 대체로 7~9자리 숫자로 이루어져 있습니다. 단기 기억에서 처리하는 정보의 단위는 항목item이 아닌 청크chunk, 즉 개별 정보의 묶음입니다. 청크를 사용하면 단기 기억의 용량은 얼마든지 증가할 수 있겠죠.

단기 기억으로 들어온 정보가 사라지기 전, 즉 20~30초 이내에 여러 번 되뇌면 비교적 오래 기억에 남습니다. 단기 기억에서 장기 기억으

심리학, 실험과 만나다

로 넘어가기 때문입니다. 연구자들에 따르면 장기 기억의 지속 시간은 영구적입니다. 물론 모든 정보를 생생하게 기억하여 영원히 잊지 않는다는 의미는 아닙니다. 단지 정보들이 사라진다는 증거가 없을 뿐이죠. 왜냐하면 당장에는 기억할 수 없는 정보라도 그것과 관련이 있는 단서를 제시하면 인출이 가능하기 때문입니다. 정말인지 궁금하다면 저와 함께 한 가지 간단한 실험을 해볼까요? 여러분의 초등학교 담임선생님 중 이름이 정확히 떠오르지 않는 분이 있나요? 만약 제가 그 선생님의 이름을 포함해 보기 4개를 제시하고 그중에서 골라보라고 하면 어떨까요? 분명 여러분은 그 선생님의 이름을 골라낼 수 있을 것입니다. 단순히 잘 찍는 것 이상의 비율로 말이죠. 우리의 장기 기억에 선생님의 이름이 저장되어 있기 때문입니다.

또한 장기 기억의 용량은 무제한이라고 합니다. 얼마든지 정보를 집어넣을 수 있다는 소리죠. 학창 시절 머리가 가득 차서 더 이상 공부할 수 없다는 느낌을 받은 적이 있나요? 그러나 그것은 느낌의 문제일 뿐입니다. 더 이상 새로운 정보를 받아들일 수 없을 정도로 머리가 가득 찬 사람은 아무도 없습니다. 그저 정신적 에너지가 고갈되었을 뿐이죠. 에너지를 충전하면 우리는 다시 얼마든지 머릿속에 정보를 넣을 수 있습니다.

이상의 기억 과정을 컴퓨터에 비유해볼게요. 우선 감각 기억은 외부의 정보를 받아들이는 곳이니 키보드나 마이크, 스캐너라고 할 수 있습니다. 단기 기억은 장기 기억으로 들어가기 전에 잠시 정보가 머무는 곳이니 램(RAM, 전원이 끊어지면 정보가 사라지는 휘발성 메모리)이라고 하면 어떨까요? 마지막으로 정보를 영구히 저장할 수 있는 장기 기억은 용량 무제한의 하드디스크(HDD)라고 하면 되겠군요.

마지막으로 장기 기억의 다양한 측면을 설명드릴게요. 심리학자들은 여러 연구를 통해서 장기 기억을 구분했습니다. 한 가지는 언어의 활용 여부에 따라 분류되는 서술 기억과 절차 기억입니다. 어떤 이야기나 지식은 언어로 저장하고 표현할 수 있는 '서술 기억'이라고 합니다. 서술 기억은 다시 두 가지로 구분할 수 있습니다. 이야기를 기억하는 '일화 기억'과 지식을 기억하는 '의미 기억'입니다. 학창 시절 기억에 남는 소풍이나 수련회가 있다면 그때 벌어졌던 사건을 떠올려보세요. 이것이 일화 기억입니다. 그런데 그날이 몇 월 며칠이었고, 무슨 요일이었나요? 잘 떠오르지 않을 겁니다. 개념과 지식은 의미 기억이기 때문입니다. 일화 기억과 의미 기억은 언어를 사용한다는 점에서는 비슷하지만, 서로 독립적인 측면이 있습니다. 그러나 아예 언어를 사용하지 않는 기억도 있습니다. 물건이나 기계를 조작하는 일, 운동 등은 언어가 아닌 몸의 반응을 기억하죠. 이를 가리켜 '절차 기억'이라고 합니다.

또 다른 기억의 구분은 의도적(의식)이냐 비의도적(잠재의식)이냐에 따릅니다. 주의를 기울여 의도적으로 기억하는 '명시(외현) 기억'과 주의를 기울이지 않아도 자동적으로 입력되는 '암묵(내현) 기억'으로 구분합니다. 오랜만에 만난 친구와 수다를 떨고 집에 오는 길, 수다의 내용뿐 아니라 친구가 입었던 옷이나 목소리 톤도 기억에 남습니다. 물론 주의를 기울이지 않은 상태였기에 암묵 기억으로 저장되었고, 따라서 누군가가 "그 친구 무슨 옷 입었어?"라고 물어보면 대답하지 못할 수 있습니다. 그러나 길을 가다가 그 친구와 비슷한 옷을 입은 사람을 보면 '어? 저 옷 어디서 본 것 같은데?'라는 막연한 느낌을 가지게 됩니다. 암묵 기억으로 저장되었기 때문에 일어나는 현상입니다. 이런 암묵 기억으로 데자 부 deja vu를 설명할 수 있습니다. 어디서 본 듯한 느낌. 꿈이나 전생이 아니라 실제로 여러분이 집중하지 않고 보았던 장면일 수 있습니다.

　이상이 인지심리학에서 다루는 기억에 대한 개략적인 내용입니다. 생각보다 꽤 복잡하고 어렵게 느껴져서 기억하기 쉽지 않을 것 같네요. 그렇다면 이것만 기억해주세요.《저는 심리학이 처음인데요》에 보면 기억에 대한 내용이 있다!

같은 사건, 다른 판단 – 정보 처리의 두 방식

2009년 12월 검찰은 곽영욱 전 대한통운 사장으로부터 인사 청탁 명목으로 5만 달러를 받았다며 한명숙 전 총리를 기소하고, 징역 5년에 추징금 5만 달러를 구형했습니다. 그러나 야권은 한 전 총리가 유력한 서울시장 후보라는 점에서 검찰이 '지방선거용 기획 수사'를 벌이고 있다면서 반발했습니다.

　2010년 4월 1심 재판 결과가 나오기 하루 전, 검찰은 한 전 총리의 불법 정치자금 수수 의혹을 수사한다며 한신건영을 압수 수색했습니

다. 많은 사람들이 별건 수사를 통해 뇌물수수 사건 재판에 영향을 미치려고 한다고 비판했죠. 어쨌든 1심 재판부는 한 전 총리에게 무죄를 선고했고, 2012년 1월 2심 재판부도 무죄를 선고했으며, 2013년 3월 대법원은 무죄를 확정지었습니다.

그리고 2010년 7월 검찰이 전 한신건영 대표로부터 9억 원을 받았다며 정치자금법 위반 혐의로 기소하고 징역 4년에 추징금 9억 4천만 원을 구형한 사건에 대해서도, 2011년 10월 1심 재판부는 무죄를 선고했습니다. 이를 두고 언론에서는 검찰이 4:0의 참패를 당했다며 조소 섞인 기사를 내기도 했습니다.

2010년 두 남녀가 한 주점에서 술을 마셨습니다. 남자는 만취한 여자 친구와 모텔로 이동해 그곳에서 낙지를 안주 삼아 또 술을 마셨다고 합니다. 몇 분 후 남자는 모텔 프런트에 전화를 걸어 여자 친구가 숨을 쉬지 못한다고 말했고, 급히 출동한 119의 도움으로 병원으로 옮겼지만 여자는 사망했습니다. 남자는 여자 친구가 낙지를 먹다가 숨을 쉬지 못했다고 증언하면서 이 사건은 단순 사고사로 마무리되는 듯했습니다.

그러나 이 사건이 있기 한 달 전에 여자는 고액의 생명보험에 가입했고, 사건 직전에 수령인을 남자 친구로 바꾼 사실이 드러나면서 남자는 살인 혐의로 기소됐습니다. 1심과 2심 재판부의 의견은 극명하게 달랐는데요, 1심에서는 남자에게 무기징역을, 2심에서는 무죄를 선고했습니다. 그리고 2013년 9월 대법원은 무죄를 선고했죠. 검찰은 살인 혐의로 기소했는데, 법원은 무죄로 판단했습니다.

심리학, 실험과 만나다

검찰과 법원의 판단이 이렇게 극명하게 달라지면 국민들은 혼란에 휩싸입니다. 특히 정치인들이 연루된 사건에서 이런 일이 벌어지면 더욱 그렇습니다. 어떤 이들은 검찰이 무리한 표적 수사를 했다고 합니다. 또 어떤 이들은 법원의 판단이 지나칠 정도로 까다롭다고 불평하기도 합니다. 물론 이런 일을 정치적으로 해석하면 간편하죠. 검찰이 표적 수사를 했고, 법원은 진실을 밝혀주었다는 식으로 말입니다. 그러나 검찰 수뇌부가, 일선 검사가, 심지어 정권이 바뀌어도 이런 일은 반복됩니다. 단지 검찰이 정권의 하수인 노릇을 하기 때문이라고 단정 짓기 어려운 이유입니다.

인지심리학자들은 사람이 외부의 정보를 어떻게 받아들여서 처리하는지, 즉 정보 처리에 대한 연구를 합니다. 그 결과 사람의 정보 처리 방식을 크게 두 가지로 구분할 수 있게 되었습니다. 바로 '상향 처리'와 '하향 처리'입니다.

상향 처리는 자료주도적 처리라고도 하는데, 지식보다는 자료를 중심으로 처리하기 때문입니다. 가능한 선입견이나 고정관념을 버리고 자료 있는 그대로 처리하는 방식을 말합니다. 상향이라고 하는 이유는 자료가 아래에, 우리의 정신이 위에 있다고 보기 때문입니다. 반면 하향 처리는 개념주도적 처리라고도 하는데요, 어떤 생각과 기대를 가지고 자료를 해석하는 것입니다. 자료보다는 지식(개념)에 중심을 두기 때문에 하향이라고 합니다.

일상에서 정보 처리의 두 방식을 적용할 수 있는 예를 들어봅시다. 사람들은 자신이 쓴 글에서 오탈자를 찾기 어려워합니다. 저 역시 책을 낼 때마다 숨어 있는 오탈자를 찾느라 굉장히 신경을 씁니다. 그런데 아무리 여러 번 읽으면서 오탈자를 찾아 고쳐도, 그다음에 다시 읽으면 오탈자가 또 존재하더군요. 마치 누가 장난이라도 치는 것처럼 말입니다. 하지만 이것은 자신이 쓴 글에 대한 지식의 영향을 받아 글을 있는 그대로 보지 못하기 때문에 일어나는 일입니다(하향). 글의 내용에 대해서 익히 알고 있기 때문에, 글을 대충 읽는 셈이죠. 그래서 오탈자는 글을 처음 접하는 사람들이 오히려 잘 찾아냅니다. 글에 대한 이해가 없으므로 글자를 있는 그대로 볼 수 있습니다(상향).

장기나 바둑에서 정작 게임을 하는 사람보다 훈수를 두는 사람이 더 많은 수를 봅니다. 게임을 하는 사람은 상대를 이기려는 목적을 가지고 판을 보기 때문에 판세를 있는 그대로 보지 못합니다(하향). 그러나 훈수를 두는 사람은 그런 목적이 없기 때문에 있는 그대로 판세를 읽을 수 있죠(상향).

심리학자들이 TV에 나와 혈액형별 성격 유형이 과학적으로 아무런 근거가 없는 낭설일 뿐이라고 수없이 이야기해도 많은 사람은 여전히 혈액형 이야기를 즐기고 혈액형으로 사람을 판단하려고 합니다. 지식에 근거해서 외부의 정보를 선별적으로 받아들이기 때문입니다(하향). 마치 상대방의 혈액형이 A형이라는 것을 알면, 그 사람의 여러 행동과 특성 중에 '소심'과 연관된 것들이 더욱 잘 포착되는 식입니다. 사람

심리학, 실험과 만나다

들이 선입견을 잘 버리지 못하
는 이유도 마찬가지입니다. 하
향 처리는 보고 싶은 것만 보는
것입니다.

오른쪽 그림은 무엇일까요?
얼핏 보면 그저 흰 바탕에 다양
한 크기의 검은 점들이 아무렇
게나 찍혀 있는 것처럼 보입니다(상향). 그러나 계속 뚫어지게 쳐다보면
개 한 마리가 땅에 코를 대고 있는 이미지가 보일 수도 있습니다. 한번
이 개를 보게 되면, 이 그림을 볼 때마다 계속 개가 보이게 됩니다(하향).

저는 밤하늘의 별을 볼 때 두 가지 마음이 교차합니다. 어쩌면 저렇
게 아름다운 작은 빛이 하늘에 있을까 싶은 경외심과, 도대체 저 별들이
무슨 모양을 이루고 있다는 건지 이해할 수 없다는 의구심입니다. 여러
번 설명을 들었지만 아무리 봐도 제 눈에는 다양한 밝기의 별들이 그저
흩뿌려져 있는 것(상향)처럼 보이는걸요. 처녀자리니 천칭자리니 하는
별자리(하향)를 보는 사람들이 그저 부러울 따름입니다.

다시 검찰과 법원 이야기로 돌아가 보겠습니다. 검찰과 법원이 동일
한 증거 자료를 토대로 전혀 다르게 판단하는 이유도 정보 처리 측면에
서 설명할 수 있습니다. 먼저 검찰은 의혹을 가지고 수사를 진행합니
다. 누군가의 제보가 수사의 시작이기도 하죠. 다른 말로 검찰은 '죄를
지었을 것'이라는 가정에서 출발하여 수사를 진행합니다. 적어도 검찰

이 수사하는 목적은 정의사회 구현을 위해 범죄를 소탕하는 것이지, 선행을 장려하는 것은 아니기 때문입니다. '죄'라는 기준에서 수사를 하는 검찰은 증거를 있는 그대로 보기가 어렵습니다. 하향 처리를 하는 셈입니다. 이것이 과도해지면 표적 수사, 기획 수사라는 비판을 면하기가 어렵습니다.

법원은 이와 다릅니다. 그 증거 자료가 정말 피고인의 죄를 입증하는지 정확히 판단하기 위해 검찰뿐 아니라 변호인의 입장도 듣습니다. 그리고 두 주장을 모두 고려하면서, 판사는 가급적 아무런 선입견과 배경지식 없이 증거를 있는 그대로 살펴보려고 합니다. 상향 처리를 하는 셈입니다. 죄가 있다고 판단할 수 있는 증거인지 살펴보고, 유죄로 확신할 수 없다면 무죄를 선고합니다.

상향 처리와 하향 처리 중 어느 것이 월등히 낫다고 할 수는 없습니다. 상향 처리는 선입견 없이 정보를 있는 그대로 받아들인다는 장점이 있으나, 시간이 오래 걸린다는 단점이 있습니다. 따라서 많은 정보를 짧은 시간에 처리해야 할 경우 사용하기 어렵죠. 반면 하향 처리는 많은 자료에서 자신의 도식(개념)에 맞는 정보만을 선별적으로 처리하기 때문에 빠르다는 장점이 있으나, 오류의 가능성이 높다는 단점도 있습니다. 자신이 보고 싶은 것만을 보기 때문에 자료를 꼼꼼하게 살피지 못하여 실수를 저지르기 쉽죠. 이것은 검찰의 수사와 기소에는 비교적 시간이 짧게 걸리고, 법원의 판결이 나오기까지는 시간이 오래 걸리는 것과도 무관하지 않아 보입니다.

심리학, 실험과 만나다

상향 처리와 하향 처리는 나이에 따라서도 다릅니다. 어릴수록 아직 세상에 대한 지식과 이해가 적기 때문에 상향 처리를 하는 경우가 많지만, 나이가 들수록 경험이 많아지고 이 경험들을 통해 얻은 지식이 많기 때문에 하향 처리가 비교적 수월합니다. 그래서인지 어린아이들은 기발한 생각을 자주 합니다. 기존의 틀에 얽매이지 않을 수 있기 때문입니다. 어쩌면 얽매일 만한 틀이 없기 때문이기도 하고요.

어른들 중에서도 뛰어난 성과를 보이는 사람들은 중요한 순간 남들이 하지 못하는 생각을 하는 경우가 많습니다. 우리의 눈에 보이는 수많은 물건들은 지금으로부터 100년 전에는 존재하지 않았던 것들이 대부분이죠. 그러나 남들이 하향 처리를 하면서 불가능하다고 외쳤을 때, 상향 처리로 가능성을 보았던 사람들이 결국 만들어냈습니다. 역사의 뛰어난 인물들도 마찬가지입니다. 대부분의 사람들이 관습과 규범에 얽매여 현실을 제대로 직시하지 못할 때 소수의 사람들은 현실을 있는 그대로 보기 시작했습니다. 그 가운데서 수많은 개혁과 혁명, 변화와 발전이 가능했습니다.

이런 면에서 하향 처리는 과거 지향적이고, 상향 처리는 미래 지향적이라고도 할 수 있지 않을까요? 하향 처리의 중심이 되는 개념과 지식은 아무래도 과거의 경험에서 기인하게 되고, 상향 처리의 중심이 되는 자료는 언제나 새롭게 해석되어 기존에 없던 것들을 만들어내는 기회가 될 수 있죠. 여러분은 주로 어떤 방식으로 정보를 처리하나요?

저렴하고 여유롭게 즐기는 방법 – 가용성 발견법

2009년은 개인적으로 바쁜 해였습니다. 새로이 시작한 여러 일 때문이었죠. 제가 일에 빠져 있는 동안 아내는 첫아이 출산과 육아로 심신이 지쳐갔습니다. 그래서 어떻게든 시간을 내서 함께 여행을 떠나기로 결심했습니다. 그런데 가능한 날짜는 추석 연휴밖에 없었습니다. 추석 연휴라면 국내 여행은 아무래도 어려웠습니다. 귀경 행렬에 끼는 것도 힘들고, 딱히 저렴하지도 않았기 때문입니다. 그래서 결국 동남아시아로 여행지를 정했습니다. 아내는 인터넷 검색을 해보더니 말레이시아의 코타키나발루가 좋겠다고 하더군요. 여행사 홈페이지에 들어가서 상품을 고르기 시작했습니다. 결혼 전부터 여행을 좋아했던 아내와 저는 가급적 여행사를 통한 단체 관광은 피하는 쪽이었지만, 이제 두 살도 안 된 아기를 데리고 자유 여행을 하기는 무리였습니다.

그런데 이게 웬일입니까? 추석 연휴라서 당연히 비쌀 것이라고 생각은 했지만, 연휴 1주일 전후에 비해서 무려 세 배나 차이가 났습니다. 왕복 항공료와 숙박비를 포함해 대략 40만 원이던 가격이 연휴 전날부터는 120만 원가량으로 올랐습니다. 달리 방도가 없었습니다. 울며 겨자 먹기로 예약을 위해 여행사에 전화했습니다. 그런데 저희가 골랐던 상품이 바로 직전에 마감되었다는 것입니다. 고민하면서 시간을 끄는 동안, 재빠른 다른 부부가 예약을 한 것이죠. 출발일이 얼마 남지 않아서인지 다른 여행사 상품도 마감이었습니다. 마치 눈앞에서 비행기를 놓

심리학, 실험과 만나다

친 것 같았습니다. 이때 여행사 직원이 이렇게 말했습니다. "손님, 발리는 어떠세요? 발리도 꽤 많이 가는 데다 가격도 저렴해요."

갑작스러운 제안에 썩 내키지는 않았지만, 다른 방도가 없으니 일단 홈페이지에 들어가 보았습니다. 그런데 이게 또 웬일입니까? 추석 연휴인데도 연휴 전에 비해서 전혀 차이가 없었습니다. 혹시 오타가 아닌가 싶어서 다른 여행사 홈페이지에서도 확인을 해보았는데 마찬가지였습니다. 다른 여행사에서도 발리는 비수기 가격이었습니다.

이때 제 머릿속에는 '혹시 인도네시아에 무슨 일이 일어난 것이 아닐까?' 하는 생각이 스쳤습니다. 그리고 바로 검색을 해보았죠. 역시나 일주일 전 인도네시아에서 규모 7.5의 강진이 발생한 것이었습니다. 이 지진으로 인해 수백 명의 사람들이 사망하거나 실종되었습니다. 당연히 인도네시아 여행을 계획했던 사람들의 취소 사태가 벌어졌고, 인도네시아 여행 상품이 다시 비수기 가격으로 내려갔음을 알았습니다.

인도네시아는 세계에서 가장 많은 섬으로 이루어진 나라입니다. 단지 섬이 많은 것을 떠나서 좌우로 길게 늘어서 있습니다. 직선 거리로 따지자면 대략 5,000킬로미터 정도 됩니다. 사람들은 중국이나 호주, 미국이나 러시아 같은 나라만 크다고 생각하는데 인도네시아도 이에 못지않게 큰 나라입니다. 이렇게 큰 나라에 지진이 났다면 어디에서 났는지 확인해볼 필요가 있다고 생각했고, 더 자세히 검색해보았습니다. 지진이 난 곳은 서쪽의 가장 큰 섬인 수마트라였습니다. 발리와는 직선 거리로도 무려 2,000킬로미터나 떨어져 있는 곳이었죠. 옳거니!

저는 아내를 설득했습니다. 발리는 진앙지와 상당히 멀어 크게 위험하지 않고 가격 조건도 좋으니 이 기회를 놓치지 말자고 했습니다. 아내는 제 이야기를 듣더니 좋다고 했습니다.

여행사 홈페이지에서 예약을 하려고 자세히 보니, 인도네시아 국적기인 가루다 인도네시아보다 대한항공이 10만 원 더 비쌌습니다. 제가 알기로는 가루다 인도네시아도 꽤 큰 항공사인데, 왜 이런 가격 차이가 날까 싶어 다시 검색해보았습니다.

2007년 7월 EU가 가루다 인도네시아의 취항을 금지했다는 기사를 발견했습니다. 소위 블랙리스트에 오른 셈이죠. 그로부터 2년이 지난 2009년 7월 취항 금지가 해제되었지만, 여전히 전 세계 사람들의 시선은 따가웠습니다. 제가 예약하는 시점에는 취항 금지가 해제되어 있었습니다. 또 항공 사고라는 게 사람들의 기억 속에는 아주 크게 각인되지만 실제로는 그렇게 위험하지 않습니다. 미국 교통 당국의 통계에 따르면 비행기 사고로 죽을 확률은 0.0009퍼센트인 반면, 자동차를 타다가 죽을 확률은 0.03퍼센트라고 하니 30배 이상 낮은 셈입니다. 굳이 10만 원을 추가할 필요가 없겠다 싶었습니다. 결국 아내와 저는 불과 2주 전에 지진이 난 인도네시아에, 불과 3개월 전에 블랙리스트에서 벗어난 인도네시아 국적기를 타고 가는 발리 여행을 떠났습니다.

더 놀라운 일은 발리에 도착했을 때 일어났습니다. 통역 가이드와 전문 운전기사가 12인승 버스와 함께 우리를 기다리고 있었습니다. 우리

심리학, 실험과 만나다

가 가장 먼저 도착한 팀인가 싶었습니다. 그래서 통역 가이드에게 이번 팀은 몇 명인지 물었는데, 이럴 수가! 우리 가족뿐이랍니다! 이때 첫아이는 두 살이 안 되었을 때라 유류할증료만 추가 부담했기 때문에, 결국 저희 가족은 추석 연휴에 발리로 대략 100만 원이 안 되는 돈을 들여서 편안하게 여행을 즐겼습니다. 어차피 다른 일행이 없었기 때문에 가이드에게 부탁해서 저희가 원하는 일정대로 움직일 수도 있었습니다. 가이드와 기사가 딸린 자유 여행이나 마찬가지였죠.

어떻게 이런 일이 가능할까요? 심리학자들은 문제 해결 방식을 크게 두 가지로 구분했습니다. 하나는 '연산법'이고, 다른 하나는 '발견법'입니다. 연산법이 논리적인 접근법이라면, 발견법은 주먹구구식으로 대처하는 방식입니다.

▲ 항공기 추락 사고로 사망할 확률은 자연임신으로 네 명의 일란성 쌍둥이가 태어날 확률과 비슷하다고 한다.

일례로 오래전에 산 여행용 가방의 비밀번호 네 자리가 생각나지 않을 때 어떻게 하겠습니까? 연산법으로 접근하면 0000부터 9999까지 모든 조합을 적용하게 됩니다. 비록 시간과 노력은 많이 들겠지만, 분명히 답을 찾을 수 있죠. 그러나 많은 사람은 이런 방법을 사용하지 않습니다. 가장 먼저 생각나는 숫자(생일, 전화번호 등)나 대부분의 사람이 사용하는 비밀번호(0000, 1234, 1111 등)를 시도해봅니다. 이렇게 해서는 문제 해결이 보장되지 않지만, 만약 해결이 된다면 아주 효율적인 방법입니다. 가장 먼저 떠오르는 대로 접근하는 것을 '가용성 발견법'이라고 하고, 대부분의 사람들이 사용하는 전형적인 방식으로 접근하는 것을 '대표성 발견법'이라고 합니다.

먼저 대표성 발견법부터 설명을 드리죠. 만약 누군가가 여러분에게 로또 복권을 한 장 사주겠다고 합니다. 대신 다음의 두 번호 목록 중 하나만을 골라야 한다면, 여러분은 어떤 것을 고르겠습니까?

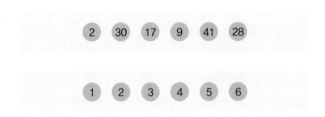

대부분의 사람들은 위의 것을 고를 것입니다. 왜냐하면 숫자들의 조합이 무작위인 것처럼 보여서 그동안 당첨되었던 번호들을 대표하는 것처럼 보이니까요. 그러나 중학교 수학 시간에 선생님 말씀에 귀 기울

심리학, 실험과 만나다

인 분이라면 두 번호가 당첨될 확률은 동일하다는 것을 알 것입니다.

처음 45개의 번호 중 2번(위)이 나올 확률과 1번(아래)이 나올 확률은 동일하고, 2번이 나온 후에 나머지 44개의 번호 중 30번(위)이 나올 확률과 1번이 나온 후에 2번(아래)이 나올 확률도 동일합니다. 이런 식으로 따지면 앞 모음이나 뒷 모음이나 모두 동일합니다. 이런 것을 '독립 시행'이라고 합니다.

만약 우리나라에서 이번 주 로또 1등 당첨 번호가 1번부터 6번까지 순서대로 나왔다고 합시다. 아마 전 세계 언론은 도저히 있을 수 없는 일이 벌어졌다며 토픽이라고 떠들겠죠.

가용성 발견법을 따르면 앞서 언급한 것처럼 지진이 났을 때 논리적으로 따져보지 않고 무조건 여행을 취소하거나, 비행기 사고가 나면 곧바로 항공편을 취소하게 됩니다. 이 외에도 조류독감이 유행하면 닭고기와 오리고기를 먹지 않고, 구제역이 유행하면 돼지고기와 소고기를 먹지 않습니다. 당연하다고 생각되나요? 그렇지 않습니다. 감정적으로 보면 굉장히 위험한 것처럼 지각되지만, 사실 논리적으로 따져본다면 위험도가 크게 증가한 것은 아닙니다. 그런데 사람들은 위험하다는 생각이 먼저 떠오르기 때문에 싼 여행을 가지 못하고, 보다 저렴해진 고기를 먹지 못합니다.

만약 조류독감이 유행한다는 뉴스를 본 후에 여러분 앞에 치킨과 찹쌀떡(혹은 산낙지)이 있다면 무엇을 고르겠습니까? 특별히 선호하는 음식이 있는 것이 아니라면, 많은 사람들이 조류독감의 위험성을 머릿속에 떠올리고는 치킨보다 찹쌀떡(혹은 산낙지)을 집어 들 것입니다. 놀랍게도 조류독감 때문에 치킨을 먹고 죽은 사람은 아직 한 명도 보고되지 않았지만, 수많은 사람들이 찹쌀떡과 산낙지 때문에 죽음을 맛보아야 했습니다.

또 비행기를 타고 지방에 가려고 했던 사람이 전날 비행기 사고 소식을 듣고는 항공편을 취소하고, 직접 자동차를 운전해서 지방에 가는 경우도 많습니다. 비행기보다는 자동차가 더 위험한데도 말이죠. 이 때문에 발견법을 '오류'나 '편향'이라고도 합니다.

여러분도 저처럼 저렴하고 여유 있는 여행을 꿈꾼다면 가용성 발견법을 꼭 기억하길 바랍니다. 그리고 대다수의 사람과 반대로, 또 논리적으로 생각해보기 바랍니다.

창의성, 잘 놀아야 하는 이유

지식과 정보 중심의 세상에서 성공하려면 누가 뭐래도 창의성이 정답입니다. 창의성이라고 하면 많은 분들은 예술가를 떠올립니다. 맞습니다. 예술가에게 창의성은 중요합니다. 그러나 예술가에게만은 아닙니다. 연구 성과를 내야 하는 대학의 교수에게도 창의성은 중요합니다. 기존의 연구를 답습하는 것으로는 학계에서 인정받을 수 없습니다. 수익을 목적으로 하는 기업 입장에서도 창의성은 생명줄입니다. 새로운 아이디어가 회사의 운명을 좌지우지하기도 하죠. 그래서일까요? 교육계는 이미 오래전부터 지식의 소비자가 아닌 지식의 생산자를 길러내겠다면서 창의력 교육에 전력하고 있습니다.

그렇다면 창의성은 무엇일까요? 여러 의미가 있겠지만 무엇보다 창의성은 새롭게 시작하거나 만든다는 의미가 있습니다. 새로운 것을 추구하는 것은 인간 본연의 모습입니다. 인류가 끊임없이 도전하고, 개척하고, 학문과 기술이 발전하며, 문명이 번영한 이유도 바로 이 때문입니다. 창의성이 새롭기만 해서는 안 되겠죠. 이상하거나 괴로우면서 새로운 것도 많으니까요. 당연히 창의성은 새로우면서도 재미나 즐거움 같은 긍정 정서를 유발할 수 있어야 합니다. 즐겁지 않고 재미있지 않다면 억만금이 무슨 소용이겠습니까.

창의성을 키우려면 어떻게 해야 할까요? 놀랍게도 많은 이들이 놀이(play)를 제안합니다. 그 이유는 놀이와 창의성의 공통점에 있습니다. 놀이는 끊임없이 새롭게 발전합니다. 부모와 자녀의 놀이가 다릅니다. 전혀 새로운 놀이가 나오기도 하지만, 같은 놀이더라도 다른 방식으로 변형됩니다. 세대 간에만 그런 것이 아니죠. 같은 놀이더라도 지역마다 다르고, 같은 지역이더라도 사람에 따라 즉석으로 변형됩니다.

무엇보다 놀이는 재미있습니다. 다른 무슨 설명이 필요할까요? 네덜란드의 학자 요한 하위징아는 인간에게 놀이는 본성과 같다면서 '호모 루덴스'라는 표현을 사용했습니다. 놀이하는 인간이라는 의미죠. 누가 가르쳐준 것도 아니고 누가 시킨 것도 아닌데, 시간이 생기고 틈만 나면 사람들은 놀이를 즐깁니다. 아이부터 노인까지 모두들 말입니다. 재미있기 때문입니다.

정보화 사회에서 창의적이라고 일컬어지는 사람들 역시 하나같이 놀이에 주목했습니다. 자신들이 직접 경험했기 때문이죠. 애플의 창업자인 스티브 잡스, 〈아바타〉〈타이타닉〉 등을 제작한 영화감독 제임스 카메론이 대표적입니다. 자신들이 놀이를 좋아했을뿐더러, 한 걸음 더 나아가 자신들처럼 다른 사람들도 즐겁고 재미있을 수 있도록 상상을 현실로 만들어냈습니다. 이것이 바로 창의성의 원동력이었습니다.

어린 시절 들었던 노래 중에 "노세, 노세, 젊어서 노세."라는 가사가 있었습니다. 그때는 이 노래를 들으면서 참으로 한심하다고 생각했죠. 노는 것은 아주 게으르고 나쁘다는 주입식 교육을 받았기 때문일 것입니다. 이솝 우화 〈개미와 베짱이〉 등의 이야기를 통해서, 노는 것을 좋아하면 결국 불행해진다는 교훈을 학습해왔으니까요. 그런데 〈개미와 베짱이〉의 새로운 버전이 나왔다고 그러더군요. 세상이 바뀌어서 개미가 열심히 땀을 흘리며 일할 때 노래하던 베짱이는 인기 가수가 되어서 행복하게 잘 살았지만, 개미는 일만 열심히 하다가 회사의 구조조정 혹은 기계의 자동화 시스템 때문에 일자리를 잃고 불행하게 살게 되었다는 이야기로 말입니다.

무조건 열심히 하고, 시키는 대로 하고, 놀지 않고 하고, 잠도 줄이면서 하고, 남들 하는 대로 하는 것은 산업화 시대의 유물입니다. 공장에서 물건을 대량으로 찍어내기 위해서 근로자들에게 요구했던 것들이죠. 그러나 지금은 세상이 달라졌습니다. 남들과 다른 생각을 할 수 있어야 하고, 새로운 것을 발견해야 합니다. 이를 위해서는 잘 놀 수 있고, 잘 쉴 수 있어야 창의성이라는 보물을 찾아낼 수 있습니다.

물건은 짝퉁이 있어도 창의성은 흉내 낼 수가 없습니다. 진짜 제대로 즐겁게 놀지 못하면 창의성은 요원해집니다. 진짜 창의성을 가지고 싶은가요? 제대로 놀아보세요. 그저 남들 노는 대로 놀지 말고, 나만의 새롭고 즐거운 놀이를 찾아보세요. 어쩌면 이제는 "노세, 노세, 젊어서 노세."를 마음 편히 부를 수 있는 시대가 아닐까 합니다.

Chapter 03

경험을 통해 변화한다

:학습심리학

학습심리학이라고 하니 공부를 잘하게 해주는 심리학 정도로 생각할 수도 있습니다. 그러나 여기서 말하는 학습은 단지 학교의 공부를 의미하는 것이 아닙니다. 경험을 통해 비교적 지속되는 변화를 의미합니다. 사람에게 일어나는 변화는 크게 두 가지 때문입니다. 하나는 유전으로 인해 시간에 따라 발현되는 성숙이고, 다른 하나는 학습입니다. 성숙은 많은 사람들이 보이는 공통적인 현상이지만, 후자는 개인마다 다릅니다. 예를 들어 키가 자라는 것은 성숙이고, 지식이 자라는 것은 학습이죠.

학습심리학에서는 주로 행동주의의 연구 성과를 다룹니다. 대표적으로 고전적 조건 형성과 조작적 조건 형성이 있습니다. 행동주의는 심리학이 과학이 되기 위해서는 인간의 행동만을 연구해야 한다고 주장한 학파였습니다. 학습심리학은 학습이라는 관점에서 마음과 행동을 다루는 내용이지, 심리학에서 하위 분야(전공)가 아닙니다. 학습심리학은 심리학자라면 기본적으로 알아야 할 중요한 원리를 다루고 있기 때문에, 어느 분야에서든 필수 중의 필수 과목입니다.

자동차는 미녀를 좋아해 – 고전적 조건 형성

2010년 10월 전남 영암에서 코리아 그랑프리(F1)가 처음으로 개최되었습니다. 2016년까지 매년 열리게 되는 이 대회는 올림픽, 월드컵과 함께 세계 3대 스포츠로 분류되고 있으며, 단일 대회로는 세계 최대의 스포츠 이벤트라고 할 수 있습니다. 회당 평균 관람객이 20만 명, 연평균 관람객은 400만 명에 달하고, 188개국에 TV로 중계되어 6억 명이 시청하고 있거든요.

전 세계를 돌면서 개최되는 이 대회는 엄청난 취재진과 관람객들을 경기장으로 불러들입니다. 직선 구간에서는 시속 350킬로미터를 훌쩍 뛰어넘는 속도로 달리는 머신(경주용 자동차), 경기 도중 불과 3~4초 만에 타이어를 교체하고 물러서야 하는 정비팀, 그리고 세계적으로 유명한 선수들까지, 그야말로 볼거리로 가득합니다. 하지만 이 모든 것 못지않게 사람들의 시선을 끄는 것이 있으니, 바로 미녀들입니다. 우리나라에서는 레이싱 걸(레이싱 모델)로 불리는 이들이 대회의 주인공은 분명 아니지만, 그랑프리 대회 기간에 가장 주목받는 이들이기도 합니다. 오히려 선수들보다 매체 노출 빈도가 더 높죠.

도대체 이들은 왜 자동차 경주장에 나타나는 것일까요? 레이싱 걸의 기원은 여러 가지가 있는데, 그중에서도 강렬한 햇빛이나 비가 쏟아질 경우 선수들에게 우산을 씌워주기 위해서 존재한다는 주장이 가장 설득력 있다고 하네요. 실제로 미국에서는 이들을 엄브렐라(우산) 걸이라고도 부릅니다. 물론 이들은 스폰서와 팀을 홍보하기 위해 포토 타임을 가지고, 대회의 성공적 개최를 위해 홍보에 나서는 등 여러 가지 역할도 맡고 있습니다. 이들이 뭇 사람들의 시선을 끄는 것은 탁월한 미모와 복장 때문이겠죠. 연예인 못지않은 외모는 물론이거니와 입었다기보다는 가렸다는 표현이 어울릴 정도로 몸매가 훤히 드러나는 복장은 잠시도 눈을 떼기 어렵게 만듭니다. 우산을 씌워주는 것이 과연 본래 목적인가 싶을 정도죠.

레이싱 걸의 활약은 비단 그랑프리 대회에만 국한되지 않습니다. 언제인가부터 모터쇼에도 이들이 나타나기 시작했습니다. 우리나라에서도 1997년에는 서울모터쇼가 세계자동차공업협회(OICA) 공인을 받아 국제모터쇼로 개최되기 시작했는데요, 모터쇼가 진행될 때마다 어떤 이들은 모터쇼인지 모델쇼인지 모르겠다면서 불만 아닌 불만을 터뜨리곤 했습니다. 주로 가족 단위 관람객들이, 그중에서도 아이를 데리고 온 엄마들이 그랬죠. 레이싱 걸의 의상이 너무 민망해서 아이(남편)들과 함께 관람하기에는 불편했기 때문이라고 합니다. 그러나 이런 불만에도 아랑곳없이 주최 측에서는 엄청나게 몰려드는 관객들로 소리 없는 환호성을 지르고, 젊은 남성 관객들은 카메라 플래시를 터뜨리며 환호성을 지릅니다.

자동차와 미녀의 관계는 신차 발표회에서도 등장합니다. 물론 그랑프리 대회나 모터쇼처럼 노출 수위가 높지는 않지만, 미모 하나는 확실합니다. 자동차와 미녀는 도대체 무슨 관계일까요?

심리학, 실험과 만나다

이 둘의 은밀한 관계를 설명해줄 수 있는 실험이 있습니다. 러시아의 생리학자 파블로프는 1904년 개의 소화계통에 대한 연구로 노벨상을 수상했습니다. 이 때문에 그의 실험실에는 늘 개가 있었죠. 소화계통 연구를 위해 개의 침이 필요했기 때문입니다. 그는 개를 장치에 묶어놓고 침샘에 호스를 꽂아서 침을 밖으로 빼냈습니다. 개가 움직이면 호스가 빠지기 때문에 움직이지 못하도록 틀에 고정해놓았습니다. 연구자는 시간마다 개에게 밥상을 차려주었습니다. 당연히 밥상을 받은 개는 침을 흘리면서 맛있게 밥을 먹었고, 연구자들은 호스를 통하여 흘러내리는 침을 확인할 수 있었습니다.

▲ 파블로프가 연구자들과 함께 실험을 진행하는 모습

그런데 어느 날 개밥을 담당하는 연구자가 개 앞을 지나가는데, 이 개가 먹이를 갖다 줄 때처럼 침을 흘리고 있는 것이 아니겠어요? 저 같았으면 그냥 '이 개가 날 밥으로 보나. 에이 짜증 나!'라고 생각했을 텐데, 그 연구자는 "왜 먹이를 가져다주지 않았는데도, 먹이를 가져다줄 때처럼 침을 흘리는 것일까?"라는 의문을 품었습니다.

결국 이것을 계기로 파블로프는 한 가지 가설을 세우게 됩니다. 평소 개에게 먹이를 가져다줄 때 발소리에 반응하는 신경세포와 먹이를 담당하는 신경세포 사이에 연결이 이루어져서 침을 흘리는 것이라고 생각한 것이죠. 이를 증명하기 위해 실험을 진행하기로 했습니다. 원래 상황에서는 발소리였지만, 이를 대체할 만한 확실한 소리 자극으로 종소리를 선택했습니다.

먼저 개에게 종소리를 들려주었습니다. 개는 아무런 반응을 보이지 않았습니다. 그다음은 개에게 먹이를 주었습니다. 예상할 수 있듯이 개는 먹이를 보더니 침을 흘렸습니다. 그다음은 종소리를 들려준 직후에 먹이를 주었습니다. 개는 또 침을 흘렸습니다. 파블로프는 종소리와 함께 먹이 주기를 수차례 반복했고, 그때마다 개는 침을 흘렸습니다. 그러다가 파블로프는 먹이 없이 종소리만 들려주었습니다. 결과는 놀라웠습니다. 개는 침을 흘렸습니다. 이를 정리하면 다음과 같습니다.

종소리 → 무반응

먹이 → 침

종소리 + 먹이 → 침(반복)

종소리 → 침

심리학, 실험과 만나다

우리가 앞에서 살펴보고 있었던 자동차와 미녀와의 관계도 역시 이런 원리입니다. 처음의 자동차는 종소리처럼 반응을 일으키지 않는 자극이었습니다. 개가 먹이에 대해서 침을 흘리는 반응을 하듯이, 관객들은 미녀를 보고 즐거움을 느낍니다. 개에게 종소리와 먹이를 반복적으로 짝지어주니 결국 종소리를 듣고 침을 흘렸듯이, 사람들은 자동차와 반복적으로 짝지어진 미녀 때문에 결국 자동차를 보기만 해도 즐거움을 느낀다는 것입니다. 두 자극이 '연합'된 것이죠.

예전과 달리 요즘 자동차는 매끈한 디자인과 새로 개발한 최첨단 엔진, 최고급 마감재로 내부를 꾸며 관객들의 호감을 끌어내고 있습니다. 하지만 이것만으로 충분한 즐거움을 줄 수는 없습니다. 그런데 자동차의 목적은 보는 것이 아니라 타는 것이니 직접 운전해보지 않고서는 알 수 없죠. 자동차 대리점에 가보면 시승이라도 할 수 있지만, 모터쇼 같은 곳에서는 불가능합니다. 따라서 자동차 옆에 늘씬한 미녀들을 세워 둠으로써 그녀들의 이미지를 자동차와 연합하는 전략을 사용하기 시작한 것입니다. 그랑프리 대회도 마찬가지입니다. 대회를 지속하기 위해서는 스폰서의 홍보가 제일 중요합니다. 광고 효과 때문에 후원을 하니까요. 이를 위해서 스폰서와 그녀들의 이미지를 연합하는 전략을 사용하는 것입니다.

그렇다면 왜 미녀냐고요? 자동차에 관심 있는 주요 대상은 남자들이기 때문입니다. 만약 세상이 바뀌어서 남자들보다 여자들이 자동차의 주 고객층이 된다면, 소위 몸짱인 근육질의 남자들이 자동차에 올라타고 있을지도 모르겠네요. 몸짱의 남자가 자동차 위에 올라가는 것은 그리 보기 좋지 않으니, 자동차를 들고 있거나 자동차를 밀고 다닐지도 모를 일이고요. 상상만으로도 재미있습니다.

파블로프의 실험에서처럼 두 자극(종소리와 먹이)을 연합하는 절차를 '고전적 조건 형성'이라고 합니다. 자동차와 미녀의 관계를 개의 입장으로 설명하니 이상한가요? 그런데 우리 주변에는 이런 원리를 이용한 것이 너무나 많습니다. 대표적인 것이 광고입니다. 광고에서는 새로 나온 상품, 그러니까 아무런 반응(좋거나 나쁨)을 일으키지 않는 중성 자극을, 좋은 이미지를 가지고 있는 다른 자극(연예인, 운동선수 등)과 함께 반복적으로 제시합니다. 그러면서 연예인이나 운동선수가 가지고 있는 좋은 이미지를 새로 나온 상품과 연합하는 전략을 취하죠. 연합의 원리가 얼마나 강력한지는 인기 있는 연예인의 CF 모델료만 봐도 알 수 있습니다.

우리가 늘 사용하는 돈도 마찬가지입니다. 어린아이들에게 돈과 달콤한 사탕을 연합시키기 전까지는 돈을 우습게 봅니다. 귀찮아한다는 것이 더 맞는 말이겠네요. 설 명절에 만 3세가 안 된 아이들에게 세뱃돈을 줘본 분들은 알겠죠. 아이들의 입장에서는 어른이 갑자기 얇은 종이 한 장을 쥐여주니 얼마나 불편하겠어요. 그런데 이 아이가 종이(돈)를 들고 가게에 들어가서 달콤한 사탕을 사 먹는 경험을 하다 보면, 다시 말해 종이와 사탕을 반복적으로 연합시키면 결국 아이도 돈의 맛을 알게 됩니다.

여러분이 가장 가치 있게 여기는 것은 무엇입니까? 물이나 음식, 수면처럼 타고날 때부터 선호도가 분명한 것이 아니라면 그 어떤 것이든 연합의 결과, 경험의 결과, 즉 학습입니다. 종소리나 발소리, 자동차, 돈처럼 아무런 감정도 느끼지 않고 어떤 가치도 부여하지 않았던 중성 자극이었을 뿐이었죠. 이렇게 보자면 우리가 지금 목을 매는 거의 모든 것들이 사실 그 자체로는 아무것도 아닐 수 있다는 이야기가 되네요. 여러분이 침을 흘리도록 자극하는 종소리는 무엇입니까?

호황일 수밖에 없는 사행산업 – 부분 강화 효과

사행산업이 호황입니다. 국정감사 때마다 언론을 통해 공개되는 여러 통계치는 경기가 불황일수록 사행산업이 호황이라는 말을 입증합니다. 열심히 땀 흘려 일해서는 도저히 현실의 경제적 어려움을 타개할 수 없다는 생각 때문인지, '한탕'을 노리는 사람들이 점점 더 많아집니다. 그러나 경기가 좋아지면 사행산업이 불황일까요? 그렇지도 않은 것 같습니다. 조금 덜 가거나 못 갈 뿐이지, 불황까지는 아닙니다. 더 길게 보자면 경기와 무관하게 사행산업은 날로 커져가고 있습니다.

사행산업이 무엇인지 명확히 모르는 분들이 있을 수도 있으니 잠깐 짚고 넘어가겠습니다. 이를 위해 사행산업과 관련된 두 법을 살짝 들여다보죠. 먼저 〈사행행위 등 규제 및 처벌특례법〉인데요, 제2조 1항에 따르면 사행행위를 '다수인으로부터 재물 또는 재산상의 이익을 모아 우연적 방법에 의하여 득실을 결정하여 이익 또는 손실을 주는 행위'로 정의하고 있습니다. 보다 구체적으로 알려면 〈사행산업통합감독위원회법〉을 보면 됩니다. 이 법의 제2조 1항에 따르면 사행산업을 '카지노, 경마, 경륜·경정, 복권, 체육진흥투표권(토토, 프로토)'으로 규정하고 있습니다.

이런 사행산업의 특징은 모두 중독성이 강하다는 것입니다. 중독이라고 하면 알코올이나 마약 같은 물질 중독과 함께 도박이 대표적입니다. 정신장애를 진단하는 기준인 DSM에도 물질 중독과 함께 병적 도박을 정신장애로 규정하고 있을 정도입니다.

도박의 위험성은 많이 알려졌습니다. 오죽하면 도박의 아이콘이라고 할 수 있는 카지노에 원칙적으로 내국인의 출입을 금할까요. 물론 강원랜드는 예외입니다. 강원랜드의 경우 폐광 지역의 경제 활성화를 위해 만들어졌기 때문에 내국인 출입이 가능합니다. 그 외에도 국내에 있는 대략 20곳의 카지노는 모두 외국인 전용입니다. 내국인이 출입할 경우는 범죄자가 됩니다. 아니, 남의 돈을 훔치는 것도 아니고, 자기 돈을 가지고 자기가 놀겠다는데 왜 나라가 막느냐고 항의할지 모르겠지만, 그만큼 도박의 폐해가 심각하다는 방증이겠죠. 마치 대마초나 필로폰을 비롯해 수많은 향정신성 약물을 법으로 금지하는 것과 비슷하다고 할 수 있습니다. 하지만 법으로 막는다고 막아지지 않는 것 같습니다. 2006년 '바다 이야기' 사건 이후로도 여전히 많은 불법 게임장들이 성행하고 있을뿐더러, 속칭 '하우스'라 불리는 사설 불법 도박장들은 경찰이 지속적으로 단속하지만 사라질 기미가 보이지 않습니다.

심리학, 실험과 만나다

▲ 국내 도박 중독 비율은 약 6.1퍼센트로, 외국에 비해 3~4배 높다고 한다.

불법 도박이야 그렇다고 해도 내국인들에게 활짝 열려 있는 다른 사행산업 역시 중독성이 강하긴 매한가지입니다. 강원랜드의 2014년 1분기 실적 보고서를 보면 매출액이 3,733억 원, 영업이익이 1,376억 원입니다. 2013년 1분기와 비교했을 때 매출은 9퍼센트, 영업이익은 16퍼센트 증가한 수치라고 합니다. 그런데 눈여겨봐야 할 부분은 강원랜드의 사업 중 숙박이나 스키장 같은 비카지노의 매출은 작년에 비해 8퍼센트나 감소했다는 사실입니다. 이를 바꿔 말하면 강원랜드의 화려한 실적은 카지노 고객들이 잃은 돈의 규모와 다름없다는 이야기죠.

한 조사에 따르면 국내 성인의 도박 중독 비율은 대략 6.1퍼센트라고 합니다. 성인 남녀 3,700만 명 가운데 약 230만 명이 도박 중독자로 분류될 수 있다는 것입니다. 이는 외국에 비해 3~4배나 높은 수치입니다. 특히 사행산업장을 이용하는 사람들을 대상으로만 조사했을 때는 그 수치가 61.4퍼센트로 증가한다네요.

도박은 담배나 대마초, 혹은 알코올 등의 물질처럼 신체에 직접 영향을 미치지 않는데도 이렇게나 중독성이 강한 이유는 무엇일까요? 심리학자들은 그 이유를 '부분 강화 효과'에서 찾습니다. 부분 강화 효과란 어떤 행동을 할 때마다 강화물(보상)을 제공하는 '연속 강화'보다는, 간헐적으로 강화물을 제공하는 '부분 강화'가 행동을 지속시키는 데 더 효과적인 현상을 의미합니다.

인간의 마음과 행동을 연구하는 심리학자들은 때에 따라 사람이 아닌 동물을 대상으로 연구를 진행합니다. 마치 의학이나 약학 등 자연과학에서 윤리적 문제 때문에 동물 실험을 하는 것과 같은 원리입니다. 심리학의 여러 분야 중에서도 학습심리학 교과서에는 동물 실험이 자주 나옵니다.

▲ 스키너가 고안해낸 실험상자, 일명 '스키너상자'다.

심리학자들은 왼쪽 그림과 같은 상자에 쥐를 넣었습니다. 쥐가 레버를 누를 때마다 자동으로 먹이가 나오도록 설계했습니다. 연속 강화를 준 것이죠. 당연히 쥐는 열심히 레버를 누르고 계속 먹이를 공급받습니다. 그러다가 먹이통의 먹이가 다 떨어져서 레버를 눌러도 먹이가 나오지 않게 되면 쥐는 몇 차례 시도하다가 더 이상 레버를 누르지 않습니다. 역시 당연한 결과겠죠.

심리학, 실험과 만나다

그런데 이번에는 레버를 누를 때마다 계속 먹이를 주는 것이 아니라 미리 설정한 시간(2분마다)이나 레버를 누르는 횟수(10회마다)에 따라 한 번씩 먹이를 주었습니다. 부분 강화를 준 것이죠. 이럴 경우 레버를 누르는 학습의 속도는 연속 강화보다 약간 늦지만, 시간이 지나면 쥐는 연속 강화를 받았을 때처럼 레버를 열심히 누르게 됩니다. 이런 상황에서 먹이통의 먹이가 다 떨어졌을 때, 쥐는 어떻게 반응할까요? 놀랍게도 쥐는 연속 강화를 받았을 때보다 레버 누르기를 더 오래 지속했습니다. 이것이 바로 부분 강화 효과입니다.

사람들이 도박을 비롯한 사행산업에 중독되는 이유도 이 때문입니다. 자신들의 기대만큼도 아니고, 그동안 쏟아부은 돈과도 비교할 수는 없지만 분명 돈을 딴 경험이 있다는 것입니다. 물론 돈을 딴 경험은 매번이 아니고 가끔이었습니다. 다시 말해 카지노에 갈 때마다, 복권을 살 때마다, 또는 마권을 살 때마다 돈을 딴 것이 아니라, 어쩌다가 돈을 땄습니다. 만약 매번 따다가(연속 강화) 어느 순간 계속 잃는다면 포기 속도가 빠르겠지만, 가끔 땄기(부분 강화) 때문에 계속 잃더라도 포기가 안 되는 것입니다.

부분 강화의 위력은 이런 도박이나 사행산업에 국한된 이야기는 아닙니다. 우리가 인식하지 못하지만 곳곳에 숨어 있습니다. 여러분은 얼마나 자주 휴대전화를 열어서 문자나 SNS를 확인하나요? 아마 자주 확인할 것입니다. 휴대전화를 집어들 때마다 새 문자가 와 있는 것도 아니고, 가뭄에 콩 나듯 오는데도 그렇습니다. 이렇게 가끔 오는 것이 문제입니다. 부분 강화를 받으니 절대 연락 올 사람이 없는 상황에서도 우리는 휴대전화를 놓지 못합니다.

도박이냐 투기냐 말이 많지만 어쨌든 주식을 비롯해 각종 투자는 불법도 아니고 중독이라는 말도 붙지 않습니다. 그러나 큰 수익을 내지 못하고, 오히려 계속 손해를 보면서 자신의 전 재산은 물론 주변 사람들의 돈까지 끌어다가 무리하게 투자를 하는 사람들 역시 부분 강화 효과의 피해자라고 할 수 있습니다.

부모들 역시 의도치 않게 부분 강화 효과로 아이들을 괴롭히고 있습니다. 아이가 장난감을 사달라고 조르면 어떤 때는 사주고, 어떤 때는 사주지 않습니다. 이렇게 부분 강화를 받으면, 이후 집안 사정이 좋아지지 않거나 도저히 장난감을 사주면 안 되는 상황에서도 아이들은 조르는 행동을 포기하지 않게 됩니다. 부모들은 고집 센 아이라고 생각할지 모르지만, 사실은 부분 강화 효과일 뿐입니다.

요즘 아이들에게 스마트폰 중독 현상이 심한데요, 이것 역시 마찬가지입니다. 부모의 비일관성이 아이들을 그렇게 만드는 셈입니다. 가장 좋은 방법은 아이에게 장난감을 언제 사줄 것인지, 스마트폰을 언제 가지고 놀 수 있는지 명확한 기준을 설정해주는 것입니다.

종종 연예인들을 괴롭히는 스토커들도 이와 비슷한 절차를 밟습니다. 어떤 연예인들은 스토커가 온갖 위협과 협박을 할 때 혹은 "한 번만 만나주면 더 이상 괴롭히지 않겠다."라고 사정할 때 이 말에 수긍합니다. '만나서 타이르면 되겠지'라는 생각으로 만나줍니다. 오랫동안 스토킹을 했더니 연예인을 직접 볼 수 있었다면 스토커는 부분 강화 효과를 받습니다. 이때부터 더 본격적인 스토킹이 시작되는 것이죠.

제가 너무 부정적인 사례만 들었나요? 물론 부분 강화 효과는 긍정적으로 작용하기도 합니다. 제 경우도 그런데요. 책을 낼 때마다 잘 팔리는 보상을 받지는 못했습니다. 지금까지 냈던 책들 중 세간의 관심을 끌었던 책은 한두 권 정도일 뿐입니다. 그래도 저는 또 이렇게 책을 씁니다. 인류 역사에서 수많은 고통과 역경 속에서도 자신의 의지를 굽히지 않았던 사람들 역시 부분 강화 효과의 덕을 본 셈입니다.

부분 강화 효과는 우리가 성공하는 이유도, 완전히 망하는 이유도 됩니다. 어떤 사람들은 의지의 문제라고 보지만, 심리학자들은 부분 강화 효과라고 설명합니다. 따라서 도박이나 사행산업처럼 현실적 피해가 돌이킬 수 없을 정도로 커진다면, 의지의 문제라고 생각하지 말고 전문가의 도움을 받아야 합니다. 그렇지 않다면 우리는 스스로를 속이고 있는 것이 됩니다.

제가 아는 어떤 분은 오랜 시간 도박으로 가산을 탕진하며, 가장으로서 책임감도 다하지 못하고 살았습니다. 그러나 가족들의 지속적인 설득과 사랑으로 도박장을 출입하지 않은 지 4년 정도가 되었습니다. 모두가 안심하고 있을 때 따님이 유방암에 걸렸다는 충격적인 소식이 전해졌습니다. 그로부터 일주일 후 이분은 집주인에게 전세금 천만 원을 빼달라고 해서 집을 나갔습니다. 그동안의 손실과 죄책감 때문에 다시 도박장으로 간 것입니다. 모든 가족들은 딸의 유방암 소식 못지않게 큰 충격을 받았습니다. 제아무리 그간의 손실이 아깝고, 제대로 한 방 터지면 그간의 손실을 모두 만회할 수 있을 것 같은 생각이 든다 해도 끊어야 합니다. 안타깝고 아쉽지만 그것밖에는 방법이 없기 때문입니다.

보는 것이 배우는 것이다 – 모방

어미 게와 아기 게의 이야기를 들어보았나요? 어느 날 어미 게가 아기 게에게 걸음마를 가르쳐주고 있었습니다. 아기 게가 옆으로 걷자, 어미 게는 화를 내며 말했습니다. "그렇게 옆으로 걷지 말고, 엄마처럼 이렇게 걸으란 말이야!" 자기도 열심히 옆으로 걸으면서 말입니다.

자기도 하지 못하는 것을 상대에게 요구하는 것은 많은 어른들이 범하는 실수입니다. 물론 '나는 못 했으니 너라도 하면 좋겠다'라는 마음이 담겨 있는 것을 모르는 바는 아닙니다. 하지만 부모가 보여주지 않는 행동을 아이들이 배우기란 거의 불가능에 가깝습니다. 왜냐하면 사람에게는 보는 것이 곧 배우는 것이기 때문이죠.

아이를 키워본 분들이거나 아이들과 함께 지내는 분들이라면 잘 알 것 같네요. 아이들은 형제를 따라 하고, 친구를 따라 하고, TV를 보고 따라 합니다. 가르쳐주지 않아도 아이들은 보는 것을 기억했다가 그대로 따라 합니다. 우리의 일상생활에서도 아주 흔하디흔한 이 현상을 본격적으로 연구한 사람은 미국의 심리학자 알버트 반두라입니다.

심리학, 실험과 만나다

반두라는 유치원 아동들을 두 집단으로 나누어서 간단한 동영상을 보여주었습니다. 한 집단의 아이들은 장난감이 많은 방에 들어온 어른이 방의 중앙에 서 있는 오뚝이 인형(넘어지면 바로 일어나는 풍선 인형)에게 다가가서는 주먹으로 때리고 발로 차는 등 온갖 공격적인 행동을 하는 장면을 보았습니다. 또 다른 집단의 아이들은 역시 장난감이 많은 방에 어른이 들어왔지만 앞의 어른처럼 공격적인 행동은 보이지 않는 장면을 보았습니다.

이 동영상을 본 아이들은 잠시 후 다른 방으로 안내받았습니다. 그런데 그 방은 방금 전에 아이들이 영상에서 보았던 바로 그 방이었습니다. 연구자는 아이들에게 이 방에서 자유롭게 놀아도 된다는 말만 하고는 사라졌습니다. 아이들은 이 방에서 어떻게 했을까요?

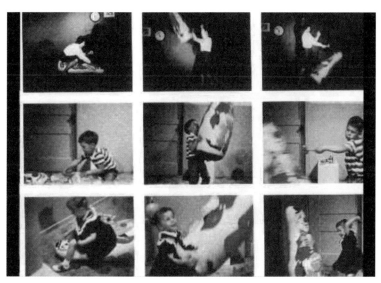

▶ 알버트 반두라의 모방 실험은 보이는 것이 얼마나 중요한지를 강렬하게 시사한다.

공격적인 행동을 본 아이들은 동영상에서 어른이 했던 것처럼 오뚝이 인형을 때리고 발로 차는 행동을 보였습니다. 분명히 그 방 안에는 다양한 장난감들이 많았지만, 아이들은 유독 그 오뚝이 인형만 괴롭혔습니다. 더 놀라운 사실은 자신이 보았던 영상에서 어른이 했던 행동과 거의 똑같은 행동을 했다는 것입니다. 더더욱 놀라운 사실은 단지 여기에서만 그친 것이 아니라, 물건을 집어던지는 등 어른이 하지 않았던 새로운 방식으로도 오뚝이 인형을 괴롭혔습니다.

혹시 공격적인 행동을 보았기 때문이 아니라, 원래 아이들이 짓궂어서 그런 것이라고 생각하나요? 이런 의구심을 해결해주는 것은 공격적이지 않은 어른의 모습을 보았던 아이들이었습니다. 이 아이들 역시 자신들이 보았던 어른처럼 행동했습니다. 특별히 오뚝이 인형을 공격하는 행동은 보이지 않았죠. 이 실험의 결과는 명확합니다. 보는 것이 배우는 것입니다.

모방은 결국 모델의 행동을 따라 하는 것으로 '모델링'이라고도 하고, 관찰한 것을 학습한다고 하여 '관찰 학습'이라고도 합니다. 사실 이 개념이나 반두라의 실험 결과가 별로 새로울 것은 없습니다. 너무나 많이 알려졌을뿐더러, 일상생활에서 자주 접할 수 있는 현상이기 때문이죠. 하지만 반두라가 이것을 실험으로 증명하려고 했던 이유가 있었습니다. 당시 대부분의 심리학자들은 어떠한 행동을 새롭게 학습하기 위해서는, 그 행동에 대해서 직접적으로 강화(보상)나 처벌을 해야만 한다고 생각하는 것이 지배적이었기 때문입니다.

심리학, 실험과 만나다

그런데 따지고 보면 지금 많은 부모들도 당시 대부분의 심리학자들처럼 생각할 때가 있습니다. 아이들에게 가르쳐주지도 않았는데 이상한 행동을 한다고 비난합니다. 사실 아이들은 부모의 이상한 행동을 보고 따라 했을 뿐인데 말이죠.

또 부모들은 왜 아무리 가르쳐주어도 제대로 배우지 못하느냐고 윽박지르기도 합니다. 사실 어른들도 그렇지만, 아이들이 언어적 지시를 통해서 무언가를 배우기는 너무나 어렵습니다. 만약 생후 1개월이 안 된 영아들이 혀를 내밀게 하려면 어떻게 해야 할까요? 아기들에게 "아기야, 혀를 내밀어 보렴!"이라고 말하면 될까요? 부모가 아무리 천천히, 또박또박 말해도 아기들은 미동도 하지 않을 것입니다. 방법은 아주 간단합니다. 부모가 아기를 보면서 혀를 내미는 모습을 반복적으로 보여주면 됩니다.

말귀를 알아듣는 아이일지라도 언어적 지시보다는 시범이 백번 낫습니다. 예를 들어 부모가 아이에게 화장실 청소하는 방법을 알려준다고 해봅시다. 아이와 얼굴을 마주 보고 앉아서 화장실 청소를 어떻게 해야 하는지 아무리 논리적이고 체계적으로 반복해서 설명해주어도 아이가 화장실 청소를 제대로 하기는 어렵습니다. 그러나 방법을 바꾸어서 아이가 보는 앞에서 화장실 청소하는 모습을 직접 보여주면, 아이는 훨씬 빨리 화장실 청소를 할 수 있게 됩니다.

관찰 학습의 효과는 우리가 잘 아는 맹모삼천지교孟母三遷之敎에서도 나타납니다. 맹자는 어디를 가든지 자신의 눈앞에 보이는 것을 그대로 따라 했다고 하죠. 묘지 주변에서 살 때는 곡하면서 슬퍼하는 것을, 시장 주변에서 살 때는 물건 파는 것을 따라 했습니다. 그리고 결국 글방 근처로 이사를 갔더니 글 읽는 것을 따라 했다고 합니다.

　반두라는 관찰 학습이 일어나기 위해서는 네 가지 요소가 필요하다고 했습니다. 첫 번째는 '주의'입니다. 사람은 주의 깊게 관찰한 것을 받아들입니다. 이런 면에서 주의가 산만하다면 모방의 효과가 떨어지고, 주의 집중을 잘한다면 모방 효과가 뛰어나겠죠. 주의가 산만한 사람이더라도 자신이 평소 좋아하는 대상이나 상황에서는 고도의 주의력을 발휘하게 됩니다.
　그다음은 '기억'입니다. 주의를 통해 본 것을 기억하는 것이죠. 머릿속에 모델의 행동을 기억하고 있다가 필요한 상황에서 정확하게 따라합니다. 이를 '재생'이라고 합니다. 재생을 위해서 때로 필요한 것이 마지막 요소인 '동기'입니다.

　제아무리 주의 집중을 잘해서 본 것을 기억하고, 또 재생할 수 있는 능력이 있다고 하더라도 동기가 없으면 관찰 학습의 효과는 일어나지 않습니다. 그렇다면 어떻게 동기를 유발할 수 있을까요? 여러 가지 방법이 있겠지만, 반두라가 말하는 대표적인 방법은 '대리 강화'입니다. 대리 강화란 모델이 행동에 대한 강화(보상)를 받을 때 발생하는 것입니다. 다시 말해 오뚝이 인형을 때리는 그 남자가 공격적인 행동을 통해 즐거워했다면, 그 남자는 공격 행동에 대해서 즐거움이라는 강화

　심리학, 실험과 만나다

(보상)를 받은 셈입니다. 그래서 모델의 행동을 관찰할 때, 그 결과까지도 관찰합니다. 결과가 좋고 즐겁다면 더 많이 따라 하고, 결과가 나쁘고 괴롭다면 따라 하지 않겠죠.

이와 관련된 여러 연구가 진행되었습니다. 어떤 실험에서는 공격적인 행동을 하는 어른이 처벌받는 모습을 보여주었습니다. 이 장면을 본 아이들은 동일한 방에 들어갔을 때 어떻게 했을까요? 처벌에 대한 두려움 때문인지 처음에는 공격적인 행동을 억제했으나, 공격성이 필요한 상황에서는 자신들이 본 그대로 공격성을 표현했다고 합니다.

반두라의 실험 이후로 많은 심리학자들은 TV 등의 대중매체의 영향에 대하여 연구하기 시작하였고, 그 연구 결과에 근거해서 폭력성이나 성적인 장면이 많이 나오는 영상물에 연령 제한을 두게 되었습니다. 물론 성인이라고 해서 모방을 안 하는 것은 아닙니다만, 성인에게까지 제한하면 개인의 자유를 침해할 수 있기 때문입니다.

반두라의 모방이라는 개념은 1996년 이탈리아의 신경생리학자 리촐라티의 성과로 근거가 더 확실해졌습니다. 리촐라티는 뇌의 신경세포 중 '거울 뉴런'을 발견했습니다. 이는 감각 기관을 통해 들어온 정보를 마치 거울처럼 비추기 때문에 붙은 이름입니다. 리촐라티가 거울 뉴런을 발견한 것은 우연한 기회였습니다. 짧은꼬리 원숭이를 대상으로 먹이를 집는 것과 같은 목표지향적 행동을 할 때 어떤 신경세포가 활동하는지를 연구하고 있을 때였습니다. 연구팀은 곧 이상한 점을 발견했습니다. 연구자 가운데 한 사람이 음식물을 집자 그것을 보고 있던 원숭이 뇌의 특정 뉴런이 반응하기 시작한 것입니다. 그것도 자신이 먹이를 집을 때와 똑같은 반응을 보이는 것이었습니다. 결국 '보이는 것'과 '하는 것'은 뇌에서 같은 결과를 초래했습니다.

거울 뉴런 덕분에 아이에게 밥을 떠먹이려는 엄마는 그저 입을 벌리면 됩니다. 아이가 따라 하기 때문이죠. 언어나 음악, 춤 등 어떤 것이든 상대방의 모습을 보는 것이 가장 강력한 학습의 수단인 셈입니다. 그래서 스포츠심리학자들은 부상을 당해서 훈련하지 못하는 선수들에게 경기 장면을 보여줍니다. 경기하는 모습을 보면 마치 자기가 운동하는 것처럼 뇌가 반응하기 때문입니다.

과거 부모의 말과 행동 때문에 마음속 깊은 상처를 가지고 사는 이들을 만나서 이야기를 하다 보면 아주 놀라운 사실을 발견합니다. 자신이 그렇게도 싫어했던 부모의 모습이 자기 자신에게도 있기 때문입니다. 여러분이 주로 보는 것은 무엇입니까? 혹은 여러분이 부모라면 댁의 자녀가 보는 여러분의 모습은 주로 무엇입니까? 보는 것이 곧 배우는 것입니다.

심리학, 실험과 만나다

스키너, 창시자보다 더 유명한 행동주의자

심리학이 과학이 되기 위해서는 눈에 보이는 인간의 행동만을 연구해야 한다고 주장하는 사람들이 있었습니다. 심리학계에서는 이들에게 행동주의자라는 이름을 붙여주었습니다. 마치 자연과학자들이 관찰 불가능한 사후 세계에 대해서는 언급하지 않는 것처럼, 심리학자들은 눈에 보이지 않는 마음에 대해서는 언급할 필요가 없다고 생각했죠. 이들의 주장은 매우 논리적이고 체계적이었기에 심리학 역사에서 대략 50년 동안 주류로 자리 잡았습니다.

이 학파를 창시한 사람은 존 왓슨입니다. 그러나 왓슨은 심리학자로서 큰 업적을 남기지는 못하고 심리학계에서 쫓겨났습니다. 외도 때문이었습니다. 지금의 미국이라면 사생활 때문에 학계에서 내쫓기지는 않겠지만, 20세기 초 미국에서는 가능한 일이었습니다.

행동주의의 창시자가 사라진 자리에 창시자보다 더 확실한 행동주의자가 나타났습니다. 자기 스스로를 가리켜 급진적 행동주의자라고 표현할 정도였죠. 바로 스키너입니다. 1904년 미국에서 태어난 스키너는 어렸을 때부터 독립적으로 사고했으며, 확실한 증거가 없다면 누구의 주장도 잘 받아들이지 않았다고 합니다. 그런데 스키너가 처음부터 심리학자의 길을 간 것은 아니었습니다. 그는 해밀턴 대학에서 영문학을 전공하면서 작가가 되기를 희망했습니다. 하지만 졸업 후 1년 정도 본격적으로 글쓰기 작업을 하면서 작가로서 자질이 부족함을 인정하지 않을 수 없었다고 하네요. 그러나 작가 지망생답게 여러 책을 읽으면서 왓슨과 파블로프의 연구를 알게 되었고, 결국 새로운 학문인 심리학을 공부하기 위해 하버드 대학 대학원에 진학했습니다.

스키너가 하버드 대학에서 행동주의를 배운 것은 아니었습니다. 심리학 자체가 새로운 학문이었던 데다가 행동주의는 더 새로운 분야였기 때문이죠. 그럼에도 스키너는 행동주의의 입장에 입각하여 연구를 지속하는 데 별 어려움이 없을 정도로 논리적으로 사고했습니다. 오랜 기간의 연구 끝에 박사학위를 받은 후 여러 대학의 심리학과 교수로 활동하다가 1948년 다시 하버드 대학으로 돌아와서 은퇴할 때까지 활발한 활동을 합니다.

스키너는 행동주의가 우리의 일상에서 충분히 활용 가능하다는 것을 보여주었습니다. 그중 하나가 제2차 세계대전 때 진행되었던 비둘기 프로젝트였습니다. 이 프로젝트는 비둘기를 훈련시켜서 미사일이 목표물로 향하도록 조종하는 것이었습니다. 스키너는 정부와 여러 기관으로부터 연구비를 받아서 연구를 진행했지만, 국방 당국의 반대로 중단되고 말았습니다. 그뿐만 아니라 학생들을 위해서는 학습을 촉진하는 교수 기계teaching machine를 만들었습니다. 당연히 지금은 더 다양하고 교육적으로도 효과가 좋은 기구들과 장난감이 있지만, 당시 스키너의 교수 기계는 매우 획기적인 학습 도구였습니다.

또 육아에도 행동주의의 원리를 적용했습니다. 바로 자신의 딸 데보라를 위해 육아상자를 만들었는데요, 오랫동안 사람들은 그가 쥐를 실험하듯이 딸을 상자에 넣었다고 오해했습니다. 미국의 임상심리학자이자 작가인 로렌 슬레이터는 《스키너의 심리상자 열기》라는 책에서 이 오해를 풀어주었습니다. 스키너는 두 딸의 양육과 가사로 힘들어하는 아내를 위해, 그리고 딸의 안전과 건강을 위해 육아상자를 만들었다고 합니다. 서양 부모들은 종종 아기를 사방이 나무

▲ 행동주의자 스키너

살로 되어 있는 아기용 침대에 두는데, 육아상자란 이것을 획기적으로 개량한 것일 뿐이었습니다.

작가라는 직업에 대한 미련 때문이었는지, 아니면 재능 때문이었는지 스키너는 소설도 한 권 출간했습니다. 제목은 《월든 투》입니다. 그는 이 소설을 통해 행동주의가 할 수 있는 일을 간접적으로 피력합니다.

1960년대 들어서면서 행동주의는 심리학의 주류에서 밀려나기 시작했습니다. 마음을 과학적으로 연구할 수 있는 길이 열렸기 때문이죠. 그러나 그는 끝까지 자신의 입장을 포기하지 않았습니다. 심지어 1990년 백혈병으로 사망하기 8일 전 미국심리학회 연차대회 개회식에서 강연을 했는데, 여기서도 심리학이 행동에 대한 과학이어야 한다고 주장했습니다. 창시자보다 더 유명했던 행동주의자 스키너는 끝까지 행동주의자로 남기를 원했던 것입니다.

Coaching 02

심리학 코칭

:직장생활

아침이면 아침마다, 저녁이면 저녁마다 거리는 직장인들로 넘쳐납니다. 모두들 약속이나 한 것처럼 한껏 차려입고 종종걸음을 치죠. 12시가 되면 모두들 쏟아져 나와 밥을 먹습니다. 그리고 다시 1시부터 일을 시작합니다. 직장에서 정신없이 하루를 보내다 보면 몸과 마음이 지칩니다. 매월 통장으로 잠시 들어왔다가 바로 빠져나가는 월급의 흔적을 볼 때마다 퇴직과 이직 사이에서 고민하지만, 다음날 아침이 되면 또다시 직장으로 향하는 자신의 모습에 기가 막힐 때가 한두 번이 아닙니다.

왜 일을 해야 할까요? 직장에서는 어떤 마음가짐이어야 할까요? 사람들과 어떻게 관계를 맺는 것이 좋을까요? 어떻게 해야 즐겁게 일할 수 있을까요? 직장인들이 심리학에게 묻습니다. 심리학의 코칭에 귀 기울여보세요.

누군가와 직업에 대한 이야기를 나눌 때가 있습니다. 직장생활의 고민을 안고 상담을 요청한 사람이기도 하고, 심리학자가 되고 싶다며 진로 탐색 프로그램에 참여한 사람들이기도 하죠. 어떤 이들은 현재 다니고 있는 직장에서 대인관계 때문에 힘들다고 말하고, 또 어떤 이들은 자신의 직무와 적성이 맞지 않아서 괴롭다고도 말합니다. 그리고 어렸을 때 심리학자가 되고 싶었지만 현실적인 이유로 지금의 직업을 선택했고, 이제는 심리학자가 되고 싶다고 하는 이들도 있습니다. 그러나 사람들이 궁금해하는 것이 무엇이든 저는 늘 같은 질문을 던집니다.

"당신에게 직업이란 무엇입니까?"

이 질문을 받은 사람들의 표정은 대체로 두 가지더군요. 한 부류는 이게 무슨 자다가 봉창 두드리는 소리냐면서 의아하다는 표정입니다. 평소 생각해보지 않았던 질문을 받았으니 당연한 일이겠죠. 그런데 또 다른 부류는 그동안 외면해왔던 진짜 고민을 마주한 듯한 표정입니다. 왜 일을 하는지에 대해 남모를 고민을 해왔던 사람들이 그렇습니다.

이런 질문을 던지는 이유는 명확합니다. 직업이 자기 삶에 어떤 의미가 있는지, 즉 직업관에 따라서 직업 선택도 달라지고 그 직업에서 겪게 되는 문제의 해결 방법도 달라지기 때문입니다. 이 세상에는 수많은 직업이 있습니다. 대기업 직원, 의사나 변호사 같은 전문직, 그리고 창업에 이르기까지 직업의 종류만 해도 엄청납니다. 특히 산업화 사회에서 정보화 사회로 넘어오면서 직업의 종류와 형태는 더욱 다양해지고 있습니다. 하지만 자신이 원하는 직업에 대해 나름의 가치관을 세우지 않는다면, 그 어떤 직업을 갖더라도 만족하지 못할 수 있습니다.

마치 끊임없이 소개팅을 주선해달라고 조르는 친구와 비슷합니다. 그간의 우정을 생각해서 계속 소개팅 자리를 마련해주어도 돌아오는 대답은 "잘 모르겠어. 성격은 좋은데, 외모가 별로야." "외모는 내 스타일인데, 나랑 통하는 관심사가 하나도 없어." "다 좋은데 느낌이 안 와." 입니다. 자신이 원하는 이성상이 구체적이지 않으니 누구를 소개해주어도 소용이 없습니다. 구체적으로 어떤 점이 좋다거나 싫다고 말하지도 못합니다. 기준이 없기 때문이죠. 소개팅을 주선해주는 사람 입장에서는 기운이 빠지는 일입니다.

직업도 다르지 않습니다. 자신의 직업관이 서 있지 않다면, 직업을 선택하는 과정에서 결정하기가 어려울 수 있으며, 어렵사리 한 결정도 금방 후회할 수 있습니다. 그리고 일을 하면서 겪는 여러 문제와 갈등 앞에서 좌충우돌하게 되죠.

여러분에게 직업은 어떤 의미입니까? 물론 직업은 먹고살기 위한 생계 유지의 수단입니다. 이것이 가장 기본적이고 중요한 직업의 이유라고 할 수 있습니다. 농경 사회에서는 생계 유지가 직업의 유일한 목적이었지만, 직업이 다양해지기 시작한 산업화 사회 이후로 직업의 목적 역시 다양해졌습니다. 다시 말해 생계 유지라는 목적 이외의 플러스 알파가 생겨나기 시작했다는 것이죠.

어떤 이들은 먹고사는 일에 더해 보람이 중요하다고 생각합니다. 상당수의 사회복지사가 바로 이런 경우가 아닐까 합니다. 2013년 11월 국가인권위원회의 보고서에 따르면 사회복지사의 평균 임금은 196만 원으로, 전체 임금노동자 평균 임금(약 243만 원)의 80퍼센트에 불과합니다. 이들은 장시간 노동에 시달릴 뿐만 아니라 폭언과 폭행, 성희롱 등 신체적 안전을 위협받기도 합니다. 이 때문에 많은 사회복지사가 이직을 반복하거나, 결국 사회복지사라는 직업을 포기한다고 합니다. 그럼에도 상당수의 사회복지사가 여전히 현장을 지키는 이유 중 하나는 바로 보람입니다. 소외된 사람들에게 사회복지 서비스를 전달할 때 느끼는 보람이 사회복지사라는 직업을 유지하게 하는 힘이라고들 말하더군요.

직업을 통한 자기실현을 원하는 사람들도 있습니다. 영화나 연극, 뮤지컬, 음악 등 예술 분야에 종사하는 사람들이 대표적이라고 할 수 있습니다. 물론 아이돌 스타나 유명 배우들은 경제적으로도 풍요롭지만, 이들 몇몇을 제외한 대부분의 사람, 그리고 그 뒤에서 일하는 스태프들은 먹고사는 것조차 빠듯한 경우가 많습니다. 그럼에도 직업을 바꾸지 않는 것은 그 일을 할 때 자신이 살아 있음을 느끼고, 자신은 그 일을 하기 위해 태어난 사람이라고 느끼기 때문이라네요. 이런 경우를 천직天職이라고 하죠. 일 자체에서 재미와 흥미를 느끼는 경우입니다.

단지 먹고사는 정도가 아니라 더 많은 돈을 벌기 위해 직업을 선택하는 사람들도 있습니다. 많은 사업가가 이런 경우라고 할 수 있습니다. 무엇이든 돈 되는 일을 찾아다닙니다. 또 직업에서 명예를 추구하는 사람들도 있습니다. 정치인들이 대표적일 것입니다.

이 외에도 다양한 플러스 알파가 존재합니다. 여러분이 직업에서 원하는 플러스 알파는 무엇입니까? 이 질문에 대한 나름의 답변이 준비되지 않았다면, 지금의 직업에서도 만족하기가 어려울 수 있습니다. 새로운 직업을 가져도 별다르지 않을 것입니다. 먼저 자신의 직업관을 확실히 한 다음에 그에 맞는 직업을 선택하는 것이 필요합니다. 그렇지 않다면 중요한 순간마다 우리의 마음은 고민과 갈등으로 쑥대밭이 될 것입니다.

2006년 전 세계 여성들의 눈을 사로잡았던 영화 〈악마는 프라다를 입는다〉의 주인공 앤디(앤 해서웨이 분)도 그랬습니다. 이 영화는 패션업계를 배경으로 합니다. 설정에 맞게 출연자들의 패션은 아주 화려했습니다. 특히 촌스럽기 그지없던 앤디가 패션에 눈을 뜨기 시작하면서 보는 즐거움은 배가 되었습니다. 앤디가 출근하는 모습을 담아낸 장면은 패션을 잘 모르는 제가 보기에도 눈이 돌아갈 정도로 압권이었습니다. 앤디의 패션이 계속 바뀌더군요. 그러나 영화가 전달하고자 했던 바는 외적 아름다움이 아니었습니다. 모두가 부러워할 만한 직업을 갖게 된 여성이 진정한 직업과 삶의 의미가 무엇인지에 대해 자신만의 답을 찾아가는 과정이었습니다.

▲ 영화 〈악마는 프라다를 입는다〉는 주인공이 진정한 직업의 의미, 삶의 의미에 대한 답을 찾아가는 과정을 보여준다.

원래 앤디의 꿈은 기자였습니다. 대학교 시절 대학신문의 편집장을 했었고, 좋은 기사를 써서 상을 받은 적도 있었던 그녀는 꿈을 이루기 위해 무작정 뉴욕으로 왔습니다. 여러 언론사에 이력서를 넣었지만 자신의 화려한 이력에도 면접 기회조차 주어지지 않았습니다. 그러다가 면접 기회가 주어진 곳은 세계적인 패션지 〈런웨이〉였습니다. 〈런웨이〉에서의 경력도 결국 자신이 꿈을 이루는 데 도움이 될 거라는 생각에 이력서를 넣었던 것이죠. 그가 면접을 볼 자리는 악마라고 소문난 편집장 미란다(메릴 스트립 분)의 두 번째 비서였습니다. 우여곡절 끝에 입사에 성공한 그녀는 큰 악마 미란다와 작은 악마 같은 선임 비서 에밀리 밑에서 첫 직장생활을 시작합니다.

패션모델처럼 차려입고 다니는 직원들 사이에서 펑퍼짐한 치마와 보풀이 일어난 스웨터를 입은 앤디는 단연 눈에 띄었습니다. 사실 그녀는 패션에 문외한이었죠. 세계적인 패션지를 만드는 회사에서 패션의 문외한이라니! 이 때문에 미란다와 에밀리는 물론, 회사의 전 직원이 그녀를 무시했습니다. 정작 앤디는 꿋꿋했습니다. 자신의 꿈인 저널리스트가 되기 위해 잠시 스쳐 가는 임시직 정도로 생각했기 때문이죠. 그녀는 자신의 스타일을 포기하지 않으려고 합니다.

출근 첫날부터 시작된 강도 높은 업무는 가히 살인적이었습니다. 미란다는 물론 에밀리도 앤디에게 친절하지 않았습니다. 해야 할 일만 지시할 뿐, 어떻게 할 수 있을지는 알려주지 않았습니다. 업무는 휴대전화를 통해 밤낮을 가리지 않고 떨어졌습니다. 개인 시간이 없다는 것이 문제가 아니라, 도저히 불가능한 일을 가능하게 만들어야 하는 것이 문제였습니다. 허리케인 때문에 모든 비행기가 결항된 상황인데, 출장을 갔던 미란다는 당장 돌아갈 비행기를 마련하라고 재촉합니다. 그리고 자신의 쌍둥이 딸들이 읽어보고 싶어 한다며 아직 출간되지도 않은 《해리 포터》 시리즈를 구하라고도 합니다. 꿈을 이루기는커녕 이상한 직장에서 고생만 하고 있는 딸을 보다 못한 아버지가 뉴욕으로 왔습니다.

> "얘야, 너가 걱정돼. 새벽 2시에 회사에서 이메일을 보내지 않
> 나, 봉급은 적고, 글도 안 쓰고."
> "안 쓰다뇨? 이메일도 글이에요."
> "스탠퍼드 법대도 사양하고, 기자가 되겠다고 와서는 뭐 하는
> 건지 모르겠다."

"절 믿으세요. 여기 경력이 크게 도움이 될 거예요. 에밀리는 파리에도 가요. 거기서 전 세계 주요 인사를 다 만난대요. 저도 곧 그렇게 돼요."

앤디는 자신의 꿈을 걱정하는 아버지에게 이렇게 둘러대고 있습니다. 이는 곧 자기 위안이기도 했죠. 물가가 비싸기로 소문난 뉴욕에서 어떻게든 먹고살아야 했는데, 당장 일할 기회를 주는 곳은 〈런웨이〉뿐이었으니까요. 결국 앤디는 〈런웨이〉에서 살아남기 위해 자신의 스타일을 포기합니다. 미란다에게 인정받는 수석 디자이너 나이젤의 도움을 얻어 〈런웨이〉에 어울리는 패션으로 바꾸기 시작합니다. 그리고 진정한 〈런웨이〉 편집장의 비서가 되기 시작했죠. 미란다에게 인정을 받자 본격적인 일복이 터졌습니다. 결국 일 때문에 사랑하는 남자 친구 네이트의 생일 파티에도 참여하지 못하고, 친구들과의 관계마저 멀어지고 말았습니다. 직장에서 인정받고 성공할수록 사랑하는 사람들과의 관계가 더욱 소홀해졌습니다.

"넌 내가 아는 앤디가 아니야. 너무 낯설어. 명품이나 걸치고, 바람이나 피우고, 이젠 널 모르겠어." (앤디의 친구 릴리)
"주방 보조나 하는 내가 누구를 욕하겠어. 다만 네가 뭘 하든 초심을 지키길 바랄 뿐이야. 처음에는 〈런웨이〉 여자들을 조롱하더니 너도 똑같이 변했잖아. 이제 우린 더 이상 어울리지 않아."
(앤디의 남자 친구 네이트)

급기야 앤디는, 심한 감기에 걸리고 교통사고까지 난 에밀리를 대신해 미란다와 함께 파리 출장을 갔습니다. 그곳에서 미란다가 남편으로부터 이혼을 통보받는 모습을, 자신의 자리를 지키기 위해 수석 디자이너 나이젤의 성공마저 가로막는 모습을 보았습니다. 그리고 미란다와의 대화에서 자신도 그렇게 되어가고 있다는 것을 깨닫게 되었죠.

"넌 날 아주 많이 닮은 것 같아. 사람들의 심중을 꿰뚫어 볼 줄
알고, 본인을 위해 선택할 줄도 알지."
"전 그렇지 않아요. 나이젤한테 그런 짓은 못 하죠."
"벌써 했잖아. 에밀리한테."
"그건 달라요. 선택의 여지가 없었죠."
"아니, 넌 분명 너를 위해 선택했어. 그건 네가 이런 삶을 원했
단 뜻이지."
"이것이 제가 원하는 삶이 아니라면요? 전 당신처럼 살고 싶지
않다면요?"
"웃기지 마, 누구나 이런 삶을 원해. 다들 우리처럼 되기를 원해."

미란다와의 대화가 끝나자마자 앤디는 미란다를, 그리고 사람들이 부러워하는 직장을 떠납니다. 쉴 새 없이 울려대는 휴대전화를 주저하지 않고 분수에 던져버리면서 탈출합니다. 그리고 다시 뉴욕으로 돌아와 펑퍼짐한 치마와 보풀이 일어난 스웨터를 입고 기자가 되기 위해 면접을 보러 다닙니다. 앤디가 이런 결단을 할 수 있었던 것은 자신이 선

택한 것이 단순한 직업이 아닌 삶이었다는 것을 깨달았기 때문입니다. 직장에 적응하기 위해 바꾼 것이 단지 스타일이 아니라 가치관이었다는 것을 깨달았던 것이죠. 그리고 직업이 아닌 삶에 대한 질문을 스스로에게 던지면서, 정말 자신이 원하는 삶을 찾아 나섰습니다.

수많은 현대인들은 매일 아침 피곤한 몸을 일으켜서 바쁜 걸음을 재촉합니다. 발 디딜 틈이 없을 정도로 빼곡히 들어찬 버스와 지하철에 몸을 싣고 직장으로 달려갑니다. 아침부터 저녁까지 반복되는 업무 속에서 스트레스를 받습니다. 시간에 쫓겨서 식사를 제대로 하기도 어렵습니다. 빨리 먹거나 대충 먹거나 아니면 아예 거르기를 밥 먹듯 합니다. 퇴근 후에는 원치 않아도 회식 자리에 참여해야 합니다. 그래야 조금이라도 편하게 직장생활을 할 수 있으니까요. 파김치가 된 몸을 이끌고 집으로 돌아와 겨우 씻고 눈을 감습니다. 잠이라도 푹 자야 내일 또 출근을 하니까요.

우리는 이렇게 평생을 일하다가 죽습니다. 어느새 우리의 삶의 중심에는 직업이 버티고 있습니다. 모든 것이 일을 중심으로 돌아갑니다. 먹는 것도, 쉬는 것도, 심지어 노는 것까지. 원래 직업이란 잘 먹고 잘 살기 위한 수단이었을 텐데, 어느 순간 주객이 전도되어버렸습니다. 직업이 곧 삶이 되었죠. 그래서 직업관과 인생관은 동의어입니다. "당신에게 직업은 무엇을 의미하나요?"라는 질문은 "당신은 어떤 삶을 살고자 하나요?"라는 질문과 같습니다.

만약 자신의 직업관, 즉 인생관이 확실하다면 반드시 그에 맞는 직업만을 선택해야 할까요? 물론 그렇지 않습니다. 앤디는 기자가 되기를 원했지만, 어느 언론사에서도 일할 수 없었습니다. 그래서 무작정 놀기보다는 그나마 비슷한 일자리라도 얻어서 일하기로 결심했죠. 이처럼 당장 원하는 직업을 가질 수 없어서 대안을 찾아야 한다면, 큰 틀 안에서 방향성 있게 선택해야 합니다. 이런 점에서 앤디의 선택은 아쉽습니다. 〈런웨이〉에도 분명 기자가 있었을 텐데 말입니다. 처음부터 비서가 아닌 기자로 지원했다면 좋지 않았을까 하는 생각이 듭니다.

참으로 다행인 것은 자신이 원하는 직업을 가질 수 있도록 세상이 변하고 있다는 점입니다. 당장 언론사에 취직해서 기자가 될 수는 없더라도, 블로그를 통해서 전문 기자 못지않은 글을 쓰고 여러 사람과 공유할 수 있습니다. 유명한 요리사 밑에 들어가지 않더라도 자신의 타고난 요리 실력을 발휘할 수 있는 통로가 얼마든지 열려 있습니다. 정보화 사회에서는 인터넷을 잘만 활용한다면 가능한 일이 많습니다. 그래서 요즘 자주 언급되는 개념이 바로 창직創職입니다. 직업을 새롭게 만든다는 의미입니다. 기존의 일자리에 들어가는 취직就職과, 하나의 사업체를 만드는 창업創業과는 구별되죠. 창직이 주목받는 것은 전 세계적으로 계속되는 저성장 기조, 그리고 수요와 공급의 부조화로 인해 더 이상 기존의 직업에서는 일자리 증가를 기대하기가 어려운 이유 때문입니다. 게다가 산업화 사회에서 생겨났던 직업 중 상당수가 정보화 사회에서 없어지고 있습니다. 대신 전에 없던 새로운 직업이 생겨나고 있죠.

부끄럽지만 제 이야기를 해볼까 합니다. 제가 사용하는 직함 중 하나가 '심리학 칼럼니스트'입니다. 누가 붙여준 것이 아니라 저 스스로 만든 것입니다. 이런 직함을 사용하게 된 계기가 있습니다. 대학에서 심리학을 전공하게 되면서 모 포털 사이트에 심리학 클럽을 만들었습니다. 어느 날 한 고등학생으로부터 심리학 칼럼을 써줄 수 있느냐고 연락이 왔습니다. 수익을 창출할 수 있는 인터넷 사이트를 구축하는 수행평가 과제에서 자기네 팀은 칼럼 사이트를 만들기로 했다는 것입니다. 이를 위해 각 분야의 전문가들에게 칼럼을 요청하기로 했는데, 고등학생 수준에서 연락을 취할 수 있는 전문가는 해당 분야의 클럽을 운영하는 사람들이었던 것이죠. 고료는 없다고 했습니다. 당장은 아니지만 이후 수익이 발생하면 조금이라도 고료를 주겠다고 하더군요. 흔쾌히 수락했습니다. 저 역시 사람들에게 심리학을 널리 알리는 데 관심이 있었으니까요. 심리학 글쓰기는 이렇게 시작되었습니다.

그때까지 제가 쓴 글이 대여섯 편이었습니다. 글을 쓰다 보니 저도 공부가 되고 재미있었습니다. 그래서 계속 글을 쓰기로 생각했습니다. 처음에는 클럽에 올리다가 나중에는 블로그에 올리기 시작했습니다. 독자들과의 댓글 놀이에 재미를 붙여서 꾸준하게 쓰다 보니 출판 제의까지 받았습니다. 그리고 책을 출간한 후에는 여러 회사의 사보를 비롯해 잡지사, 신문사에서도 원고 청탁이 들어왔습니다. 그러던 어느 날 누군가 제 직업이 무엇이냐고 묻더군요. 책을 내긴 했지만 작가라는 직함은 부담스러웠습니다. 그러던 어느 날 신문에서 '칼럼니스트'라는 직함을 보고 옳거니 싶었습니다. 칼럼을 쓰니 칼럼니스트, 심리학 관련 글을 쓰니까 심리학 칼럼니스트라고 하면 되겠다 싶었죠. 이때부터 저를 소개할 때면 심리학 칼럼니스트라고 합니다.

2008년 미국의 미래학자 앨빈 토플러가 한국 교육의 현실을 보면서 "미래에 존재하지도 않을 직업을 위해 학교와 학원에서 하루 15시간 동안 시간을 낭비하고 있다."라고 혹평했다고 합니다. 비단 어린이들과 청소년들의 교육 문제만일까요? 수많은 사람들이 머지않아 없어질 직업을 갖기 위해 노력하고 애쓰고 있습니다. 또 자신의 인생관과 어울리지 않는 직업 속에서 매일 갈등을 반복하고 있습니다. 우리는 앤디처럼 스스로 질문해봐야 합니다. 자신이 원하는 삶이 무엇인지, 그리고 그에 어울릴 만한 직업이 무엇인지 말이죠. 이런 근본적인 고민 없이 취직을 한다면 사직과 이직을 반복하게 될 것입니다.

만약 자신이 원하는 직업이 아직 존재하지 않거나, 기회가 주어지지 않는다면 가능한 수준에서 새롭게 시작할 수 있을 것입니다. 그래야 다른 사람이 알아주는 대단한 성공은 못 하더라도, 죽기 전 자신의 삶을 되돌아볼 때 후회가 아닌 자부심과 자긍심을 느끼게 되지 않을까요?

일하러 왔지, 이해받으러 왔나 – 직장 내 인간관계

2008년 어느 취업 포털 사이트에서 직장인 약 1,500명을 대상으로 '직무와 대인관계 중 어느 쪽이 더 큰 스트레스 요인인가?'를 물었습니다.

그 결과 응답자의 59.3퍼센트가 대인관계를 꼽았습니다. 일을 목적으로 다니는 직장에서 일이 아니라 사람 때문에 힘들다니! 대체 누구 때문에 그렇게 힘든 걸까요? 상사(65.9퍼센트)와 동료(38.1퍼센트)라는 응답이 가장 많이 나왔습니다. 상사와 동료가 어떻게 하기에 그럴까요? 직장인들이 꼽은 대답은 불합리한 업무 지시(54.1퍼센트), 잘못에 대한 책임 회피(42.3퍼센트), 모멸감을 주는 언행(30.1퍼센트) 순이었습니다.

역시나 사람이 모인 어느 곳이라면 어디든지 인간관계가 어렵고 중요하다는 생각을 하게 됩니다. 특히 과거 학창 시절 왕따를 당했던 경험이 있는 사람이라면 더욱 고통스러울 것입니다. 그러나 분명 직장에서의 인간관계는 세상을 잘 몰랐던 시절 학교에서의 인간관계와는 다릅니다. 조금만 달리 생각하고 행동하면 훨씬 더 수월하게 직장생활뿐만 아니라 인간관계도 잘할 수 있습니다. 어떻게 해야 할까요?

비법을 말씀드리기 전에 다시 영화 〈악마는 프라다를 입는다〉로 돌아가 보겠습니다. 영화 초반에 미란다가 조곤조곤한 목소리로 앤디를 강하게 몰아붙이는 장면이 있습니다. 사건인즉, 전날 마이애미에 출장을 갔던 미란다가 일을 마치고 뉴욕으로 돌아와야 했는데 허리케인 때문에 비행기가 결항된 것이 화근이었죠. 미란다는 다음 날 자신의 쌍둥이 딸의 학예회에 꼭 참석해야 한다며, 앤디에게 수단과 방법을 가리지 말고 자기를 뉴욕으로 데려다 놓으라고 난리 칩니다. 앤디가 백방으로 수소문했지만, 결국 미션 임파서블이었죠. 다음 날 회사에서 미란다는 앤디에게 이렇게 말합니다.

▲ 직장에서 받는 스트레스는 상사의 불합리한 업무 지시가 가장 큰 원인이다.

"왜 널 뽑았는지 알아? 난 스타일 좋고 늘씬하고 패션을 숭배하는 그런 애들만 뽑아. 그런데 그런 애들은 왠지 일하는 것이 실망스럽고 멍청하지. 그래서 너의 인상적인 이력서와 잘난 소신인지 뭔지에 잠깐 혹한 거라고. '한번 바꿔보자. 모험을 해보자. 똑똑한 풍보를 써보는 거야' 생각했지. 난 정말 네게 희망을 걸었는데 넌 멍청한 누구보다 훨씬 더 심하게 날 실망시켰어."

앤디는 이 말을 듣고 울먹거리면서 "전 최선을 다했어요…"라고 말하려는데 미란다는 "됐어. 나가봐."라고 말합니다. 속이 상한 앤디는 미란다 앞을 나와 배회하다가 수석 디자이너 나이젤의 사무실로 들어갑니다. 열심히 일하고 있는 나이젤에게 이렇게 말하죠.

"미란다는 절 싫어해요."

"그게 나 때문이던가? 아니지, 내 문제는 아니지."

"뭘 어떻게 해야 할지 모르겠어요. 잘한 건 무조건 당연한 것이고, 좀만 잘못하면 난리를 치고."

분명 앤디는 나이젤에게 따뜻한 위로의 말 한마디를 기대했을 것입니다. 일하느라 바쁜 나이젤은 앤디에게 눈길 한번 주지 않고, '왜 나한테 와서 이러니?'라는 뉘앙스를 풍깁니다. 그런데도 앤디는 계속 자신의 마음을 털어놓습니다. 듣다 못한 나이젤은 이렇게 응수합니다.

"그만둬. 새 비서는 널렸어. 5분 만에 구할 수 있어."

"제가 왜 관둬요? 제 말은 그냥 노력한 만큼 인정받고 싶다는 이야기죠."

"솔직히 자기가 뭘 노력했는데? 징징대기만 하잖아. '어이구 불쌍한 것. 미란다가 그랬어? 가여워라' 이런 위로를 바라니? 꿈깨. 그것이 바로 미란다가 할 일이라고. (중략) 전설적인 디자이너들이 수없이 거쳐 간 이곳에서 일하려고 남들은 죽는 시늉도 하는데, 자기한테는 그저 스쳐 가는 자리잖아. 그러면서 미란다가 예뻐해 주기를 바라는 거야? 이해도 해주고, 칭찬해달라고? 꿈 깨, 아가씨."

"그러니까 제 잘못이군요."

첫 번째 비법은 바로 나이젤의 대답에서 찾아볼 수 있습니다. "꿈 깨."죠. 사실 많은 직장인들이 앤디의 입장에 공감할지도 모르겠습니다. 상사에게 인정받지 못해 억울한데, 동료에게까지 공감받지 못하니 화가 날 것입니다. 만약 자신이 실수해도 상사가 봐주고, 노력한 바에 대해서는 인정해주면 좋겠죠. 게다가 자신이 힘들어할 때 동료가 위로 해주면 더할 나위 없이 좋겠죠. 마치 화목한 가족처럼요. 아주 드물지만 이런 직장도 있더군요. 사장님은 인자한 아버지처럼 직원들을 챙겨주고, 상사는 형처럼 부하 직원들을 다독이며, 신입사원은 막냇동생처럼 사랑을 받기도 하는 직장 말입니다.

직장이 화목한 가족 같기를 바라는 것은 우리네 문화와 무관하지 않습니다. 우리나라는 가족주의 문화입니다. 사회의 구성 단위를 개인이 아닌 가족이라고 생각합니다. 또한 자신보다 늘 가족을 우선시합니다. 가족을 위해 자신을 희생하는 일이 아주 자연스럽습니다. 단순한 친밀함을 넘어서 경계가 모호한 경우가 많습니다. 부모가 자녀를 위해서 자신의 삶을 포기하고, 나중에는 자녀가 효도라는 명목하에 노부모를 모시는 일이 당연시됩니다. 자녀의 실패 때문에 부모가 자책하다가 자살하는 경우도 있으며, 장남이나 장녀가 부모처럼 동생을 걱정하는 일은 너무나 자연스럽죠.

가족주의 문화 때문에 한국 사람들은 인간관계를 맺기 위해 가족이라는 틀을 동원합니다. 식당 아주머니를 이모라 부르고, 미용실에서 일하는 젊은 여직원을 언니라고 부릅니다. 학교 선후배 사이에서도 조금만 친해지면 나이에 따라 형, 누나, 오빠, 언니라는 호칭을 사용합니다. 심지어 사업이나 일 때문에 만난 사람들과도 분위기에 따라 이런 호칭을 쓰기도 하죠. 모두 상대와 관계를 맺고 싶다는 마음 때문입니다.

하지만 이런 가족주의 문화가 침범하기 어려운 곳이 직장입니다. 직장에서는 제아무리 친분이 있더라도 직책이나 직위로 상대를 부릅니다. 왜일까요? 당연한 소리지만 직장은 관계를 맺으러 다니는 곳이 아니라 일을 하러 다니는 곳이기 때문입니다. 좋은 것이 좋다는 식으로 넘어갈 수 있는 여타 모임과 달리 눈에 보이는 성과를 내야 하는 조직입니다. 성과를 내지 못하면 그에 합당한 책임을 져야 합니다. 만약 성과를 낸다면 인정과 칭찬을 받아야 할까요? 아닙니다. 성과를 내는 것은 당연한 일이지, 칭찬받을 일이 아닙니다. 왜냐하면 이미 회사로부터 돈을 받았기 때문이죠. 이런 면에서 직장인은 회사에 빚을 진 사람과 비슷한 입장입니다. 월급이라는 빚을 졌으니 성과로 빚을 갚는 거죠.

다시 돌아와서, 회사가 화목한 가족적인 분위기라서 성과를 냈을 때 인정해주고 실수를 했을 때 위로와 격려를 해주면 좋겠죠. 만약 꿈의 직장에 다닌다면 정말 고맙고 감사한 일이지, 당연한 일이 아닙니다. 반대로 회사가 이런 분위기가 아니어서 앤디처럼 상사에게는 늘 꾸지람만 듣고 동료에게 위로도 받지 못한다면 당연한 일이고 아쉬워해야 할 일이지, 분노하고 화낼 일은 아닙니다. 무엇이 당연하고 당연하지 않은지, 무엇이 화를 내야 할 일이고 받아들여야 할 일인지 제대로만 구분해도 세상 살아가는 것이 한결 수월합니다. 꿈의 직장에 다니는 것이 아니라면, 빨리 꿈 깨야 합니다.

인간관계를 잘하기 위한 두 번째 비법은 제대로 된 스트레스 관리입니다. 직장에서 위로나 칭찬, 격려를 기대하지 말아야 한다면 도대체 직장에서 받은 스트레스를 어떻게 풀어야 할까요? 직장생활을 잘하는 사람들의 공통점은 직장에서 받은 스트레스를 잘 관리한다는 것입니다. 직장생활이란 올림픽에서 금메달을 따는 것과 다릅니다. 반짝 잘하는 것은 별 의미가 없습니다. 꾸준하고 오랫동안 반복되는 업무를 감당해야 합니다. 이를 위해서는 스트레스 관리가 필수입니다.

대부분의 직장인들이 직장 내 인간관계에서 겪는 스트레스를 푸는 방법은 보통 세 가지 중 하나입니다. 가장 먼저는 하소연입니다. 직장과 무관한 사람, 즉 친구나 애인, 가족을 붙잡고 자신의 마음을 쏟아내는 것이죠. 상사와 동료 욕을 실컷 합니다. 이때 상대가 맞장구를 치면서 함께 욕을 해주면 스트레스가 풀리는 것 같지만 이는 어디까지나 임시방편입니다. 상대가 함께 욕을 해주어도 속이 시원하지 않기도 합니다. 앞뒤 상황을 모르고 무조건 내 편을 들어주는 것 같아 진심으로 느껴지지 않기 때문이죠. 게다가 실컷 욕을 한 사람을 다음 날 직장에서 다시 봐야 하니 약간의 죄책감을 느낄 수도 있고, 앞에서는 한마디도 못하고 뒤에서만 욕하는 자기 자신이 비겁하게 느껴질 수도 있습니다. 반대로 상사나 동료에 대한 미움이 더 커져서 꼴 보기 싫어질 수도 있습니다. 직장생활이 괴롭죠.

하지만 이것도 상대가 내 마음처럼 열심히 맞장구를 쳐줄 때의 이야기입니다. 만약 상대에게 위로가 아닌 핀잔이나 질책을 듣는다면 더 스트레스를 받을 수도 있습니다. 특히 부모님은 자식 걱정하는 마음에 "네가 일을 잘 못하니 부장님이 그렇게 말씀하시는 거야." "동료가 힘들어하는데 먼저 도와주면 좀 어떠니?" "직장생활이 다 그렇게 힘든 거야. 돈 버는 일이 쉬운 줄 알았니?"라고 반응하실 수도 있습니다.

다음은 도망가기입니다. 사람에게 위로받기 어렵거나 위로를 받더라도 감정이 풀리지 않겠다고 생각하는 사람들은 다른 무언가에 빠져듭니다. 음식이나 술을 탐합니다. 사이버 세상에서 왕 노릇을 하고, 카드를 들고 백화점에 가서 영수증 모으기 놀이도 합니다. 아니면 자신만의 라스베이거스에서 손끝의 짜릿함으로 에너지를 채우려고 합니다. 자신의 감정과 현실의 문제에서 도피하는 방식이죠. 결국 이런 것들이 중독으로 발전합니다. 음식 중독(폭식증), 알코올 중독, 인터넷 중독, 쇼핑 중독, 도박 중독이죠. 중독은 어떤 경우에도 좋은 해결책이 아닙니다. 그나마 양호한 방법은 잠입니다. 현실이 힘드니 꿈속으로 여행을 떠나는 것입니다. 꿈은 현실을 반영하는지라, 꿈에서도 회사에 가서 상사와 동료에게 억울한 일을 당하기도 합니다.

가장 추천할 만한 스트레스 해소 방법은 승화입니다. 직장에서 발생한 화와 분노, 속상함과 울분 같은 부정적인 감정을 에너지로 삼아 좋은 방향으로 분출시키는 것이죠. 바로 앤디처럼 말입니다.

나이젤을 찾아가 자신의 감정을 털어놓고 위로를 기대했던 앤디는 쌀쌀맞다 못해 얼음장처럼 차가운 나이젤의 반응에 또 좌절합니다. 위로를 받을 줄 알았는데 위로는커녕 오히려 "꿈 깨."라는 핀잔만 들었거든요. 이와 동시에 앤디는 자신이 직장생활에 대해 가졌던 환상에서 벗어나 현실로 돌아옵니다. 직장이란 결국 성과를 내지 못하면 모든 것이 자신의 잘못이고, 반대로 성과를 내기만 하면 모든 것을 가질 수 있다는 지극히 단순한 진리를 깨달았습니다. 그리고 그 깨달음을 실천에 옮겼습니다. 회사에 어울리는, 그리고 자신의 상사 미란다가 원하는 직원으로 변신을 시도한 것입니다. 나이젤을 졸라서 일단 멋지게 차려입었습니다. 단지 겉모양만 달라진 것이 아닙니다. 일하는 태도도, 마음 자세도 달라졌습니다.

사람이든 기계든 움직이려면 에너지가 필요합니다. 기계는 석유 연료나 전기를 통해 에너지를 공급받죠. 사람도 음식을 먹어야 힘이 납니다. 하지만 사람은 기계와 달리 의식이 있기 때문에, 몸의 힘만 있다고 움직이지는 않습니다. 이에 못지않게 마음의 힘이 있어야 합니다. 마음의 힘이 되는 에너지란 재미와 흥미 같은 긍정 감정일 수도 있지만, 분노와 화 같은 부정 감정일 수도 있습니다. 실패 앞에서 낙심하고 포기하기보다는 다음을 기약하면서 더욱 열심히 매진하는 것입니다. 와신상담(臥薪嘗膽, 원수를 갚기 위해 온갖 괴로움을 참고 견딤)과 절치부심(切齒腐心, 몹시 분하여 이를 갈고 속을 썩임)을 기억하세요.

인간관계를 잘하기 위한 마지막 비법은 소통입니다. 소통이란 서로 트이고 통하는 것이라고 할 수 있습니다. 막힌 것이 트이고, 서로 왕래가 가능한 것이죠. 생각을 나누고, 의견을 교환하고, 서로의 주장을 들어보는 것이 필요합니다. 누군가가 말하면 나머지는 입 다물고 무조건 따라야 하는 방식이 아니라, 누군가의 제안에 모두가 자신의 생각과 의견을 나누고 필요하다면 조율도 할 수 있는 방식이어야 합니다. 이와 같은 소통이 가능하려면 무엇보다 눈치를 보지 않고 자신의 마음을 드러낼 수 있는 분위기가 만들어져야 하겠죠.

이런 소통은 가족 안에서, 친구들 사이에서, 그리고 연인이나 선후배 같은 사이에서 꼭 필요하겠지만 직장에서는 아닙니다. 직장은 효율성이 중요한 곳, 상하관계와 책임한계가 분명한 곳이기 때문에 이런 소통은 가능하지도 않을뿐더러, 필요성마저 의심됩니다. 아이디어 회의처럼 누구든 자유롭게 자신의 생각을 드러낼 수 있는 자리라면 몰라도, 직장의 일반적인 상황에서 소통이랍시고 눈치 없이 자신의 생각을 가감 없이 드러내는 것은 삼가야 합니다.

특히 한국인에게는 나보다는 우리를 지나치게 강조하는 특성, 즉 '우리성weness'이 강합니다. 그래서 눈치가 중요합니다. 눈치를 잘 봐야 하지만, 너무 눈치를 보면 또 문제가 되죠. 눈치 주는 사람도 싫어하지만, 눈치 없는 사람도 싫어합니다. 상황에 따라, 사람에 따라 눈치 있게 행동해야 직장생활도 수월합니다. "눈치가 있으면 절에 가도 젓국을 얻어먹는다."라는 속담처럼 눈치는 사회생활의 필수입니다.

어떻게 해야 직장에서 눈치 있는 소통, 우리성에 어울리는 소통을 할 수 있을까요? 가톨릭대학교 심리학과 장성숙 교수는 한국에서는 우리성이 중요하다면서 이렇게 말합니다.

"인간관계를 잘 유지하게 하면서 자신의 목소리를 내기 위해서는 먼저 자신이 감당해야 할 역할이 무엇인지를 살펴야 합니다. 이는 상대방을 위한 양보나 희생이 아니라, 우리라는 관계 속에서 무난하게 어우러지기 위한 방안입니다. 물론 우리라는 관계를 유지하고자 자신의 정체성을 상실하면서까지 역할을 해야 한다는 것은 아닙니다. 개별성을 잃는 몰개성화는 곤란합니다. 인간관계 속에서 자기를 몰입시키면서도 자신의 정체를 확인할 수 있는 탈개성화를 할 수 있어야 합니다. 엄밀히 말하자면 '나'가 있음으로 '우리'도 있는 것이기 때문입니다."

중요한 것은 순서입니다. 자신의 목소리를 내면서 살기 위해 먼저 할 것은 자신의 역할과 책임을 다하는 일입니다. 특히 일 중심으로 움직이는 직장 같은 곳에서는 두말할 필요가 없습니다. 일도 제대로 못하면서 자기 주장과 표현만 내세운다면 어떤 경우에도 소통이 이루어질 리가 없습니다.

비록 한국 배경은 아니지만 영화에서 앤디 역시 순서를 따르고 있습니다. 자신의 목소리를 내기 위해 먼저 자신에게 주어진 일에 최선을 다하려고 애썼습니다. 허리케인 때문에 모든 비행기가 결항된 상황에서 비행기편을 찾느라고 백방으로 수소문하며, 자신의 쌍둥이 딸들이 원한다면서 아직 출간되지도 않은 《해리 포터》 시리즈를 구해 오라는 요구에도 최선을 다합니다. 이에 비하면 쌍둥이 딸을 대신해 학교 숙제를 하는 것은 새 발의 피라고 해야겠죠. 억울하고 힘든 상황에서 불평불만하기보다는 일단 일을 하려고 애씁니다.

특히 영화에서 반복적으로 나오는 장면 중 하나는 미란다가 출근하자마자 코트와 가방을 앤디의 책상에 집어던지는 것입니다. 부탁을 하는 것도 아니고 종 부리듯이 대합니다. 이때 앤디는 묵묵히 코트와 가방을 정리합니다. 그리고 미란다가 자기 할 말만 하고는 곧바로 "됐어. 나가 봐That's all."라면서 말을 끊을 때에도 항변하지 않습니다.

일을 할 때 실수도 많았고 부족한 점도 있었지만, 어쨌든 최선을 다해 자신의 역할과 업무를 수행하려고 했고 하나씩 성과가 나기 시작했습니다. 미란다는 앤디를 인정하기 시작했죠. 그리고 조금씩 앤디의 말에 귀를 기울이고, 통보가 아닌 대화 같은 대화를 할 수 있게 되었습니다.

자신의 역할과 책임을 다하는 것이 우선이라고 해서 자신을 포기하거나 버려두라는 말이 아닙니다. 예를 들어 상사로부터 성희롱을 당했을 때 가만히 있어서는 안 됩니다. 직장이니만큼 분명한 선이 존재합니다. 그 선을 누군가 넘으려 한다면 당당한 자기 목소리를 내야 합니다. 그리고 자기 목소리가 힘을 얻으려면 무엇보다 평소에 자신에게 주어진 일을 제대로 해내야겠죠. 그것이 올바른 소통의 순서입니다.

글을 시작하면서 언급했던 설문조사의 항목 중 대인관계의 어려움이 어떤 결과를 초래했는지 물었습니다. 사람들은 회사생활에 흥미를 잃었고(58.4퍼센트), 사람에 대한 신뢰가 없어졌으며(55.0퍼센트), 자신감을 잃었고(28.2퍼센트), 퇴사를 결정하게 됐다(27.5퍼센트)고 말합니다. 또 다른 조사에 따르면 직장인들이 퇴사하고 싶은 이유 1위가 인간관계의 어려움이라고 합니다. 힘들게 들어간 직장일 텐데, 인간관계 때문에 퇴사까지 생각한다니 안타까운 일이죠.

지금까지 말씀드린 방법들(꿈 깨기, 스트레스 관리, 소통)은 사용하지 않으면 비법이 아닙니다. 직접 사용해야만 비법이 됩니다. 마치 천하제일의 요리법을 읽는 것만으로는 그 요리가 어떤 맛인지 결코 알 수 없는 것과 마찬가지입니다. 눈으로 보기에는 모두 그저 그런 요리법일 테니까요. 요리법을 제대로 숙지한 후 한 번만이라도 요리법에 따라 요리를 만들어보기를 바랍니다.

제대로, 즐겁게 일하기 – 자극 추구와 통제감

사람들은 지금 알고 있는 것을 그때도 알았더라면 얼마나 좋았을까 생각하면서 과거를 후회하며 살아갑니다. 사랑하는 사람과 갑작스럽게 이별하게 될 때는 '이렇게 빨리 헤어질 줄 알았다면 더 잘해주었을 텐데'라고 후회하고, 학점이 좋지 않아 자신이 하고 싶을 일을 못 하게 되면 '학점이 이렇게 중요한 줄 알았다면 더 열심히 했을 텐데'라고 후회합니다. 짝사랑만 했던 사람을 떠올릴 때마다 '어떻게 되든지 좋아한다고 고백이나 해볼걸'이라고 후회하며, 연인과의 사소한 싸움으로 헤어진 사람은 '자존심 내세우지 말고 다시 잘해보자고 손 내밀었어야 했는데'라고 후회합니다.

사람들에게 후회는 매우 자연스럽고 당연한 일입니다. 과거의 행동이 현재에 어떤 결과를 초래했는지 잘 알고 있기 때문이죠. 과학 기술이 점점 더 발달해 영화에서처럼 과거로 이동할 수 있는 타임머신이 있다면, 수많은 사람들이 과거를 뜯어고치기 위해서 과거로 돌아가려고 할 것입니다. 하지만 타임머신을 타고 가야 할 곳은 과거보다는 미래가 아닐까요? 분명히 미래에도 지금의 상황을 후회할 테니, 앞으로 어떤 일이 벌어질지를 알면 후회 없이 살 수 있겠죠.

타임머신을 등장시키지는 않았지만, 자신의 이야기에서 이런 아이디어를 채용한 사람이 영국의 소설가 찰스 디킨스입니다. 그는 자신의 소설 《크리스마스 캐럴》에서 자린고비로 소문난 구두쇠 스크루지를 변화시키기 위해 시간여행을 동원합니다. 스크루지는 크리스마스 전날 꿈속에서 동업자였던 말리의 유령을 만나 과거와 현재, 미래로의 여행을 다닙니다. 과거에서는 자신의 천진난만했던 어린 시절을 보았고, 현재에서는 자신의 조카와 그 아들의 대화를 통해 사람들이 자신을 어떻게 생각하고 있는지를 알게 되었으며, 미래에서는 자신의 묘 앞을 지나가는 행인들의 이야기를 엿들었습니다. 세 개의 에피소드 가운데 스크루지의 마음을 움직인 것은 미래였습니다. 과거와 현재는 스크루지도 이미 알고 있는 것이었지만, 미래는 예상하지 못한 것이었죠.

▲ 《크리스마스 캐럴》에서 스크루지는 타임머신으로 미래를 보고 난 후 자신의 현재를 되돌아보게 된다.

만약 타임머신을 타고 미래로 가볼 수 있다거나, 스크루지처럼 꿈속에서라도 미래를 볼 수 있다면 우리도 보다 지혜롭고 현명하게 살 수 있을 것입니다. 분명히 지금 과거를 후회하듯이, 미래에는 지금을 후회할 테니까요. 특히 직장생활에서 말이죠. 후회하지 않고 직장생활을 할 방법은 없을까요? 제가 타임머신을 만들어드릴 수도 없고 여러분의 꿈에 나타나서 시간여행을 하게 도와줄 수도 없겠지만, 한 가지 아이디어가 떠오르네요.

심리학 공부를 하면서 알게 된 사실은 사람들이 생각보다 비슷하다는 것입니다. 심리학자들은 밤낮 없이 연구를 통해 인간의 마음과 행동에 대한 과학적 법칙을 발견합니다. 사람의 마음과 행동이 개인마다 다른 것 같고, 모든 것이 자유의지에 의해서 움직이는 것 같지만, 심리학은 다르게 말합니다. 사람들의 마음과 생각은 자유의지보다는 법칙을 따르기 때문에 차이점보다 공통점이 더 많다고 말입니다. 결국 지금의 노인들의 모습을 통해, 우리의 미래를 어느 정도 예측할 수 있죠.

많은 직장인들은 직장에서의 인간관계, 강도 높은 업무, 성과 부담을 비롯한 온갖 스트레스 때문에 빨리 돈을 많이 벌어서 일 안 하고 편히 쉬면서 놀고먹으면 좋겠다고 생각합니다. 그래서 어떻게든 욕 안 먹을 정도로만 일을 합니다. 일 자체가 싫고 괴롭기 때문이죠.

그러나 정작 평생을 열심히 일하고 은퇴한 사람들은 또다시 일을 찾아 나섭니다. 돈 때문이 아니냐고요? 아닙니다. 돈이 적지 않은 노인들도 일을 하고 싶어 합니다. 아침이면 일어나서 갈 곳이 없다는 생각에, 불러주는 곳이 없고 찾아주는 사람이 없다는 생각에 무기력하고 우울해합니다. 전문가들은 노인의 우울증은 신체 변화와 질병에 원인이 있기도 하지만, 이에 못지않게 은퇴 후 자신의 역할이 사라진 것도 큰 원인이라고 말합니다. 현재 직장과 일에 치인 사람들은 너무 피곤하고 힘들기 때문에 쉬었으면 좋겠다고 하지만, 막상 쉬어야 하는 때가 오면 마냥 좋지는 않습니다. 우리 인간은 본래 자극을 추구하는 존재이기 때문입니다.

1951년 캐나다 맥길 대학의 심리학자 도널드 헤브는 대학생들을 대상으로 특이한 실험을 진행했습니다. 사실 이 실험은 미국 CIA가 발주한 것이었습니다. 한국전쟁에서 중공군이 연합군 포로들에게 사용했던

'세뇌'의 심리적 효과를 알아보기 위한 것이었죠. 연구자들은 우선 세뇌의 첫 단계인 '감각 박탈' 실험을 진행하기로 했습니다. 실험에 참가하기 위해 온 남자 대학생들에게 실험에서 유일하게 해야 할 일은 '아무것도 하지 않는 것'이라고 알려주었습니다. 대학생들은 자신의 귀를 의심했습니다.

"아무것도 하지 않는데, 돈을 준다는 건가요?"

"네, 맞습니다. 이 실험의 목적은 아무런 자극이 없을 때 얼마나 견디는지, 어떠한 심리 변화가 일어나는지 관찰하는 것이니까요. 여러분은 실험실에 마련되어 있는 간이침대에 눕게 될 것입니다. 시각 자극을 박탈하기 위해서 반투명 고글을 쓰게 될 것이고, 청각 자극을 박탈하기 위해서는 귀마개를 쓰게 될 것입니다. 여러분의 손과 발은 기다란 통에 넣어서 다른 자극을 받지 않게 할 것입니다."

"그렇게 누워 있으면 아주 졸릴 것 같은데, 혹시 잠을 자면 안 되는 실험인가요?"

"아닙니다. 얼마든지 자도 됩니다."

"화장실은 갈 수 있나요?"

"물론입니다. 그러나 혼자 가는 것이 아니라 실험 진행자들이 화장실 앞까지 동행할 것이고, 볼일이 끝나면 곧바로 실험실의 간이침대로 돌아와야 합니다."

"밥도 줍니까?"

"물론 드립니다. 하지만 여러분의 간이침대에 걸터앉아 식사 해야 합니다."

"며칠 동안 그렇게 있어야 합니까?"

"얼마든지 상관없습니다. 못 견딜 것 같으면 언제든지 실험을 그만둘 수 있고, 계속 견딜 수 있다면 실험에 참가한 날만큼 일 당을 받게 됩니다."

대학생들은 매우 기뻐했습니다. 마음껏 쉬고 잘 수 있을 뿐만 아니라, 20달러라는 일당까지 받을 수 있다니! 1950년대 20달러면 지금으로는 100달러 정도 된다고 합니다. 참가자들은 이런 실험만 계속할 수 있다면 갑부가 될 것이라고 생각했습니다.

실험이 시작됐습니다. 첫날에는 모두 잠을 잤습니다. 시끄럽고 복잡한 도시 생활에서 벗어나니 해방감과 편안함을 느꼈겠죠. 그러나 두 번째 날에는 잠이 잘 오지 않았습니다. 눈을 떴는데도 아무런 자극이 느껴지지 않기 때문에 왠지 모를 불편감에 힘들다고 느끼기 시작했습니다. 혼자 노래도 부르고, 평소 못 했던 고민도 실컷 했지만 금세 지루해졌습니다. 화장실을 핑계로 잠깐 실험 상황에서 벗어날 수도 있었고, 침대의 끝에 앉아서 식사도 했지만, 전혀 위안이 되지 않았습니다. 결국 대부분의 학생들은 세 번째 날 실험을 포기했습니다. 큰돈을 마다할 정도로 고통스러웠기 때문입니다. 실제로 참가자들은 일시적이지만 주의집중과 기억력에 문제가 생겼고, 정서적으로 우울과 불안을 호소한 이들도 있었습니다. 그리고 일부는 환각까지 경험했다고 합니다.

이 실험을 통해서 사람이란 본래 자극을 추구하는 존재라는 사실이 명확해졌습니다. 단순한 감각 자극만이 아닙니다. 자신이 쉽게 감당하기는 어려운 그런 자극을 원합니다. 심지어 자극이 어느 정도 고통스럽더라도, 없는 것보다는 낫습니다.

매일 아침 출근을 준비하면서 괴로워하는 직장인들에게 "심심해 미치겠다."라는 말은 약 올리려는 의도로밖에 안 보이겠죠. 하지만 아닙니다. 정말 맞는 말입니다. 이 실험에서도 알 수 있듯이 사람에게 아무 일도 시키지 않으면, 헛것을 보거나(환시) 듣기도 합니다(환청). 정말 미쳐버릴 수 있다는 것입니다.

지금의 직장생활이 괴롭고 힘들다고 눈치만 살살 보면서 일을 제대로 하지 않는다면, 그래서 직장에서 성과를 올리지 못하고 인간관계도 좋지 않아 자의 반 타의 반으로 퇴사하게 된다면, 아니 퇴사는 하지 않더라도 계속 그런 식으로 직장을 다닌다면 분명히 나중에 '열심히 일 좀 해볼걸'이라고 후회하겠죠. 그러고는 과거의 자신처럼 일에 충실하지 못한 젊은이들은 붙잡고 일장연설을 할지도 모르겠네요.

나중에 후회하지 말고, 지금 일할 수 있을 때 정말 열심히 즐겨보자고 결심했나요? 그런데도 어떻게 해야 일을 재미있게 할 수 있을지 감이 안 잡히나요? 그렇다면 '통제감'이라는 말을 기억하세요.

우리는 일의 종류나 내용에 따라 재미를 느끼기도 하고 그렇지 않기도 합니다. 그러나 이에 못지않게 일의 재미와 흥미를 결정하는 것이 통제감입니다. 자신이 상황을 통제하고 있다고 느끼면 자신이 좋아하지 않는 일도 신 나게 할 수 있지만, 제아무리 좋아하는 일이라고 해도 스스로 통제하는 것이 아니라 통제받고 있다고 느끼면 재미있게 할 수 없습니다.

우리 속담에 "평양감사도 저 싫으면 그만."이라는 말이 있죠. 평양은 한반도에서 중요한 요충지였습니다. 사람이 모이고 돈이 모이는 곳이었죠. 중국을 오가는 사신이나 상인들이 꼭 들르는 곳이고, 내로라하는 유력가들도 많이 살고 있기에 조선 시대에 평양감사 자리는 모두가 탐내는 자리였다고 합니다. 그러나 제아무리 좋은 것도 결국 자기가 원하지 않으면, 자기가 결정하지 않는다면 시킬 수가 없는 법입니다.

여러분이 좋아하는 것은 무엇인가요? 만약 그것을 누군가가 억지로 하라고 계속 강요하면 어떨까요? 아마도 분명히 싫어질 겁니다. 이와 반대로 싫어하는 것도 절대 해서는 안 된다고 말하면, 하고 싶은 마음이 생기기도 하죠. 모두 통제감 때문입니다.

사람들은 자신이 통제할 수 있는 환경에서 더 자신감 있게 행동하기도 합니다. 환자가 의사를 병원에서 대할 때와 집에서 대할 때의 행동을 비교한 결과 후자의 경우에서 훨씬 더 자유롭게 행동했다고 합니다. 어린아이들도 처음 놀러 간 친구네 집에서는 위축되는 모습을 보이지만, 친구가 자신의 집에 놀러 왔을 때는 자신감 있고 활기차게 행동하는 모습을 보입니다. 기숙사에 사는 대학생들도 타인의 방보다 자기 방에서 토론할 때 자신의 의견을 더 활발하게 개진했다고 하네요.

이런 현상은 운동 경기의 홈경기 이점으로도 나타나는데요, 조사에 따르면 미국프로농구(NBA)의 경우 구단들의 홈경기 승률은 보통 6할이라고 하며, 미국풋볼리그(NFL)나 미국프로야구(MLB)도 5할대 중후반이라고 합니다. 실력이 엇비슷한 상황에서 승률이 5할이 넘는다는 것은 굉장한 일입니다.

올림픽에서도 개최국이 역대 최고 성적을 낸 경우가 많았죠. 1964년 도쿄올림픽에서 일본은 종합 3위를, 1988년 서울올림픽에서 한국은 종합 4위를, 2008년 베이징올림픽에서 중국은 종합 1위를 차지했습니다.

▲ 1988년 서울올림픽에서 우리나라는 금메달 열두개, 은메달 열개, 동메달 열한개로 당시의 소련, 동독, 그리고 미국에 이어 4위를 차지했다.

우리나라는 2002년 한일 월드컵에서 무려 4강이라는 성적을 받아 전 세계를 깜짝 놀라게 했고요. 더 재미있는 사실은 운동선수들의 남성호르몬을 조사했더니, 원정경기보다 홈경기에서 더 많이 분비되었다는 것입니다. 이처럼 통제감은 우리가 자각하지 못하는 호르몬 분비나 행동의 변화까지 영향을 미칠 만큼 중요한 요인인 셈입니다.

만약 통제감을 잃으면 어떻게 될까요? 무기력에 빠집니다. 무기력은 우울과 불안을 비롯해 다양한 정신장애의 원인이 되기도 합니다. 당연히 매사에 자신감을 잃을 수 있으며, 자존감도 낮아지죠. 무기력은 인간이 경험할 수 있는 최악의 상황을 초래하기도 하는데요, 대표적인 것이 자살입니다. 자살은 아무것도 할 수 없다고 느끼는 무기력한 상황에서 나름의 통제감을 회복하기 위한 몸부림이라고 할 수 있습니다. 아무것도 통제할 수 없다고 느꼈지만, 자신의 목숨이나 인생만은 통제할 수 있음을 깨달을 때 저지를 수 있는 최악의 선택입니다. 최악의 선택이라고 하는 이유는 주변 사람들에게 또 다른 무력감을 주기 때문입니다.

다시 직장으로 돌아가 봅시다. 여러분의 직장 일은 어떤가요? 재미도 있고 성취감도 느끼나요. 아니면 일만 생각해도 머리가 지끈거리고 구역질이 나나요? 일에 대해 통제감을 느낀다면 전자이고, 무기력하다면 후자일 것입니다.

저라는 사람은 통제감이 매우 중요한 사람입니다. 중고등학교를 거치면서 내 인생을 내가 원하는 대로 살 수 없다는 생각에 너무나 괴로워했기 때문에, 나를 통제하는 모든 것에서 자유로워지고 싶었습니다. 내가 내 삶을 통제하고 싶었죠. 어쩌면 지금 프리랜서로 일하는 것도 이런 성향 때문일지 모르겠습니다.

대학을 지원할 때에도 다른 친구들은 여러 곳에 지원했고, 주변 사람들도 그 방법을 권유했지만 저는 한 곳에만 지원했습니다. 남들과 다르게 하고 싶었고, 남들이 시키는 대로 하고 싶지 않았거든요. 제 인생이니 제가 스스로 통제하고 싶었습니다.

중고등학교에서는 직접 수업을 선택할 수 없다는 것이 너무나 괴로웠기에 대학에 가면 좀 나을 줄 알았습니다. 그런데 대학에 가서도 통제할 수 없는 것이 너무나 많다는 사실에 화가 나기도 했습니다. 그래서 1학년도 제대로 다니지 않고 군대에 가버렸습니다. 사실 1학년 2학기는 중간고사 직전부터 학교를 아예 안 나갔고 학사경고를 받았습니다. 하지만 속은 시원하더군요. 내가 무엇인가를 통제했으니까요.

이런 성향 때문에 군대에 갈 때 걱정이 컸습니다. 군대에서 잘 버틸 수 있을까, 이러다 탈영하는 것은 아닐까? 그런데 제 군생활이 이상하게 흘러갔습니다. 육군으로 지원했는데, 기초군사훈련을 받는 동안 전투경찰로 차출되었죠. 경찰학교에서 2주간 전투경찰 훈련을 받고 경찰서에 배치받았습니다. 지금은 전투경찰이 없어졌지만, 예전에는 경찰서에 전투경찰로 구성된 5분 대기조가 있었습니다. 배치받은 다음 날 전의경 관리를 맡은 경찰서 내 한 부서에서 연락이 왔습니다. 신병을 올려보내라고 말이죠. 선임들은 저를 보내기 전에 이렇게 말하더군요.

"지금 전의경 관리하는 보직이 비어서 너를 써볼까 하고 오라는 거야. 그런데 직원이 너한테 '컴퓨터 할 줄 알아?' 물어보면 못한다고 말해. 너 거기서 일하면 제대할 때까지 뼈 빠지게 일만 해야 해. 물론 당장 내무생활은 안 할 수 있어서 좋겠지만, 차라리 쫄병 때 여기서 함께 고생 좀 하고 시간 지나면 편하게 있으면 좋잖아. 알았지? 무조건 컴퓨터 같은 건 못한다고 말해!"

이 말을 듣는 순간 제 마음은 정해졌습니다. 직원이 물어본다면 컴퓨터도 잘하고, 사무실에서 일도 하고 싶다고 말해야겠다고 말이죠. 선임들이 저에게 이래라저래라 하는 것이 아주 짜증 났기 때문입니다. 물론 겉으로는 "네, 알겠습니다!"라고 우렁차게 대답했습니다.

결국 저는 2년 동안 경찰서 본관에서 정복을 입고 근무했습니다. 보직은 전의경 관리 업무였지만, 그 부서에서 하는 모든 업무를 보조했습니다. 직원들은 자기네들이 해야 할 일을 저에게 가르쳐주면서 시켰습니다. 통제당하는 것이 싫어서 사무실에서 일하게 되었는데, 여기서도 통제하려고 하니 기분이 불쾌했습니다. 그렇다고 도망칠 수도 없고, 그냥 가만히 앉아서 시키는 일은 하기 싫고, 어떻게 해야 할지 고민하다가 한 가지 결론에 도달했습니다. 부서의 웬만한 일을 통제할 수 있으면 그나마 괜찮겠다는 것이었죠.

경찰서에서 군생활을 하던 1995년만 해도 컴퓨터를 다룰 줄 모르는 경찰공무원이 대부분이었습니다. 제가 있던 사무실에는 행정 보조를 담당하던 여직원이 있었는데, 그 여직원은 주로 타자를 담당했습니다. 그러나 아무래도 타자보다는 워드가 깔끔하니 온갖 공문서와 계획서를 작성하는 일은 군인이었던 제 몫이었습니다. 누가 시키는 것이 싫은 이상 저는 일을 찾아서 했습니다. 당연히 직원들은 좋아했죠. 자기들이 편해졌으니까요. 저도 몸은 좀 고단했지만 마음은 편했습니다. 제가 원하는 스케줄대로 일할 수 있었으니까요. 직원이 시키기 전에 해야 할 일을 먼저 했습니다. 그리고 맡은 일은 야근을 해서라도 확실하게 끝냈습니다. 직원들은 저를 믿어주었습니다.

사실 쫄병 때는 사무실에 일이 많다는 핑계로 내무반에 늦게 들어갔습니다. 내무반에 일찍 들어가 봐야 선임들 뒤치다꺼리밖에 안 하니까요. 사무실에서는 일을 제대로 하니 군인이었지만 어느 누구도 저를 무시하지 않았습니다. 오히려 모두들 저에게 잘 보이려고 했습니다. 그래야 일을 빠르고 정확하게 해주니까요. 덕분에 제대하기 전날까지도 사무실에서 야근을 했고, 제대하는 날에도 직원들에게 업무를 인수인계하느라 정신없었지만, 그래도 통제당하지 않고 통제할 수 있어서 즐겁게 일했던 기억이 있습니다.

지금도 저는 여전히 그렇게 일하고 있습니다. 책 작업을 하든, 기업이나 학교에서 강의를 하든 제가 해야 할 일을 정확하게 파악해서 진행하려고 합니다. 집에서도 제가 할 수 있는 일은 먼저 해버립니다. 설거지든 청소든 빨래든 말이죠. 먼저 하지 않으면 집안일은 쌓이고, 제가 하기 싫을 때 아내가 도와달라거나 시키면 정말 싫더라고요.

물론 직장에서 모든 것을 통제할 수는 없겠죠. 그러나 잘 찾아보면 지금 수준보다 더 많은 것을 통제할 수 있을 것입니다. 누가 시키기 전에 먼저 하는 것이 좋습니다. 그 사람을 위해서가 아니라 바로 자신의 통제감을 위해서 말입니다. 그러다 보면 여러분은 어느 순간 사무실의 왕이 되어 있을 것입니다. 직위가 낮아도 전혀 상관없습니다. 직장에서는 일 잘하는 사람이 왕이니까요. 통제하겠습니까, 통제당하겠습니까? 통제하는 왕이 되겠습니까, 통제당하는 거지가 되겠습니까? 여러분이 통제할 차례입니다.

5

심리학, 세상을 움직이다

: 우리의 삶 곳곳에 적용되는 심리학

Chapter 01

심리학을 알면 돈이 보인다
:산업 및 조직심리학, 소비자 및 광고심리학

임상심리학과 더불어 응용심리학의 대표라 할 수 있는 산업 및 조직심리학은 일터에서 과학적 원리를 개발하고 적용하는 분야입니다. 먼저 산업심리학은 인사심리학이라고 할 수 있을 정도로 효과적인 직무 설계, 종업원의 선발과 훈련, 배치와 평가를 다룹니다. 관리자의 입장에서 종업원을 잘 활용해 조직의 효율성을 증진하는 분야입니다. 반면 조직심리학은 관리보다는 개별 종업원에게 초점을 맞춥니다. 조직 내의 인간관계, 리더십, 종업원의 태도와 행동, 스트레스, 동기 등을 다룹니다. 산업 및 조직심리학이 기업 내의 사람에게 관심을 둔다면, 소비자 및 광고심리학은 기업 밖의 사람에게 관심을 둡니다. 먼저 소비자심리학은 소비 활동에 숨겨진 소비자의 심리를 연구하는 분야입니다. 그 결과를 광고에 적용할뿐 아니라 광고와 소비자 사이의 상호작용을 연구하는 것은 광고심리학입니다.

어떤 사람이 리더가 되는가 – 리더십

사람들이 모인 곳이면 어디든 리더가 있습니다. 회사에서는 지위가 높은 사람들, 군대나 경찰에서는 계급이 높은 사람들, 또 학교나 친목회 같은 곳에서도 임원이 존재합니다. 이들을 리더라 할 수 있습니다. 물론 리더라고 해서 모두가 리더는 아닙니다. 조직을 이끌기보다는 끌려다닌다면 명목상으로는 리더일지 몰라도 진짜 리더, 훌륭한 리더는 아니겠죠. 과연 훌륭한 리더는 어떤 특징이 있을까요?

훌륭한 리더로 일컬어지는 사람들도 끌어가는 방식이 제각기 다릅니다. 어떤 리더는 당근과 채찍, 즉 보상과 처벌을 사용하기도 합니다. 잘할 때는 한없이 잘 대해주지만, 못할 때는 아주 무섭게 질책하고 행동에 대한 책임을 지게 합니다. 그러나 이와 달리 상황에 따라 부드럽게 대하다가도 팀원들에게 결단력 있게 자신의 영향력을 행사하는 사람도 있습니다. 팀원을 어떻게 대하는 사람이 훌륭한 리더일까요?

친구들끼리 모여서 수다를 떠는 사적인 모임에서도 리더는 존재합니다. 누가 먼저 이야기를 꺼내고 주도해나가는지에 따라 대화의 방향이 달라지기도 하니까요. 이런 모임의 리더는 구성원에 따라, 상황에 따라 달라지기도 합니다. 이처럼 리더가 정해지지 않은 상황에서는 누가 리더가 될까요? 리더로서의 자질이란 것이 과연 존재할까요? 그렇다면 그 자질은 타고나는 것일까요, 아니면 상황에 따라 누군가는 그런 자질을 행세하게 되는 것일까요?

지금까지 던진 질문은 리더십에 관심을 갖는 조직심리학자들이 연구하는 주제입니다. 리더십을 굳이 연구 주제라고만 생각할 필요는 없습니다. 우리가 어느 모임을 가든지 리더를 만나게 되고, 또 어떤 상황에서는 직접 리더의 역할을 맡기도 하니, 리더십은 우리 일상과 매우 맞닿아 있는 주제입니다.

이제 누가 리더가 되는지에 대한 이론을 하나씩 설명해 드릴 텐데 '이론'이라고 하니 벌써 가슴이 답답해질 것 같네요. 그래서 우리가 익히 알고 있는 격언이나 속담을 중심으로 설명해볼까 합니다.

2006년 10월 한국을 비롯해 전 세계는 놀라움과 기쁨, 설렘이라는 감정에 휩싸였습니다. 지구촌 대통령이라고 하는 UN 사무총장에 당시 외교통상부 반기문 장관이 당선되었기 때문입니다. 그리고 5년 동안의 임기를 마친 반기문 사무총장은 2011년 6월 전 회원국의 만장일치로 재선되었습니다. 만장일치는 UN 역사에서도 이례적인 일이라고 합니다. 저 같은 평범한 국민에게는 우리나라에서 UN 사무총장이 나왔다는 사실이 굉장히 놀라운 일이었지만, 오랜 시간 그와 함께 일했던 외교부 사람들은 하나같이 당연한 결과라고 말합니다. 특히 어린 시절을 함께 보냈던 선후배나 그를 어렸을 때부터 지켜보았던 어르신들은 말할 것도 없죠.

이후로 반기문 사무총장처럼 국제기구로 진출하겠다는 젊은이들이 상당히 늘었고, 장래의 꿈이 외교관이라고 답하는 어린이들도 많아졌습니다. '반기문 효과'라고들 하더군요. 반기문 효과는 출판계에도 나타났

심리학, 세상을 움직이다

▲ 반기문 사무총장의 리더십은 전 세계적으로 유명하다.

습니다. 반기문 사무총장에 관한 책들이 쏟아졌습니다. 반기문 총장의
고등학교 후배인 분이 쓴 책의 서문에는 이런 말이 있습니다.

이 책은 떡잎부터 알아본 '될성부른 나무'에 대한 소박한 분석
이다. 반기문 총장의 충주고등학교 청소년적십자 단장 후배로
서 선배님에 대하여 누구보다도 잘 알고 있는 입장에서, 그분
의 리더십에 대해 소고小考라도 내놓고 싶은 마음에서 집필하
게 됐다.

이 짧은 글에도 언급되었듯 반기문 사무총장을 묘사하는 여러 표현
중 하나는 "될성부른 나무는 떡잎부터 알아본다."라는 것입니다. 이 말

은 훌륭한 리더가 될 수 있는 자질(특질)이란 타고나는 것이므로, 어렸을 때부터 티가 난다는 뜻을 내포하고 있습니다. 리더십을 설명하는 이론 중 특질 이론과 통하는 주장입니다. 특질 이론은 리더의 내적 특질 혹은 자질에 초점을 맞춥니다.

특질 이론에 따르면 훌륭한 리더가 될 사람은 어디를 가든지 리더가 된다고 합니다. 어린 시절에는 동네 어른들에게 인정받고 또래 사이의 갈등을 중재하며, 학교에서는 반장(혹은 회장)을 도맡아 하고 대학에서는 학생회장이 된다는 식입니다. 직장에 들어가서도 동료와 상사에게 인정받아 승진을 거듭해서 결국 최고의 자리에 오르게 된다고 합니다. 반기문 사무총장처럼 말입니다.

그러나 될성부른 나무 이론에 반대하는 사람들이 있습니다. 이들은 "자리가 사람을 만든다."라는 말을 좋아합니다. 비록 부족한 사람이더라도 어떤 역할이 주어진다면 경험과 교육, 학습을 통해서 결국 리더에 적합한 행동을 하게 된다는 뜻이죠. 이런 입장을 '행동 이론'이라고 합니다. 이들은 리더의 자질보다는 행동에 초점을 맞춥니다. 잘나지도 못했고 부족한 점이 많을지라도 적합한 교육을 받으면 훌륭한 리더가 될 수 있다고 합니다. 이 입장에서는 리더는 타고나는 것이 아니라 경험을 통해 얼마든지 배울 수 있습니다.

행동 이론에 입각한 어느 연구에서는 훌륭한 리더들에게 공통적으로 나타나는 두 가지 행동 양식을 발견했습니다. 바로 배려와 과업중심(initiating structure, 구조 주도라고도 번역함) 행동인데요, 배려는 말 그대로 리더가 팀원들에게 관심을 갖고 친절하게 대하는 태도를 의미합니다. 과업중심 행동이란 리더가 팀을 주도적으로 이끌어가는 것을 의미합니다. 자신의 역할과 팀원의 역할을 명확히 정의해주고, 과업을 할당해 주며, 일정을 세우는 것입니다. 리더라면 확실한 주도권과 책임을 가져야 한다는 것이죠.

또 한편에는 될성부른 나무가 있는 것도 아니고, 자리가 사람을 만드는 것도 아니라고 하는 사람들이 있습니다. 이들은 상황이 중요하다고 못 박으며 "난세에 영웅이 난다."라는 말을 좋아합니다. 세상이 어지럽고 혼란스럽기 때문에 리더가 나타난다는 것입니다. 이를 '상황 이론'이라고 합니다. 특질 이론에서는 리더가 될 만한 자질은 타고난다고 했습니다. 만약 어떤 조직에서 그럴 만한 사람이 하나도 없다면, 과연 리더는 없는 것일까요? 상황 이론은 그렇지 않다고 합니다. 리더로서의 자질이 있건 없건, 상황이 리더를 원하면 리더가 나타난다고 합니다.

2008년 흥행 돌풍을 일으켰던 드림웍스의 〈쿵푸 팬더〉를 보았나요? 아버지의 국수 가게를 돕고 있던 팬더 포는 가업을 잇고 싶으면서도 쿵푸 마스터에 대한 꿈을 버리지 못하고 무적 5인방의 시합을 보러 갑니다. 그 자리에서 얼떨결에 대사부로부터 쿵푸 마스터가 될 것이라는 점지를 받습니다. 결국 평범한 포는 온갖 우여곡절을 거쳐 진정한 쿵푸 마스터로 거듭나기 위해 용의 문서를 손에 넣게 됩니다. 그런데 용의 문서에는 아무 비법도 쓰여 있지 않습니다. 그저 거울처럼 보는 사람의 얼굴만 비춰줄 뿐입니다. 쿵푸 마스터가 될 줄 알았다가 아무것도 쓰여 있지 않은 용의 문서를 보고 실망해서 돌아온 아들에게 아버지는 특별한 국수를 만드는 비법에 대해 말해줍니다. 아버지의 말과 용의 문서는 모두 같은 의미였습니다.

"특별하게 만들려면 특별하다고 믿으면 되거든."
"무한한 힘의 비밀은 없었어. 자기 자신뿐."

상황 이론에서는 리더십에서 중요한 것은 '누가 리더인가?'가 아니라 '어떤 상황인가'라고 합니다. 이는 만화나 영화 속 이야기만이 아닙니다. 인류 역사를 살펴봐도 그렇습니다. 어려운 순간마다 그 위기 속에서 역사의 흐름을 바꿔놓은 리더는 언제나 존재했습니다. 인류 역사라는 거창한 상황에서만 그러했을까요? 그렇지 않습니다. 그저 친구 몇 명이 모였을 때에도 그렇게 됩니다. 누가 나서야 하는 상황이라면, 결국 누구든 나서게 되어 있으니까요. 이것이 바로 상황 이론입니다.

특질 이론, 행동 이론, 상황 이론은 이후에 여러 측면으로 통합됩니다. 왜냐하면 무작정 리더의 자질을 타고난 사람을 기다리는 것도, 아무에게나 자리를 맡겨놓고 리더에게 필요한 행동을 가르치는 것도, 상황이 나빠지기를 바라는 것도 현실적이지 않으니까요. 결국 심리학자들은 극단적인 세 주장보다는, 세 주장을 통합할 때 리더십에 대해 제대로 설명할 수 있다고 생각하게 됩니다. 어느 정도의 자질도 인정하지

심리학, 세상을 움직이다

만, 그 자질이 빛을 발하는 상황도 중요하고, 또 리더에 대한 교육과 훈련도 필요하다는 식이죠.

여러분은 어떤 리더를 원합니까? 민주주의 국가에서는 투표로 리더를 선출합니다. 국가의 리더인 대통령을 뽑고(대선), 지역의 리더인 국회의원을 뽑습니다(총선). 그리고 더 작게는 지방자치를 담당할 리더들을 뽑게 됩니다(지방선거). 이런 공식적인 투표가 아니더라도 어느 조직이든 리더를 뽑는 경우가 많습니다. 이 과정에 적극적으로 참여할 때 좋은 리더를 얻을 수 있습니다. 만약 지금의 리더가 마음에 들지 않는다면, 새로운 리더가 나올 수 있도록 적극적으로 임해야 합니다.

리더는 정치에 국한된 이야기가 아닙니다. 회사에서도, 가정에서도 우리는 어느 순간 리더의 역할을 맡을 수 있습니다. 리더로서의 책임과 권한을 가지게 될 수 있죠. 여러분은 리더가 될 준비가 되었나요? 통합 이론에 따르면 대단히 훌륭한 리더의 자질이 아니라, 여러분에게 있는 별로 보잘것없는 자질이라도 그 자질을 발휘할 수 있는 상황이 올 수 있습니다. 그런 상황에서 제대로 된 리더 역할을 하기 위해서는 준비가 필요하고, 준비는 교육과 훈련을 통해 어느 정도 가능합니다.

한국 사회를 가리켜 리더가 부재한다고들 합니다. 대형 사건과 사고 속에서 어느 누구도 나서지 않는 것은 우리에게 리더십이 없기 때문이 아닐까요? 비록 우리가 정치인도 아니고, 직장에서 대단한 위치에 있지 않을지라도 리더십이 필요합니다. 그래야 중요한 순간 꼭 필요한 리더가 될 수 있을 테니까요.

세상이 무료 천지인 이유 – 단순 노출 효과

한국에서 스마트폰은 이제 생활필수품이 되었습니다. 모두가 알고 있듯이 스마트폰은 단순한 전화기가 아니죠. 작은 컴퓨터라고 해도 과언이 아닙니다. 이미 검색에서 스마트폰은 컴퓨터를 제쳤습니다. 스마트폰이 더 편리한 것은 휴대성 때문입니다. 컴퓨터는 너무 크고 무겁습니다. 게다가 전원 버튼을 누르고 어느 정도 기다려야 사용할 수 있죠. 스마트폰은 늘 소지할 수 있을 뿐 아니라 언제 어디서든 곧바로 사용할 수 있습니다. 스마트폰의 강력한 장점은 하드웨어에 국한되지 않습니다. 오히려 소프트웨어 때문에 사람들은 스마트폰을 더 애용합니다. 컴퓨터의 경우 프로그램이 너무 전문적이고 가격 또한 만만치 않습니다. 그러나 스마트폰의 프로그램인 어플리케이션은 구입이나 설치가 쉽고, 생활 밀착형 어플리케이션이 많죠. 무엇보다 중요한 것은 무료로 사용할 수 있는 어플리케이션이 아주 많다는 것입니다.

무료라니! 처음 스마트폰을 사용할 때 저는 꽤 괜찮은 어플리케이션이 무료라는 사실에 적지 않게 놀랐습니다. 컴퓨터 프로그램의 경우 비싼 가격 때문에 구입을 망설인 적이 많았습니다. 그래서 꼭 필요한 프로그램만 구입하고, 그렇지 않다면 소위 '어둠의 경로'를 통해서 구하거나 아니면 아예 구입을 포기한 적도 많았죠. 그러나 어둠의 경로를 통해서 구할 때마다 프로그램 제작자들에게는 미안하고, 저 스스로는 범법자가 되었다는 생각에 마음이 편치 않았습니다.

심리학, 세상을 움직이다

물론 스마트폰 어플리케이션도 유료가 있기는 하지만, 같은 이름의 무료 버전도 핵심 기능은 동일했습니다. 어떻게 이런 일이 가능할까요? 처음에는 어플리케이션은 컴퓨터 프로그램과 달리 제작 비용이 아주 저렴하기 때문인가 생각했습니다. 물론 프로그램이나 어플리케이션에 따라 천차만별이었지만, 무료로 배포할 정도로 아주 저렴한 것은 아니었습니다. 사용자 입장에서는 정말 고마운 일이 아닐 수 없었죠. 그러던 어느 날 스마트폰 어플리케이션에서 제 눈에 띄는 것이 있었습니다. 바로 배너 광고였습니다. 그것을 보는 순간 '아, 광고 때문에 무료였구나'라고 깨달았습니다. 그리고 보니 유료 어플리케이션은 배너 광고가 없고, 무료에만 있는 경우가 많았습니다. 여러분은 어떻게 생각하나요? 배너 광고 때문에 무료라는 말이 이해가 되나요? 제 주변 사람들은 이렇게 말하더군요.

> "난 배너 광고 보지 않아. 광고에 관심도 없는 데다가 이제는 익숙해져서 눈길도 안 가."
> "좀 눈에 거슬리긴 하지만, 그래도 이 광고 덕분에 이렇게 유용한 어플리케이션이 무료라니, 광고야 얼마든지 넣으라지."

사람들은 너무나 쉽게 광고의 효과를 무시합니다. 광고가 자신의 마음과 행동에 별 영향을 미치지 않을 것이라고 확신하기 때문입니다. 광고 때문에 무료인 것은 어플리케이션뿐만이 아닙니다. TV 수신료를 받는 공영방송을 제외하면 모든 방송 역시 무료입니다. 어디 이뿐인가요?

요즘은 무료 강의에서부터 무료 책자, 무료 식사, 무료 심리상담, 무료 배송, 무료 체험, 무료 만화, 무료 영화, 무료 음악, 무료 숙박 등 돈 한 푼 없이 가능한 일이 정말 많습니다.

도대체 광고의 힘이 얼마나 되기에 세상이 무료 천지일까요? 광고가 사람에게 미치는 영향을 가늠하려면 광고 시장의 규모를 보면 됩니다. 광고 시장 중에서도 온라인 광고 시장의 예를 들어보자면, 2013년 기준으로 그 규모가 2조 4,602억 원이었다고 합니다. 단순한 셈법으로 따져봐도 광고주가 이런 돈을 지불하는 이유는 그 이상의 수익을 내기 때문입니다. 결국 우리가 너무나 쉽게 무시하는 광고는 엄청난 영향을 미치고 있는 셈이죠.

어떻게 이런 일이 가능할까요? 광고가 사람의 마음과 행동에 미치는 방식은 여러 가지지만 그중 하나로 '단순 노출 효과'를 설명해보겠습니다. 단순 노출 효과란 어떤 자극에 반복적으로 노출되기만 해도 호감이 증가하는 현상입니다.

폴란드 태생으로 미국에서 활동했던 심리학자 로버트 자이언스는 한 실험에서 대학생들에게 처음 보는 얼굴 사진을 계속 보여주면서 얼마나 호감이 가는지를 평가하게 했습니다. 이때 많은 사진을 빠르게 보여주었기 때문에 참가자들은 얼굴을 기억하기 어려웠습니다. 이를 이용해 자이언스는 중간중간 이전에 보여주었던 얼굴 사진들을 계속 넣었는데요, 그 결과 여러 번 보여준 얼굴일수록 더 많은 호감을 느끼는 것으로 나타났습니다.

얼굴에만 해당하는 이야기가 아닙니다. 자이언스는 이후 또 다른 실험에서 순간노출기를 이용해 여러 개의 도형을 5번씩 보여주었습니다. 그가 도형을 화면에 제시한 시간은 1msec, 즉 1/1000초였습니다. 이 정도로 짧게 자극을 제시하면 사람들은 무엇을 보았다고 인식하지도 못합니다. 참가자들에게 이런 처치를 한 후에 다시 여러 도형을 화면에 보여주었습니다. 이번에는 도형 두 개를 화면에 확실하게 보여주고, 두 도형 중 바로 전에 어느 도형을 보았던 것 같은지 그리고 둘 중에 어느 도형이 더 마음에 드는지 고르게 했습니다. 그 결과 도형 인식에서는 50:50으로 차이가 없었으나, 선호도에서는 60:40으로 차이가 있었습니다. 인식은 못 했지만 아주 짧게라도 보았던 도형이 더 마음에 든다고 답한 것입니다.

우리가 의식하건 의식하지 못하건 특정 광고에 반복적으로 노출되면, 우리는 그 광고가 주는 메시지에 상당한 호감을 갖게 됩니다. 사람도 그렇습니다. 자주 볼수록 호감이 증가하고, 친숙한 이름이라면 더 쉽게 마음이 갑니다. 이런 일이 실제로 미국 워싱턴 주의 대법원장 선거에서 발생했습니다.

1990년 당시 워싱턴 주 대법원장이었던 캘로우라는 사람은 대법원장 선거에 재출마했습니다. 워낙 존경받는 법조인인 그를 이기지 못할 거라 생각해서 다른 유력한 인물들은 선거에 출마하지도 않았습니다. 그런데 의외의 사람인 존슨이 후보로 등록했습니다. 그는 평소 별로 중요치 않은 범죄 사건이나 이혼 소송을 담당하던 무명 변호사였습니다.

드디어 선거 날이 밝았고 캘로우와 존슨의 이름만 투표용지에 올랐습니다. 대통령 선거나 국회의원 선거가 아니었기에 후보에 대한 홍보도 거의 없었고, 사람들은 후보에 대해서 잘 알지도 못했습니다. 투표 결과는 놀라웠습니다. 53 대 47로 무명 변호사 존슨이 현직 대법원장을 이겼습니다.

어떻게 이런 일이 가능했을까요? 바로 이름의 친숙함 때문이었습니다. 사람들이 캘로우라는 이름보다는 존슨이라는 이름에 더 많이 노출되었기 때문에 보다 친숙하게 느꼈다는 것입니다. 실제로 당시 그 지역의 전화번호부에서 27명의 동명이인이 발견되었으며, 재판관 중에도 한 명 있었다고 합니다. 게다가 인접한 도시의 TV 앵커 중에도 동명이인이 있었는데, 이 방송이 워싱턴 주 전역에 방송되고 있었다고 하네요. 재미있게도 존슨은 이후로 무려 세 번이나 대법원장에 당선되었으며, 그 임기가 2015년까지라고 합니다.

단순 노출 효과의 또 다른 예는 파리의 에펠탑입니다. 1889년 프랑스 혁명 100주년을 기념하는 만국박람회의 조형물로 에펠탑 건설 계획이 발표되었을 때 지식인들과 시민들의 반대가 극심했습니다. 그 이유는 철제 구조물이 파리의 분위기와 전혀 어울리지 않는다는 것이었죠. 20년 뒤에 철거하겠다고 약속하고서야 공사를 진행할 수 있었다고 합니다. 하지만 에펠탑이 건설되자 시민들의 반응은 달라지기 시작했습니다. 파리 어디에서도 볼 수 있었기에 사람들은 에펠탑에 호감을 갖게 되었고, 에펠탑은 파리를 대표하는 건축물이 되었죠.

심리학, 세상을 움직이다

이에 얽힌 재미난 일화가 있는데요, 에펠탑 건설을 반대했던 사람 중 한 명이 작가 모파상입니다. 에펠탑이 완성된 후에 모파상은 에펠탑의 레스토랑에 매일 오다시피 했다고 합니다. 파리에서 에펠탑을 보지 않을 수 있는 유일한 곳이 바로 그곳이었기 때문입니다.

▲ 에펠탑은 2년 2개월 5일에 걸쳐 약 300미터의 높이로 지어졌고, 이후 40여 년간 세계 최고 인공 건조물이었다.

다시 무료 이야기로 돌아가 보죠. 어찌 보면 우리는 무료를 마음껏 이용할 때, 결코 아무것도 지불하지 않는 것이 아닙니다. 우리가 인식하지 못하는 사이 광고나 제품의 브랜드, 혹은 그 분위기에 우리의 마음을 지불하는 것입니다. 지불된 마음은 결국 돈을 지불하게 만드는 셈이니, 결코 무료가 아닙니다. 예전에 전 국민이 사용하는 SNS 서비스가 불통된 적이 있었는데요, 이때 어떤 사람이 이런 글을 올렸습니다.

"기본이 무료인데 이용자들이 불만을 제기할 건이 되나?"

아닙니다. 무료가 결코 아니죠. 우리의 마음을 내어주는 것입니다. 그러니 큰소리쳐도 됩니다. 무료라는 말에 소비자들이 기죽을 필요가 전혀 없다는 말입니다. 그리고 보면 이 세상은 무료 천지는 아닙니다. 돈보다 더 중요할 수 있는 우리의 마음을 지불한다는 면에서 유료 중 진짜 유료인 셈입니다.

똑똑한 소비자로 변신하라 – 틀 효과

사람은 최소의 비용으로 최대의 만족을 얻으려는 기본적인 경제 원칙에 따라 소비를 합니다. 이왕이면 싼값에 사고 싶은 것은 당연한 이치입니다. 특히 경제가 어려울 때일수록 소비자의 지갑은 쉽게 열리지 않습니다. 이럴 때일수록 판매자는 소비자의 지갑을 열어 자신의 지갑을 채우기 위해 끊임없이 고민하고 연구합니다. 그렇다면 소비자는 어떻게 해야 할까요? 소비자도 발전해야 합니다. 현명한 소비를 위해 고민해야 소위 '호갱(호구+고객)'님이 되지 않을 수 있겠죠.

똑똑한 소비자가 되기 위한 첫걸음은 판매자의 전략을 파악하는 것입니다. 먼저 판매자는 소비자의 지갑을 열기 위해 가격 경쟁력을 앞세웁니다. 아무래도 싸야 소비자가 지갑을 열 테니까요. 그러나 가격 경쟁력은 한계가 있습니다. 비지떡이 아닌 이상 무작정 싸게 팔 수는 없잖아요. 판매자는 이윤을 남기면서도 싸게 팔 수 있는 방법을 고민한 끝에 결국 소비자의 마음을 흔들어놓는 전략을 발전시켰습니다. 가장 대표적인 것이 세일과 할인, 묶음 상품 같은 것들입니다.

심리학, 세상을 움직이다

세일이나 할인은 언제나 기준점이 있습니다. 기존 가격이 얼마였는데, 지금은 이 가격만 받고 판다는 식이죠. 가격표만 봐도 알 수 있습니다. 기존 가격에 빨간색으로 X자 표시를 해놓고, 그 아래에 할인된 가격을 표시해놓습니다. 판매자는 "본전만 받겠다, 이 가격이면 밑지고 파는 것이다."라고 말하지만 세상에 어느 장사꾼이 밑지고 팔겠습니까? 나름의 이윤이 남기 때문에 장사를 합니다. 기준점을 원래 가격이라고 생각하면 소비자는 '이렇게 싸게 살 수 있다니'라고 생각합니다. 그러나 이번에는 기준점을 할인 가격이라고 생각해볼까요? 원래 할인 가격만 받아도 되는 물건을 그동안 판매자가 비싸게 팔았다고도 생각할 수 있습니다. 결국 어떤 틀을 가지고 보느냐에 따라 전혀 다르게 보이죠.

묶음 상품도 마찬가지입니다. 요즘 대형 마트나 동네 편의점에 가면 1+1 상품이 즐비합니다. 하나를 사면 하나를 더 주겠다고 합니다. 소비자가 한 개 가격을 기준점으로 삼게 유도하는 것입니다. 마찬가지로 이것도 기준점을 1+1 가격으로 생각해보면, 그동안 같은 상품을 2배 가까운 가격에 구입했다고 볼 수도 있습니다.

이런 경우에 적용되는 원리가 바로 '틀 효과'입니다. 틀 효과란 동일한 내용을 다르게 표현하고 제시해서 상대방의 의사결정에 영향을 미치는 현상을 의미합니다. 어떤 틀에 전달하느냐에 따라 전달받은 이의 태도나 행동이 달라집니다. 형편없는 그림도 고급 액자(틀)에 끼워 넣으면 좋은 그림처럼 보이죠. 정말 별 볼 일 없고 오래된 제품도 고풍스럽다는 '엔티크antique'라는 말을 붙이면 왠지 고급스럽게 보입니다. 이처럼 틀 효과는 사람들이 내용보다는 그 내용이 제시되는 틀의 영향을 더 많이 받기 때문에 일어나는 현상이라고 할 수 있습니다.

틀 효과라는 개념으로 2002년 노벨경제학상을 받은 심리학자가 있습니다. 바로 이스라엘의 심리학자 다니엘 카네만입니다. 심리학자가 경제학상을 수상했다고 하니 의외라고 생각할 수 있겠지만, 심리학은 인간의 사고와 행동 전반을 연구하기 때문에 어느 분야든지 접목할 수 있다는 장점이 있습니다. 그는 여러 실험을 통해서 인간의 소비는 일관적이고 합리적이기보다는 비합리적이라고 말합니다. 같은 현상도 어떻게 받아들이는지에 따라 다르게 반응하는 셈이죠.

다시 세일이나 할인, 묶음 상품 이야기로 돌아가 보겠습니다. 소비자는 눈에 보이는 원래 가격을 기준점으로 삼기 쉽습니다. 그동안 판매자가 상당한 폭리를 취해왔다고 생각하려면 평소에 한 번 더 생각해서 기준점을 잡아야만 합니다. 그러나 판매자가 제시하는 기준점이 아닌 자신만의 기준점을 가지는 똑똑한 소비자라고 해도, 판매자의 두 번째 전략 앞에서는 속절없이 무너집니다. 그것은 바로 "지금 안 사면 손해!"라는 문구입니다. 도대체 왜 우리는 손해라는 말만 들으면 너무나 쉽게 지갑을 열게 될까요?

이 답을 알기 위해서 카네만에게 노벨경제학상을 안겨준 심리 실험 하나를 소개하겠습니다. 여러분도 부담 없이 한번 풀어보세요. 상황은 이렇습니다. 여러분에게 꽤 많은 돈이 있고, 수익을 얻기 위해 이 돈을 투자하려고 합니다. 어떻게 수익을 낼지 하나를 골라봅시다.

A라는 방법으로는 3,000만 원을 벌 확률 100퍼센트

B라는 방법으로는 4,000만 원을 벌 확률 80퍼센트

아무것도 벌지 못할 확률 20퍼센트

골랐나요? 그러면 이제 두 번째 상황으로 넘어가 보겠습니다. 여러분이 돈을 벌기 위해 투자를 했으나, 결과적으로는 피할 수 없는 손실을 입게 되었습니다. 그런데 불행 중 다행으로 다음의 두 가지 방법 중에서 한 가지를 선택할 수 있습니다.

C라는 방법으로 3,000만 원을 잃을 확률 100퍼센트

D라는 방법으로 4,000만 원을 잃을 확률 80퍼센트,

아무것도 잃지 않을 확률 20퍼센트

여러분은 어떤 방법을 선택했나요? 카네만의 연구에서는 첫 번째 상황에서 80퍼센트의 사람들이 A를, 두 번째 상황에서 92퍼센트의 사람들이 D를 선택했습니다. 여러분도 똑같았나요? 어찌 보면 첫 번째와 두 번째는 그저 이익과 손실(손해)이라는 것만 달랐을 뿐인데, 사람들은 다르게 반응했습니다. 사람들은 이익과 연관된 상황에서는 불확실한 많은 돈(B)보다는 확실한 적은 돈(A)을 선택하고, 손실과 연관된 상황에서는 확실한 적은 돈(C)보다는 불확실한 많은 돈(D)을 선택했습니다. 다시 말해 돈을 벌 때는 모험을 하지 않고 푼돈을 모으지만, 돈을 잃을 때는 모험을 감수하다가 결국 목돈을 버린다는 것이죠.

왜 손실과 연관된 상황에서는 더 모험을 하는 걸까요? 이에 대해 카네만은 손해에 대한 심리적 고통은 이익을 통해 얻는 즐거움에 비해 2.5배나 크다고 지적합니다. 어떻게든지 손실을 보지 않으려 하기 때문입니다. 이를 '손실 혐오'라고 합니다. 이익이 되는 상황과 다르게 손해를 보는 상황이라면 물불을 가리지 않고 달려든다는 것입니다.

판매자는 바로 이런 심리를 이용해서 우리가 지갑을 열게 합니다. 지금 당장 구입하면 이익이라는 말보다, 지금 당장 구입하지 않으면 손해라는 말을 하면서 말이죠. 손해가 될지도 모른다는 생각이 들면 우리는 그때부터 비합리적으로 행동합니다. 손해가 그토록 무섭고 싫고 고통스럽기 때문입니다. 결국 당장 필요하지 않은 물건들을 마구잡이로 구입하게 됩니다.

손실 혐오를 이용한 전략 중 하나가 바로 포인트 제도입니다. 통신사에서 제공하는 포인트나 할인 혜택 역시 사용하지 않으면 손해를 볼 것 같은 마음이 듭니다. 통신사는 사용하지 않으면 소멸시키겠다면서 우리를 협박합니다. 결국 소비자가 '이거 안 쓰면 손해잖아'라고 생각하면, 20퍼센트 할인을 받기 위해 더 많은 돈을 주고 당장 필요하지도 않은 물건을 구입하거나, 굳이 먹고 싶지도 않은 음식점에서 포인트보다 몇 배의 돈을 더 주고 음식을 시켜 먹습니다.

신용카드사 포인트는 이보다 한발 더 나아갑니다. 통신사는 1년에 한 번씩 포인트를 갱신해주지만, 신용카드사는 신용카드를 사용할 때마다 확실히 포인트를 쌓아주겠다고 하면서 잠재적 이익으로 우리를 유혹합니다. 예를 들어 어떤 신용카드사는 특정 카드를 새로 만들면 사용한 금액의 '무려' 1퍼센트를 포인트로 돌려주겠다고 합니다. 하지만 1퍼센트는 무려가 아닙니다. 카드사가 가맹점으로부터 받는 수수료가 대략 2.5퍼센트임을 생각할 때 '겨우' 1퍼센트일 수도 있습니다. 또한 우리가 지불하는 100퍼센트에 비하면 '정말 보잘것없는' 1퍼센트인 셈이죠.

이처럼 포인트로 돌려받는 금액이 아주 보잘것없더라도 우리는 기쁨을 느낍니다. 돈을 벌 때는 안전한 푼돈을 선호하기 때문입니다. 이런 식으로 신용카드를 열심히 사용하게 만듭니다. 그다음은 앞서 말씀드린 것처럼 쌓아놓은 포인트를 쓰지 않으면 손해라고 말하면서 다시 신용카드를 사용하게 만듭니다. 결국 엎어지든 자빠지든 소비자는 판매자의 전략에 당하기가 쉽습니다. 당장 이익을 얻기 위해 더 큰 지출을 감내하고, 당장 손해를 보지 않으려고 더 많은 지출을 하니까요. 이것이 바로 틀 효과의 위력입니다.

틀 효과는 이미 우리에게 익숙한 전략입니다. 여러분도 한 번쯤 들어본 적이 있는 조삼모사朝三暮四가 그것입니다. 춘추전국시대 송나라 저공狙公이라는 사람이 키우던 원숭이들에게 아침을 주려고 보니 먹이가 부족해서 "아침에는 3개, 저녁에는 4개 주겠다."라고 말했습니다. 이 말을 들은 원숭이들은 당장 3개밖에 먹지 못한다는 이야기에 불같이 화를 냈습니다. 그래서 저공이 "그러면 아침에 4개, 저녁에는 3개를 주겠다."라고 말을 바꾸자 원숭이들은 만족해했다는 이야기입니다.

똑똑한 소비자로 변신하기 위해서는 정신을 똑바로 차려야 합니다. 판매자가 제시하는 기준점을 그대로 받아들이지 말고, 한 번 더 생각해 볼 필요가 있습니다. 판매자만 아는 원가를 추측해보면 됩니다. 또한 할인이나 세일, 묶음 상품을 볼 때 꼭 필요한 물건이라면 모를까, 그렇지 않다면 구입하지 않아야 합니다. 만약 구입을 망설이는 상황이라면 '저것을 사지 않으면 나에게 손해인가?'라고 생각하기보다는 '저것을 사면 나에게 이익인가?'라고 생각해보세요. 그러면 보다 똑똑한 소비자가 될 수 있습니다. 마지막으로 포인트라는 것에 현혹되지 않도록 주의하세요. 포인트는 미끼일 뿐이니까요.

인지적으로 우린 모두 구두쇠다

처음 가는 길은 왜 멀게 느껴질까요? 도보로 가든, 차를 몰고 가든 마찬가지죠. 요즘이야 내비게이션 때문에 조금 수월해졌지만, 내비게이션이 없을 때는 정말로 그랬습니다. 계속 지도를 봐야 하고, 이정표에서 눈을 뗄 수 없었습니다. 가끔은 차를 세워 행인에게 길을 확인해야 했고요.

마침내 목적지에 도착하면 '휴, 정말 멀다'라는 생각이 가득합니다. 너무 먼 곳까지 왔다는 생각 때문에 돌아갈 일도 까마득하게 느껴집니다. 그래서 그곳에서 제대로 시간을 보내지도 못하고 예정보다 시간을 앞당겨서 출발합니다. 그런데 어떻게 된 일인지 집으로 돌아올 때에는 그렇게 멀다는 생각이 안 듭니다. 길이 엿가락처럼 늘었다가 줄었다가 하는 것도 아닐 텐데, 왜 처음 갈 때에는 멀게 느껴지고 돌아올 때에는 그보다 가깝게 느껴질까요?

그것은 우리가 '인지적 구두쇠'기 때문입니다. 우리의 정신적 에너지와 정보 처리 용량은 제한되어 있습니다. 외부의 정보를 받아들여서 처리할 수 있는 능력은 무한대가 아니죠. 이러다 보니 사람들은 자연스레 자신의 인지적 에너지를 구두쇠처럼 아끼려는 경향이 있습니다. 마치 자신이 쓸 수 있는 돈이 제한되어 있을 때 돈을 아끼려는 것처럼 말입니다.

처음 가는 길은 모든 것이 새롭습니다. 긴장을 늦출 수가 없죠. 지도를 보고, 이정표를 보고, 길을 물어보면서 동시에 운전까지 해야 하니까요. 여러 정보를 받아들이고 판단하고 그 판단에 근거해 행동까지 하려면 우리의 인지적 에너지는 평소보다 더 많이 소모됩니다. 당연히 신경이 곤두서고, 쉽게 피로해집니다. 평소 즐겨 듣던 라디오 채널도 소음으로만 느껴집니다. 옆에서 누가 뭐라고 이야기하는 것도 듣기 싫어집니다. 이런 이유 때문에 많은 사람들이 즐거워야 할 휴가를 떠나면서 싸우는 것입니다.

아니, 도대체 인지적 에너지가 뭐기에 그렇게 아끼려고 할까요? 그냥 있는 그대로 쓰면 안 되나 하는 생각이 들지도 모르겠습니다. 인지적 에너지는 몸의 에너지, 즉 몸으로 따지면 체력과 비슷합니다. 사람은 누구나 체력을 아끼려고 하는 것처럼, 인지적 에너지도 가능한 한 아끼려고 합니다. 그래야 만약의 사태를 대비할 수 있기 때문이죠.

갈 때와 달리 돌아오는 길을 비교적 가깝게 느끼는 것은 한 번 경험했던 길이기 때문입니다. 어느 정도 길에 대한 정보를 가지고 있기에 처음보다 인지적 에너지를 덜 사용하게 됩니다. 그래서 정신적으로 편안해지고, 돌아오는 길은 훨씬 가깝다고 느끼게 됩니다.

인지적 구두쇠기 때문에 힘들다고 느끼는 것은 비단 처음 가는 길뿐만이 아닙니다. 새로운 것이면 어떤 것이든 마찬가지입니다. 이직과 이사, 전학도 그렇습니다. 새로운 직장에 가고, 새로운 동네로 이사하며, 새로운 학급에서

심리학, 세상을 움직이다

공부하는 이들도 그렇지만, 이들을 맞이하는 사람들도 그렇죠. 이 때문에 새로운 사람의 등장을 반갑게 맞이하기는 참 어렵습니다. 누군가를 다시 알아가야 한다는 것 자체가 상당한 부담감을 주니까요.

학교뿐 아니라 직장에서 문제가 되는 '왕따' 역시 같은 이치입니다. 왕따는 처음부터 다수의 사람이 모여서 다수결로 결정하는 것이 아닙니다. 누군가에 대한 험담이나 부정적 평가에 대해 다른 사람들이 무비판적으로 받아들이기 때문입니다. 험담과 부정적 평가가 정말 맞는지 확인 없이 수용하는 경우가 많은데요, 이 역시 우리가 인지적 에너지를 아끼려고 너무나 무비판적으로 받아들이기 때문입니다. 이런 식으로 발 없는 말이 천리를 가는 법이죠.

사람들은 합리적으로 맞는지 따져보고 어떤 생각을 하기보다는, 먼저 생각하고 이후에 합리화할 이유를 찾습니다. 그 사람이 버릇이 없다느니, 잘난 척을 한다느니 하면서 누군가를 나쁘게 보는 자신의 생각이 타당하다고 자위합니다. 하지만 정말 불편을 느끼는 이유는 그 사람 때문이라기보다는 자신의 인지적 에너지가 부족하기 때문인 것입니다.

그러나 진짜 구두쇠는 돈을 써야 할 때 쓴다고 하지 않던가요? 인지적 구두쇠인 우리도 때로는 누군가를 고통스럽게 하는 섣부른 판단을 멈추고, 정말 자신의 판단이 합리적인지 생각해볼 필요가 있습니다. 그리고 처음 가는 길이 멀게 느껴지더라도 돌아오는 길은 보다 가깝게 느껴질 테니, 힘들고 어렵게 도착한 그곳에서 조금이라도 더 쉬고 나서 출발하기를 바랍니다.

Chapter 02

심리학이 연쇄살인범을 잡다

:범죄심리학, 법정심리학

범죄심리학은 심리치료(임상심리학, 상담심리학 등) 못지않게 많은 이들이 관심을 갖는 심리학의 분야입니다. 인간의 마음과 행동에 대해 과학적으로 접근하는 심리학은 범죄수사의 핵심이라 할 수 있는 과학수사와 잘 어울립니다. 범죄심리학이란 범죄 혹은 범죄자를 과학적으로 연구하는 심리학이라고 할 수 있습니다. 누가, 언제, 어떻게, 왜 범죄를 저지르는지를 연구하고 범죄자에게 어떤 처우를 해야 하며, 더 나아가 어떻게 범죄를 예방할 수 있는지에 대한 연구도 합니다.

단지 범죄자(가해자)만이 아니라 피해자를 비롯해 목격자, 그리고 판사와 변호사까지 법정 장면에 관련이 있는 사람들을 대상으로 연구하는 분야를 법정심리학이라고 합니다. 범인의 검거와 조사뿐 아니라, 판결과 교정 단계에 이르기까지 법과 관련된 다양한 분야에 적용할 수 있는 분야입니다. 이런 면에서 범죄심리학을 법정심리학의 하위 분야로 보기도 합니다.

연쇄살인범, 도대체 넌 누구냐 – 반사회성 성격장애

21세기의 첫 10년 동안 대한민국은 세 명의 연쇄살인범에게 경악했습니다. 유영철과 정남규, 강호순이었죠. 먼저 유영철은 2003년 9월부터 2004년 7월까지 노인과 부녀자 등 무려 20명을 살해하고 그중 11구를 토막 내 암매장해서 '희대의 살인마'로 기록되었습니다. 유영철이 한국 사회에 가져온 충격은 굉장했습니다. 이전까지의 연쇄 살인 사건에 비해 피해자의 수가 상당했기 때문입니다. 언론에서는 연일 유영철에 대한 보도가 이어졌습니다. 수사와 검거는 물론 재판 결과까지 말이죠. 결국 2005년 대법원에서 사형이 확정되었습니다.

유영철의 충격이 가시기도 전에 연쇄 살인 사건이 다시 일어났습니다. 정남규는 2004년 1월부터 2006년 4월까지 모두 25건의 강도 상해와 살인 등을 저질렀는데요, 그중 13명이 숨졌고 20명이 중상을 입었습니다. 정남규는 2007년 대법원에서 사형이 확정되었는데, 2009년 구치소 독방에서 목을 매 자살을 기도했습니다. 교도관이 발견하여 병원으로 옮겼으나, 다음 날 새벽에 사망했습니다.

두 연쇄살인범은 이문동 살인 사건이라는 연결점이 있습니다. 2004년 2월 동대문구 이문동에서 한 여성이 처참하게 살해된 사건에 대해 유영철은 자신이 저지른 사건이라고 주장했습니다. 그러나 증거불충분으로 무죄를 선고받았습니다. 이 사건은 결국 정남규가 저지른 것으로 밝혀졌습니다. 유영철의 기억 착오였는지 아니면 알지도 모르는 살인자를 보호하려는 마음 때문이었는지 정확히는 알 수 없지만, 두 연쇄살인범 사이에 연결점이 있는 것 같아 섬뜩하기까지 하네요.

　마지막으로 강호순은 2006년부터 2008년까지 경기 남부에서 8명의 부녀자를 살해했습니다. 이후 수사 과정에서 2005년 네 번째 부인의 집에 불을 질러 부인과 장모를 살해했다는 사실까지 알려져서 많은 사람들이 충격을 받았습니다. 2009년 서울고등법원에서 사형을 선고받았는데, 항소를 하지 않아 사형이 확정되었다고 합니다.

　세 명의 범죄자가 한국 사회에 던져놓은 것은 충격만이 아니었습니다. 연쇄살인범, 사이코패스, 소시오패스, 반사회성 성격장애에 대한 궁금증과 오해도 던져놓았죠. 이런 용어에 대해 하나씩 짚어보려고 합니다.

　먼저 연쇄살인범은 말 그대로 여러 명을 연쇄적으로 살해한 사람을 일컫는데, 테러처럼 여러 명을 한 번에 살해하는 것이 아니라 별도의 사건에서 살해하는 경우입니다. 보통 살인 사건은 대부분 우발적이고, 범행동기가 명확합니다. 금전적 이유나 치정(질투), 복수 등 개인적인 감정 때문에 지인을 대상으로 저지르는 경우가 태반입니다. 이 때문에 살인 사건을 수사할 때는 주변 사람에 대한 탐문부터 시작합니다. 그래서 피해자가 어떤 사람이었는지 수사하다 보면 자연스레 범인을 찾아내게 됩니다. 그러나 연쇄 살인 사건의 경우 무차별적으로 진행됩니다. 무차별적이라는 것은 왜 이 사람을 죽였는지에 대한 이유가 나타나지 않는다는 것입니다. 바꿔 말하면 살인 그 자체가 목적인 것입니다.

살인 자체가 목적이라는 말이 이해가 되나요? 어떻게 사람을 죽이는 것 자체가 목적이 될 수 있을까요? 대부분의 사람들은 죽이는 것 자체를 목적으로 가질 수 없습니다. 죄책감 때문입니다. 그러나 이들은 그런 감정을 느끼지 못합니다. 세 명의 연쇄살인범 중 강호순이 대표적입니다. 그는 체포된 이후에는 물론 사형이 확정된 이후에도 반성의 기미가 전혀 없었다고 합니다. 감옥에서는 동료 재소자들을 노예처럼 부려먹으면서 왕처럼 생활해서, 담당 형사와 교도관들을 놀라게 했다고 할 정도니까요.

▲ 사이코패스는 타인의 고통을 공감하지 못하고 죄책감도 느끼지 못한다.

연쇄살인범과 동의어로 사용되는 단어가 사이코패스입니다. 이 개념을 처음으로 정립한 사람은 독일의 정신과 의사 슈나이더입니다. 그는 1920년대 출간한 자신의 책에서 사이코패스의 10가지 특징을 언급했습니다. 비정상적 기분/활동, 불안정한 예민함과 불안정한 강박 증상, 광신, 자기 확신, 정서적 불안정, 폭발적 성격, 냉담하고 차가움, 약한 의지, 무기력입니다.

한마디로 말하자면 충동 조절이 제대로 되지 않고 타인의 고통에 대한 공감 능력이 현저히 떨어지며 매우 꼼꼼하고 계획적이기까지 합니다. 따라서 살인 충동이 올라오면 즉시 계획적인 살인을 진행하고, 죄책감이나 두려움 같은 감정을 제대로 느끼지 않기 때문에 딱히 다른 이유가 없다면 살인을 멈추지 않으며, 자신이 위험에 처하더라도 피하지 않습니다. 그러나 선악은 명확히 구분할뿐더러, 정상 범위의 지능을 가지고 있기 때문에 주변 사람들의 눈에 띄지 않습니다.

마치 여러분이 길을 가다가 발 앞에 깡통이 있을 때 눈에 거슬린다는 이유로 깡통을 발로 걷어차는 것처럼, 사이코패스는 자신에게 방해가 되거나 아니면 기분이 나쁘다는 단순한 이유로, 혹은 과거의 누군가를 연상시킨다는 이유로 사람을 무차별적으로 죽입니다.

사이코패스라는 말과 함께 자주 언급되는 것이 소시오패스입니다. 사이코패스를 정신병질자라고 번역한다면, 소시오패스는 사회병질자라고 번역하죠. 두 단어는 종종 혼용될 정도로 큰 차이는 없습니다. 다만 원인 면에서 구분하는 경우가 있는데요, 사이코패스가 타고난 성향 때문이라면 소시오패스는 보다 부정적인 사회 환경 때문이라고 할 수 있습니다. 예를 들면 어린 시절 부모로부터 받은 학대나 유기(버려짐), 비행을 저지르는 또래, 가난 같은 이유가 소시오패스의 원인인 셈이죠. 그러나 현실적으로 이 두 용어를 명확하게 구분하지는 않습니다. 사람의 어떤 성향에 영향을 미치는 것이 유전인지 환경인지 정확히 구분할 수 없는 것과 같은 이치입니다.

심리학, 세상을 움직이다

▶ 소시오패스는 타인에게 피해를 입히거나 법을 어기는 것이 잘못임을 알면서도 저지른다.

지금은 사이코패스와 소시오패스라는 말을 공식적으로 사용하지는 않습니다. 언뜻 보기에는 사이코패스가 의미하는 바가 명확하게 보이는 듯하지만, 하나씩 따져 들어가면 모호한 부분이 너무 많기 때문입니다. 사실 이 개념이 정립되었던 1920년대는 정신장애나 심리적 문제에 대한 조사와 연구가 제대로 이루어지기 전입니다. 그저 현장 전문가들이 자신들의 경험에만 근거해서 자신들만의 언어와 표현으로 묘사할 뿐이었죠. 당연히 사이코패스를 제대로 이해할 수 있는 객관성과 보편성이 결여되었다고밖에 볼 수 없습니다. 물론 전문가들이 언론에 나와 공공연히 사이코패스라는 단어를 사용할지라도 이는 일반인들의 이해를 돕기 위한 것일 뿐, 학계에서는 거의 사용되지 않습니다.

정신장애를 진단하는 현대의 기준인 DSM에서 보자면 반사회성 성격장애가 사이코패스나 소시오패스와 가장 비슷합니다. 구체적인 진단기준은 다음과 같습니다.

(1) 법에서 정한 사회적 규범을 지키지 못하고, 구속당할 행동을 반복하는 양상

(2) 개인의 이익이나 쾌락을 위한 반복적인 거짓말, 가명을 사용한다거나 타인을 속이는 것과 같은 사기

(3) 충동성 또는 미리 계획을 세우지 못함

(4) 빈번한 육체적 싸움이나 폭력에서 드러나는 과흥분성(자극과민성)과 공격성

(5) 자신이나 타인의 안전을 무시하는 무모성

(6) 일정한 직업을 갖지 못하거나 채무를 청산하지 못하는 행동으로 드러나는 지속적인 무책임성

(7) 자책의 결여, 타인에게 상처를 입히거나 학대하거나 절도 행위를 하고도 무관심하거나 합리화하는 양상

이처럼 타인의 권리를 무시하거나 침해하는 행동이 3가지 이상일 경우에 반사회성 성격장애라고 진단을 내릴 수 있습니다. 그런데 여기에 또 다른 조건이 하나 추가됩니다. 과거에 '품행장애'라는 진단을 받았거나, 진단은 받지 않았더라도 이에 상응하는 증상이 있어야 합니다. 다시 말해 사람이나 동물을 심하게 괴롭히거나 잔혹하게 대하는 등 노골적인 공격성을 드러내고, 타인의 재산을 파괴하며, 사기를 치거나 거짓말을 반복하고, 규칙을 심각하게 위반하는 행동입니다. 과거에 품행장애의 증거가 있어야 한다는 것은 반사회성 성격장애가 갑자기 나타나는 것이 아니라 어린 시절부터 꾸준히 발달한다는 것을 의미합니다.

언젠가부터 사이코패스와 연쇄살인범이 동의어로 사용되기 시작했습니다. 그러나 모든 사이코패스가 살인자가 되는 것은 아닙니다. 미국립보건원(NIH)의 조사에 따르면 미국에서 반사회성 성격장애로 진단받을 수 있는 사람의 비율(유병률)은 0.6퍼센트라고 합니다. 미국 인구를 3억 명이라고 했을 때 180만 명 정도가 된다는 것이죠. 그러나 이 중에서 연쇄살인범은 불과 몇십 명에서 많아야 몇백 명뿐입니다.

나머지는 도대체 어디에서 무엇을 하고 있을까요? 먼저 폭행과 절도 같은 범죄를 상습적으로 저질러서 교도소를 제집처럼 들락거리는 사람들이 있습니다. 이들은 대개 경제적 수준이 낮거나 지능이나 학력이 낮습니다. 사회에 불만이 많고 적응을 잘 못 하기 때문에 눈에 띌 뿐이죠. 만약 경제적 수준이 높거나 지능과 학력이 높으면 정치나 경제를 비롯해 상위 계층에 속해 있을 가능성이 상당히 큽니다. 이들은 자신의 지위를 이용해 온갖 비리를 저지르고, 자신의 이익과 성공을 위해 주변 사람들을 이용하는 데 주저하지 않을 것입니다. 권력을 가지고 있고, 법의 허점을 잘 활용하며, 살인 같은 끔찍한 일을 저지르지 않기 때문에 그저 눈에 띄지 않을 뿐입니다. 소시오패스 역시 우리 가족이나 친구, 직장 동료 등 평범해 보이는 주변 사람들 속에 존재할 수 있습니다. 실제로 소시오패스가 사이코패스보다 훨씬 많고, 전체 인구의 4퍼센트(25명 중 1명) 정도가 소시오패스라고 합니다. 이렇게 생각하니 섬뜩하군요. 그리고 보면 누군가의 감정에 공감할 수 있고, 자신의 잘못에 대해 죄책감을 갖거나 후회할 수 있다는 것도 감사할 일이 아닌가 싶습니다.

과학수사와 프로파일러 – 프로파일러

1940년 11월의 어느 날 뉴욕의 전력회사 콘 에디슨 공장 창문에서 수상한 상자가 발견되었습니다. 포장지에는 "콘 에디슨 악당들에게 – 당신들을 위한 선물이야 Con Edison crooks - This is for you"라고 쓰여 있었습니다. 그것은 화약이 가득 들어 있는 폭탄이었습니다. 다행히 불발탄이어서 피해는 없었고, 모두들 누군가의 고약한 장난이려니 생각하며 대수롭지 않게 넘겼습니다. 그로부터 시작해 1956년까지 무려 20건 이상의 폭발 사고가 있었습니다. 폭발되지 않은 것까지 치면 30건이 넘었죠.

폭발 장소는 주로 극장과 공중전화 박스, 라디오 방송국, 버스터미널과 기차역 등 유동인구가 많은 곳이었습니다. 범인은 경찰을 조롱하듯 언론을 통해 편지를 보냈습니다. 특히 제2차 세계대전이 발발하고 미국이 참전을 선언하자, 범인은 전쟁 중에는 폭탄을 설치하지 않겠다고 선언했고 실제로 폭발 사고는 없었습니다. 전쟁이 끝난 후 폭발 사고는 다시 시작되었습니다. 언론은 그를 '미친 폭파범 Mad Bomber'이라 불렀습니다. 경찰은 범인을 잡기 위해 모든 노력을 기울였지만 허사로 돌아가자 정신분석가로 유명한 브러셀에게 자문을 구하러 갔습니다.

브러셀은 편지와 현장의 사진 등 여러 자료를 검토한 끝에 범인은 중년의 뚱뚱한 독신남으로, 형제와 함께 살고 있을 수 있으며, 아버지를 증오하고 어머니를 강박적으로 사랑한 가톨릭계 이민 2세라고 추정했습니다. 특히 최초의 폭발 사고가 일어났던 전력회사 콘 에디슨을 지목

심리학, 세상을 움직이다

하면서, 이 회사에 개인적인 원한이 있을 것이라고 말했습니다. 무엇보다 범인은 단추가 달린 더블 수트를 입고 있을 것이라며 아주 구체적인 부분까지 예측했습니다.

뉴욕 경찰은 프로파일에 근거해 범인 조지 메테스키를 검거했습니다. 검거될 당시 브러셀의 예언대로 그는 단추가 달린 더블 수트를 입고 있었다고 합니다. 마치 미래에서 온 듯한 이 정신분석가에게 사람들의 이목이 집중되었습니다.

▲ 프로파일링에 의해 검거된 메테스키는 검거 당시 정말로 단추가 달린 더블 수트를 입고 있었다.

언론은 브러셀을 '카우치의 셜록 홈즈'라고 치켜세웠습니다. 고전적 정신분석이 카우치라는 소파에 내담자를 눕게 하고 치료를 진행한 것에 빗댄 말입니다. 이후에도 기존의 수사 방식으로는 해결하기 어려운 사건이 벌어질 때마다 이런 식의 접근이 유효했습니다. 마침내 1972년 미국 FBI는 행동분석팀을 설치했습니다. 본격적으로 프로파일러 제도를 도입하게 된 것입니다.

그렇다면 프로파일러는 어떻게 범인을 추정할까요? 보통의 살인 사건이 단회적이라면 연쇄 살인 사건은 반복적입니다. 반복되는 사건을 들여다보면 피해자들 사이에 공통점이 발견됩니다. 직업이나 외모, 성별이나 연령대가 대표적입니다. 범인이 선호하는 피해자 유형을 통해 범인이 어떤 사람인지 추정할 수 있죠.

유영철의 경우 주로 노인과 여성을 살해했습니다. 특히 노인들은 부유층이 대부분이었고, 여성들의 직업은 대체로 출장 안마사였습니다. 부유한 노인들을 죽였다는 것은 가진 자들에 대한 분노가 있었음을 의미합니다. 경제적으로 열악한 환경에서 성장했고 돈이 없어서 자신의 꿈을 이루지 못하는 등 적지 않은 좌절을 겪어야 했던 사람이라고 예상해볼 수 있습니다. 출장 안마사 여성들을 죽인 것은 분명 그의 삶에서 안마사와 관련된 여성이 중요한 대상이었음을 예측해볼 수 있죠.

실제로 유영철은 14세 때 부친이 사망한 이후 홀어머니 밑에서 성장하면서 경제적으로 매우 어려웠다고 합니다. 그래서인지 중학교 졸업 후 원하던 예고 입학이 좌절되고, 공고에 진학했지만 적응을 못 해 자퇴

심리학, 세상을 움직이다

했습니다. 이후 다양한 직업을 가졌으나 제대로 자리를 잡지 못하다가, 22세인 1991년에 안마사였던 황모 여인과 결혼한 것입니다. 가장으로 경제적 압박을 더 심하게 받은 그는 경찰관을 사칭하는 등 14번이나 특수절도 및 성폭력으로 입건되어 11년 동안 교도소에 수감되어 있었습니다. 그러던 중 2002년 아내가 이혼 소송을 제기하였고, 이듬 해 출소한 지 13일 만에 최초의 살인을 저지르게 되었습니다.

어떤가요? 유영철의 성장 배경이나 경험이 그의 범죄를 잘 설명해주는 것 같지 않나요? 심리학을 비롯한 모든 과학적 접근은 결정론에 근거합니다. 간단히 말하자면 모든 현상에는 원인이 존재한다는 것이죠. 심리학에서는 인간의 마음과 행동에는 원인이 있다고 가정합니다. 범죄자의 범죄행동도 마찬가지입니다. 범죄행동이란 인간의 행동 중에서 가장 강력하고 극단적인 것입니다. 강력하고 극단적일수록 그 특성이 선명하게 나타나는 법이죠. 프로파일러는 바로 이 부분에 관심을 갖습니다. 그러기 위해서는 오랜 시간 축적된 자료와 연구 결과가 필요합니다. 특정 증거나 자료와 개인의 특성을 연결하려면 직관만으로는 해결할 수 없으니까요. 과학을 지향하는 심리학은 철저하게 증거와 자료 중심적입니다. 그래서 과학수사라는 현대적 범죄수사 방향과 잘 어울리는 셈이죠.

많은 분들이 즐겨 보는 미드 〈크리미널 마인드〉는 FBI 행동분석팀의 활약상을 그리고 있습니다. 한마디로 프로파일러들이 연쇄살인범을 검거하는 이야기입니다. 이 드라마를 보면 프로파일러들이 몇 가지 증거만으로 범죄자의 특성을 쉽게 추론하는 것처럼 보입니다. 그리고 그 추론은 대부분 정확하게 맞아떨어집니다. 하지만 이것은 어디까지나 드라마일 뿐입니다. 기존의 자료에 근거해서 범죄자의 특성을 추론하는 일은 언제나 확률에 근거합니다. 틀릴 가능성도 상당하다는 이야기죠.

그뿐만 아니라 프로파일링만으로 범죄자를 검거할 수 있는 것은 절대 아닙니다. 다른 수사관들과 긴밀한 협조가 이루어져야 하죠. 유영철 사건의 경우도 프로파일러의 활약보다는, 도우미 아가씨들을 업소로 보내주는 속칭 '보도방' 업주들의 활약이 컸다고 합니다. 어느 보도방의 업주는 특정 번호로부터 걸려온 전화를 받고 나갔던 여성들이 하나같이 연락이 두절되는 것을 이상히 여겼습니다. 그래서 인근 업주들에게 특정 번호를 공유한 것입니다. 결국 다른 보도방 업주는 해당 번호에서 연락이 오자 경찰과 함께 업소로 찾아가서 유영철을 검거했습니다.

메테스키의 검거 역시 프로파일링만의 승리는 아니었습니다. 그는 한 언론사 앞으로 보낸 편지에 "난 콘 에디슨 공장의 일 때문에 부상을 당했다. 그 결과 난 완전히, 그리고 영원히 불구자라는 선고를 받았다."라는 내용을 기록했는데, 이 편지에서 사고 날짜를 1931년 9월 5일이라고 명시했습니다. 어쩌면 그의 실수였다고 할 수 있죠. 당연히 경찰은 이 날짜에 이 공장에서 사고를 당한 사람을 찾았지만 성과가 없었다고 합니다. 나중에 알고 보니 메테스키는 처음부터 콘 에디슨이 아니라 합병된 회사에서 일했던 종업원이었는데, 경찰은 그동안 처음부터 콘

심리학, 세상을 움직이다

에디슨에서 일했던 종업원들만을 대상으로 수사했기 때문에 검거가 늦었던 것입니다.

물론 프로파일링은 범인을 신속히 검거할 수 있도록 용의자의 수를 줄여줄 수도 있고, 주어진 용의자 가운데서 가장 가능성 있는 사람을 지목할 수도 있습니다. 하지만 영화나 드라마에서처럼 프로파일링이 결코 만능은 아닙니다. 국내 1호 프로파일러인 권일용 경위(당시)는 프로파일링이 사이코패스 범죄 수사의 만능열쇠처럼 여겨져서는 안 된다고 강조하면서 이렇게 말했습니다. "프로파일러가 주목받는 것은 우리가 대하는 사건이 워낙 사회적으로 충격적인 것이어서 그런 것 같습니다. 프로파일링만으로 범죄를 해결할 수는 없죠. 일선 수사관의 수사, 현장 감식, 과학수사가 유기적으로 결합해야 합니다. 프로파일링은 범죄수사의 효율성을 높여주는 수단일 뿐입니다. 프로파일링만으로 범죄를 해결했다고는 말할 수 없습니다."

국내에 프로파일러 제도가 도입되기 시작한 것은 2000년입니다. 그동안 현장감식요원으로 활동하면서 범죄 유형과 범죄자의 성향 사이에 일정한 연관이 있음을 깨닫고 프로파일링에 관심을 갖게 된 권일용 경위를 필두로 2005년부터 심리학과 사회학 전공자들을 특채했습니다. 2014년 현재 전국에서 약 40명 정도가 활동하고 있다고 합니다.

〈크리미널 마인드〉에서는 프로파일러들이 직접 범인을 검거하는 것으로 나옵니다. 그러나 우리나라에서는 범죄행동에 대한 분석을 통해서 일선 수사관들에게 정보를 제공할 뿐, 직접 검거에는 나서지 않는다고 합니다. 물론 검거 이후 조사와 면담 과정에서 다양한 심리 기법을 활용하여 자백을 받아내는 일도 합니다.

드라마와 현실의 차이는 또 있습니다. 미국은 워낙 나라도 크고 인구도 많으며 총기 소지가 가능하기에 연쇄 살인 사건을 비롯해 해결해야 할 범죄가 많은 편이라고 합니다. 즉 프로파일러들의 활동 영역이 더 크다는 것이죠. 그러나 국내의 경우 전체 범죄에서 살인이 차지하는 비중은 1퍼센트도 안 된다고 합니다. 연쇄 살인 사건은 더더욱 적은 편이라고 하니, 미드처럼 연쇄살인범을 잡기 위해 프로파일러가 되고 싶은 분이 있다면 신중히 생각해보아야 할 듯합니다.

생각해보니 프로파일러를 비롯한 범죄심리학은 어쩌면 크게 번창하지 않아야 될 분야가 아닌가 싶습니다. 범죄심리학이 번창한다는 것은, 프로파일러가 더 많아진다는 것은 그만큼 무서운 범죄가 많아진다는 것 아닐까요? 이런 면에서 미국보다 범죄심리학 분야가 발달하지 않았고, 프로파일러들의 활동이 활발하지 않다는 사실은 다행이란 생각도 듭니다. 물론 현재의 범죄를 해결할 정도로는 필요하겠지만 말이죠.

범죄자, 타고나는가 만들어지는가 – 모의 감옥 실험

범죄자는 타고나는 것일까요, 만들어지는 것일까요? 이 질문을 두고 어느 누구도 100퍼센트 타고나는 것이라거나, 100퍼센트 만들어지는 것

이라고 주장하기는 어렵겠죠. 그런데 사이코패스의 경우 소시오패스와 달리 비교적 타고나는 성향 때문이라는 설명을 들으면 타고나는 쪽에 가깝지 않나 하는 생각이 듭니다.

물론 반대 의견도 만만치 않습니다. 유전의 영향으로 타고나는 성향도 분명 있긴 하지만, 이런 성향만으로는 범죄자가 되지 않는다고 합니다. 연구에 의하면 어떤 유전자는 과학이나 예술, 탐험 등의 분야에서 세계를 놀라게 할 만한 업적을 남기게 하는 사람에게서 발견되지만, 중독이나 범죄 등 심각한 문제를 유발하거나 자기 파괴적인 행동을 하는 사람에게서도 발견된다고 합니다. 결국 타고난 것은 동일해도 어떤 환경이냐에 따라 달라진다는 것입니다.

범죄자가 타고나는지, 아니면 환경에 따라서 만들어질 수 있는지 이 수수께끼 같은 질문은 철학자와 종교인, 예술가와 사상가를 비롯해 수많은 사람이 지금까지 던졌고, 지금도 던지고 있으며, 앞으로도 던질 질문입니다. 그중 한 명은 미국 스탠퍼드 대학의 사회심리학자 필립 짐바르도였습니다. 당시까지만 해도 대부분의 사람은 범죄자에게는 악한 천성이 있다고 믿어 의심치 않았습니다. 타고난다는 쪽이었죠. 그러나 짐바르도는 범죄자의 높은 재범률에 주목했습니다. 교도소라는 환경이 범죄자를 교화하기보다는 오히려 더 질 나쁜 범죄자로 만드는 것은 아닐까 의심한 것입니다.

그는 자신의 가설을 검증하기 위해 지역 신문에 '환경 조작에 따른 심리 변화'를 주제로 실험을 한다면서 참가자들을 모집하는 광고를 냈습니다. 실험은 총 2주 동안 진행될 예정이었고, 참가자들에게는 일당 15달러를 제시했습니다. 1970년대의 15달러는 지금으로 치면 80달러가 넘는다고 합니다. 게다가 무려 2주 동안이니, 어림잡아 계산해도 총 천달러 이상을 벌 수 있다는 계산이 나옵니다. 광고를 보고 모여든 사람은 70여 명이었습니다.

짐바르도는 스탠퍼드 대학의 한 건물에 진짜 감옥과 거의 흡사하게 모의 감옥을 만들고, 사람들을 그 안에서 생활하게 할 작정이었습니다. 감옥 안에서 죄수와 간수 역할을 주었을 때, 사람들이 실제로 어떻게 변화하는지 보기 위한 것이었습니다. 평범한 사람들이 범죄자가 되는지를 알아보는 실험이라고나 할까요? 만약 실험에 참여한 사람들이 악하게 행동했을 때 그것이 감옥이라는 환경 때문이라고 결론 내리려면 참가자들을 선별해야 했습니다. 정신장애를 겪은 적이 없고, 과거에 범죄를 저지른 적이 없으며, 경제적 수준과 지능 및 건강 등에서 정상적이고 평범해야 했죠. 누가 봐도 범죄 성향을 갖고 있지 않다고 할 수 있어야 했습니다. 결국 24명이 최종 선발되었습니다. 이들 중 9명에게는 간수 역할, 또 다른 9명에게는 죄수 역할, 나머지 6명에게는 대기자라는 임무가 주어졌습니다.

간수에게는 어떠한 물리적 폭력도 사용하지 말 것을, 죄수에게는 간수의 말에 순종할 것을 요청했습니다. 이 외에는 어떤 특별한 규칙도 만들지 않았습니다. 참가자들 모두 일종의 실험임을 알고 있었기 때문에 2주 동안 재미있는 감옥 놀이를 할 수도 있었죠. 이후 죄수 역할을 맡은

　　　　　　　심리학, 세상을 움직이다

사람들에게는 집으로 돌아가서 경찰이 검거하러 올 때까지 기다리라고 했고, 간수 역할을 맡은 사람들에게는 간수 복장(제복, 선글라스, 호루라기, 경찰봉)을 나눠주고 감옥에서 대기하게 했습니다.

실험 첫날, 연구자들은 지역 경찰의 협조를 얻어 죄수 역할 참가자들을 집에서 체포하는 상황을 연출했습니다. 경찰차에 태워 모의 감옥으로 데리고 온 후 옷을 완전히 벗기고 살충제를 뿌렸습니다. 그리고 원피스처럼 위아래로 뚫린 죄수복과 샌들을 제공했습니다. 속옷을 입지 못한 죄수들은 허전함을 느꼈습니다. 삭발의 효과를 내기 위해서 머리에 스타킹을 뒤집어쓰게 했으며, 오른발에는 체인을 채웠습니다. 그리고 죄수들은 이름이 아닌, 죄수복에 붙어 있는 번호로만 불린다는 것도 알려주었습니다.

두 번째 날, 죄수 5401번은 다른 죄수들을 부추겨서 폭동을 일으켰습니다. 간수들을 비웃고 모욕했으며, 우스꽝스러운 스타킹 모자와 죄수 번호표를 제거했습니다. 그리고 간수들이 감방 안으로 들어오지 못하도록 안쪽에서 간이침대로 바리케이드를 쳤습니다. 당황한 간수들은 죄수들에게 밀리면 안 된다는 생각에 소화기를 사용하여 죄수들을 진압했고 옷과 침대를 빼앗았습니다. 그리고 죄수들의 분열을 유도하기 위해 일부 죄수에게 옷과 침대를 돌려주고 음식을 주었고, 반나절 후에는 다시 다른 죄수들에게 똑같이 했습니다. 죄수들은 누군가가 간수에게 협조하는 것이라고 생각해 서로를 불신하기 시작했습니다.

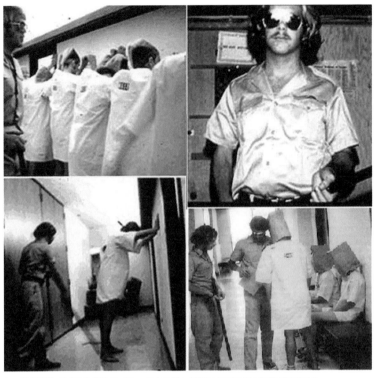

▲ 모의 감옥은 실제 감옥처럼 꾸며졌고, 죄수와 간수 복장도 실제와 비슷하게 제공되었다.

얼마 지나지 않아 죄수 8612번은 시도 때도 없이 울거나 웃고 분노감에 차서 공격적인 행동을 보이기 시작했습니다. 짐바르도를 비롯한 연구자들은 처음에 8612번이 속임수를 쓴다고 생각했으나 그 반응이 점차 심해져 결국 그를 석방하기로(실험에서 내보내기로) 결정했습니다.

세 번째 날, 실제 감옥처럼 면회 시간이 주어졌습니다. 죄수들은 부모와 친구들을 만날 수 있었습니다. 이 와중에 전날 석방된 8612번이 친구들을 데리고 감옥으로 쳐들어와서 죄수들을 석방해줄 것이라는 소

심리학, 세상을 움직이다

문이 퍼졌습니다. 짐바르도는 집단 탈옥의 가능성, 즉 실험이 중단될 수 있다는 위기감을 느껴 실험에 개입했습니다. 죄수들을 다른 곳으로 이동시킨 것입니다. 하지만 자신도 어느새 관찰자가 아닌 또 하나의 간수가 되어가고 있음을 깨닫고는, 개입을 중단하고 죄수들을 다시 감옥으로 돌아오게 했습니다. 이 사건으로 간수들은 더욱 심하게 죄수들을 괴롭히기 시작했습니다. 맨손으로 변기 청소를 시켰으며, 몇 시간 동안 팔굽혀펴기를 하게 했죠. 놀랍게도 죄수들은 말없이 복종했습니다.

네 번째 날에는 종교의식이 예정되어 있었습니다. 이를 위해 초청받은 천주교 사제는 죄수들의 상태를 보고는 부모에게 연락해주겠다고 약속했습니다. 다른 죄수들이 면담을 하는 동안 죄수 819번은 면담을 거부한 채 의사를 불러달라고 했습니다. 819번의 상태가 심각함을 느낀 연구자는 감옥에 들어와서 "어떤 의사를 원하는지 알려달라."라면서 죄수를 감옥 밖으로 데리고 나갔습니다. 이 장면을 목격한 간수들은 또 한 명의 죄수가 석방될지도 모른다는 생각에 다른 죄수들에게 "819번은 나쁜 죄수다!"를 복창하게 했습니다. 밖에서 이 소리를 들은 819번은 괴로워하며 울기 시작했습니다. 연구자는 실험 포기를 권유했지만 819번은 자신이 나쁜 죄수가 아님을 증명해야 하므로 그럴 수 없다고 말했습니다. 이때 연구자는 819번의 이름을 부르면서 "이 모든 것은 단지 실험입니다!"라고 말했고, 그제야 참가자는 꿈에서 깨어난 듯 정신을 차렸습니다. 그는 자신을 진짜 819번 죄수라고 인식하고 있었던 것입니다.

다섯 번째 날, 시간이 갈수록 간수들의 학대가 심해졌습니다. 특히 한밤중이 되자 간수들은 연구자들이 퇴근했을 것이라고 판단하고 죄수들을 더욱 심하게 학대했습니다. 사제에게 연락을 받은 죄수의 부모들은 연구자들에게 항의했습니다. 이에 더하여 간수와 죄수를 면접한 연구자 한 사람이 실험 중단을 강력하게 요청했습니다. 결국 실험은 다음 날 중단되었습니다. 그런데 놀라운 사실은 이 실험을 관찰했던 50명의 사람들 중 실험 중단을 강력하게 요청한 사람은 이 한 사람뿐이었다는 것입니다.

이 실험의 결과는 매우 충격적이었습니다. 지극히 평범한 사람들을 모의 감옥에 넣고 단지 역할만 부여했을 뿐인데 이렇게까지 반응하다니! 간수는 정말 악랄해졌고, 죄수는 무기력을 경험했습니다. 간수의 통제를 벗어나기 위해 죄수들은 서로 협력했고, 이것이 깨졌을 때에는 온갖 심리적 불안정을 경험했습니다.

그러나 모의 감옥 실험은 심리학 실험으로서의 최소한의 요건도 갖추지 않았습니다. 가설도 명확하지 않았고, 통제 집단도 설정되지 않았습니다. 그래서 한동안 심리학계에서는 주목받지 못한 실험이었습니다. 2003년 짐바르도의 은퇴와 함께 이 실험도 심리학사에서 주목받지 못하는 실험으로 묻힐 뻔했습니다.

그런데 1년 후인 2004년, 전 세계는 이라크의 한 포로수용소에서 벌어진 미군과 영국군의 포로 학대 사건에 경악했습니다. 공개된 사진을 보면 한 이라크 포로는 시커먼 도사견 앞에 묶인 채 무력하게 있습니다.

심리학, 세상을 움직이다

▲ 이라크 아부그라이브 포로수용소에서 벌어진 포로 학대 사진은 세상에 큰 충격을 던져주었다.

다른 사진들은 더욱 충격적이었습니다. 사진 속에서 한 포로는 양손에 전깃줄을 잡고 봉투를 뒤집어쓴 채로 상자 위에 서 있었고, 미군은 상자에서 떨어지면 전기 충격을 가할 것이라면서 위협을 가하고 있었습니다. 또 다른 사진에서 포로들은 피라미드처럼 포개져 있었고, 포로들의 피부에는 영어 욕설이 적혀 있었습니다. 병사들이 발가벗은 포로들을 배경으로 기념 촬영을 한 사진도 있었습니다. 어떤 사진 속에는 포로들이 성행위를 연상시키는 자세를 취하고 있고, 미군 병사들이 손가락질하며 웃는 장면이 담겨 있었습니다.

짐바르도는 이 사건이 일어나자마자 모의 감옥 실험 홈페이지에 포로 학대 사진과 모의 감옥 실험 사진을 함께 실었습니다. 놀랍게도 두 사진은 연출된 것처럼 흡사했습니다. 포로를 학대하는 군인의 악랄함은 40년 전 스탠퍼드 대학의 지하실에서 이미 예견되었다고 주장하기에 충분했죠. 이 실험이 전 세계적인 관심을 받게 되자 '무엇이 선량한 사람을 악하게 만드는가'라는 부제를 붙여 '루시퍼 이펙트'라는 제목의 책을 출간했습니다. 이후로 그는 은퇴 전보다 더 바쁘고 더 유명한 심리학자가 되었습니다.

이 실험 결과만으로 범죄자는 타고나기보다는 만들어지는 것이라고 단정 지을 수는 없습니다. 한 사람이 범죄자가 되기까지 수많은 변인들이 영향을 미치기 때문입니다. 하지만 분명히 말할 수 있는 것은 범죄자의 모든 것을 단순히 그 내면의 문제로만 돌릴 수는 없다는 것입니다. 원래 사람이 악했다느니, 태어날 때부터 악마의 모습이 보였다느니 하는 식의 주장은 인류가 범죄에 무력하다는 주장으로 이어질 뿐입니다. 그래서 범죄심리학자들은 범죄자들이 죄를 저지르는 환경과 동기를 연구하고, 어떻게 해야 다시 죄를 짓지 않게 할 수 있을지 고민하고 있습니다. 하지만 한편으로 이들의 연구는 계속되지 않을까 싶습니다. 범죄의 역사란 인류의 역사와 늘 함께했고, 앞으로도 그럴 것 같으니까요.

심리학, 세상을 움직이다

범죄심리학자는 무슨 일을 할까

범죄심리학자가 하는 여러 업무 중 가장 대표적인 것은 범죄행동 분석이라고 하는 프로파일링입니다. 그러나 이 외에도 범죄심리학자들은 다양한 현장에서 다양한 업무를 맡고 있습니다. 법무부 산하의 여러 기관(검찰, 분류심사원, 보호관찰소, 교도소 등)과 형사정책연구원 같은 유관기관에서 활동하는 범죄심리학자들도 있으나, 경찰에서 활동 중인 범죄심리학자들의 업무를 중심으로 소개해드리겠습니다.

● 범죄행동 분석

보통 프로파일링이라고 하는 범죄행동 분석은 크게 두 단계에서 이루어집니다. 먼저 범인을 검거하는 과정에서 사용할 경우 현장의 여러 증거와 자료를 통해 범인의 동기와 성격, 성장 배경이나 직업 등의 다양한 특성을 추론합니다. 가장 많이 알려진 범죄행동 분석이죠.

이런 과정을 통해 범인을 검거했다면, 그다음은 조사를 하겠죠. 이때에도 범죄행동 분석을 합니다. 진술하는 과정에서 나타나는 비언어적 행동, 언어와 음성적 특징, 감정 표현 등을 관찰해서 심리적 변화를 추론하고 진술의 신빙성 여부를 따져봅니다.

● 진술 분석

범죄 사건을 조사할 때 가장 신경 써야 할 부분은 진술의 신빙성 여부입니다. 실제 경험한 사건에 대한 진술과 허위나 상상에 의한 진술은 내용과 질에 있어서 분명한 차이가 존재합니다. 이 차이에 근거해 진술을 직접 분석하기도 합니다. 물론 범죄행동 분석을 통해서도 진술의 신빙성 여부를 알 수 있지만, 이는 어디까지나 간접적인 것입니다. 진술 분석은 진술을 직접적으로 분석하는 것입니다.

● 생리심리 검사: 폴리그래프 검사, 뇌파 분석

폴리그래프 검사는 거짓말 탐지기로 많이 알려져 있습니다. 대부분의 사람들은 중요한 사안에 대해 거짓말을 할 때 양심의 가책을 느끼고, 이는 심박수 증가나 혈압 상승, 호흡 곤란, 땀 분비와 같은 신체 변화를 유발합니다. 바로 이런 측정치를 이용하여 거짓말인지를 파악합니다. 그러나 사이코패스처럼 죄책감을 느끼지 않을 경우 정확성이 떨어진다는 문제가 있어서 법적으로 증거로 채택되기 어렵습니다.

뇌파 분석은 비교적 최근에 사용하기 시작했으나 과학적 근거가 명확합니다. 범죄를 저질렀다면 현장 사진을 보여주었을 때 처음 보는 곳이라고 거짓말은 할 수 있어도, 뇌의 반응까지 통제할 수는 없습니다. 익숙한 장면을 보았을 때 나타나는 뇌파와 새로운 장면을 보았을 때 나타나는 뇌파의 차이를 비교하면서 범죄와의 연관성을 추론할 수 있습니다.

심리학, 세상을 움직이다

● 인지 면담

의도적으로 거짓 진술을 하는 사람도 있지만, 어떤 경우는 기억이 선명하지 않아 제대로 된 진술을 못 하기도 합니다. 보통 목격자들이 그런데요, 예전에는 최면을 통해 기억을 되살리곤 했으나 최면은 온전한 의식 상태에서 진행되는 것이 아니어서 법정에서 증거로 채택되기 어렵습니다.

그러나 인지 면담이라는 비교적 최신의 방법은 최면과 달리 의식이 있는 상태에서 연상 작용을 통해 명확하고 체계적으로 목격한 장면을 기억하게 도와줍니다. 기존의 면담이 수사관 중심으로 진행된다면, 인지 면담은 진술하는 사람이 주체가 되어 기억을 떠올리는 방식입니다. 한 연구에 따르면 최면보다 더 효과가 좋다고 합니다. 당연히 법정에서도 증거로 채택될 수 있죠.

● 피해자 지원

강력사건이 발생하면 언론이나 대중의 관심은 피의자(범죄자)에게만 초점이 맞추어집니다. 정작 그 사건의 피해자들이 겪어야 할 심리적 고통은 제대로된 관심을 받지 못하죠. 특히 범죄 피해들은 재해나 사고보다 PTSD(외상 후 스트레스 장애) 발병률이 4~6배 정도 높다고 합니다. 또한 범죄 발생 초기부터 수사 단계 전반에 걸쳐 피해자의 인권을 보호하고 지원할 필요성이 대두되었습니다. 구체적으로는 피해자들을 대상으로 심리상담을 진행합니다. 단지 형식적으로 하는 것이 아니라 전문적 심리상담을 받을 수 있도록 합니다. 때에 따라 의료 지원과 법률 지원, 경제적 지원을 하기도 하며, 각종 피해자 지원 단체와의 연계 활동을 통해 다양한 지원을 받도록 합니다.

Chapter
03

운동을 잘하려면 심리학을 배우자
: 스포츠심리학

스포츠심리학은 말 그대로 스포츠와 관련된 인간의 마음과 행동을 연구하는 분야라고 할 수 있습니다. 스포츠는 인류의 역사와 함께한다고 해도 과언이 아닐 정도로 그 역사가 오래되었습니다. 역사가 길 뿐만 아니라, 지금까지도 수많은 사람들이 보고 즐기며 직접 참여하는 삶의 주요 활동입니다.

현장에서 활용되는 스포츠심리학의 관심은 당연히 운동선수들이 좋은 성과를 거두는 것입니다. 이를 위해 스포츠심리학자들은 명상이나 상상 훈련 등 다양한 심리적 기술을 활용하도록 도와줍니다. 경기력 향상에 직접 영향을 미치는 방법이죠. 또 다른 방식은 선수들과의 심리상담을 통해 간접적으로 경기력 향상을 꾀하는 것입니다. 한국에서 스포츠심리학자가 되려면 심리학보다는 체육학을 전공해야 합니다. 스포츠심리학이 적용되는 분야가 일반인들보다는 전문적으로 운동을 하는 선수들이기 때문에, 체육학의 하위 분야로 자리 잡았습니다.

운동은 함께해야 제맛이다 – 사회적 촉진

한국 사람들에게 영어는 족쇄 같습니다. 어디를 가든 영어 성적을 요구하죠. 영어 못 하면 상급 학교 진학도 어렵고, 취직도 어려운 것이 현실입니다. 대학생들이 휴학을 하는 이유 1순위가 영어 공부 때문이니까요. 뭘 하든 영어 공부는 필요하다면서 사람들은 끊임없이 영어 학원으로 몰려들고 있습니다. 이는 비단 진학이나 취직을 앞둔 사람들만의 이야기가 아닙니다. 취직을 한 후에도 승진을 위해서는 영어 공부를 놓을 수가 없습니다.

그런데 영어보다 더한 족쇄가 있습니다. 아주 지겹도록 그 중요성에 대해 이야기를 듣습니다. 어쩌면 공교육에서는 영어보다 더 일찍 배우게 됩니다. 무엇일까요? 바로 운동입니다. 어렸을 때부터 부모들의 성화에 못 이겨서 체육관에 다닙니다. 시간이 지나면 여자는 다이어트를 위해서 운동을 해야겠다는 생각을 합니다. 남자아이들이 만나서 주로 하는 놀이는 운동입니다. 남자의 세계에서 운동을 잘하는 것만큼 쉽게 인기를 쉽게 얻는 일도 없을 겁니다. 때에 따라 공부를 잘하는 것보다 더 인정받기도 합니다.

영어는 나이가 들수록 그 중요성이 감소하지만, 운동은 다릅니다. 나이가 들수록 체력이 떨어진다고 느끼고, 병원에 가면 의사로부터 운동 좀 하셔야겠다는 핀잔을 듣기 일쑤입니다. 운동 부족인 친구가 갑작스럽게 과로사로 세상을 떠나기라도 하면 근처 수영장이든 골프장이든 피트니스 센터든 돈을 싸들고 가게 됩니다.

어떤 사람들은 운동을 하는 데 돈이 드는 것이 아깝다며 혼자 운동하겠다고 합니다. 집에서 스트레칭을 비롯해 온갖 맨손 체조를 하는 식이죠. 아니면 혼자서 인적이 드문 동네 공원이나 뒷산, 학교 운동장을 걷거나 뛰려고 합니다. 과연 잘될까요? 저는 이런 분들을 만나면 단호하게 말씀드립니다. 당장 돈이 아깝다는 생각이 들어도 결국에는 득이 될 테니 혼자가 아닌 다른 사람들과 함께할 수 있는 운동을 하는 게 좋다고 말이죠.

이렇게 단호하게 말씀드릴 수 있는 것은 미국 인디애나 대학의 심리학자이자 최초의 스포츠심리학자로 불리는 트리플렛의 발견 때문입니다. 그는 무언가를 혼자 할 때보다 누군가와 함께할 때 더 좋은 수행을 보인다는 '사회적 촉진' 현상을 발견했습니다.

트리플렛은 1898년 사이클 선수들이 혼자 달리는 것보다는 다른 선수와 함께 달리는 것이 기록 단축에 효과적이라는 사실을 목격했습니다. 시합 때는 당연합니다. 그런데 기록이나 경쟁과는 무관한 연습 상황에서도 마찬가지였습니다. 코치는 그냥 트랙을 돌면서 몸을 풀라고 했을 뿐인데도, 선수들은 동료와 함께할 때 더 힘차게 페달을 밟았습니다. 처음부터 전력을 다하기보다 여유 있게 몸을 푸는 것이 이후 본 연습이나 시합에 더 유리하다는 것을 선수들도 잘 알고 있었습니다. 그런데도 경쟁을 하듯 선수들은 아주 열심히 트랙을 돌았죠.

이후 심리학자들은 연구를 통해 사회적 촉진이 두 가지 형태로 나타난다는 사실을 발견했습니다. 하나는 함께 참여하는 사람이 있을 때 나타나는 '공통행동 효과', 또 다른 하나는 관중이 있을 때 나타나는 '관중 효과'입니다.

트리플렛의 관찰은 공통행동 효과라고 할 수 있죠. 이런 예는 우리 주위에 얼마든지 있습니다. 집에서는 밥을 잘 안 먹거나 편식하는 아이가 유치원이나 학교에서는 반찬도 가리지 않고 밥을 잘 먹기도 합니다. 공부도 혼자 하면 잘되지 않지만 도서관 열람실처럼 사람들이 함께 공부하는 곳에서는 잘되기도 합니다. 저 역시 글을 쓰거나 책을 읽을 때 아무도 없는 조용한 장소보다는 커피전문점처럼 다른 사람들이 함께 있는 장소를 택합니다. 요즘에는 저 같은 사람들이 많아서 오전에 가보면 커피전문점이 아니라 도서관 열람실 분위기가 나더군요. 어떤 실험에서는 참가자들에게 낚싯줄을 감으라는 과제를 주었더니 혼자서 감을 때보다 다른 참가자와 함께 있는 상황에서 더 빨리 감았다고 합니다.

▲ 혼자 운동할 때보다 여럿이 함께 운동할 때 사회적 촉진 현상이 일어난다.

관중 효과가 잘 나타나는 곳은 농구나 축구 등 남학생들의 운동경기
입니다. 그저 친구들끼리 장난스럽게 시작한 운동경기지만, 하나둘 관
중이 생기면 너 나 할 것 없이 프로선수 못지않은 투지와 결의에 찬 모
습을 보이죠. 만약 그 관중이 여학생이라면 효과는 배가 됩니다.

관중 효과는 경기가 아닐 때에도 나타나는데요, 농구 코트에서 혼자
슛을 던지고 있거나 벽을 향하여 축구공을 차던 사람들, 그리고 운동장
트랙을 따라 천천히 뛰던 사람들은 누군가가 지켜보고 있을 때 더욱 열
심히 합니다. 오늘 저녁 집 근처 학교 운동장에 가서 관중이 되어보세
요. 혼자 걷거나 달리면서 운동하는 사람의 발걸음이 빨라지는 것을 목
격할 수 있을 테니까요.

정말 놀라운 사실은 이런 사회적 촉진 현상이 동물들에게도 나타난
다는 사실입니다. 다른 닭과 함께 있는 닭은 혼자 있는 닭보다 60퍼센
트까지 더 먹으며, 심지어 다른 닭이 먹고 있는 비디오를 보기만 해도
더 먹었다고 합니다. 그리고 개미들도 다른 개미들이 있을 때 굴을 더
많이 판다고 하네요. 믿어지지 않나요? 네, 정말입니다. 여기서 끝이 아
닙니다. 심지어 바퀴벌레를 가지고 실험을 한 심리학자도 있습니다. 바
로 로버트 자이언스라는 심리학자인데요, 그는 72마리의 암컷 바퀴벌
레를 직선으로 뻗은 통로에서 달리게 했습니다. 그 결과 바퀴벌레 역시
혼자 달렸을 때보다 친구와 함께했을 때, 그리고 다른 친구들이 쳐다보
고 있을 때 더 빠르게 달렸습니다. 공통행동 효과와 관중 효과가 모두
나타났다는 것이죠.

심리학, 세상을 움직이다

그러나 타인의 존재가 이렇게 수행을 촉진하기만 하는 것이 아니라, 때로는 수행을 저하하기도 합니다. 이를 '사회적 저하'라고 합니다. 사회적 저하는 비교적 어려운 과제를 수행할 때 나타나는데요, 그 예로 복잡한 퍼즐을 완성하는 일이나 어려운 수학 문제를 푸는 일 등이 있습니다. 학창 시절 시험 시간에 감독 선생님이 바로 옆에 서 있으면 어떻던 가요? 선생님의 눈에서 레이저라도 나오는지 뒤통수가 뜨거워져서 시험에 집중하기 어려웠을 것입니다. 혼자서 연습할 때는 제법 잘했던 음악이나 체육 실기(수행평가)도 선생님과 친구들 앞에서는 제 실력을 발휘하지 못해 속상했던 경험도 있을 것이고요.

정리하자면 쉬운 과제에서는 타인의 존재가 사회적 촉진을, 어려운 과제에서는 사회적 저하를 일으킨다고 할 수 있습니다. 앞서 언급한 바퀴벌레들도 마찬가지였습니다. 아래 그림처럼 직선 통로(쉬운) 달리기 과제에서는 사회적 촉진 현상이 일어났지만, 교차로에서 우회전을 해야 하는(어려운) 달리기 과제에서는 사회적 저하 현상이 일어났습니다.

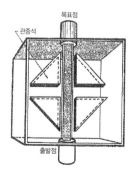
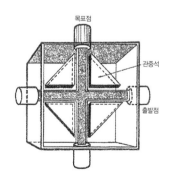

그렇다면 왜 타인의 존재가 과제에 따라 수행을 촉진할 수도 있고, 저하할 수도 있을까요? 이에 대해 바퀴벌레 심리학자 자이언스는 타인의 존재가 생리적으로 각성(심박 증가, 혈압 상승, 근육 긴장 등)시키기 때문이라고 합니다. 몸과 마음이 흥분하고 긴장되었을 때 쉬운 과제는 더 잘하게 되지만, 반대로 어려운 과제는 더 못하게 된다는 것입니다. 쉬운 과제를 잘하려면 타인이 존재하는 곳에서 신체 각성이 높을 때 하고, 어려운 과제를 보다 잘하려면 타인이 존재하지 않는 곳에서 신체 각성이 낮을 때 하는 것이 좋습니다.

이를 통해 전문가와 초보자, 프로 선수와 아마추어 선수의 차이를 설명할 수 있습니다. 전문가에게는 일이 비교적 쉬운 과제에 속합니다. 그러니 쳐다보는 사람이 있거나 함께 경쟁하는 동료가 있다면 더 좋은 성과를 냅니다. 그러나 초보자는 일을 어렵게 느끼기 때문에 반대 효과가 나타납니다. 프로 선수는 하루 종일 운동을 하고, 아마추어 선수는 여유 시간에만 운동을 하죠. 당연히 아마추어 선수보다는 프로 선수에게 운동이 쉽게 느껴집니다. 그러니 관중이 많을 때 프로 선수는 더 잘하게 되고, 아마추어 선수는 예상치 못한 실수를 범하기도 합니다.

이처럼 여러 사람 앞에서 자신의 능력을 마음껏 내보이기 위해서는 끊임없는 연습과 반복이 필요합니다. 그래야 과제가 더 쉽게 느껴집니다. 어느 경지에 도달하기 위해서는 많은 노력과 시간이 필요하다는 소위 '1만 시간의 법칙'처럼 말이죠. 물론 처음부터 어떤 과제를 쉽게 해내는 사람도 있겠죠. 그리고 조금만 노력해도 뛰어난 성과를 보이는 타고

심리학, 세상을 움직이다

난 능력자도 있을 것입니다. 그렇다고 해서 노력하고 열심히 하는 것이 의미가 없다고 할 수 없습니다. 사람이든 바퀴벌레든 연습과 반복밖에는 답이 없는 것 같네요.

　여러분은 전문 운동선수가 아니겠죠. 다른 사람에게 보이려는 목적으로, 금메달을 따는 것처럼 자신의 운동 실력을 증명하려는 목적으로 운동하지는 않을 것입니다. 건강이 운동의 목적이죠. 얼마든지 운동의 종류를 선택할 수 있습니다. 따라서 자신이 잘하는 운동을 선택하는 것이 좋습니다. 또한 누군가와 함께할 수 있으면 좋습니다. 약간의 긴장과 각성을 더할 수 있는 사람, 즉 모르는 사람들이면 더 좋습니다.

　자신이 못하는 운동을 타인과 함께하면 사회적 저하가 일어나고, 자신이 잘하는 운동을 타인과 함께하면 사회적 촉진이 일어납니다. 만약 잘 못하는 운동이지만 잘하고 싶다면 처음 적응할 때까지는 개인 지도를 받든가, 아니면 사람이 적은 곳에서 시작하는 것도 좋습니다. 그래서 어려운 운동이 쉽게 느껴진다면 많은 사람들과 함께하면 좋습니다. 당장 돈 몇 푼 아끼겠다고 혼자 운동하다가 작심삼일을 반복하지 말고, 사람들과 함께 신 나고 즐겁게 건강을 챙기기 바랍니다.

마음으로 승부한다 – 스트레스 노출 훈련, 상상 훈련

2004년 아테네올림픽을 앞둔 어느 날 서울 잠실야구장에서 이색 풍경이 펼쳐졌습니다. 양궁 국가대표팀이 과녁을 향해 활시위를 당겼기 때

문입니다. 야구장에서 양궁 시합이라니! 많은 사람들이 어리둥절해했습니다. 지금 자신이 야구장을 제대로 찾아온 것인지 순간 의심하는 사람들도 있었겠죠. 그러나 그곳은 분명 야구장이었습니다.

양궁은 다른 어느 종목보다 순간의 집중력이 메달의 색깔을 바꾸는 운동입니다. 불과 1~2점 차이가 승패를 가르기 때문이죠. 이 때문에 다른 어느 종목보다 스포츠심리학의 연구 결과를 일찍 받아들였습니다. 그 결과 야구장에서 활을 쏘기까지 한 것입니다. 온갖 소음과 환호성이 많은 상황에서 집중할 수 있다면, 실제 시합에서도 좋은 성적을 거둘 수 있으니까요.

양궁은 올림픽에서 효자 종목으로 분류됩니다. 어떤 분들은 한국 양궁이 우수한 이유를 '본래 활을 잘 쏘는 민족'이라는 데서 찾습니다. 외세의 침략에 대비해서 활을 쏘는 능력을 타고났다는 식이죠. 그러나 이는 사실이 아닙니다. 유럽형 활인 양궁은 신체적으로 동양인에게 불리하다고 합니다. 활시위를 당길 때 동양 선수보다는 팔이 긴 서양 선수가 일직선으로 쭉 뻗을 수 있기 때문입니다.

이런 신체적 불리함을 뛰어넘을 수 있었던 것은 스포츠심리학에 근거한 훈련 덕분이었다고 합니다. 단지 양궁장에서 활만 계속 쏘는 것이 아니라, 다양한 심리 훈련을 한다고 알려져 있습니다. 앞서 언급했던 야구장에서의 소음 훈련뿐 아니라 특수전 요원(UDT) 훈련, 번지점프, 공동묘지 달리기, 뱀 소굴 탐방 등 어떠한 상황에서도 침착하게 자신의 마음을 다스릴 수 있도록 하는 것이 목적입니다.

심리학, 세상을 움직이다

이런 훈련을 스포츠심리학에서는 '스트레스 노출 훈련'이라고 합니다. 간단하게 말하자면 스트레스 상황에 반복적으로 노출함으로써 적응할 수 있도록 돕는 것입니다. 구체적으로는 세 단계로 구성되는데요, 첫 단계는 교육입니다. 스트레스가 무엇인지, 우리 몸은 어떻게 반응하고 수행에 어떤 악영향을 미치는지 알게 됩니다. 두 번째는 스트레스 상황에서도 좋은 수행을 할 수 있도록 다양한 기술을 배웁니다. 집중 훈련, 생리반응 조절 같은 것들이죠. 마지막 단계는 실제 스트레스 상황에서 기술을 적용하고 연습하는 것입니다. 우리는 단지 양궁 선수들이 야구장 훈련이나 번지점프 같은 것만 한다고 생각하기 쉽지만, 이는 세 번째 단계일 뿐입니다. 이를 위해 스트레스에 대한 교육도 받고, 이 상황에서 사용할 수 있는 다양한 기술도 배웠을 것입니다.

이런 체계적인 심리 훈련 결과 한국 양궁은 엄청난 성과를 이루었습니다. 1984년 LA올림픽에서 서향순 선수가 금메달을 딴 이후로 승승장구해 2012년 런던올림픽까지 무려 19개의 금메달을 획득했는데요, 특히 1988년 서울올림픽부터는 여자 단체전에서 7연패를 했으며, 런던올림픽에서는 오진혁 선수가 남자 양궁 개인전에서 우승하여 28년 노 골드No Gold의 한도 풀었습니다.

화려한 이력 중의 절정은 2008년 베이징올림픽이 아니었나 생각합니다. 여자 단체 결승전에서 한국은 주최국인 중국 팀을 224 대 215로 꺾었습니다. 그날 날씨는 최악이었습니다. 천둥이 치고 비바람이 거세게 불었죠. 이런 악천후 못지않게 우리 선수들을 괴롭혔던 것은 중국 팬들의 무례한 관람 태도였습니다. 중국 선수들이 활을 쏠 때는 조용히 있다가, 한국 선수들이 활을 쏠 때는 온갖 소음과 야유를 퍼부었습니다. 국제 경기에서 도저히 상상하기 어려운 일이 벌어진 것입니다. 그러나 태극 낭자들은 아랑곳없이 자신의 실력을 보여주었습니다. 그 결과 전체 라운드에서 중국은 한 번도 한국을 이기지 못하고 맥없이 1위의 자리를 내주고 말았습니다. 이를 두고 해외 양궁 포럼 사이트에는 이런 글들이 올라왔다고 합니다.

"한국 선수들은 핵폭풍이 불어닥쳐도 화살을 쏠 것이다."
"한국 팀은 정말 강한 정신력을 가졌고, 환경에 잘 적응하는
것 같다."

대단한 정신력 이면에는 스트레스 노출 훈련이라는 스포츠심리학의 과학적 접근이 있었습니다. 그리고 이와 함께 선수들에게 도움이 되었던 것은 '상상 훈련'이었습니다. 다른 말로는 '시각화'라고 합니다. 가만히 눈을 감고 자신이 운동하는 장면을 아주 구체적으로 상상하는 것입니다. 만약 테니스 선수라면 손에 라켓을 잡고 코트에 서 있는 것을 상상합니다. 태양과 구름은 어떤지, 관중은 몇 명 정도인지, 상대 선수는 누구인지 등 상상은 구체적일수록 좋습니다. 공이 어떻게 넘어왔고, 자신이 이것을 어느 쪽으로 치는지를 상상합니다.

이렇게 상상만 하는 것이 무슨 도움이 될까 싶은가요? 미국 시카고 대학의 스포츠심리학자 주드 블라스로토의 실험을 소개해드릴게요. 그

는 자유투 성공률이 비슷한 농구 선수들을 세 집단으로 나누었습니다. 첫 번째 집단에게는 매일 한 시간씩 자유투 연습을 하도록 했습니다. 두 번째 집단에게는 상상 훈련만 시켰습니다. 그리고 세 번째 집단에게는 아무런 연습도 하지 못하게 했습니다.

이렇게 30일 동안 지시한 대로 훈련을 시킨 후, 다시 골대 앞에 서게 했습니다. 그리고 자유투를 던지게 했죠. 그 결과 첫 번째 집단은 자유투 성공률이 24퍼센트 증가했습니다. 그리고 연습을 하지 않았던 마지막 집단은 실력이 향상되지 않았습니다. 그렇다면 상상 훈련을 했던 두 번째 집단은 어땠을까요? 놀랍게도 자유투 성공률이 23퍼센트나 증가했습니다. 한 달 동안 한 번도 농구공을 만지지도 않았는데 말이죠.

↖ 상상 훈련을 통해서 실제 신체 변화가 일어나고 운동 효과를 높일 수 있다.

어떻게 이런 일이 가능할까요? 그 비밀은 뇌에 있습니다. 우리의 뇌는 실제와 상상하는 것을 구분하지 못합니다. 사과를 직접 볼 때와 사과를 상상할 때 흥분하는 뇌의 부위가 같기 때문입니다. 실제와 상상을 구분 못 한다니 언뜻 믿어지지 않죠? 여러분의 삶에서 아주 행복했던 기억이 있나요? 그럼 눈을 감고 그때를 떠올려보세요. 가능한 한 자세하게 말이죠. 기분 좋은 과거를 회상하는 것만으로도 기분이 좋아지죠. 반대도 마찬가지입니다. 굉장히 중요한 면접이나 시험을 앞두고 있을 때 우리는 긴장합니다. 당장 면접이나 시험을 보는 중이 아니라 전혀 긴장할 필요가 없는데도, 그 상황을 상상하니 긴장이 되는 것입니다.

그렇다고 상상 훈련이 단지 뇌만 착각하게 만드는 것은 아닙니다. 놀랍게도 우리의 신체 반응 역시 변화한다고 합니다. 실제 근육 훈련을 하지 않고 단지 상상만 하게 했을 경우에도 근육량과 근육 강도가 증가하며, 런닝머신에서 달리는 것을 상상하게 해도 자율신경계의 반응이 동일하게 나타났다고 합니다.

이는 비단 운동에만 적용할 수 있는 것이 아닙니다. 어떤 상황에서든 경험과 연습, 실제 훈련 못지않게 상상만으로도 준비가 가능합니다. 중요한 발표를 해야 하거나 시험이나 면접을 앞둔 상황, 운동을 하거나 여러 사람 앞에서 공연을 해야 할 때도 활용할 수 있습니다.

상상 훈련을 잘하기 위해서는 세 가지를 기억하면 됩니다. 보는 것, 듣는 것, 느끼는 것. 먼저 무엇이 보이는지를 상상하는 것입니다. 저는

심리학, 세상을 움직이다

중요한 강의를 하기 전 상상 훈련을 하곤 합니다. 강의를 위해 앞에 서면 앉아 있는 사람들이 보이겠죠. 만약 대학 강의라면 젊은 사람들이 앉아 있는 것을 상상하고, 직장 강의라면 직장인들을 상상합니다. 예전에 해보았던 강의라면 상상하기가 쉽겠지만, 처음이라면 도대체 누가 올지 감을 잡기 어려운 것이 사실입니다. 그래서 저는 담당자에게 자세히 묻습니다. 연령대와 성비가 어떻게 되는지, 어느 정도 인원이 참여하는지, 강의에 대한 참여도는 어떤지 말입니다. 그래야 상상하기가 비교적 수월하기 때문입니다.

두 번째로는 들리는 것을 상상하는 것입니다. 주변 환경은 어떤지, 어떤 소리가 들리는지 상상하는 것이죠. 청소년들은 강의에 집중하지 않는 경우가 많습니다. 그래서 청소년 대상 강의에 가기 전에는 객석에서의 소음도 상상합니다.

마지막으로는 자신의 느낌을 상상하는 것입니다. 운동선수라면 몸의 근육과 감각을 상상해야겠죠. 저 같은 경우는 처음 단상에 섰을 때 심박이 약간 증가하는 경향이 있으니 제 심장을 느껴본다고 상상합니다. 이와 더불어 자신이 느낄 감정(기분)도 상상하면 좋습니다. 아주 미세한 것까지 상상할수록 효과가 좋다는 점을 명심해야 합니다.

이런 식의 상상을 하다 보면 자신이 경험할 상황을 몇 번이고 시연해볼 수 있습니다. 그러니 막상 그 상황이 되었을 때, 이미 여러 번 해본 것처럼 편안하게 할 수가 있겠죠. 많은 운동선수가 상상 훈련을 하는데요, 상상 훈련을 잘 활용했던 사람 중 한 명이 바로 전 국가대표 장미란

선수입니다. 상상 훈련을 하는 모습이 언론에 자주 노출되기도 했죠.

세계를 제패한 양궁 선수들이나 장미란 선수처럼 여러분도 각자의 분야에서 좋은 성적을 거둘 수가 있습니다. 물론 양궁 선수가 활은 쏘지도 않고 스트레스 노출 훈련만 한다거나, 역도 선수가 바벨은 들지도 않고 눈을 감고 상상 훈련만 해서는 안 되겠죠. 필요한 실제 훈련을 하면서 심리 훈련을 곁들였을 때 최고의 성과가 나기 마련입니다. 스트레스 면역 훈련과 상상 훈련, 단지 운동선수들만의 전유물은 아닙니다. 우리 모두가 자신의 분야에서 챔피언이 될 수 있습니다.

슬럼프, 의지의 문제가 아니다 – 심리상담

스포츠 경기의 승패는 정신력이 좌우한다고 많은 스포츠심리학자들이 말합니다. 물론 타고난 신체적 조건이 좋아서 도저히 따라갈 수 없는 선수들도 있지만, 많은 경우 신체적 조건은 비슷합니다. 게다가 전문적으로 운동만 하는 선수들은 모두 같은 24시간을 사용하기 때문에 실력도 결국 엇비슷해진다고 합니다. 그러나 신체 조건이나 실력과 달리 정신력은 꽤 많이 차이가 납니다. 많은 사람들이 주목하고 있고, 경기의 승패에 따라 엄청난 부와 명예를 얻을 수 있는 경기라면 더욱 그렇겠죠.

이처럼 중요한 경기에서 승리했을 때 운동선수들은 어떤 마음일까요? 당연히 기쁘고 즐겁고 행복할 것입니다. 그러나 이런 기분도 잠시. 금세 불안과 걱정이 찾아올 것입니다. 자신의 인생에서 마지막 경기가 아닌 이상 그다음 경기에서도 승리해야 한다는 생각 때문입니다. 이와

심리학, 세상을 움직이다

반대로 패배했다면 어떨까요? 곧바로 좌절과 불안을 느낄 것입니다. 마치 자신의 인생이 끝이라도 난 것처럼 말이죠. 이 때문에 운동선수들은 이겨도 걱정, 져도 걱정이라고 합니다. 냉정한 승부의 세계에서 2등은 알아주지 않기 때문입니다.

사람의 마음에도 전문가가 필요하다는 인식이 있는 서구의 경우 일반인들은 물론 운동선수들도 심리상담을 많이 받습니다. 몸의 질병을 의지력 부족 때문이라고 생각하지 않듯이 마음의 문제도 의지력 부족으로 돌리지 않습니다. 그러나 우리나라는 아직까지 마음의 문제를 의지력으로 돌립니다. 그래서 운동하는 사람들은 여전히 후배들에게 얼차려를 줍니다. 정신을 차리게 하려는 목적으로 말이죠.

거대한 스포츠 시장을 가지고 있는 미국은 프로야구나 프로농구, 프로축구 구단에서 심리학자를 고용합니다. 단지 경기력을 향상시키기 위한 온갖 심리 훈련을 위해서만은 아닙니다. 운동선수들이 보다 편안한 마음으로 최고의 실력을 발휘할 수 있게 하기 위해서입니다.

다행히 우리나라에도 변화의 바람이 불고 있는 것 같습니다. 2014년 박인비 선수가 미국 여자프로골프인 LPGA에서 63년 만에 시즌 개막 후 메이저대회 3연승이라는 대기록을 세우자, 미국의 언론과 동료 선수들은 중요한 순간에 흔들리지 않는 그녀의 정신력을 높게 평가했습니다. 국내외 언론이 그 비결에 대해서 묻자 박인비 선수는 오랫동안 심리상담을 받고 있기 때문이라고 말했습니다. 특히 한 언론과의 인터뷰에서는 자신의 상담자에 대해 이렇게 말했습니다.

"골프장 안에서나 밖에서나 저를 더욱 행복한 사람으로 만들어줍니다. 대회 도중의 압박감을 조절하고 골프를 즐기는 방법을 가르쳐줍니다."

저는 이 인터뷰를 보면서 기분이 좋았습니다. 많은 사람들이 심리상담을 받으면서도 주변의 시선 때문에 그 사실을 숨길뿐더러, 마치 죄지은 사람처럼 언제 들킬지 몰라 안절부절못하는 것이 일반적이었기 때문이죠. 그런데 박인비 선수가 이렇게 당당하게 말을 하니 제 속이 다 시원했습니다.

박인비 선수의 심리상담을 담당하고 있는 분은 조수경 박사였습니다. 미국 보스턴 대학에서 스포츠심리학 석사학위를 받으면서 미국 프로야구 MLB의 보스턴 레드삭스와 프로농구 NBA의 보스턴 셀틱스 선수들의 심리상담을 경험한 것이 계기가 되어, 한국으로 돌아온 후에 본격적으로 운동선수들의 심리상담을 맡고 있다고 합니다.

조수경 박사는 미국에서 스포츠심리학자들이 운동선수들에게 운동의 성과나 목표가 아닌 행복에 대해 이야기하는 것에 깊은 인상을 받았다고 합니다. 그런데 한국에 와서 운동선수들과 상담을 해보니 하나같이 운동의 이유를 행복에서 찾기보다는 부모를 위해, 코치를 위해, 나라를 위해 자신을 희생하면서 운동한다는 생각이 지배적이었다고 하네요.

박인비 선수가 조수경 박사와 만나 심리상담을 시작할 때에도 운동의 목표를 우승이 아닌 행복한 골퍼가 되는 것이라고 잡았고, 2009년 박인비 선수가 극심한 슬럼프에 빠졌을 때도 결과에 상관없이 행복하고 즐겁게, 그리고 자신감 있게 운동하는 것에 대해 이야기했다고 합니다. 그 결과가 바로 메이저대회 3연승으로 나타난 것입니다. 조수경 박사가 도운 선수에는 리듬체조의 손연재, 수영의 박태환, 도마의 양학선 선수도 있다고 합니다.

그렇다면 운동선수들을 대상으로 한 심리상담은 어떻게 진행될까요? 일반인을 대상으로 한 심리상담이 가족 문제나 대인관계 문제, 학업이나 직장 문제 등 다양한 주제를 다룬다면 운동선수들은 아무래도 경기와 관련된 이야기를 많이 합니다. 물론 가족이나 대인관계의 어려움도 다루지만, 어디까지나 운동선수라는 특성 때문에 심리상담은 경기력 향상에 대한 이야기로 흘러가게 됩니다.

운동선수들이 실력을 발휘하지 못하는 것은 무엇보다 실패에 대한 불안 때문입니다. 경기에서 승리를 해도 또 다른 승리를 해야 한다는 압박감에 불안해하고, 패배를 하면 졌다는 좌절감에 불안해합니다. 이런 마음으로는 좋은 수행을 하기가 어렵죠. 보통 승승장구하던 운동선수가 어느 날 실력을 발휘하지 못하면 주변에서 "혹시 슬럼프가 온 것 아니냐?"면서 걱정합니다. "이대로 무너지면 안 된다." "슬럼프에 빠지면 선수 인생은 끝이다."라는 식의 말을 합니다. 이런 이야기를 들으면 본인도 불안해집니다. 왠지 슬럼프라는 늪에 빠져서 영영 헤어나지 못할 것 같은 생각에 사로잡히게 됩니다.

이를 '예기 불안'이라고 합니다. 아직 일어나지도 않은 일에 대해 불안해하는 것이죠. 그런데 놀랍게도 이런 불안을 하면 할수록 그런 일이 실제로 일어나게 됩니다. 사람의 주의력은 한계가 있기 마련입니다. 자신의 모든 주의력을 운동에 쏟아야 실력을 발휘할 수 있는데, 예기 불안이 있으면 경기 중에 실패할지 모른다는 걱정으로 주의가 분산되어 실력 발휘가 안 될 수밖에요. 운동선수들이 이런 예기 불안의 늪에 빠지지 않도록 심리상담을 통해 도와줍니다.

그 방법 중 하나가 운동하는 이유를 성적이나 상금이 아닌 행복에 두는 것입니다. 성적이나 상금은 자신만 열심히 한다고 되는 일은 아닙니다. 경기 당일의 컨디션이나 시합 순서, 경쟁자의 출전을 비롯해서 통제 불가능한 수많은 변인이 있습니다. 당연히 불안해질 수밖에 없죠. 그러나 행복은 다릅니다. 행복은 어떤 결과가 나와도 자신의 마음가짐에 따라 얼마든지 가질 수 있는, 통제 가능한 것입니다.

조수경 박사는 자신이 만나는 운동선수들에게 행복을 강조하는 것으로 유명합니다. 운동선수들에게 성과가 아닌 행복이라는 목표가 과연 타당하기나 한 것일까요? 그리고 행복을 목표로 잡으면 좋은 성과가 나올까요? 많은 심리학의 연구 결과는 '그렇다'고 말합니다. 적어도 성과를 목표로 했을 경우보다는 더 좋은 성과가 나온다는 것이죠.

심리학자들은 행동의 이유, 즉 동기를 두 가지로 구분합니다. 주변의 칭찬이나 상금, 명예 같은 외적 동기와 행복이나 즐거움처럼 내면에서 일어나는 내적 동기입니다. 많은 연구 결과 외적 동기는 단기간에는 효

심리학, 세상을 움직이다

과적일 수 있지만, 장기적으로는 오히려 역효과가 난다고 합니다. 메달을 따기 위해, 상금을 벌기 위해 운동하는 사람은 더 이상 메달을 따지 못하거나 상금을 벌지 못할 것이라는 생각이 들면 운동을 할 마음이 나지 않습니다. 그러나 자신의 행복을 위해 운동하는 사람은 어떤 상황과 환경에서도 꾸준하게 할 수 있으며, 당장 좋은 결과가 나오지 않아도 흔들림 없이 운동에 매진할 수 있는 법이죠.

조수경 박사와 심리상담을 진행한 적이 있는 손연재 선수 역시 어느 매체와의 인터뷰에서 자신의 최종 목표에 대해 이렇게 말했습니다. "행복한 선수로 은퇴하는 게 꿈이에요. '아, 내가 리듬체조를 하길 정말 잘했구나'라고 생각하면서 선수 생활을 마무리하고 싶어요. 체조는 제 삶을 아름답게 만들어주는 존재이자, 지금의 저를 있게 해준 원동력이에요."

잘나가던 선수들이 슬럼프를 겪는 것은 당연한 일입니다. 다른 말로 '신인왕의 이년차 징크스'라고 불리기도 합니다. 첫해에 최고의 성적을 거두었기에, 다음 해에는 조금만 못해도 눈에 띄죠. 다시 말해 1등은 잘해야 현상 유지고, 보통 정도 하면 슬럼프처럼 보입니다. 이런 면에서 오히려 중간 정도의 실력을 가진 선수가 마음은 편할 수 있습니다. 잘하면 얼마든지 위로 올라갈 수 있고, 보통 정도 하면 현상 유지를 할 수 있으니까요.

심리상담을 통해서 심리학자들은 운동선수들이 자신의 상황을 정확히 파악할 수 있게 합니다. 비합리적인 생각 대신 합리적인 생각을 하고, 예기 불안에서 벗어나게 도와줍니다. 또한 운동선수들이 자신을 운동하는 기계나 좋은 성적을 내야 하는 선수가 아닌, 행복한 삶을 살 수 있는 온전한 사람으로 인식할 수 있게 해줍니다. 그리고 무엇보다 삶이 흔들리는 순간에 변함없이 옆에서 든든하게 버텨줍니다. 어찌 보면 이런 면에서 심리상담이 필요한 사람은 운동선수만이 아니겠죠. 우리 모두에게도 심리상담이 필요한 순간이 있을 것입니다. 어서 빨리 국민 모두가 박인비 선수처럼 "저 지금 심리상담 받고 있어요."라고 말할 수 있게 되면 좋겠습니다.

심리학, 세상을 움직이다

제임스, 바람같이 왔다가 사라지다

과학은 결정론에 근거하고 있습니다. 결정론이란 모든 현상에는 원인이 존재한다는 것이죠. 과학의 대상이 자연이나 물질이라면 결정론은 당연시됩니다. 그런데 그 대상이 사람이라면 결정론을 어떻게 이해할 수 있을까요? 사람의 마음과 행동에 원인이 있다는 것은 대부분의 사람들이 믿고 있는 자유의지와 충돌합니다. 만약 사람의 마음과 행동이 자유의지 때문이라면, 어떤 법칙도 발견할 수 없을 테고, 학문이 될 수도 없을 테니까요.

　일례로 실패를 통해서 좌절과 우울을 느끼고 재도전을 포기하는 사람들이 있는가 하면, 어떤 사람들은 성공할 때까지 도전을 멈추지 않습니다. 무엇 때문에 이런 차이가 생길까요? 심리학자들은 이 차이를 설명하기 위해 뇌와 사고 과정, 과거의 경험을 조사합니다. 자연과학자들처럼 통계를 사용해서 결론을 내립니다. 이렇게 얻은 여러 심리학의 연구 결과는 다양한 장면에 적용됩니다. 기업에서 종업원을 선발하고 배치할 때, 학교에서 학생들을 가르칠 때, 마음이 힘든 사람들을 대상으로 심리치료를 할 때, 백화점이나 대형 마트에서 고객들의 지갑이 열리게 할 때, 자동차나 스마트폰 등 현대인들이 사용하는 온갖 기기를 만들어낼 때 등 심리학의 연구 결과가 적용되지 않는 곳이 없습니다.

: 우리의 삶 곳곳에 적용되는 심리학

그렇다면 인간은 자유의지가 없을까요? 물질처럼 인과법칙을 따르는 한낱 기계와 같을까요? 이에 대한 고민은 많은 이들을 혼란스럽게 합니다. 때로는 허무주의와 비관주의에 빠지게 해서 더 이상 살아갈 이유가 없다고 판단하게 만들기도 합니다. 그중의 한 사람이 윌리엄 제임스였습니다.

윌리엄 제임스는 심리학사에서 기능주의의 창시자로 나옵니다. 분트의 제자이자 구조주의의 창시자였던 티치너와 대립각을 세우면서, 미국 심리학의 기초를 놓은 사람으로 평가받는 심리학자죠. 특히 현대 심리학사에서 기념비적인 책이라고 할 수 있는 《심리학의 원리》를 출간한 것으로 유명합니다. 그러나 여기까지입니다. 더 이상 윌리엄 제임스에 대한 업적은 찾아보기 힘듭니다. 왜일까요? 심리학계에 바람처럼 왔다가 바람처럼 사라졌기 때문입니다.

▲ 기능주의의 창시자인 윌리엄 제임스

제임스의 이력은 아주 화려합니다. 어린 시절 그는 자유분방한 분위기 속에서 성장했습니다. 자유롭게 사고하고, 자신의 생각을 거침없이 말할 수 있었습니다. 어떤 틀에도 얽매이지 않을 수 있었죠. 덕분에 그의 관심은 끊임없이 변화를 거듭합니다. 18세에는 유명 화가의 문하생으로 들어가 미술 공부를 하다가 싫증을 느끼고는 과학대학에 입학해서 화학과 해부학 등을 배웠습니다. 그러다가 보다 실용적인 공부를 하고 싶어 이내 의학으로 전공을 바꾸었죠. 하지만 의학

심리학, 세상을 움직이다

공부를 하면서 만난 어느 교수를 따라 아마존 강을 탐사하러 떠났습니다. 예상과 달리 아마존 강 탐사는 흥미진진하지 않았고, 그곳에서 건강을 잃기까지 했습니다. 본래 병약한 편이었던 제임스에게 아마존 강은 최악의 환경이었죠. 다시 학교로 돌아온 그는 의학 공부를 재개했습니다. 그러다 한 학기 만에 학교를 그만두고 독일로 가서 헤르만 폰 헬름홀츠를 비롯해 물리학과 생리학 분야에서 내로라하는 학자들의 수업을 들으며 지적 호기심을 충족했습니다. 이때 신학문이었던 심리학에 관심을 갖게 되었다고 합니다.

1년 반의 독일 생활을 마치고 귀국한 그는 의학박사학위를 받았지만 의사로 활동할 수가 없었습니다. 마음과 몸이 모두 피폐해졌기 때문인데요. 거의 3년이나 되는 시간 동안 원인이 뚜렷하지도 않은 다양한 질병과 우울과 불안으로 몸져누워 있었다고 합니다. 사실 제임스를 이렇게 몸져눕게 만든 주요 이유는 결정론과 자유의지에 대한 고민이었습니다.

18세기부터 자연과학은 급격하게 발전했습니다. 덕분에 인간의 정신세계까지 물질로 설명하려는 유물론이 대세를 이루고 있었습니다. 이 유물론은 한편으로 결정론과 맞닿아 있었습니다. 제임스는 모든 것이 물질로 환원될 수 있다면 자유의지란 무엇인지, 선택의 자유란 과연 환상인지, 그렇다면 개인의 책임과 도덕성의 근거는 무엇인지 고민했습니다. 이 때문에 심지어 자살을 기도하기도 했습니다. 그러나 프랑스의 철학자 르누비에의 글이 그를 구원했습니다. 이 철학자의 글을 읽고 지긋지긋한 자신의 고민을 끝낼 수 있었습니다. 제임스는 그날의 일기에 이렇게 썼습니다.

"자유의지에 의한 나의 최초 행위는 자유의지를 믿는 것이다."

결국 제임스는 자신의 고민에 종지부를 찍었습니다. 모든 결정론을 버리기로 한 것이죠. 객관적 사실보다 더 중요한 것은 그것을 받아들이는 방식이라는 것을 깨달았습니다. 이 깨달음으로 오랫동안 자신을 괴롭히던 우울과 불안에서 벗어날 수 있었고, 이후 왕성한 활동을 시작했습니다. 대학에서 처음에는 생리학을 가르치다가 이내 심리학을 가르쳤습니다. 실험실에서 인간의 정신 과정을 연구하되, 보다 실용적인 입장을 취했습니다. 그래서 그의 주장을 기능주의라고 합니다.

그때까지의 삶이 그랬듯, 제임스의 관심은 다시 새로운 곳을 향했습니다. 실험이라는 틀에 얽매인 심리학에 싫증을 느끼고, 보다 자유롭게 사고할 수 있는 철학과 종교의 문제로 파고들었습니다. 말년에는 종교와 철학에 대한 연구와 강의에 전념했습니다. 이 때문에 심리학자보다는 철학자와 종교학자로서 유명한 것입니다. 비록 과학을 지향하는 현대 심리학에서 제임스가 큰 업적을 남기지는 못했지만, 결정론과 자유의지에 대해 고민하는 심리학도들에게는 나름의 답을 주고 있다고 할 수 있습니다.

부록

당신도
심리학자가 될 수 있다

: 심리학자 직업 소개

직업, 적성보다는 정보!

요즘 각 중고등학교마다 심리학 관련 동아리가 생기고 있습니다. 장래희망을 적는 칸에 심리학자가 심심치 않게 올라오기도 합니다. 예전에는 자녀가 심리학과에 가겠다고 하면 많은 부모님들은 배고픈 직업이라느니, 졸업해도 할 일이 없다느니, 심리학자가 뭐 하는 직업인지 모르겠다느니 하면서 반대하셨습니다. 그러나 2000년 이후 TV나 라디오에 심리학자가 나오기도 하고, 심리학 관련 서적이 베스트셀러가 되기도 하면서 분위기가 바뀌기 시작했습니다. 지금은 심리학과의 인기가 하늘 높은 줄 모르고 치솟고 있습니다. 사회과학부 1학년 학생들 사이에서 가장 인기 있는 전공이 되었습니다. 부모님들의 태도 역시 긍정적으로 변했습니다. 우리나라에서도 심리학자가 하나의 전문직으로 인정받기 시작했다는 증거라고 생각합니다.

"심리학자가 되려면 어떤 적성이 필요한가요?"

심리학자가 되고 싶어 하는 사람들이 저에게 가장 많이 묻는 질문은 바로 적성, 다른 말로는 능력에 대한 것입니다. 아마 어디에선가 적성에 맞는 직업을 선택해야 한다는 이야기를 들은 것이겠죠. 하지만 저는 직업과 적성을 연결하는 것에 대해 반대합니다. 이유는 두 가지입니다. 먼저 직업과 적성을 연결하려면 해당 직업의 업무를 단순하게 정의할 수 있어야 하는데, 현대 사회의 직업은 그렇지 않습니다. 한 사람이 너무나 다양한 업무를 감당하고 있기 때문입니다.

당신도 심리학자가 될 수 있다

교사(직업)를 예로 들어보겠습니다. 교사는 무슨 일(직무)을 하나요? 이 질문에 초등학생들은 아마도 "우리를 가르쳐주세요!"라고 대답하겠지만, 교사에 대해 좀 아는 사람이라면 이렇게 단순하게는 말하지 않을 것입니다. 물론 수업이 주된 업무지만, 이 외에도 학생들의 생활 지도, 갈등 중재, 부모 상담, 온갖 행정에 이르기까지 여러가지 업무를 합니다. 이런 일을 잘하기 위해 필요한 적성을 한마디로 말할 수 있을까요? 불가능합니다. 업무의 성격이 너무나 다양하기 때문이죠.

이렇게 한번 생각해보죠. 이런 업무를 다 잘해야 좋은 선생님일까요? 그렇지 않습니다. 우리의 기억 속에 남아 있는 좋은 선생님은 과연 어떤 분일까요? 수업은 못해도 남모를 고민을 이해해주셨던 분일 수도 있고, 학생들은 무시했지만 수업 하나는 끝내주게 잘하셨던 분일 수도 있습니다. 또 눈에 보이지 않는 곳에서 학생들이 원활하게 학교생활을 잘할 수 있도록 행정 처리를 잘해주셨던 분일 수도 있겠죠.

우리가 알고 있는 대부분의 직업은 산업화 시대에서 새롭게 생겨난 것들입니다. 처음에는 업무가 단순했습니다. 교사는 수업을 하고, 경찰은 도둑을 잡으며, 의사는 환자를 고치는 일을 주로 했죠. 그러나 세상이 복잡해지고 다양화되면서 업무는 많아지고 다양해졌습니다. 심리학자는 말할 것도 없습니다. 전문 분야가 발달되어 있을뿐더러, 그에 따른 직무 역시 어느 직업보다 다양합니다. 현대의 어떤 직업이든 하나의 적성이 필요하다고 단정 지을 수가 없습니다. 이 말을 뒤집어 보면 어떤 직업이든 자신의 적성에 맞는 업무를 맡을 수 있다는 것입니다.

직업과 적성을 연결하는 것이 불편한 두 번째 이유는 현실과의 괴리입니다. 여러분의 주변 사람들은 어떤 직업을 가졌습니까? 그분들은 적성에 따라 직업을 선택했나요? 대부분은 아닐 것입니다. 그렇다고 그분들이 그 직업에서 훌륭하지 못하다거나 성공하지 못했다고 말할 수 있을까요? 그렇지 않습니다.

어떤 사람들은 직업을 자아실현의 수단으로 봅니다. 그러나 대부분의 사람들은 현실적인 이유로 직업을 선택합니다. 돈을 많이 벌 수 있다거나, 주변 사람들이 추천해주었거나, 아니면 그 직업을 가질 수 있는 좋은 기회가 주어졌기 때문이죠. 어쩌면 직업을 고려할 때 적성 운운하는 것은 현실과 너무 동떨어지지 않나 싶습니다. 그래서 저는 심리학자라는 직업에 필요한 적성이 무엇이냐고 묻는 분에게 "만약 심리학자가 되기 위해 필요한 적성이 본인에게 없다면 포기할 건가요?"라고 반문합니다.

물론 어느 직업이든지 그 분야에서 최고가 되려면 직무를 잘 감당할 수 있는 능력(적성)이 꼭 필요합니다. 그러나 직업의 목적은 무엇인가요? 최고의 자리, 즉 장인의 반열에 오르는 것인가요? 만약 최고가 될 수 없다면 그 직업을 택하지 않을 건가요? 대부분의 사람들에게 직업의 목적은 생계를 유지하는 것입니다. 이에 더해 보람까지 느낄 수 있다면 금상첨화겠죠. 이런 이유로 직업을 선택하는 데 중요한 것은 적성이 아닙니다.

그렇다면 무엇이 중요할까요? 저는 정보가 중요하다고 생각합니다. 사실 사람들이 선택의 순간에 실수하는 이유 중 하나는 정보의 부족입

당신도 심리학자가 될 수 있다

니다. 자신의 선택이 초래할 장단점을 고르게 보지 못하고 섣부르게 결정하는 것입니다. 많은 사람이 직업을 선택할 때 그 직업의 좋은 점만 보는 경우가 많습니다.

많은 대학생이 대기업에 취직하기를 원합니다. 요즘은 대학 입학과 동시에 대기업 입사 준비를 하는 학생들이 많다고 할 정도니까요. 그런데 2011년 대한상공회의소가 406개 기업을 대상으로 한 조사에 따르면, 대기업 입사 후 1년 이내 퇴사하는 비율이 13.9퍼센트나 된다고 합니다. 중견기업(23.6퍼센트)과 중소기업(39.6퍼센트)에 비하면 적은 수치이긴 하지만, 엄청난 경쟁률을 감안한다면 결코 적은 수치가 아닙니다. 퇴사 이유는 "회사와 맞지 않았다." "관료적 분위기가 싫었다." "일이 너무 고됐다." "내 삶이 없어지는 것 같아 싫었다." 등등이었습니다. 대기업이라는 화려함만 보고 도전했는데, 막상 들어가서 보니 미처 예상하지 못했던 일들을 겪게 되었던 것이죠.

예전에 발레리나 강수진 씨의 발 사진이 공개된 적이 있습니다. 아름다운 동작을 위해 얼마나 많은 고통을 감내해야 했는지를 단적으로 보여주는 예가 아니었나 싶습니다. 사람들은 화려함에 주목합니다. 그런데 이것만 보고 선택할 때는 제대로 된 선택을 할 수가 없습니다. 빛과 함께 어둠을 보아야 그나마 후회가 적은 선택을 할 수 있겠죠.

심리학자라는 직업도 마찬가지입니다. 어떤 분들은 TV에 나와 사람의 마음과 행동에 대해 멋진 멘트를 날리는 모습을 보고 심리학자가 되기를 원합니다. 또 심리상담을 통해 누군가의 아픈 마음을 치유해준다는 것만 알고 심리학자라는 꿈을 가집니다. 그러나 심리학자 역시 이런 화려함 뒤에 가려진 고통의 순간이 많습니다. 아직까지 심리학자가 그리 인정받는 직업은 아닐뿐더러, 일자리가 차고 넘치지는 않습니다. 사람의 감정과 갈등을 다루는 심리상담에서 심리학자 역시 인간인지라 상처를 받기도 합니다.

이런 이유로 직업을 고민할 때는 균형 잡힌 정보 수집이 필요합니다. 균형 잡힌 정보 수집이란 '드러난 정보'와 '드러나지 않은 정보'를 고르게 수집하는 것입니다. 드러난 정보는 보통 좋은 면에 국한됩니다. 화려한 모습이죠. 높은 연봉과 사회적 지위, 안정성과 더불어 보람까지. 마치 여행 잡지에서 볼 수 있는 휴양지의 화보 같습니다. 그러나 화보만 보고 여행을 갔다가는 실망만 하고 돌아오기 일쑤죠. 여행을 준비한다면 더 많은 시간을 검색에 투자해서, 여행에 다녀온 사람들의 블로그나 SNS를 참고할 필요가 있습니다. 정말 사실적인 정보를 얻을수록 큰 기대 뒤에 더 큰 실망이 없을 테니까요.

직업도 마찬가지입니다. 해당 직업을 가진 사람들의 블로그에 가보거나, 가능하다면 직접 만나서 물어보면 좋습니다. 좋은 점과 나쁜 점, 추천 이유와 비추천 이유를 모두 물어보아야겠죠. 모 포털 사이트에다 질문을 던져놓고, 누군가가 달아주는 답변으로 충분하다고 생각하면 안 됩니다. 그 분야에서 일하는 사람을 직접 만나 이야기를 들어볼 수 있어야 합니다.

그래도 여전히 적성에 대한 마음이 쉽게 사라지지 않는 분들이 있을 것 같네요. 해당 분야에서 최고가 되려는 목적이 아니라면, 어떤 직업이든 그 일을 웬만큼 수행하기 위한 능력은 연습과 노력을 통해 계발할 수 있습니다. 특출한 사람만 할 수 있는 직업은 많지 않습니다. 교사가 수업을 잘 못한다면 반복 연습을 통해 어느 정도 극복할 수 있습니다. 심리학자도 그렇습니다. 어느 정도의 기준을 충족하고, 또 개인이 열심히 노력하면 얼마든 직업인으로서 괜찮은 심리학자가 될 수 있습니다. 다시 한 번 강조하지만 직업에서 중요한 것은 적성이 아니라 균형 잡힌, 그리고 정확한 정보 수집입니다.

대학과 대학원, 자격증과 학력 사이

"심리학자가 되려면 꼭 대학원을 가야 하나요?"

이런 질문을 받으면 난감합니다. 왜냐하면 심리학 분야가 너무 다양하고, 같은 분야라고 해도 어느 현장에서 일하느냐에 따라 답변이 달라지기 때문입니다. 그래서 어떤 일을 하는 심리학자가 되고 싶은지를 묻습니다. 이렇게 물어도 돌아오는 대답은 뚜렷하지 않습니다. 뭉뚱그려서 묻는 경우가 대부분이니까요. 이럴 경우 저 역시 뭉뚱그려서 대답합니다. 박사는 몰라도 석사학위 취득을 위해 대학원 진학은 필수라고 말이죠. 이유는 간단합니다. 심리학은 너무나 다양한 분야들을 어설프게 모아놓은 학문이라서, 학부 과정에서는 전문적인 공부를 할 수가 없습니다. 심리학의 여러 분야들을 한 과목씩 훑어갈 뿐이죠.

사회복지학의 경우 학부 과정에서부터 전문적인 공부와 직업 훈련을 합니다. 졸업하는 사람이라면 누구에게나 자격증을 줄 정도입니다. 본래 사회복지학은 사회학의 한 분야라고 할 수 있습니다. 사회라는 큰 틀 안에서 복지를 다루니까요. 그런데 현실적인 필요성 때문에 이 분야가 독립해서 별도의 전공(학과)이 된 것입니다. 만약 사회복지가 여전히 사회학 안에 속해 있다면 어떨까요? 그 누구도 대학에서 사회학을 전공한 사람에게 사회복지라는 전문 분야를 맡기지는 못할 것입니다. 심리학이 그렇습니다. 학부에서는 전문성을 키울 수 없으니 대학원에 가야 합니다.

심리치료 분야에서 일하고 싶다면 임상, 상담, 건강심리 등을 전공하면 되고, 기업의 인사과나 기업 컨설팅 분야에서 일하고 싶다면 산업 및 조직심리를 전공하면 됩니다. 경찰이나 검찰에서 법이나 범죄 관련 일을 하고 싶다면 범죄심리를 전공하면 되죠. 아동을 대상으로 일하고 싶다면 발달심리를 전공하면 됩니다. 당장 직업을 갖기보다는 연구에 관심이 있다면 인지, 생리, 사회, 성격심리를 전공하면 됩니다. 이 분야를 전공한다고 해서 반드시 연구만 해야 한다거나 유학을 다녀와서 교수만 할 수 있는 것은 아닙니다. 이런 기초 심리학자들이 일할 수 있는 직업 현장도 얼마든지 있습니다.

"심리학은 우리나라가 미국이나 유럽보다 한참 뒤처진다고 하던데, 유학이 필수인가요?"

당신도 심리학자가 될 수 있다

대학에서 교수가 되는 것이 목적이라면 유학은 필수라고 생각합니다. 요즘은 대학에서 영어 강의 잘하는 사람을 교수로 원하기 때문이기도 하고요, 우리나라보다는 미국이나 유럽의 연구 여건이 좋기 때문입니다. 교수 임용에서 절대적으로 중요한 것은 연구 실적이니까요. 또 외국에서 심리학자로 일하기를 원하는 경우에도 유학은 필수입니다.

그러나 우리나라에서 심리학자로 일하고 싶다면, 군이 유학을 추천하지는 않습니다. 오히려 비효율적이라고 할 수 있습니다. 시간과 노력을 아껴서 국내에서 대학원을 마친 후, 현장에서 많은 경험을 쌓는 것이 좋다고 생각합니다. 외국이 좋은 이유는 연구 여건입니다. 실력 있는 심리학자(교수)는 우리나라에도 많으니 군이 외국까지 갈 필요가 있을까 싶습니다.

오히려 유학을 다녀올 경우 예상치 못한 난관에 부딪히는 경우가 있습니다. 외국은 심리학자가 상당히 인정받는 편입니다. 따라서 심리학자에 대해서 잘 인정해주지 않는 우리나라의 분위기에 적응하기 어려워하는 경우가 있습니다.

"자격증을 따려면 대학 입학부터 대략 10년은 준비해야 한다고 하던데, 사실인가요?"

준비 기간은 자격증 여부에 따라 달라집니다. 일하고자 하는 현장에서 자격증을 요구한다면 보통은 10년을 잡습니다. 최소한의 기간만 계산해도 학부 4년, 대학원(석사) 2년, 자격증(전문가) 3년이니까요. 아무리 빨라도 9년입니다. 물론 개인차가 있습니다. 남자는 군대를 다녀올 경우 2년이 더 늘어나겠죠. 그리고 대학원 입학을 단번에 하지 못하면 그만큼 추가적인 시간이 필요합니다. 석사 논문을 빠르게 쓰면 2년이지만, 늦어지면 3년이 될 수도 있습니다. 자격증을 따기 위해 수련하는 시간 역시 천차만별입니다.

자격증은 국가에서 발급하는 것과 한국심리학회에서 발급하는 것이 있습니다. 국가에서 발급하는 자격증도 여러 종류인데요, 시험과 연수(실습)만으로 취득 가능한 것(청소년 상담사, 전문상담교사)도 있지만, 수련을 필요로 하는 것(정신보건 임상심리사, 국가기술자격증 임상심리사)도 있습니다. 수련(실습)의 경우 1급은 3년, 2급은 1년을 하는 것이 보통입니다. 한국심리학회에서 발급하는 자격증은 심리전문가(1급)와 심리사(2급)로 구분하는데요, 수련 시간은 국가 자격증과 동일하게 심리전문가 3년, 심리사 1년입니다. 그런데 심리전문가의 경우 대학원 재학 기간 중에 1년까지는 인정해줍니다.

많이 복잡하죠? 자격증은 발급 주체가 일원화되지 않은 데다가, 자격증마다 자격 요건이 너무 상이해서 웬만한 심리학자도 헷갈립니다. 자세한 사항은 각 분과학회 홈페이지를 참고하는 것이 가장 정확하고 빠르죠. 얼마 전부터 심리상담 분야가 돈이 될 것 같았는지, 상업적 목적으로 자격증을 발급해준다는 기관들이 우후죽순처럼 생겨나고 있습니다. 돈을 내고 교육을 이수하면 '○○상담사' 자격증을 발급해주겠다고 하는데요, 이런 자격증이 관련 전문가들 사이에서 인정받지 못하니 주의해야 합니다.

"자격증은 필수인가요? 학위만으로는 부족한가요?"

일하고자 하는 현장에서 자격증을 요구하지 않는다면 당연히 따지 않아도 됩니다. 심리학자는 의사나 교사처럼 국가에서 관리하는 전문 자격증을 가진 사람이 아닙니다. 보통 심리학으로 학위(석사 이상)를 마치고 일하는 사람들을 포괄하는 명칭일 뿐이죠. 관련 자격증의 경우 응용심리학 분야에서 일하려면 필수사항처럼 여겨지나, 기초심리학 분야에서는 자격증을 요구하지도 취득하지도 않는 것이 보통입니다.

심리학자의 전문성은 자격증 못지않게 학력에 있습니다. 앞서 말씀드렸듯이 대학원에서 석사학위를 받는다는 것은 심리학자로서 활동하기 위해 전문적인 준비를 한다는 것입니다. 응용심리학 분야에서 자격증을 취득하는 이유는 현장 경험(수련, 실습)이 필요하기 때문입니다.

현장에서 전문가로 일하기에 석사가 부족한 것은 아니지만 보다 더 많은 공부를 하고 싶다거나 대학에서 강의를 하고 싶다면 박사학위를 취득하기도 합니다. 또 요즘은 박사가 워낙 많은 것도 박사학위 취득의 한 이유가 됩니다. 명함에 석사는 명시하지 않지만 박사는 명시하니, 어디를 가든 쉽게 인정받을 수 있으니까요.

"대학을 갈까요, 대학원을 갈까요?"

심리학자를 꿈꾸는 고등학생이라면 당연히 심리학과가 있는 대학에 가야겠죠. 그러나 이미 다른 전공으로 대학을 졸업했을 경우 학부 편입과 대학원 입학 사이에서 고민하게 됩니다. 예전에는 학부 편입을 강력하게 추천했습니다. 심리학은 학문의 특성상 기초가 튼튼해야 세부 전공을 보다 심도 있게 다룰 수 있습니다. 게다가 학부에서 심리학을 전공하지 않았을 경우 대학원에 진학할 때 전공자보다 불리합니다. 어떤 교수도 같은 조건이라면 학부 전공자를 뽑을 것입니다. 그래야 당장 연구 보조라도 시킬 수 있을 테니까요.

문제는 학부 편입이 너무 어려워졌다는 것입니다. 국가에서 편입정원을 축소시킨 후부터 편입학은 하늘의 별 따기가 되어버렸죠. 편입이 좋겠지만 현실적으로 대학원 입학이 그나마 쉬운 편입니다. 어떤 분들은 편입해서 4학기 등록금과 시간을 들이는 것이 아깝지 않으냐고 하는데, 이는 모르는 말씀입니다. 평생 직업을 선택하는 데 이 정도의 시간과 노력은 결코 아까운 것이 아닙니다. 오히려 '신의 한 수'라 할 수 있을 정도로 더 현명한 선택입니다. 무엇이든 빨리 하는 것보다 제대로 하는 것이 중요하니까요.

학부 편입 이외의 방법으로 심리학 기초를 쌓고 싶다면 학점은행제를 추천합니다. 대학교 부설 평생교육원에서 하는 수업을 듣는 것도 좋습니다. 사이버대학도 나쁘지 않지만, 사이버대학의 경우 '심리학과'가 아닌 '상담심리학과'라는 점을 기억해야 합니다. 처음부터 세부 전공으로 들어가기보다는 기초부터 차근차근 공부하기를 추천합니다.

블루오션이냐, 맨땅에 헤딩이냐

심리학자라는 직업은 여러 장점이 있습니다. 다른 전문직과 마찬가지로 어느 기관에서 일을 하든지 전문성을 살릴 수 있습니다. 직장생활의 고역 중 하나는 관심도 없고, 재미도 없으며, 잘하지도 못하는 업무를 맡는 것이죠. 기관에서 심리학자를 뽑는다면 그에 걸맞는 업무를 맡기지, 아무 일이나 시키지는 않습니다.

만약 누군가가 시키는 일이 아니라 자신이 원하는 일을 하고 싶다면 소위 '개업'도 할 수 있습니다. 개업을 하면 좋은 점은 자신이 일한 만큼 수입을 얻을 수 있다는 것입니다. 주력하는 일 외에도 외부 강의와 자문, 저술 활동을 통해 추가 수익을 올릴 수도 있습니다. 그리고 나이와 무관하게 일할 수 있다는 장점도 빼놓을 수 없죠. 특히 의사나 변호사 같은 다른 전문직보다 육체적 에너지를 적게 소비하는 편입니다. 그야말로 고령화 사회에 적합한 직업이 아닐까 싶습니다.

많은 심리학도들이 개업하려면 돈이 많이 들어간다고 생각합니다. 그러나 다른 전문 직종의 개업에 비하면 돈이 크게 들지는 않습니다. 당연히 개업하려면 건물 임차료는 들어가지만, 변호사처럼 임차료가 하늘 높은 줄 모르고 치솟는 법원 근처 건물을 얻어야 하는 것은 아닙니다. 꼭 유동인구가 많은 곳에 얻을 필요도 없죠. 아직까지는 길을 가다가 간판을 보고 들어오기보다는 검색이나 소개를 받아서 오니까요. 그리고 병원을 개업하는 의사처럼 값비싼 의료기기가 필수도 아닙니다. 경우에 따라 다르긴 하겠지만, 대부분의 심리학자들에게 필요한 것은 책상과 소파 정도가 아닐까 합니다. 만약 이것도 살 돈이 없다면 근처 아파트에 가보세요. 누군가가 버리려고 내놓은 괜찮은 소파와 책상을 발견할 수도 있으니까요.

지금까지 말씀드렸던 것과 비교할 수 없는 최고의 장점이 있습니다. 바로 블루오션 blue ocean 입니다. 물고기는 적고 경쟁자는 많아서 서로 피터지게 싸우다가 결국 피바다가 되는 레드오션 red ocean 이 아니라, 물고기는 많지만 경쟁자가 거의 없어서 얼마든지 성공할 수 있는 상황을 의미합니다.

한국심리학회의 전신인 조선심리학회가 결성된 것이 1946년이니, 우리나라의 심리학 역사도 짧지 않습니다. 하지만 여전히 심리학이 도대체 무슨 학문인지, 심리학자가 무엇을 하는 사람인지 잘 모르는 분들이 많습니다. 심리학자라는 직업 가운데 가장 대표적이라고 할 수 있는 임상심리학자와 상담심리학자는 2014년 기준으로 전문가(1급) 자격번호가 각각 1,000번 정도밖에 나오지 않았습니다. 이는 활동 중인 사람들이 2,000명이라는 말이 아니라, 자격증을 발급받은 사람들의 수를 의미합니다. 자격증 앞번호를 받은 분들 중에는 돌아가셨거나 은퇴하신 분들도 많습니다. 현재 활동 중인 심리학자들 중에서도 상당수는 대학에서 교수로 재직 중입니다. 교수는 사실 직업인으로서의 심리학자라기보다는 교수라는 정체성이 더 크기 때문에, 여기서는 논외로 하겠습니다. 또 자격증을 받았지만 현재 어디에서 무엇을 하는지 연락이 안 되는 사람들도 많으며, 현실적인 이유로 활동을 포기한 장롱 자격증도 상당수입니다.

다른 어떤 전문직과 비교해보았을 때 심리학자는 소수입니다. 경쟁이라는 단어가 무색하게 느껴지고, 심리학자라는 타이틀을 가지고 현장에서 활동하는 사람을 찾아보기가 힘들 정도로 소수죠. 이런 현실 때문에 블루오션이라고 말하는 것입니다. 의사나 변호사 같은 다른 전문직은 레드오션이라고 할 정도로 좁은 시장에 경쟁자가 너무 많습니다.

서울고등법원의 수도권 지역 개인회생 신청이 2010년부터 2014년까지 1,145건으로 집계됐는데 이 중 의료인이 449명(의사 207명, 한의사 130명, 치과의사 112명)이었다고 합니다. 보건복지부의 통계도 이와 비슷합니다. 폐업하는 '동네 병원'인 의원과 치과의원, 한의원이 매년 가파르게 증가합니다. 2012년에는 5,583건으로 2009년 4,652건에 비해 20퍼센트나 증가했다고 합니다. 매년 3,000명이 넘는 의사들이 배출되는 것도 이와 무관하지 않죠.

변호사들의 사정도 다르지 않습니다. 법학전문대학원이 출범한 이후 변호사들이 쏟아져 나오고 있습니다. 2015년에는 2만 명을 넘길 것으로 예상하는데요, 2009년 말 9,612명에 비하면 2배가 된다고 하네요. 그리고 2021년이 되면 거의 3만 명에 육박할 것이라고 합니다.

이에 비하면 심리학자는 정말 소수입니다. 그리고 앞으로도 상당 기간은 소수가 될 것이 분명합니다. 심리학자가 되려면 기본적으로 대학원에서 석사학위 이상을 취득해야 하기 때문입니다. 대학원 역시 가능하면 특수대학원(야간 수업, 5학기제)이 아닌 일반대학원(주간 수업, 4학기제)을 권합니다. 심리학은 과학을 지향하므로, 심리학자 역시 과학자로서의 훈련을 받아야 하기 때문입니다. 이런 면에서 연구 중심의 일반대학원이 권장됩니다.

그런데 심리학 전공이 개설된 대학이 얼마 되지 않습니다. 게다가 일반대학원의 입학정원 자체가 매우 적습니다. 본래 일반대학원은 학자를 양성하기 위한 목적으로 소수의 학생만을 선발하는 것이 원칙입니다. 사실 직업인(전문가) 양성을 위한 대학원은 전문대학원입니다. 의학전문대학원, 법학전문대학원 같은 학교는 실무 위주의 수업을 할 뿐더러, 입학정원도 상당합니다. 그러나 우리나라의 심리학 현실에서는 전문대학원이 나오기 어렵습니다. 그러니 앞으로도 국내 심리학자의 수가 급격하게 증가할 일은 없을 것입니다.

블루오션이라는 것은 분명 큰 매력입니다. 아직 개척할 분야가 많다는 것이죠. 많은 분들이 임상심리학자나 상담심리학자 같은 직업만 생각하지만 이 외에도 무궁무진한 현장이 있습니다. 심리학자는 '사람의 마음과 행동'에 과학적으로 접근하는 훈련을 받은 사람들입니다. 사람이 사는 세상에서 사람의 마음과 행동에 대한 전문가라 어느 분야와도 접목 가능합니다. 어느 분야든지 심리학자가 할 일은 존재합니다.

2012년 7월 EBS에서 방송된 다큐멘터리 〈아버지의 성〉 기획 단계에서 PD와 작가가 자료 수집을 위해 찾아온 적이 있었습니다. 제가 출간한 《아빠 양육》을 보았다면서 여러 질문을 던졌습니다. 그러던 중 PD가 "우리나라에는 심리학자가 하는 아버지 학교가 어디 있나요?"라고 물었습니다. 다른 나라에는 심리학자가 운영하는 아버지 학교가 많이 있던데, 우리나라에는 기독교 단체에서 하는 것 외에는 찾기가 어렵다면서 말이죠. 순간 할 말이 없었습니다. 왜냐하면 아예 없었으니까요.

심리학자들은 오래전부터 자녀에게 미치는 아빠 효과에 주목했습니다. 이에 근거해 아버지들이 어떤 식으로 육아에 참여하고, 어떻게 자녀를 대해야 할지 알려줄 수 있습니다. 그런데 이는 미국과 유럽의 이야기지, 우리나라의 이야기는 아닙니다. 우리나라에는 아빠 효과를 연구하는 심리학자가 없으니까요. 굳이 아빠 효과를 연구하지는 않아도 얼마든지 아버지를 대상으로 하는 프로그램을 운영할 수는 있을 텐데 말입니다. 이 외에도 정말 많은 미개척 분야가 심리학자들을 기다리고 있습니다.

이런 기회의 땅, 개척자를 기다리는 블루오션. 생각만 해도 설레지 않나요? 그런데 블루오션을 다른 말로 하면 망망대해라고 할 수 있습니다. 너무 넓어서 어디로 가야 할지, 어디에 고기가 있을지 아무도 알려주지 않습니다. 당연히 시행착오가 있을 수밖에 없고, 때로는 맨땅에 헤딩을 하는 심정으로 계속 도전해야 할 수도 있습니다. 사람들은 모호함을 싫어하는 경향이 있습니다. 결과가 좋지 않더라도 분명한 것을 좋아하죠. 이 때문에 레드오션에 뛰어듭니다. 레드오션에서는 어느 곳에 고기가 많은지 단번에 알 수 있습니다. 조언자도 많고 선배들도 있습니다. 전쟁터를 방불케 하지만 적어도 모호하지는 않습니다.

하지만 심리학자의 블루오션을 맨땅에 헤딩이라고만 볼 수는 없습니다. 심리학자는 과학자로서의 훈련을 받기 때문에 직관보다는 객관적 사실에 근거해서, 용감함보다는 현명함을 사용합니다. 망망대해에서 아무 데나 그물을 던지는 것이 아니라, 과학자답게 바다의 흐름과 날씨, 물고기 떼의 출현을 관찰합니다. 자료를 수집합니다. 필요하다면 다양한 실험도 진행합니다. 그리고 상당한 근거가 있을 때 그물을 던집니다. 그물을 던져서 고기를 많이 잡아도, 적게 잡아도 자료를 남깁니다. 나중을 대비하죠. 제대로 훈련받은 심리학자라면 블루오션에서 반드시 살아남을 수 있다고 생각합니다.

미국이나 유럽에서는 심리학자라는 직업을 블루오션이라 하지 않습니다. 곳곳에서 심리학자들이 활동하고 있습니다. 매우 확실하게 자리 잡았고, 경쟁도 치열합니다. 인기 직업 중 하나죠. 분명 우리나라에서도 이런 일이 벌어질 것이라고 생각합니다. 지금 수많은 청소년이 심리학자라는 꿈을 키우고 있으며, 심리학자가 되기 위해 대학원에 진학하려는 사람들이 많아지고 있기 때문입니다.

심리학자라는 직업이 매력적으로 느껴지나요? 심리학자가 되고 싶은가요? 그렇다면 이것만 기억해주세요. 당장에는 물고기를 잡을 수 없을지도 모릅니다. 심리학자가 되기까지 많은 준비와 노력이 필요하고, 심리학자가 되어도 직업적인 성공을 하기까지는 시간이 필요하니까요. 그러나 사람이 없는 망망대해에서 제대로 준비만 하면 엄청난 물고기를 잡을 수 있습니다. 당장 눈앞에 보이는 마시멜로를 먹어버리는 것이 아니라, 참고 기다려서 두 배의 마시멜로를 먹고 싶다면 심리학자가 되기를 추천합니다.

454